湖南省哲学社会科学基金重大委托项目"记住乡愁——湖南十村十记"的阶段性成果
教育部重大委托项目"湖南省江永县水龙祠壁画研究"（16JZDW014）的阶段性成果

中国传统村落实证研究

——勾蓝瑶寨

刘灿姣 著

中南大学出版社
www.csupress.com.cn ·长沙·

图书在版编目（CIP）数据

中国传统村落实证研究. 勾蓝瑶寨／刘灿姣著.
—长沙：中南大学出版社，2019.10
ISBN 978 - 7 - 5487 - 3743 - 8

Ⅰ.①中⋯ Ⅱ.①刘⋯ Ⅲ.①村落－研究－江永县
Ⅳ.①K928.5

中国版本图书馆 CIP 数据核字（2019）第 203075 号

中国传统村落实证研究——勾蓝瑶寨
ZHONGGUO CHUANTONG CUNLUO SHIZHENG YANJIU——GOULAN YAOZHAI

刘灿姣　著

□责任编辑	谢金伶	
□责任印制	易红卫	
□出版发行	中南大学出版社	
	社址：长沙市麓山南路	邮编：410083
	发行科电话：0731 - 88876770	传真：0731 - 88710482
□印　　装	长沙市宏发印刷有限公司	

□开　　本	710 mm × 1000 mm 1/16	□印张 26.5	□字数 461 千字	
□版　　次	2019 年 10 月第 1 版	□2019 年 10 月第 1 次印刷		
□书　　号	ISBN 978 - 7 - 5487 - 3743 - 8			
□定　　价	369.00 元			

黄族祠堂

总　序

作为湖南省社科基金重大项目"记住乡愁——湖南十村十记"，我们试图对湖南极具地域与民族特色的传统村落展开极具普遍性又具鲜明的个案特色的研究。这在湖南地方文化研究上也是首次。基于此，经反复研究，遴选了会同县高椅乡高椅村、通道侗族自治县坪坦乡坪坦村、江永县兰溪瑶族乡勾蓝瑶寨、永顺县大坝乡双凤村、绥宁县关峡苗族乡大园村、辰溪县上蒲溪瑶族乡五宝田村、绥宁县黄桑坪苗族乡上堡村、永兴县高亭乡板梁村、桂阳县莲塘镇大湾村、花垣县排碧乡板栗村作为研究对象，并组建了十个相应的课题组，从事专门的研究。虽然只有十个村寨，但它们散落在三湘四水，颇具地域特色，又涵盖了汉、苗、瑶、侗等湖南主要民族，富有民族历史文化的特质性和代表性。对它们的系统性研究，或许最能体现湖湘传统村落及其文化的特色，立体还原出湖南传统村落文化的多维性与区域文化的特质性及其价值，进而呈现出湖湘文化的特质性和本源性，为保护湖南乃至中国传统村落文化做出贡献。

在内容上，我们要求对传统村落文化展开系统性的多维研究。在框架设计、研究思路、主要内容、基本观点等方面，都体现出研究者创新的学术思想、独到的学术见解和可能取得的突破。尤其在研究方法上，我们强调要重"记"重

"研"、"记""研"并举，既要整体兼顾，又要突出重点。"记"重有三：图像记录、文字记述和文化记忆。

第一是"图像记录"。图像记录是指把在村落中的固态文化及活态文化，通过影像的方式保留下来，并作为信息传递给外界，强调记录对象的纪实性、直观性和形象性，在绝对真实的前提下，亦追求其唯美性。开始于1839年的摄影术，带给了近代一场视觉意义上的革命。之后，摄影迅猛发展起来，几乎无所不包，并和在它之前发展起来的印刷术相结合，进而拥有了广阔的传播空间。摄影术的出现，于民俗、建筑、文物的记录也同样具有划时代意义。它能够直观地再现事物在拍摄瞬间的真实状况，其记录已经成为今天研究这一时段历史的重要依据。在近代中国，最早拍摄的村落及其文化的照片，多出自涌入国门的外国学者之手，如葛学溥、伊东忠太、关野贞、塚本靖等人。19世纪末20世纪初开始，大批的日本学者考察中华风物，足迹遍布中国的大江南北，研究领域涉及了人类学、考古学、美术学、建筑学等诸多领域，留下了大量的图像记录。他们相机里记录的中国风土人情，为今天的研究者们提供了珍贵的历史信息。在今天这样一个图像时代，数码摄影技术高度发达，普通人几乎不需要接受专业训练就能拿起手机或相机拍照。对于专业的村落文化研究者来说，更需要运用好这一手段，用现代摄像的形式记录下传统村落及其原住民的生产生活状况，于当下这个快速发展的社会，或许尤为有意义因而变得十分重要。因为我们今天用镜头记录的真实场景及场景中的人与事，明天可能就永远地消失不见。通过影像的记录，我们可以为后续的研究者保留今天这些传统村落的文化信息。

第二是"文字记述"。文字记述是人类用之最为久远的记述手段与方法。凭借于此，我们可以察古观今。对传统村落中原住民的内容丰富的各种文化信息进行记述，要求既真实准确又生动感人。在真实客观的文字记述基础上，我们试图对传统村落的文化传统与精神世界、传统村落的堪舆规划、建筑营造与保护、传统村落民俗与非物质文化遗产、传统村落原住民与自然环境关系、传统村落道德教化与乡贤文化、传统村落的经济发展与综合治理、传统村落氏族文献与少数民族研究资料、传统村落与地域文化圈的宗教信仰与遗存等诸多方面，展开多学科交叉的系统性研究，以还原出这些传统村落文化的多维性、复杂性及自成体系性，而不是某一文化的孤立现象。我们从这种文化的多维性和自成体系性中，或许可以找到这些极具地域民族特色与特质的传统村落文化历千年之久而生生不息的深刻内在原因。

第三是"文化记忆"。文化记忆是指对传统村落的文化历史进行追溯，包括村落的建制和变迁、原住民的迁徙经历等内容，尽可能完好地保留这些传统村落的文化记忆。具有悠长久远文明历史的中国，就是由无数个这类传统村落的文化记忆组成的。传统村落是研究中国文化记忆的丰沃土壤。不同于世界其他地区文明断裂或消失的经历，中国是唯一将自身的文明延续至今的国度，这使得其文化记忆研究具有极为难得的样本意义。国家的文化记忆，从某种视角来看，其实就是由不同的社会群体、民族、宗族甚至个人的文化记忆构成的总和。国家、社会、族群，往往也和个人一样，会在发育成长的过程中，养成回忆和记忆的能力。说到底，所谓文化记忆，本质上其实就是一个民族或国家的集体记忆。它所要回答的就是"我们是谁"和"我们从哪里来、要到哪里去"的文化认同性问题。文化记忆的内容通常是一个社会群体共同拥有的过去，其中既包括传说中的神话时代，也包括有据可查的信史。它在文化构成的时间上具有绝对性，往往可以一直回溯到远古，而不局限于三四代之内的世代记忆的限制。在文化的构成内容上，其往往又富有原创性和借鉴融合的相对性，理所当然地具有其文化的特质性。特质性代表的往往是民族文化的个性；借鉴与融合，往往能代表文化的主流共性与文化发展的规律性。在交流形式上，文化记忆所依靠的是有组织的、公共性的集体交流，其传承方式可分为"与仪式相关的"和"与文字相关的"两大类别。文化记忆可以让一种文化得到持续发展，传承不衰；而一旦文化记忆消失了，也就意味着文化主体性消亡了。在传统村落文化的传承中，文化记忆起到了重要的功能。各种材质的书面文献、碑文、乡约、家谱、建筑物、仪式和节日等，构成了文化记忆的一系列制度性表征，它是一套可反复使用的文本系统、意象系统和仪式系统。文化记忆对于传统村落社会的存在价值，不仅在于村落原住民集体性探究过去的成果有了更为牢固和精确的储存与记录方式，更在于它对维护传统村落文化的代代传承具有的重要作用。甚至毫不夸张地说，保护和保存这种记忆，是保护和保存了国家的历史文化记忆，因为这是构成国家历史文化的基石。

以此"三记"为基础，我们借助于交叉学科的视野与手段，对具体的传统村落及其文化，展开有广度和深度的系统研究。我们共形成了十部专著，每本皆包含了30万字左右的文字以及100帧以上的图片。从研究手法到记录、记述的形式与内容，可谓各具特色，形态多样。

朱力教授的研究对象是高椅村。他是以广角全息式的视野来审视这个村落的。他不仅对高椅村的建筑、礼仪、信仰、手工艺以及民间艺术等方面有详细描述，更是将高椅村融入中国传统村落研究的大框架中，运用分形的理论，寻找传统与现代的连接点。在研究方法和内容上，他尝试将社会学、文化人类学、民族史学、景观文化分形学、建筑学等诸学科理论结合起来，进行实证叙事和分析，并吸收了传统村落研究的部分研究方法和成果，在更广泛的层面上观照、研究了高椅村，以加深读者对高椅村历史文化现状的认知。最后作者就将来如何运用"村落智慧"来保护中国传统文化这一主题进行了探讨性研究。

刘灿姣教授对勾蓝瑶寨的研究，不仅体现在她长期醉心于这个富有文化特色的古老瑶寨的文化表象上，更反映在她理智严谨的研究中。她融合历史学、文化人类学、宗教学、社会学、民俗学、建筑学、经济学及传播学多个学科的研究方法，以记录、记述、记忆为基础对永州市江永县兰溪瑶族乡勾蓝瑶寨开展了全方位、多视角、深层次的综合研究。她从勾蓝瑶寨的历史沿革、地理环境、迁徙历史、村落布局与建筑、生产与商贸、生活与习俗、组织与治理、文化教育与道德教化、精神信仰、非物质文化遗产和文化遗产遗存等方面，勾勒出了其文化的全景图样。

谢旭斌教授以辰溪县上蒲溪瑶族乡五宝田村落为研究对象，从建筑堪舆、氏族文献、建筑营造、地域文化圈的宗教信仰与遗存、文化传统与精神世界、建筑装饰语言、乡贤文化、民风习俗、经济发展与综合治理等方面进行研究。他主要从艺术学、社会学的角度进行探讨，让传统村落留存的历史、文化艺术景观、传统的那些文化景观因子以一种美的方式呈现在人们的面前，让读者懂得传统村落文化具有独特的历史价值、艺术价值和文化价值，它的内部蕴含着大量值得传承的文化因子。

李哲副教授从宏观层面(自然与文化背景、族源与语言、宗教信仰与精神世界)、中观层面(道德教化与乡贤文化、民俗文化与非物质文化遗产、堪舆规划与村落空间、建筑形式与装饰艺术)及微观层面(局部建筑形式及营建技术、民族文献)等三个层面，全面研究了永顺县大坝乡双凤村这一民族地区传统村落的文化特征，探寻了土家族文化的核心。

王伟副教授以湘西土家族苗族自治州花垣县排碧乡板栗村为调研对象。他及其研究团队对板栗村进行了深入细致的田野调查，在充分掌握第一手材料的基础上，参考和吸收了前人和当代有关村落文化研究的学术著作和研究成果，用科学实证的方法，对板栗村的各个方面进行了比较深入的研究。该书着重论述了板栗村的民俗文化和民俗艺术。在撰写过程中，作者始终强调对板栗村传统村落文化的图像记录、文字记述和文化记忆，并借助交叉学科的视野与手段，对板栗村的传统村落文化展开了有广度和深度的系统研究，兼顾了学术性与可读性的统一。

吴灿博士曾长期驻守于他所研究的怀化市通道侗族自治县坪坦村。通过多学科交叉研究的新手段，他将坪坦村放置到民族文化圈中加以审视，在查阅和研读了大量历史文献的基础上，对该村的建村历史、居住、饮食、服饰、节日、娱乐、信仰、乡约、经济、教育、婚育等多角度的社会文化生活进行了客观真实的全面描述及人类学研究，从而勾画出了一个由各相关要素系统组合起来的侗族传统村落。他希望能从坪坦村具有典型地域与民族文化特色的具体事物与事件出发，放眼民族地区村落发展，运用从局部到整体、小中见大的理论扩展方式，勾勒出传统村落活态的文化样貌。该书没有按照通常的学术论著的方法写作，而是注重它的可读性与普及性，深入浅出，以富有文采的语言传递出深厚的人文历史感。

李方博士将上堡村作为实地田野考察的样本和理论论述的具体例证，试图针对"湖湘传统村落文化"这一宏大主题，做一次既有经验和物证支撑，而又不乏理论性的个案研究，并以此为基础，对"湖湘传统村落文化"所涵盖的主要内容进行概要而不失全面性的理论阐述。该书从上堡村的历史沿革、自然环境、建筑规划、民风民俗、精神信仰、文化艺术、传承保护等方面进行研究。作者是在获得了具有典型区域特色又能很好地反映湖湘文化特征的"湘村"田野考察经验及相关物证之后，再进行相关的理论研究的。理论上的研究基于上堡村，但又不囿于这一个村落。作者希望以"小"见"大"，做到有"点"有"面"、"点""面"结合，试图以这种方式窥探出"湖湘传统村落文化"的基本构成。

杨帆博士研究的对象是具有湘南地域文化特色的大湾村。他通过对湘南桂阳县大湾村的田野调查，结合历史人类学的相关理论，对大湾村夏氏的来源、发展做了长时间的考察。在论述的过程中，不局限于大湾村这个具体村落，而是以更开阔的视野，将其放在更为宽广的区域历史中，去理解村落的发展和变迁。该书对大湾夏氏的迁徙过程、选址建筑、生产习俗、宗族人物、传说故事、文化发展等内容首次做了全面的梳理，并突显了大湾村村落的典型性和普遍性。

陈冠伟博士对大园村的历史、地理、经济、治理、文化教育、风土人情、民族艺术、宗教信仰和神话传说等方方面面进行了详尽的介绍，既有宏观的概括与分析，也有微观的记录与考究。得益于在大园村较长时期的田野考察，作者遍考文献，从历史学、社会学、文化人类学、建筑学等多角度进行考察，研究过程中注重时间与空间上的层次感，既有村落不同时期状貌的比较性分析，也有村落与周边地区联系的考察。在对大园村文化进行图像与文字记述之外，书中也指出了当下大园村发展过程中存在的一些问题，试图为大园村和其他传统村落的文化传承与发展提供参考意见。

王安安在板梁村的研究中付出了巨大的努力。从荣卿公开派立村始，板梁古村落已有六百多年的历史。在"湖湘传统村落文化"这一宏大的主题下，王安安将这一古村落作为实地田野考察的样本和理论论述的个案，进行深入研究。该书分为三部分：初识板梁、进入板梁、发展板梁。由浅入深、由表及里、由感性发现到理性分析、由宏观到微观地对古村落的地域环境、物象表征、历史沿革、建筑规划、宗族社会、土地制度、民风民俗、商业发展、村落建设、文化教育、保护开发等各个方面进行研究分述，构建整体村落的系统性文化理论框架，并由此出发，突破单一村落"点"的限制，将传统村落文化研究扩展至与其类似的地域性村落范围之内。

由于谢旭斌教授及王伟副教授的专著已经先行出版，因此，此次出版的书单中，未再重复刊出。

湖湘传统村落作为社会最基本的聚落单元，孕育了丰富多彩、博大精深的湖湘文化，见证了湖南历史文化的演绎变迁，记录了农耕时代遗留下来的各类历史记忆和劳动创造，承载了我们的乡愁。

我们认为，湖湘传统村落文化是湖湘传统文化的"根"与"源"，是湖湘地区宝贵的物质文化和非物质文化遗产资源，是世界人类文化遗产极其重要的组成部分。对其进行系统研究，是对湖湘传统文化研究领域的新拓展，是乡土文化研究的新需要，因此具有重要的学术意义。对其进行全面深入的研究，不但可以为湖湘文化研究的可持续发展拓展出新的领域，而且可以为传承发扬中华民族优秀文化提供丰富的可供借鉴的经验，使优秀传统文化成为新时代鼓舞人民前进的精神力量，因此更具有深远的历史意义。在现代社会经济高速发展的形势下，特别是湖南省当前处于社会转型期，城镇化建设和社会主义新农村建设进程日益迅猛，对湖湘传统村落文化进行有效保护和深入研究，也是现代城乡规划、旅游规划和开发的需要，因此有着积极的现实意义。

这批以湖湘传统村落为研究对象的著作，都是以扎实的田野考察为基础，首次对湖南的传统村落进行的学术研究，由此构建了一个湖南省传统村落的研究框架及其文化探寻的范式，为今后的深入系统研究奠定了基础。同时，也丰富、完善和拓展了中国传统村落及其文化的保护和实践体系，为当下传统村落保护与发展提供了学术依据；构建了以文字和图像为载体的传播媒介，让社会各界"知爱其土物，乃能爱其乡土、爱其本国"，从而达到唤起社会各界的文化认同以及保护传统村落文化意识的目的。

吾身往之，吾心思之，吾力用之。是为序。

胡彬彬

2018 年 12 月

前　言

　　湖南省江永县兰溪瑶族乡勾蓝瑶寨是一个古老的城堡式瑶寨，是瑶族极具代表性的传统村落。勾蓝又名兰溪，古称都源，因山水得名，村中现有清乾隆二十二年(1757)碑文可证："予祖昔居万山之中，山勾连透，溪水伏流，色蓝于靛，因名勾蓝。"自明洪武九年(1376)受朝廷招安、二十九年(1396)归化入籍后，作为永邑四大民瑶(清溪、古调、扶灵、勾蓝)之一，勾蓝瑶人创造了独特的人文景观与生产生活方式，营造了许多至今还保留相对完好的门楼、祠堂、守夜屋、民居、凉亭、青石板路、古城墙、风雨桥、商铺、庙宇等人文建筑，筑起了独具特色的集防御与生活于一体的防御建筑，创立了温馨质朴的传承至今的洗泥节与女子瑶拳。勾蓝瑶寨拥有秀丽的自然风光、古朴的民俗风情、浓厚而又独特的文化底蕴，在各级政府的高度重视与大力支持下，近年来获得了诸多荣誉：2008年黄家村(勾蓝瑶寨三个自然村之一)被湖南省民族事务委员会授予"湖南省少数民族特色村寨"称号，2009年勾蓝瑶寨被湖南省文物局授予"湖南省文物保护单位"称号，2011年又被授予"湖南省历史文化名村"称号，2012年勾蓝瑶寨的洗泥节成功入选湖南省非物质文化遗产目录，2014年勾蓝瑶寨被评为中国历史文化名村，2015年又被评为"湖南省最美少数民族特色村寨"，并成功创建国家

3A 级景区。2019 年，又被评为第八批全国重点文物保护单位。

勾蓝瑶寨是瑶族人民在长期的生产生活中铸就的一个极具鲜明民族个性的湖湘传统村落，具有很高的历史价值、文化价值、艺术价值、经济价值和社会价值。本书以勾蓝瑶寨传统村落为研究对象，融合历史学、文化人类学、宗教学、社会学、民俗学、建筑学、经济学及传播学等多个学科的研究方法，通过"记录、记述、记忆"三记并举的方式对勾蓝瑶寨展开了全方位、多视角、深层次的综合研究，力求充分展示其独特的历史、社会、人文和生态魅力，并为其可持续发展建言献策。研究内容主要包括历史沿革、地理环境、迁徙历史、村落布局与建筑、生产与商贸、生活与习俗、组织与治理、文化教育与道德教化、精神信仰、非物质文化遗产和物质文化遗产遗存等。全书共分为 10 章。

第 1 章概述了勾蓝瑶寨的整体风貌。分别从历史沿革、地理环境、行政区划的变迁、山水环境以及人文景观等五个方面对勾蓝瑶寨进行了总体介绍。

第 2 章回顾了勾蓝瑶的迁徙历史。首先从整体上介绍了我国瑶族从远古时期至明洪武年间的迁徙史，然后探讨了江永四大民瑶的形成、地理位置、族源分布、人口发展等状况，最后分别从不同时期、不同地方、不同路线介绍了勾蓝瑶十三姓的迁徙情况。

第 3 章描绘了勾蓝瑶的村落布局与建筑。在选址与布局上，探讨了勾蓝瑶选址的理念、影响因素与选址特点，以及村落堪舆诉求、村落布局形式与特征；在村落建筑上，分别从平面形制、构筑空间两个方面介绍了勾蓝瑶的民居建筑特点，列举阐述了一些代表性民居，并对宗庙建筑、防御建筑等公共建筑的形制与功能进行了详细的阐释，同时也对一些诸如私塾、戏台、商铺、桥亭、青石板路、牛庄屋等其他公共建筑进行了介绍；在建筑材料与营造工艺上，分别从木材、石材、砖、瓦等材料上介绍了取材工艺，从木雕、石雕、彩绘、灰塑等技艺上阐述了建筑装饰特征与功能。

第 4 章阐释了勾蓝瑶的生产与商贸。首先介绍了勾蓝瑶生产和商贸的特点，分析了农业生产与协作的概况，农耕工具的类型、使用、制作，及其农事习俗谚语与信仰，其次介绍了种植业、养殖畜牧业、手工业等具体类型，最后梳理了勾蓝瑶社会经济的六个发展阶段，并对当前勾蓝瑶的经济发展提出了相应的建议。

第5章阐述了勾蓝瑶的生活与习俗。在传统饮食习俗上，分别介绍了打油茶、酿苦瓜、腌黄竹笋、吃猪血灌肠、酿三角油豆腐、吃豆子饭、炸果子、打糍粑等传统饮食与相关饮食禁忌；在传统服饰习俗上，介绍了勾蓝瑶服饰与生产生活的适应性以及性别、年龄、时节服饰的差异性；在传统居住习俗上，分别从民居形态、民居营造习俗、家具陈设习俗、居住信仰等方面进行了详细介绍；在传统文娱习俗上，分别介绍了勾蓝瑶歌谣的形成与类型、游戏的形成与趣味、长鼓舞的形成与特征、民俗表演类型与氛围、瑶家女子拳的形成与发展；在传统人生礼仪习俗上，详细阐释了在儒家思想影响下勾蓝瑶传统的育儿与礼仪习俗、恋爱与婚姻习俗、丧葬与祭祖习俗以及节庆习俗。

第6章分析了勾蓝瑶的村落组织与治理。在村落组织与治理上，阐释了从瑶老制、瑶长制、瑶外委、保甲制、人民公社制度到村"两委"制的勾蓝瑶村落组织演化历程，以及在瑶章制背景下的村落自治与官方治理表现；在宗族组织与治理上，探讨了族长、宗法、祠堂、族田、议事等宗法制度的表现与功能，分析了宗族文化背景下村落的组织功能、协调功能、教育功能、文化功能表现；在乡绅乡贤与村落治理上，通过分析中国传统社会的乡绅与乡贤类型，详细列举了勾蓝瑶历史上的乡绅乡贤，并对其参与地方教育、地方工程建设、地方慈善等义举进行了介绍。

第7章记述了勾蓝瑶的文化教育与道德教化。从教育功能、教育组织、教育形式、教育经济支持、教育学额规定等方面阐述了古代勾蓝瑶官方教育的特点，并对近代以来勾蓝瑶官方教育的发展进行了介绍。同时，从历史遗存上分析了勾蓝瑶人自我教育的特征与类型，重点关注了勾蓝瑶人的族规家法、伦理道德教化、社会教育、观物起兴的德育教化类型及表现，最后剖析了勾蓝瑶文化教育现存的问题并提出了相应的对策建议。

第8章阐释了勾蓝瑶的精神信仰。介绍了勾蓝瑶人石神崇拜、龙神信仰、井神信仰、牛神崇拜等自然崇拜与祖先崇拜的表现与意蕴。通过勾蓝瑶宗教建筑的遗存，分析了勾蓝瑶人宗教信仰类型，并探讨了勾蓝瑶人融合佛、道、巫为一体的民间信仰特征与功能表现。

第9章记录了勾蓝瑶的非物质文化遗产和物质文化遗产遗存。在非物质文化遗产遗存上，详细阐释了勾蓝瑶的服饰文化、音乐文化、舞蹈文化、语言文化、武术文化、英雄传说等内容、表现或类型；在物质文化遗产遗存上，重点整理了勾蓝瑶碑刻，并对其进行类型化介绍。

第10章提出了保护和发展勾蓝瑶寨的对策建议。在整体分析当下勾蓝瑶寨的保护成效基础上，探讨了勾蓝瑶寨在保护与发展中所存在的问题，并提出了相应的保护与发展建议。

总之，本书从瑶族的迁徙历史为研究起点，深入勾蓝瑶寨田野，考察发掘了勾蓝瑶寨的建筑营造、生产与商贸、风俗习惯、乡规民约、村落治理、精神信仰、教育德化等诸多文化现象，查考了大量的文献资料，调查了众多文化遗产遗存，对各个历史时期的勾蓝瑶诸文化要素的类型、特征和发展进行了系统而又深入的解析，旨在从政治、经济、自然、文化的角度立体地、多维地还原与呈现勾蓝瑶寨的历史原貌与文化底蕴，并结合当前现代化语境对勾蓝瑶寨的有效保护与可持续发展提出了打造智慧村落的建议，并通过实地拍摄取景，基于 VR 全景和 H5 等新兴技术，制作了勾蓝瑶寨 VR 全景，读者足不出户，通过手机客户端、电脑 PC 端就可以体验勾蓝瑶的秀美风光和神秘文化。

勾蓝瑶寨
VR全景

目　录

第1章
蓝天碧水话勾蓝

兰溪瑶族乡是镶嵌在湖南省江永县南部的一个瑶族聚居地。从江永县城一路往西，我们在远远的群山中慢慢行驶，云雾在向我们招手，犹如电影中的"蓬莱宝地"忽隐忽现，像是神仙出入的地方。行驶了大约三十公里，慢慢地，我们接近了一片仙境，似乎来到了陶渊明笔下的"桃花源"——属于勾蓝瑶人的"桃花源"。

　　勾蓝瑶寨优美的自然风光与深厚的人文景观珠联璧合，勤劳朴实的勾蓝瑶人千百年来不断创造文明，形成了独具特色的集防御与生活于一体的防御体系。群山环绕的封闭状态与四通八达的道路共存，自给自足的农耕文明与繁华的商业体系相结合。正如族人写在上村石鼓登亭兆墙上的一首诗：

　　"兰溪美地，通透两广，诚达三湘，南通富邑粤府，西连虎踞龙蟠。望云山霞光耸翠，观村舍烟树迷离。万山勾连伏流水，蒲鲤井际现蓝颜。舞榭歌楼开心处，翩跹歌舞乐升平。兰水清音惊过雁，溪台雅韵遇行云，鸟语花香如仙境，水色山光原自然。千门灯火婵娥夜，八景风光助游人。天上哪有神仙府，人间且看古都源。"

1.1 历史沿革

追根寻源，勾蓝瑶的历史与瑶族的历史紧密地联系在一起。在那个刀耕火种，部落、诸侯割据，战事连年不断的年代，住在边远的高寒山区或深山密林中的瑶族先民，谱写了游耕文明的篇章。瑶族人的起源大约有六种说法：一是说瑶族先民源于秦汉时期的长沙武陵蛮，原始居地在湘、资、沅流域及洞庭湖沿岸；二是来源于"尤人"，原始居地在黄河下游和淮河流域之间；三是多元人；四是"山越人"，原始居地在浙江会稽山一带；五是源于瑶民，理由是《山海经·大荒东经》中说的"困民国"里的"勾姓"瑶民与瑶族有密切的关系；六是源于蒲姑，认为商代的蒲姑部落是瑶族的祖先。这些关于瑶族起源的历史，像是电影里的闪回，我们也只能在众说纷纭中回忆那遥远的时代。

瑶族的历史可用"宏大"两个字来形容，是一部充满制裁与抗争、分流与同化、智慧与征服的血泪史。历史的开端以一个不服王化、不供租赋、不受管制的民族为主角登场。这个曾经半耕半猎狩、武力强盛的民族，住在茂密的山林中，为了防止猛兽和外族的侵犯，拜动物为师，斗武成了他们生活中最主要的部分。一受到外力的威胁，他们就会舍命相拼，刀弓相见。强大的武力是一个民族得以生存的基础，而软弱无能会沦为被肉食的民族。瑶族人习武至今，武力成为这个民族数千年立于不败之地的佐证。瑶族的历史则是一部人类的创造史诗，一部见证人们辛勤劳动的奋斗史。

瑶族在历史上一直与王权的统治相斗争、反抗，多次迁徙，但就像马儿在万里奔腾的时候也有回巢安歇的渴望，累了，跑不动了，便想落叶归根。明洪武年间招安以来，勾蓝瑶人就安居于勾蓝瑶寨，用自己的辛勤劳动，创造了美好的家园。对外修建科学的防御体系，安居乐业，用他们曾经握刀的双手握起了农具。悠悠勾蓝瑶的历史不是一两句话就能描述清楚的。根据勾蓝瑶寨现存的碑记史料记载，可将他们的历史分成六个阶段。

1.1.1 追宗寻源的开始

追宗寻源是回答勾蓝瑶历史问题最有意义的开始，勾蓝瑶现在共有十三个姓氏，蒋姓从哪里来？李姓从哪里来？欧阳姓又从哪里来？我们将历史拉回到那个动荡时代,让我们与蒋姓一同追随他们的历史。东汉建武初期,逡道侯蒋横遭谗害后,其九子避难四方,汉光武帝刘秀醒悟后,九子皆随地封侯,其第四子临湖侯蒋曜及子孙为避难迁入此地建蒋家寨。而蒋家寨背后的山是他们的"寨脑山",用来避官难之用。至今半山腰有一道石城墙、一个石墙门,并有数百处像原始社会的石砌住居处,保存完整。在东汉中期,"长沙武陵蛮"的一部分后裔为避官祸而迁入此地并建李家寨,李姓成为勾蓝瑶的主要姓氏之一。蒋氏和李氏是勾蓝瑶最早迁入的姓氏。这样优美的勾蓝瑶同战争与逃避、杀戮与安宁紧密地联系在一起,承载了姓氏之谜的答案。至于其他姓氏如何迁居于此,我们可以在勾蓝瑶人敬重的祖先牌位上、遗留的门楼里找到与姓氏相关的物证。

从历史文献资料中,我们可以追溯汉唐至宋明时期的勾蓝瑶。村中遗存的龙岩庵碑记:"余村南东隅,履步而登有一庵焉,名龙岩,汉时崇奉佛像,可攀嶙山五层,岩净空秀,突如鹜岭湘山。"此碑记载汉朝时,勾蓝瑶人翻山五层到龙岩庵崇奉佛像,与兰溪八景中的"山窟藏庵"相吻合,是当年文人墨客在此聚居论诗作赋、瑶人在此祈福的有力证明。村中又有龙凤庵,明嘉靖二十六年(1547)重修碑记:"本庵自唐立焉,绍承相继,屡经葺理,岁深矣。"绍圣帝赵煦、绍兴帝赵构、绍熙帝赵惇、绍定帝赵昀四位宋朝皇帝都相继修缮过龙凤阁。这是宋朝时期大兴佛寺在勾蓝瑶的体现,也是勾蓝瑶作为历史上的南方瑶人文化、商业、宗教重要区域的一种体现。又如《重修相公庙万代流芳记》[雍正乙巳(1725)十二月初八日立]记载:"盖闻天地玄黄之初,宇宙洪荒,立如庇狱,凑山川之跻而立三才,育万物之明也。夫为人者,效神之祀,而宗庙为神,神之格恩,而祭之诚也。自祖以来,钦奉李圣大王,周灵御使相公都宝中丞,辅国安民,莅临境土,永锡兰溪,敕建一宫,祭之则显赫威灵,叩之则昭彰感应,古灵祠曰,相公庙也。"这是清朝人记载的唐朝李世民所敕建的相公庙,这也说明相公庙距今已有一千三百多年的历史。

据这些资料我们可以得知,从汉朝到明朝,这里是人烟密集的地方,商业发达、寺庙兴旺,是南方少数民族古老的聚居地。这一时期的勾蓝瑶在悠悠的历史岁月中,经历了战争与迁徙、游历与彷徨,但是瑶人征服自然、勇于抗争的人格精神促使他们自强不息,努力提高他们适应各种条件的能力,在他们的历史上写下了一部精彩的早期拼搏史,鼓励着后人为了新的生活继续战斗。

1.1.2　归化后的辉煌

这段历史要从明朝洪武年间，朝廷招安并封号清溪、古调、扶灵(源口)、勾蓝为永邑四大民瑶的事件说起。当时勾蓝瑶被封镇守湘粤隘口，为什么这样一个勇于抗争的民族会转而为朝廷服务呢？毋庸置疑，这与明代朝廷的政策有很大关系，当时明朝政府也是费了一番功夫，主要采取了军事措施、编入户籍、制定法令及柔化政策使瑶人归顺朝廷。招安之后的勾蓝瑶得到了朝廷的好处，为朝廷坚守在隘口并被朝廷限制了与外界的出入，不能自由迁徙，于是勾蓝瑶人从招安直至今日大约六百年的时间未曾迁徙，并在此繁衍生息，安居乐业，创造了美丽的家园。瑶堡的城墙与山体成为瑶人与外界的分界线，把瑶人封闭在里面，四通八达的瑶路又成为他们与外界交流的网线，将他们的生活与外界连接起来。

勾蓝瑶自招安以来，得到政府休养生息政策的鼓励，努力发展生产，人口日益增长，以至于在当时达到了两万多人。他们新建土木，建造民居、庙宇、商铺、楼、亭、桥及祠堂、书屋，修筑城墙、城门，最终修建庙宇六十四座、戏台五座、门楼三十个、守夜屋九座。这些不会说话的建筑成为见证这一时期勾蓝瑶辉煌历史的活化石，也是勾蓝瑶留给我们现代人的物质文化遗产。朝廷的柔化政策与勾蓝瑶的安静生活使他们朝着一个和国家利益相一致的方向发展。他们取得了朝廷的信任，镇守湘粤隘口，建立了严密的对外防御系统；对内守护着自己的家园，建立了与生活息息相关的生活场所。这一时期的勾蓝瑶是一个真正意义上的童话般的城堡，生活在这里的人们过着桃花源似的生活。这一段历史直到嘉庆十七年(1812)，大约四百年。

1.1.3　国难中的保全

从清朝中晚期的嘉庆到中华人民共和国成立时期，是勾蓝瑶历史中最为沧桑的时期，整个中国经历了清朝朝廷税收的加重、社会的动乱、中国封建社会的结束。被沦为半殖民地半封建社会的中国，内忧外患，人民处于水深火热之中。在日本侵华战争时期，中国人民更是经受了巨大的伤痛。在这里，我们要再提一下勾蓝瑶的防御体系是如何防御外敌侵入的。现在听起来只是一个故事，一个关于战争的小故事，但是这个故事对勾蓝瑶人来说却是免受灭顶之灾的大事件。村里的老人仍记忆犹新：1944 年，日本侵略军攻打桃川镇，屠杀桃川人民达一千多人，往河里丢下一千多人，有数百名妇女被强奸、轮奸，抢走粮食几千吨，大火烧毁了桃川整条街的房子。桃川数万人口逃往勾蓝瑶避难两年之久。而当日本侵略军准备进攻勾蓝瑶，进入离勾蓝瑶第一道石墙门外八百米远的时候，石墙城楼上连续放了五个大土炮，炮声隆隆、响彻云霄，硝烟迷雾达十多公里之外，日本侵略军见势惊慌而退。最终，勾蓝瑶人用自己的智慧保住了他们的家园，保护了避难的人们。这一百多年的风风雨雨，是整个中华民族的血泪史，也是各个民族共同遭难的历史。这时期的勾蓝瑶由于经济、政治及文化的大变动，加上土地贫瘠，是瑶人历史上最艰难的时期，很多地方的遗迹遭受了风雨侵蚀，部分因缺乏妥善的保护而损毁或遗失。

1.1.4　希望中的劫难

中华人民共和国的成立，改变了人民的生活。中国的土地改革政策使人民有田，中国的农民可以在自己的土地上大搞生产。然而，在"破四旧"行动中，勾蓝瑶的文物古迹遭到大量破坏和销毁，古碑被打碎和挪作他用，许多庙宇、神像被强行拆除。历史的创造又在历史的爆裂声中被拍得粉碎。如今幸存的勾蓝瑶庙宇只有相公庙、盘王庙和水龙祠，昔日庙会的一片繁荣景象只能从水龙祠的壁画和相公庙的独特外形上依稀得到一点回应。

1.1.5　大家庭的温暖

有时候，一个人在回家的路上是那么地孤单，一个人的路总是有点漫长，当有一群人陪伴时，路就显得没有那么遥远。正如我们身后强大的国家支撑着我们，那是一种母亲般的关爱，是大家庭给我们的温暖。1984 年，国家根据比邻的三个乡夏层铺、冷水铺、桃川的石灰岩地貌划分成立了兰溪瑶族乡，目的是为了更好地团结及一起进步。在土地贫瘠且离城市较远的勾蓝瑶，贫穷成为人们最为惶恐的东西。少数民族政策的实施无疑成为吹进勾蓝瑶寨的一股清风，推动其不断发展。几十年来，省、市政府响应国家政策，在财力、人力、物力上对兰溪瑶族乡给予了大力的扶持，建立了农业基础设施，从电力、水利、通信、教育、科技文化等方面加强建设，保证了勾蓝瑶寨的可持续发展。

历经劫难后的国家拨乱反正，保护文物政策出台，民族文化备受重视。1992 年开始，勾蓝瑶人在国家文物保护政策的指引下，积极响应国家号召，把自发保护和法律保护相结合，对勾蓝瑶的文物进行清理和收集，加大宣传力度，让群众充分认识到文物保护的重要性。在各方的积极努力下，文物保护工作取得了很大成就，大量文物归藏，为勾蓝瑶的历史文化研究提供了有力的证据。如今的勾蓝瑶又焕发了昔日的光辉，恢复了碧水蓝天、阳光明媚的景象。

1.1.6　飞越云端的未来

传说中，云端是神仙的府邸，而那个仙气腾腾的地方是世人向往的美丽勾蓝瑶吗？我们想去那个心中的云端。这是勾蓝瑶优美风景被人们认识后的真实写照。是时候将它的美公布于世了：我们打开电脑，那个在云端的勾蓝瑶已经慢慢地从云里飘了过来。它的传统节日洗泥节已经成功申报了国家非物质文化遗产，长鼓舞、瑶家女子拳、瑶歌等几个项目被列入非物质文化遗产名录。近几年来，洗泥节已经成为勾蓝瑶最具规模的节日，人们从各个地方赶过来，品尝着苦瓜酿，喝着甘甜的井水。勾蓝瑶的拜门楼祭祀仪式是瑶人特有的文化遗产。现在每周五，在相公庙都有篝火晚会，在晚会的节目中，人们可以领略勾蓝瑶人的文化精髓。勾蓝瑶以它独特的方式在民族文化的舞台尽情地展示自己的风采。历史是对过去的总结，也是新征程的开始，勾蓝瑶在不断发展的过程中继续谱写着它的历史，在这片人间仙境上继续创造它的辉煌，它的未来就在云端。我们在勾蓝客栈里吃着糯米粑粑，给朋友发送着勾蓝瑶的图片，看着那缥缈的云彩，那真的是神仙住的地方吗？

1.2　地理环境

历史是由纵向长河中的无数点组成的线，历史与传说在这条线上滑行，历史终归是过去，现实才是最为真实的体验。在现实中，在这个硕大的地球上，每个地方都是一个小小的点，属于勾蓝瑶的那个点在哪里呢？这个点成为勾蓝瑶独特的气候和自然景观的"渊"，也成为历史上对它做行政划分的重要依据，让我们沿着这个点一路搜寻吧！

1.2.1 地理位置

我们在卫星定位系统里对勾蓝瑶进行位置搜索，发现勾蓝瑶位于东经110°10′、北纬240°25′的交汇点上，中国的中南部，湖南永州市南部的江永县。江永县地处湘西南边陲、都庞岭南麓，位于湘桂交界之处，毗邻两广，距广州500公里，距桂林194公里。江永县东与江华瑶族自治县毗邻，西与恭城瑶族自治县接壤，南连广西富川瑶族自治县，北与广西灌阳县相邻，东北接道县。

勾蓝瑶距离江永县城区约35公里，向西南与"扶灵瑶"相距20公里，扶灵瑶沿岭边下到"清溪瑶"约8公里，清溪瑶沿岭边到"古调瑶"约5公里。在永邑四大民瑶中，勾蓝瑶地处东南方向，与其他民瑶紧密相连，是兰溪瑶族乡重要的平地瑶之一。这里亦是古代湖南通往广西富川、钟山、苍梧的重要通道，汉武帝征服南越时的"楚越通道"曾经过这里。

楚越通道是楚人入越的必经之路，古人有"楚人入越必由五岭"的说法。唐杜佑《通典》，对五岭作出明确解释："塞上岭一也，今南康郡大庾岭是；骑田岭二也，今桂阳郡腊岭是；都庞岭三也，今江华郡永明岭是；甿渚岭四也，亦江华界白芒岭是；越城岭五也，今始安郡北，零陵郡南，临源岭是。"这五条路，从远古以迄明清，是人们由北到南入越的主要通道。其中，第三岭江华郡永明岭指的就是今日的江永县。从(光绪)《永明县志》我们也可得知，唐天宝元年(742)，以永明岭(今都庞岭)定县名，改永阳县为永明县，属道州。从地理位置和行政划属上我们都可以确认，楚越通道曾经过勾蓝瑶。楚越通道曾是跨北到南的重要路途，具有连接南北交通、经济、文化的重要地位，这充分证明勾蓝瑶在历史上的重要地理位置。

1.2.2 交通状况

从村内石城门修向湖广石板路分支5条，总共有15条道路，其中7条通向广西富川县的各村，8条通向湖湘各地，总长度达75公里。这些历经数年的瑶路充分体现着勾蓝瑶的重要地理位置，也见证了勾蓝瑶曾经的繁华。现在勾蓝瑶人，踏着历史的轨迹续写着瑶人通向广阔未来、保存民族文化的新征程。在前往勾蓝瑶的路上，我们可以看到来自深圳、湖北、湖南等地方的画家用自己的画笔绘制它们心中美丽的勾蓝瑶。

1.2.3 地形地貌

典型的喀斯特地貌，造就了勾蓝瑶优美的自然景观。四周群山环绕，群峰竞秀，泉水涧流，农田碧水，层峦叠翠，山际轮廓线十分丰富，村落建筑红砖青瓦，错落有致，犹如一个巨大的天然盆景，具有优美的视觉景观效果。正如古庙碑志所记载的："吾村居于此，前川如虹贯日，后山如燕归巢，左右林壑尤美，中间绿水萦回。村舍为之环列，林树为之荫翳，增庙貌之庄严，壮神威之赫濯，聚族经居，乃应山川之王气。"

1.2.4 气候状况

夏日里的勾蓝瑶太阳还是那么温柔，冬日里的风也没有那么凛冽。它属于亚热带季风湿润气候，一年四季分明，气候温和，光照充足，雨量充沛，相对湿度大，冬暖夏凉，是适合居住的好地方。晴天的勾蓝瑶，阳光明媚，河水湛蓝，水清见底，亭台楼榭、蓝天白云在河水里留下美丽的倩影。勾蓝瑶是个雨水充沛的地方，雨天过后，四面山上，云雾腾腾，整个村庄包裹在云雾缭绕中，仿佛被轻轻捧在手心里。人们好像能隐隐地听到神仙们的窃窃私语声，真是奇妙。春夏季节的勾蓝瑶雨水充足，万物生长茂盛，人们临水而居，尽情地享受水给他们带来的清凉。秋冬时节，四面环山，整个村庄被紧紧地包围，像妈妈温暖的怀抱，挡住了风的来袭。外出打工归来的人们，有的是被北方干旱的天气赶回来的，有的是被热带地区的高温送回来的，有一个瑶寨小伙子告诉我，回来后就不想出去了，感觉这里的空气有一种养人的成分，在外所生的病回来都好了。

1.3 行政区划的变迁

江永又名永明，而勾蓝瑶寨是隶属江永县兰溪瑶族乡的一个瑶寨。区域的变迁总是在分分合合的历史浪潮中进行的，历史的曲线像俄罗斯方块游戏一样在变幻的纷争中，来来回回。江永县也不例外，在分分合合中描画着它的板块图，在图纸上写上了自己的名字。

1.3.1 江永县的行政区划

江永县在历史的长河里，在地域的变迁中叙述着它改名换姓的事实，官方

一点地说,是它的建制及由来。依(光绪)《永明县志》为原形,以下为江永的沿革:

秦始皇二十六年也就是公元前221年,建营浦县,县东北部属之。同年,王翦成都庞,请准设营浦县,属长沙郡,县北部为营浦地。

汉元鼎六年也就是公元前111年,在县西南置谢沐县(境内有谢水、沐水,故名),属交州苍梧郡;同时析长沙郡,置零陵郡,营浦改隶荆州零陵郡。县境西南部建谢沐县,县治先后设于甘棠、圳景、白塔脚、潇浦(今城关镇)。

三国(吴)甘露元年(265)至南北朝,谢沐属临贺郡(宋改临庆国)。营浦属营阳郡(西晋改零陵郡,梁改永阳郡)。

隋开皇九年(589),并谢沐、营浦为永阳县,属永州总管府[大业三年(607)改零陵郡]。唐武德四年(621)属南营州。贞观八年(634),置道州江华郡;天授二年(691)复置永阳县,属道州。唐天宝元年(742),以永明岭(今都庞岭)定县名,改永阳县为永明县,属道州。

宋建隆元年(960),永明属湖南路道州江华郡。宋熙宁五年(1072),分允山、允平、文德、谢沐、永川、崇福六乡入营道,兴化一乡入冯乘(今江华),废县为镇。

元祐元年(1086)复置永明县,属湖南路道州江华郡。宋景炎二年(1277),永明县属岭北湖南道道州路总管府。

明洪武元年(1368),永明县属湖广布政司永州府。洪武九年(1376),隶永州府道州。明复乡、里(都)、甲。清康熙三年(1664),永明属湖南布政司(后改省)衡永郴道永州府。清雍正十年(1732),永明属湖南省衡永郴桂道。清设乡、都。

民国元年(1912),永明县属永州府。民国四年(1915),废府州,保留道,县属湖南省衡阳道。民国二十四年(1935)改设区、乡镇、保、甲。民国二十六年(1937)十二月,湖南省划为9个行政督察区,永明县属第九行政督察区。民国二十九年(1940)四月,湖南省调整为7个行政督察区,永明县属第七行政督察区。民国三十三年(1944),黄沙湾及龙虎湖南街划给恭城县。

1949年11月21日永明和平解放后,永州专区改称零陵专区,永明县属之。1950年10月—1951年4月,富川县朝东区和恭城县栗木区划归江永县辖。1952年,撤衡阳、零陵、郴州专区,成立湘南行政公署,永明县属之。1954年,撤湘南行政公署,置衡阳、郴县两专区,永明县属衡阳专区。1955年冬,江华沱江区、大路铺区、白芒营区、桥头铺区和沱江镇划归永明县辖。1956 年 3 月，改永明县为江永县。1962 年，复置零陵专区，江永县仍属之。1979 年，零陵专区改称零陵地区行政公署。1995 年，废零陵地区，改置永州市，江永县隶属至今未变。2000 年，江永县辖 7 个镇、1 个乡、4 个民族乡。2001 年末，全县辖 7 镇、5 乡，229 村(居)委会。2004 年，江永县辖 7 个镇、1 个乡、4 个民族乡。

1.3.2　寨与村

勾蓝瑶寨是平地瑶的重要聚居区，这一地区所处的地理位置独特，自然环境优美，千余年来逐渐形成了目前的大兴村、上村和黄家村(曾名下村)。这三个村相互联系，形成品字形村落结构，通过历代居民对当地环境的适应和改造，在此基础上建立了较为完整的村落防御体系，形成了目前紧凑有致的村落聚居状态。

● 依山傍水的勾蓝瑶寨

首先，整个村落的选址以勾蓝瑶人所处的环境、生产发展及生活便利为指导思想，形成了安全防御与实际生活相结合的依山、傍水、临路的整体格局。黄家村主要依老人山、大木脑山，而上村则依怡山而建，房前就是兰溪水面最宽的水域。在勾蓝瑶寨的村落建造体系中，安全性被提到了第一位，他们利用环山的地形趋势建立防御工事，保证了瑶寨内人民的安全。其次，生活的便利性。依山傍水的环境使得村落易于布局规划，而河流为居民提供了必需的生活、生产用水，勾蓝瑶寨有兰溪、兰水两条溪流贯穿村落而过，为村民的生活提供极大的便利，有利于勾蓝瑶人的生存与发展。最后，勾蓝古栈道是人们与外界联系的窗口，民居选址依路而建，对生产生活都有极大的便利又有利于出寨交流。

勾蓝瑶寨是上村、黄家村、大兴村这三个村子的总称，共三千多人，十三姓氏，根据姓氏的不同又形成了大大小小十三个自然村。上村包含两个自然村，居住有欧阳、蒋、周、何四姓，有顾姓于元代前迁居，已不知去向，但流传至今的顾家桥、顾家凉亭仍在。黄家村包括欧阳氏茶园、麻斋圩、桥头、槐树下、黄家湾五个自然村。中华人民共和国成立初期因上村有黄姓、下村有黄姓分成两片搞土改，叫上黄和下黄；后从初级社转高级社再到人民公社，上黄与下黄合并共称黄家村，此即原古村下村的易名。黄家村有欧阳、黄、何、杨、周五姓，有毛姓于20世纪初衰败，但毛氏遗留的毛家田、毛家塘、毛家围等依然用其名。还有苏氏一族，传说因苏一士帮助秦王李世民统一天下有功，敕封在长安当官，其家属亦陆续迁往，销声匿迹，而现在的苏家庙（相公庙）、苏家戏台、苏家坝、苏家函山仍在。清光绪年间有刘姓一户到此居住，有五代，如今已加入欧阳姓中，不复存在。大兴村曾是通往湖广的交通要道，所以也叫大径村，有四个自然村，住有李、雷、何、田、曹五姓。勾蓝瑶寨的姓氏结构较为复杂，特有的招郎入赘婚俗给它蒙上了一层神秘的面纱。

1.3.3　村寨与周边环境的关系

看似深居大山深处的勾蓝瑶寨与外界的联系十分紧密，曾经是重要的古栈道，具有重要的历史意义。在整个寨子西面较广阔的连接外界的平坦处，有一座马腰山当中立断，形成了两个大隘口，勾蓝瑶寨在马腰山与车尾山隘口修建起防御大城墙一座，在兰溪河的两岸设两座城门，一条从马腰山边的大城门而过，通向主要耕作区和桃川洞到江永县城的道路，一条从车尾山边开城门通向耕作区和通往广西富川县的交通要道。勾蓝瑶的第一道防御工事既是保证村寨安全的第一关，又是寨内与寨外联系的纽带。大兴村在马腰山边到神仙脑山的神仙洞之间的隘口修建了一座横河而过的古城墙，马腰山边是大城门，门路通广西富川，在神仙脑山边开小城门，通耕作区，这座城墙既是大兴村最主要、最大的防御工事，也是大兴村与广西富川等地人们往来的门户。黄家湾城墙、上村的旗山坳、阳家背城墙、寨门山城墙和大兴的虎岩城墙、何家坳城墙，加上前文所述的黄家村的车尾山城墙与马腰山的关王庙大城墙(这两处均为两座)共九座古城墙是勾蓝所有山道隘口。白天人们要到山间耕作或与其他地方联络时就打开大门,夜晚关上城门。

勾蓝瑶属平地瑶,在与汉族融合的过程中,形成了自己的一套独立体系,总体表现为勾蓝瑶人与汉族人形成了和平相处的局面,以及在汉化的基础上形成了特色。从语言方面来讲,勾蓝瑶有瑶人内部使用的语言,在当地称为"土话",又有与周边的汉族人交往时使用的语言,他们称为"官话"。现在的勾蓝瑶人,与中国语言大环境结合,会讲带瑶语腔的普通话,这些足以体现他们开放性的一面。

1.4 山水环境

勾蓝瑶寨是在群山绿水之中的一座城堡,四面环山,中间是村庄和田地,美丽的兰溪河从村落田间流过,给静谧的勾蓝瑶寨输送了活的水源;优美的自然环境、山水资源和村落布局是中国传统的"天人合一"的思想理念在勾蓝瑶的生动体现。天人合一思想,是中华民族五千年来的思想核心与精神实质,它指出了人与自然的辩证统一关系和人类生生不息、则天、希天、求天、同天的完美主义和进取精神,亦体现了中华民族传统的世界观、价值观及思维模式。在勾蓝瑶人的心目中,一种无形的尊重自然、崇尚自然、保护环境,与自然山水为友的思想理念,让他们时时守护着这片优美的环境。他们通过自己的辛勤劳动创造了家园,并与大自然同体同源,从而使勾蓝瑶寨形成了"依山、绕水、面屏"的自然景观特点。勾蓝瑶寨将天人关系所代表的万物矛盾间的两个方面,即内与外、大与小、静与动、进与退、动力与阻力、被动与主动、思想与物质等对立统一的要素,用最实际的生活演绎得淋漓尽致。兰溪八景用最为直观、典型的方式把勾蓝瑶的故事讲述得优美动听,每景一个记载、一首诗、一个故事、一种情怀。它像是勾蓝自然山水环境的多面镜,从各个角度让我们领略这里的山山水水,体会天与人作为宇宙万物矛盾运动的代表,如何共生共依,最透彻地表现天地变迁的原貌和功用。

1.4.1 勾蓝瑶的山

勾蓝瑶的山有独特的翠绿,绿得像一层碧波,像一颗颗翡翠,是瑶人从事耕作采集和狩猎的理想空间。群山像一个个绿色的大麦垛，树立在瑶寨的周围。从地面至山巅的垂直高度在一百米到两百米之间，山与山之间，人们修建了九道城墙和城门，是勾蓝瑶寨重要的防御系统。车尾山、老人山、马腰山、龙岩山、望月山等九座山脉首尾相连，勾蓝瑶寨就坐落在群山环绕的长形平地中。由于勾蓝瑶有不能乱砍伐树木的传统，至今植被保存非常好。极目远眺，满眼苍翠，绿意盎然，充满生机，是山鸡、斑鸠、喜鹊、山鹰以及蝴蝶的乐园。在山间的平坦处，大人们在这里耕种劳作，小孩子们来此放牛，牛儿悠闲地享用着青青绿草，小孩们嬉戏打闹，玩累了就坐下来唱起了山歌，歌声在山谷间、田野间回荡，与鸟儿们比歌喉。勾蓝瑶人的生活劳作是与大山为伴，大山给了他们丰富的资源，是他们坚实的堡垒和最值得依靠的朋友，也是小孩们的天然游乐园。

● 勾蓝瑶的山

1.4.2　勾蓝瑶的水

　　勾蓝瑶人的生活与水结下了不解之缘，勾蓝的水，尤其清澈，蜿蜒透彻的溪水，在村庄田园间流过。整个勾蓝瑶寨的水发源于上村的蒲鲤生井，天然的井水流淌着形成了兰溪河。兰溪河像一条玉带贯穿整个勾蓝瑶，在山间稻田中穿梭。大大小小的溪流，在人们的房前屋后流过，供人们生活、灌溉、游玩，让勾蓝瑶人的生活具有了"活"的意义，充满着新的生机。为人们带来快乐的兰溪河与流入桃河的水系汇合，经广西恭城、桂林至珠江，汇入南海。

● 勾蓝瑶的水

　　清晨，鸟叫声、蛙叫声、潺潺的泉水声，伴随着池塘边棒槌敲打衣服的声音，像一曲勾蓝瑶的晨曦曲，奏响了人们一天的生活。车水马龙的泉水边你来我往，大家都忙碌着开始一天的劳动，这里也成了各种信息传达的传输带。炎热的中午，一群孩子在水里嬉戏玩耍，他们你追我赶，一会扑通一声潜入水中，一会冒出头来四处张望，尽情地给小伙伴泼水。一群鸭子也来凑热闹，在河里尽情地游荡，时而东张西望，时而潜入水底。傍晚，忙碌了一天的水牛，在河里不停地摇摆着尾巴洗去身上的泥巴。吃完晚饭的人们，在河水边、凉亭上谈论着一天的生活。

勾
蓝
瑶
的
生
活
用
水

　　勾蓝瑶的美景与山水环境分不开，瑶寨内的生活用水也是很有讲究的。勾蓝瑶寨的饮用水全部是井水，由于离城市远，水质污染少，勾蓝瑶寨的饮用水就是天然矿泉水。勾蓝瑶寨的用水呈三级状分布，最上面的井水是供人们直接喝的水，是人们用担子挑回家或路人饮水的水源，属于整个水系的最上游；第二级水是供人们洗碗洗锅的厨房用水，在饭后人们会用竹篮子提着要洗的餐具来这里清洗，第二级水可以说是勾蓝瑶人的厨房洗碗池，是大家公共的清洗台；第三级是汇入河的供人们洗衣用的水，节前节后，傍晚黎明，人们会把要洗的衣服都统统拿到这里洗得干干净净，洗衣时，大家在一起拉拉家常，说说笑笑。

　　勾蓝瑶的山是留藏着欢笑声的山，勾蓝瑶的水是流淌着和谐声的水，这里是人们与大自然亲密接触的地方，是人们忘却自我、沉浸在优美山水中的世外桃源。

1.4.3 兰溪八景

勾蓝瑶美妙的山水环境造就了怡人的风光景色,康熙壬子年(1672)曾有"兰溪八景"一说,以描述这里世外桃源般的风景。"兰溪八景"也就是在那个时候盛行起来的,一个地方,一首诗,一个故事,一种情怀,一种境界。这八景是勾蓝瑶美丽风景的最典型代表,也是人们品味勾蓝瑶人生活格调、民俗民风、历史文化、精神信仰等的一幅幅优美画卷,是我们深入了解勾蓝瑶人生活的自然取景点。

第一景　蒲鲤生井

> 厥井犹来古,天然景致幽,水深蒲掩映,浪细鲤沉浮。
>
> 树老浓荫久,人多报吸稠,天光云弄影,山色翠欲流。

蒲鲤生井位于勾蓝瑶上村,水清甚幽,是兰溪河的发源地,也是整个勾蓝瑶的水脉之源。井旁有石鼓登亭、戏台,有重阳古木,密密树叶遮盖着蒲鲤生井,景致优美,是大自然最好的恩赐。离井不远的地方有供人餐前和餐后休闲、聊天的半边凉亭,是游人到此歇息,与瑶人交流、避雨、乘凉的地方,是景、物、人交相呼应的最佳之地。

第二景　山窟藏庵(佛地龙岩庵)

> 佛地厌繁华,清幽境足跨,岩深庵雅静,路遥树零参。
>
> 入座花香满,前山鸟语哗,骚人常至此,忘却日西斜。

山窟藏庵这一个景的主景是龙岩庵,建在龙岩山的群山环抱之中,从村中上山,经半山腰两凉亭上山顶至龙岩佛地,须翻越五重山。这是一个清幽雅静、鸟语花香的祈福之地,是人们精神得以寄托的地方。有文人墨客在此作诗作赋,抒情表意,流连忘返。据说在汉代,这里是信男信女们登山拜佛抽签求财、求佑、求福、求生机、求平安、求祛灾驱邪之地。

第三景　犀牛望月

> 骨角形弥肖,犀牛号不差,仰窥天上月,逆旁水之涯。
>
> 倒影吞溪柳,翻溺吸浪花,名梁桥上望,不觉晚霞遮。

地处勾蓝瑶大石墙门之外两公里的地方,在古代通往广西富川和桃川的河道上有一座古桥梁,名叫犀牛桥。犀牛是农耕文明时期勾蓝瑶的吉祥物,是人们智慧和勤劳的有利助手。传说石驳塘是犀牛饮水照月的地方,犀牛死后化身为犀牛山保护着世世代代的勾蓝瑶人。犀牛山仰望明月的倒影成为一道神话般风景。每当日落西山，月升东水，犀牛山望着明月，侧影水中，水面静而朗朗明月似亲吻犀唇，山触皓月，皎白青黛，两相辉映，月色更美。

第四景　天马扫槽

> 诱首诺华骝，超漾廻不体，峰高千丈壁，永漾一溪流。
>
> 骏足跨双岸，虹腰系两头，夕阳频返照，形迹似月留。

天马扫槽这一景位于兰溪下关古城墙，属于培元桥兰溪河地带，是车尾山和马山两山之间的天然豁口。左边是车尾山，右边是马山（此山以天马命名，又名马腰山），也是进入勾蓝瑶寨的总路口。传说兰溪河是天马马尾扫出来的一道槽，是勾蓝瑶人生产、生活的生命线。千百年来，勾蓝瑶人为了保护自己的家园在此修建了一道古城墙及瞭望台，并建城隍庙作为备战的最佳场所，现在成为人们追忆往昔、欣赏美景的最佳地段。

第五景　石窦泉清（清水庵景区）

> 雅境饶佳越，清泉石窦流，水深鱼性乐，林密鸟声柔。
>
> 地健禅心寂，霞生井沉浮，闲堪悟道法，何必步瀛洲。

这是"石窦泉清"这一景的描述。石窦泉清属清水庵、顶天宫、三门街景区，位于黄家湾山脚，三面环山，一面清泉流向农舍良田。水依高山而生，从石缝中涌出，泉水打在岸边的石头上，朵朵小浪花溅起，泉水清澈见底，甘甜倾心，沁人心脾，是天然的饮用矿泉水。一进入景区便能看到一座明代古凉亭，有四百余年历史，是供人们休息、纳凉、集会的"井头凉亭"，是给人们带来戏谑与欢乐的地方。人们因它建在水边，用水十分方便，因此也称它为风雨亭。

第六景　古塔钟远

> 寺古钟尤古，峰高送远音，山鸣僧入洞，谷响鸟投林。
>
> 竹径通花径，禅心契道心，碧潭空映月，任我浣尘襟。

从黄家湾守夜屋城墙进入约两百米，是兰溪第六景的地方，石路左下方是文昌阁，路右上方山边就是规模宏伟的"宝塔寺"。寺背山上有一幅天然唐僧驯猴的石像，再加上宝塔寺的暮鼓晨钟和众多求神拜佛烧香化纸的信士游人，好似一个极乐世界，使人心旷神怡，让人体验到幽幽古塔钟声远的意境。

第七景　亭通永富

> 古道通湘粤，名因永富留，四周青障碧，一路绿阴稠。
>
> 过客幽情畅，前人善念周，凉风生六月，炎暑似新秋。

亭通永富这一景位于离瑶堡两公里外的耕作区域。在"虎溜面"山场之下、何家坳古城墙下山道与"楚粤通道"会合的地方,有一座凉亭,名叫"永富亭"。永富亭也是湖南古代通往广西的必经之地,是集贸易交通、游人往来、亲朋交往、士民官宦贩卖经商的憩息之所,远行客人可以在这里休息、饮水、畅谈、交流,与在这里耕作的瑶人一道,共同享受这一碑亭赋予的绝佳恩惠。此处是勾蓝瑶人生产耕作的中心地带,是劳作之余的休息之地,是烈日高悬的避暑之地,是带餐外食之地,是解渴饮水的供水亭,是在外作业人们集结最适合、最热闹的地方。"亭通永富"这一景主要体现了勾蓝瑶人与外界的友好相处。在这里,我们看到的是勾蓝瑶人的淳朴、热情和好客。

永富亭长年累月有人挑水,从不间断,为劳作人们和远行客人在烈日之下、口渴之际,提供甘甜的泉水,而且不用付钱,尽情享用,这种浸入内心深处的清凉是多么令人舒畅,这样的精神,这样的饮水亭,勾蓝瑶有六座之多。让我们时时体会到的是勾蓝瑶人的无私关怀和好客之情,感受到的是淳朴的民风。这种风气在今日的勾蓝瑶仍有独特的体验。洗泥节前夕的人们纷纷来到勾蓝瑶寨,在居民家饭桌上的竹篮子里有他们做的粑粑,不管远方的客人认识的、不认识的都可以随便拿去吃,谁到谁吃,吃完为止。这难道不是这个千年瑶寨为我们内心添置的心灵鸡汤吗?

第八景　岩号平安

> 岩以平安著,名归实不虚,就渊真脱纲,得所赋爱居。
>
> 贱盗凭猖獗,烟云任卷舒,尘氛如有警,财帛尽归储。

这是古人对岩号平安这一景的描写。它位于勾蓝瑶东方最高位置的欧阳家背古城墙一带的地方。旗山与寨门山隘口的古建城墙,山上岩洞极多,是避兵藏物的地方。山高路险,在阴映的山林掩护下不露面的岩洞显得格外安详,大小众多的岩洞,其中以硝土岩和龙母洞最为人知。神奇的山峰、峭壁,层山叠峦,绿树成荫,群峰竞秀,异样花情,是兰溪山最秀之处。一条上山古石板路宽阔、陡峭、高远,是勾蓝瑶人的伟大杰作。瑶路上了几重山,是耕作路,又是防战路。复杂的地形地貌为勾蓝瑶人进行防御战争带来得天独厚的优势,这里山重水复,青山叠峦,山坳溶洞,千奇百怪,峭石嶙峋,是瑶人防御、战争的最佳之地。李三娘就凭着这熟悉而复杂的山峦重创元兵,保护了人们生命财产的安全。这一景是对勾蓝瑶的山作为自然屏障,保证整个瑶寨平安的一种重要体现,具有历史纪念意义。

1.5　人文景观

勾蓝瑶寨位于四面环山的一个平地里,东西狭长,是由黄家村、上村和大兴村这三个村组成的行政村,这三个村相互联系形成三角形村落布局,其中黄家村在瑶寨入口不远处,往东北方向是大兴村,上村地处东南。勾蓝瑶寨四面环山与完整严密的防御体系相结合,对外抵制外来干涉保护家园,对内和谐共处保证生产的顺利进行和生活的丰富多样。一方面体现了瑶族人具有的科学严谨性,另一方面体现了他们生活的艺术性。在四周的高山形成一道防御外来入侵的天然屏障之上,又有石城墙(石寨门)、守夜屋、关厢、门楼四道防御系统的守护,人们在这些坚实的保护下安居乐业,把生产、生活与自然环境结合起来,建造了美丽的瑶寨。

村落住宅选址依山傍水,山前山后农田包围,山上有大片的果园,整个布局聚散有致,像是躺在一座座山的怀抱里,枕着兰溪河这条玉带,悠然自得。勾蓝瑶寨的整个格局是静态的建筑与动态的人相结合,呈现出了动中有静、静中又有灵动性的既复杂又井然有序的布局。

整个村庄的建造因地制宜,在大山的怀抱中忽隐忽现,青山绿水中有独具特色的红砖青瓦瑶族民居,或依山而建或依水而就,选址与自然融为一体。房屋飞檐翘角;檐饰彩绘或砖雕,素雅为主,点缀小型青石花格窗。整个村庄有四通八达的小巷子,每家每户互相连通又有幽静独立的院门。

1.5.1　科学严密的防御体系

勾蓝瑶同胞为了保护自己的家园、防止外来的侵入,依山就势,建造了中国古代城墙式的防御工事,并在中国古代城墙军事防御基础上灵活应用,找到了适合的特殊性体系。其由外到内,修筑了四道防御工事——石城墙(石城门)、守夜屋、关厢、门楼,布置着从宏观到微观的层层关卡。据说在日本侵华战争时期,勾蓝瑶的完整防御体系保护了村落的安全。

第一道防御工事是村寨外围的石寨门(石城门)及与之相连的石城墙。明洪武年间,为把守隘口,勾蓝瑶人依山就势在关隘口修建了九座石砌城门及石城墙。石墙上有瞭望孔、烽火台和警钟,石墙门两翼筑有石墙,高二丈①,宽丈余,

---

① 1丈=3.3米。

是名副其实的明代古城墙。石城墙将两山坳之间与四周群山这一天然屏障结合起来，是自然与人类强强联合的严密工事。作为防御体系中最基本的组成部分——石城墙，其中间有城门，一方面，抵制外来的干扰，使村寨的安全有了基本坚实的保证，另一方面，方便寨内的人与外面的交流往来，是寨内外连接的关键性窗口。在防御性上，石城墙和石寨门与中国古代的城市城墙式防御工事如出一辙，充分体现了瑶人因地制宜的聪明才智。

第二道防御工事是村里的守夜屋。守夜屋是防御与生活紧密结合的重要标志。守夜屋建在各自然村的总路口处，是村民进入自己村子的必经之地，是各自然村在晚上轮流值守的处所。守夜屋一般分为上下两层，高六七米，下层有大门把住路口，上层有瞭望孔和枪眼。从防御体系上讲，守夜屋是各自然村的坚实堡垒，人住上层，在晚上轮流值班，时时监控自己村落的安全。下层有供村民歇息的木凳或石凳，人们聚居于此，聚会和娱乐，谈笑风生，一片生活化的场景。

石头街守夜屋

第三道防御工事是关厢。关厢是建在守夜屋后面并能出入到各自然村的道路口上，可以说是小守夜屋或二道守夜屋，在守夜屋门的基础上增加一道门的把关。晚上守夜屋关门，关厢关门，进入各自然村的道路被全部切断，旁人无法入村。关厢的建造方式与守夜屋相似，也有楼、门、瞭望孔、枪眼，其建筑无守夜屋那么大，较简单，下层无供人休息的木凳或石凳。关厢现在已经全部损毁，只有在建造的地基上，我们才能够找到它的足迹。

● 将军门楼

第四道防御工事是门楼和巷道门。门楼是以各姓氏家族为主建立的，每姓一个至几个门楼。勾蓝瑶共有欧阳、黄、周、何、杨等 13 个姓氏。门楼是每个姓氏自己家族的坚实堡垒。门楼是家族的代表建筑，也是家族精神的象征，其建筑也较为精美，多为全木结构，飞檐翘角，雕梁画栋，美观大方。门楼比守夜屋宽，大多数门楼有正门、侧门，晚上大门关闭，留侧门出入。门楼与主干道垂直，并衍生出数条次干道，每条次干道旁有几个巷道门。巷道门内是宅门，巷道门的院落是最基本的单元住户。巷道空间小且迂回多变，加之丁字路，尽端小巷的处理营造出一种迷幻的氛围。走在勾蓝瑶的小巷子里，从偶尔的门隙间能瞥见鸡妈妈带着小鸡仔觅食，屋里人拉家常，悠闲自得。农家生活的娴静与自然，让从喧闹城市中来的人们恍惚进入另一个世界。

1.5.2　质朴的古民居

勾蓝瑶遗存至今的古民居大部分是明清时期修建的，现尚存明代古民居二十二座、清代民居五十一座、祠堂十四座、门楼二十四座。总体建筑风格融入瑶、汉、壮等多民族元素，是集生活与防御一体、质朴与典雅相结合的独具特色的古瑶居。总体上呈现出朴素淡雅的建筑色调，有别具一格的山墙造型、紧凑通融的天井庭园、古朴雅致的室内陈设。古民居的墙体都是以火砖砌成，统一为红砖青瓦。屋顶多采用悬山式，内部结构及装饰多为木质。民居多分为两层，一楼多为"三堂间"布局，平面布局整齐对称，中堂比两厢宽，为客厅和宴客之所，正壁为祖先牌位祭祀处，正堂对面为天井，天井面积不是很大，天井前设照壁。两厢多为厨房、卧室、书房。二楼多为卧室、储藏室。一楼中堂不开窗户，其他堂屋和卧室都有大的窗户。正壁后设通向二楼的楼梯，大都为实木结构，楼梯相对较窄，节省了很大的空间。二楼开设小窗户，仅用砖砌成，木质窗框，站在窗户前，视线十分开阔，有些类似于瞭望台，不但可以瞭望远方，还有防御的效果。古民居的装饰是利用当地材料、工艺和技术的特长，因地制宜，就地取材，通过石雕、砖雕、木雕、陶雕、灰塑、彩画等形式来体现装饰艺术美。建筑的装饰不仅起到美化民居的作用，而且还展现了勾蓝瑶的历史和文化。古民居装饰主要集中在门、窗、雀替、栏板、柱础、风火墙等部位。现在有些古民居仍然可以看到纺纱机、蓑衣、打谷机、石磨等农家生产生活的日用品。

1.5.3　静雅的书屋

勾蓝瑶历来十分注重对子孙后代的教育。明清以来，他们修建了大量的私塾作为家族性的教育场所，还有部分较为富裕的家族在自家院落建书房供后生读书。现存的书屋、私塾有何家书屋和欧阳私塾，其中最完整的、最具代表性的当属欧阳私塾。欧阳私塾建在黄家村较为核心的区域，四周树林茂密，碧水青山，环境宁静，是读书的好场所。建筑开间约十米，进深近九米，分上下两层。一楼正厅具有较大的空间，是老师授课的场所，相当于现在的教室。它设有宽天井，用于建筑的通风和采光。二楼用木板隔成四间小卧室，供学生休息。二楼还有廊道，站在廊道上倚着雕花栏杆，凭栏远眺，青山绿水尽收眼底。

● 从民居二楼远望

● 民居门口

1.5.4　农耕文化的活态样本——牛庄屋

勾蓝瑶最具特色的建筑是牛庄屋，它是指在距离水田较近的坡上，由若干户联手共建的人畜共享的"回"字形大屋。这是当时为了提高农事效率、就近耕种、减轻运输负担、缓解季节矛盾而修建的。现大多已废弃，成为村民追忆往事的纪念物。

● 遗存的牛庄屋

牛庄屋是勾蓝瑶寨因历史政策而形成的一种生产建筑。勾蓝瑶族明朝时才被招安，从山中搬到平地，为鼓励其发展生产，官府制定了瑶人可买汉田、汉人不可买瑶田的政策。于是瑶民通过自己开荒以及购买汉人田地的方式获得田地，而最远的田地离村寨甚至有三十多里。勾蓝瑶寨的村民为了劳作方便，不用每日早上去远处种田还要当日回来，便在离村较远而田地又集中的地方修建了牛庄屋。现存最早的牛庄屋是二十世纪二三十年代修建的，整体全木结构，上有青瓦盖顶，一楼关牛，二楼住牛主人，关牛房间有木制的放草槽，人踩在上面上楼，一家养一头牛。二楼只有木制构架，各间屋之间没有遮挡物，旁边人家炒什么菜一目了然，不遮挡是为使空气流通。牛庄屋可以是全村人出钱出力修建的，也可几家合修一座牛庄屋。牛庄屋整个建筑格局是"回"字形，中间一条石板路，入口处有一道门，后面还有一道门，两边是牛庄屋。往日此处的建筑唯有牛庄屋，后来慢慢有村民搬迁到此生活，现有 20 多户居住于此。

勾蓝瑶寨的人们在青山绿水的自然环境中谱写着他们的历史，世世代代的人们为山水歌唱，为山水续情。这些会在河水的流淌声中、在山峦的招手中得到回应，然而关于勾蓝的序曲才刚刚奏响，山水有情人更有情。

第 2 章
勾蓝瑶的迁徙历史

2.1 明洪武初年以前瑶族祖先的迁徙历史

勾蓝瑶于明洪武九年（1376）受朝廷招安，明洪武二十九年（1396）归化入籍。为了更好地研究勾蓝瑶先民的迁徙情况，有必要先了解明洪武初年以前整个瑶族的迁徙历史。瑶族是一个古老而历经苦难的民族，也是一个迁徙频繁的民族，其历史可追溯到几千年前的远古时代。瑶学专家李本高指出，要探寻瑶族的族源，就应该从蚩尤、苗部落和三苗部落联盟探起。瑶族的起源可以概括为三个发展阶段：第一个阶段为远古时期的尤人、九黎、三苗等，活动时间大致在新石器时代，活动范围在黄河、长江中下游一带；第二个阶段为先秦时期的荆蛮，其活动时间大致在夏、商、周时期，活动范围在古荆州地区；第三个发展阶段为秦汉至南北朝时期的盘瓠蛮，活动范围主要在荆楚之地。

瑶族的祖先，最早可以追溯到黄帝时代的蚩尤九黎部落。距今四五千年前，生活在我国长江中下游和黄河下游一带的原始人类逐渐形成了以蚩尤为首领的名为"九黎"的部落联盟。蚩尤九黎部落凭借优越的地理条件，逐渐发展成为雄踞我国东方的强大部落。生活在我国黄河上游姬水的黄帝部落联盟，也不断向黄河下游发展，与九黎部落经常发生冲突，最后两个部落在涿鹿（今河北省涿鹿县）大战，蚩尤被杀，九黎部落战败，被迫向南方迁徙。

到了距今约四千年的尧舜禹时期，九黎部落又逐渐发展起来，形成了长江流域势力最大的部落联盟——"三苗"。《战国策》记载："昔者，三苗之居，左彭蠡之波，右有洞庭之水，汶山（今吉水县）在其南，而衡山（今安徽霍县天柱山）在其北。"由此可知，当时三苗部落聚居于洞庭、鄱阳诸湖地区和汶山、衡山等地，与尧、舜、禹为首的部落联盟进行长期的抗争。尧让位于舜帝时，其子丹朱不服，联合三苗之君争夺王位。《山海经·大荒南经》记载："昔尧以天下让舜，三苗之君非之，帝杀之，有苗之民叛，入南海为三苗国。"尧与三苗战于"丹水之浦"（今河南淅川县），三苗战败，尧杀了儿子丹朱和三苗之君，让舜接替自己，成为各个部落的首领。三苗战败后，被迫向岭南地区迁徙。尧以后，舜继续与南迁的三苗部落斗争，采取了大修武事和文教两手策略，一方面用战争的手段压制三苗部落，另一方面不断推动中原文化的南渐，加强对三苗文化的影响渗透。舜晚年时，三苗部落又逐渐发展起来，且不归顺。《淮南子·修务》记载：舜晚年亲自"南征三苗，道死苍梧"。《史记·五帝本纪》记载：舜"践帝位三十九年，南巡狩，崩于苍梧之野，葬于江南九嶷，是为零陵"。由此可见，零陵苍梧九嶷山一带是三苗部落当时主要的活动区域。禹继位后，对三苗发动了大规模的征伐，三苗部落联盟的势力终于被彻底削弱和分化瓦解，大部分三苗人被迫离开江淮和洞庭、彭蠡之间的平原地带，避入山林沼泽，开始向西北和西南山区迁徙。

商、周时期，三苗的后裔汇入长江中游地区的"南蛮"（又称"荆蛮""荆楚"）。《尚书·吕刑》记载："三苗，九黎之后。盖黎与苗，南蛮之名，今日犹然。"由此可见，九黎、三苗、南蛮、荆蛮之间有着一脉相承的渊源关系，他们是瑶族不同时期的先民。"南蛮"不断发展壮大，成为楚国的重要组成部分。到西周中叶，"荆蛮"已成为周朝南方的劲敌。故从周昭王开始，周朝对"荆蛮"多次进行"征伐"，"荆蛮"的势力受到削弱。

汉晋时期，三苗被称为"盘瓠蛮"。"盘瓠蛮"，始见于东汉时期的册籍。盘瓠传说始于应劭所撰之书，详于《搜神记》，完成于《后汉书·南蛮列传》，流传于后世。南朝宋人范晔的《后汉书·南蛮列传（卷八六）》所载盘瓠传说，反映了盘瓠蛮的生活习俗等历史事实。从生活地域来看，盘瓠蛮主要包括"武陵蛮（又称五溪蛮）""长沙蛮""零陵蛮"与"桂阳蛮"。秦汉时期，郡县制广为推行，人们习惯用行政区划来命名居住在各个地域内的少数民族群体。在西汉和东汉的武陵郡居住的少数民族被称为"武陵蛮"。在西汉的长沙国及东汉的长沙郡生活的少数民族被称为"长沙蛮"。同样，在西汉零陵、桂阳两郡居住的少数民族被称为"零陵蛮"和"桂阳蛮"。东汉武陵郡的范围主要在今湖南西部地区；长沙郡的范围主要在今湖南东部地区；零陵郡的范围主要在今湘南及粤西北；桂阳郡的范围主要在今天湖南郴州地区。

三国时期，盘瓠蛮主要包括武陵蛮、湖湘山民和江西山民等。三国时期，武陵蛮的归属前后有所变动。建安十三年（208）赤壁之战后，吴、蜀分荆州，武陵归蜀；章武三年（223），刘备兵败后，武陵复属吴。两晋时期，两湖地区蛮族势力得到迅速发展，并不断向北扩张。南北朝时期，盘瓠蛮主要有荆州（治今湖北江陵）蛮、雍州（治今湖北襄阳）蛮、武陵蛮、天门（治今湖北天门）蛮、湘州（治今湖南长沙）蛮与莫徭蛮等。需要强调的是湘州界零陵（治今湖南零陵）、衡阳（治今湖南衡阳东北）郡内山险之地出现了莫徭蛮。据《梁书·张缅传（附传卷三四）》记载："零陵、衡阳等郡，有莫徭蛮者，依山险为居，历政不宾服，因此向化。"由此可见，瑶族先民与湘州蛮的关系最为密切，南朝莫徭蛮包含于湘州蛮中。

有关莫徭之名的来历，《隋书·地理志下（卷三）》记载："诸蛮本其掘，承盘瓠之后，故服章多以班布为饰……长沙郡又杂有夷蜒，名曰莫徭。自云其先祖有功，常免徭役，故以为名……武陵、巴陵、零陵、桂阳、沣阳、熙平皆同焉。"这段是莫徭之名来源于不供徭役之说的早期记载。隋代莫徭主要集结于今湖南境的长沙郡（今长沙）、武陵（今常德）、巴陵（今岳阳）、零陵（今零陵）、桂阳（今郴县）、澧阳（今澧县东南）、衡山（今衡阳）以及今广东的熙平（今连州），两粤地区的瑶民大多是后世才迁入。

唐朝开始对少数民族采取羁縻政策，对瑶民的控制政策较为宽松。湖南仍是唐代莫徭分布的主要基地。唐代瑶人的聚居地为今湖南的潭州（今长沙）、衡州（今衡阳）、郴州（今郴州）、永州（今零陵）、道州（今道县西）、邵州（今邵阳）以及今广东的连州（今连州）等地区。

宋代有了"瑶"的族称。宋代瑶族仍主要分布在今天的湖南地区。今湖南地，在宋代被划入荆湖北路与荆湖南路两政区。荆湖北路包含有岳（今岳阳）、澧（今澧县）、鼎（今常德）、辰（今沅陵）、沅（今芷江）、靖（今靖县）六州；荆湖南路共分潭（今长沙）、邵（今邵阳）、衡（今衡阳）、郴（今郴州）、永（今零陵）、道州（今通道）和桂阳监（今桂阳）、武冈军（今武冈）以及广西境的全州，这就是史称的"湖南九郡"。宋时的湖南九郡及荆湖北路的辰（今沅陵）、沅（今芷江）、靖（今靖县）三州是瑶人活动频繁之区。宋代，原居住在荆湖南路的瑶族越过南岭迁入岭南地区，逐步形成了今天"南岭无山不有瑶"的基本格局，也使岭南成为瑶族的主要分布地区，而湘南、湘西南的南岭北麓仍是瑶族分布的次重要地区。

据《宋史·曾孝序传》记载："道州瑶人叛"；元祐四年（1089），"道州永明（今江永县南）瑶贼复判"。（光绪）《永明县志·山川》记载："天步峰，南宋时，瑶寇秦孟明陷永明，提刑使文天祥授将计平之，即是处。"（光绪）《永明县志·艺文》记载："宋末，江（万里）、文（天祥）两相国，驻节古泽，计擒资魁于粤瑶平源下界，其连壤即大源、小古源是也。"这些资料充分表明，江永县在宋代已成为瑶人活动的重要区域。

瑶族的大规模迁徙始于宋代，从湖南向南深入广西、广东，瑶族的人口分布和中心区域发生了转移，粤北和桂东、桂北地区成为新的瑶族中心区域。宋代广西瑶分布在静江府（今桂林）、融州（今融水）、宜州（今宜山）、南丹州（今南丹)、邕州(今南宁)、梧州(今梧州)、郁林州(今玉林)、贺州(今贺州)等地。换言之,主要居于桂北、桂东地区。广东瑶人主要居于连州(今连州)、韶州(今韶关)等地。

元代,瑶族的名称出现了"永明县峒瑶""广西峒瑶"等多种称谓。在瑶语里,"峒"是指四面是高山的盆地,盆地里有山上流下来的水灌溉农田。据《元史·泰定帝本纪二》记载:泰定三年(1326),"乞住招瑜永明县五峒瑶来降";泰定四年(1327),"道州永明县瑶为寇"。光绪《道州志·兵防(卷六)》记载:"元统元年(1333)冬十月,广西瑶寇道州,千户郭震战死。"由此可见,道州为元代瑶人的重要聚居地,且瑶民的反抗事件不断发生。因此,湖南瑶族继续南下,使广东广西的瑶族分布更广、人口更多。元代瑶族迁徙史上的大事是大德九年(1305)瑶民逃离千家峒,也就是瑶族开始向南岭山区迁徙。宫哲兵教授在其著作《千家峒运动与瑶族发祥地》中认为,"千家峒运动"是指围绕着千家峒故地而发生的文化传播、舞蹈祭祀、圣地认同、寻找返回的活动。在传说中,千家峒是瑶族的发祥地之一,瑶族先民们在那里过着自给自足的幸福生活,就像陶渊明的《桃花源记》写的一样,但是后来被官府所发现,先是强行收租收粮,后又出兵围剿。瑶民被迫逃离千家峒,从此以后瑶族开始不断迁徙。据考证,江永县的"八都源"(今湖南省江永县大远瑶族乡)就是瑶族发祥地千家峒。

明代,瑶族的分布重心已南移至湘南及两粤。湖南瑶族的活动区域主要为郴州(直隶州,治今郴县)、衡州府(治今衡阳)、永州府(治今零陵)和桂阳州(治今桂阳)等湘南地区。其中永州府瑶人主要居住在道州、宁远、东安、永明(治今江永)、江华等州县。明代,广东广西的瑶人分布范围之广是空前的。广东瑶人几乎遍布全省,居住之地多达九府五十六州县,只有南雄府及其附属二县未见记载。广西瑶人共分布在七府四十八州县,以广西腹地大藤峡地区为中心,北连柳州、庆远,东抵平乐、梧州,西及思恩、南宁。衡、永、郴、桂诸瑶曾不断掀起声势浩大的反抗运动,给明王朝造成严重威胁。《明史·张岳传(卷二百)》记载:"连山贼李金与贺县城倪仲亮等,出没衡、永、郴、桂,积三十年不能平,岳大合兵讨擒之。"《明太祖实录(卷二三)》记载,洪武二十七年(1394)正月,"道州瑶蛮盘大灯五百余人作乱,湖广都指挥使司遣兵讨捕,获其党周子昌等二十九人,诛之,余皆溃散"。作为开朝之君的朱元璋,采取了"威德并施"的治瑶政策,在施用武力的同时,辅之以安抚政策。据《明太祖实录(卷四三)》记载,洪武二年(1369)六月,"溪峒瑶僚杂处,其人不知礼仪,顺之则服,逆之则变，未可轻动。今惟以兵分守要害以镇服之，俾日渐教化，则自不为非。数年之后，皆为良民，何必迁也"。

总而言之，从远古时期到明洪武年间这一漫长的历史岁月当中，由于战争、政治、经济等原因，瑶族先民曾经历过大规模、远距离、长时间的迁徙。瑶族迁徙方向主要由东向西，后则由北向南，逐渐从黄河、长江中下游地区南移至南岭山区。据我国第六次人口普查数据显示，瑶族共有 279 万多人，南岭地区居住着大约占瑶族总人口 50% 的瑶民，是瑶族的主要聚居区。

2.2　四大民瑶的迁徙情况

2.2.1　四大民瑶的形成

在湖南南部、湘桂交界的江永县西南境，有扶灵瑶、清溪瑶、古调瑶、勾蓝瑶"四大民瑶"。费孝通先生于 1988 年来江永考察时看到，"那里瑶族大概可分为三类：高山瑶、平地瑶和已经和汉族混合了的瑶胞"，费老所说的"已经和汉族混合了的瑶胞"即指"民瑶"。

瑶族是个饱经灾难的民族，恶劣的生存环境使瑶族人民的生活十分艰苦。为了生存和发展，他们不断地向平原地区开拓自己的生存空间，但又屡遭封建政府的压制、剥削，不堪忍受的瑶民不断组织起义反抗。在封建王朝的血腥镇压下，瑶民不断被镇压招抚。封建政府实行"以瑶制瑶"的政策，部分受招抚的瑶民逐步被编户为民，接受封建王朝的奴役统治。已经归化中央王朝、有户籍的瑶民被称为抚瑶、熟瑶等，是平地瑶的重要组成部分。

江永四大民瑶属于平地瑶支系，形成于元明时期。元朝廷曾对瑶人采取过招抚政策，《元史·泰定帝本纪二》中有对扶灵、清溪等瑶人招降的记载：泰定三年(1326)，"(四月)庚午，乞住诏谕永明五峒瑶来降"，"(十一月)乙卯，太白犯键闭。广西透江团徭为寇，宣慰使买奴谕降之。扶灵、青溪、栎头等源蛮为寇，湖南道宣慰司遣使谕降之"。但这一次劝降并未成功，"泰定四年(1327)四月，永明县境瑶贼复叛，寻寇广西之全州，守将讨捕之。至正初，县境瑶僮乘乱窃发扰害乡村者数十次。泰定八年(1331)，林兴祖遣道州路总管以手版谕之，皆以兴祖廉洁爱民，遂贴服，四境获安"。

明朝时期，朱元璋为了加强对瑶人的控制，在瑶区设置了一系列军事组织与据点。据明制，明军编制于卫所之中，大抵5600人为一卫，1120人为一千户所，112人为一百户所。洪武初年，在永州府设立了永州卫和宁远卫，并在永明县增设了枇杷、桃川等千户所。据光绪《道州志（卷四）》记载：洪武十年（1377），"以山瑶作乱，奏改千户所为宁远卫，贼畏民安"。光绪《永明县志（卷十二）》记载："明洪武四年，增置桃川守御千户所，设所正千户一人，副千户三人，镇抚司二人，百户十人，总旗兵二十名，小旗兵百名，杀手四百名，民壮四十名，屯田兵一千二百名，流官吏目一员，二十九年建土城，城周五百五十丈，高一丈三尺，城门四谯楼，串楼共五十五间，池广一丈四尺，深五尺，隶属于宁远卫。"①与此同时，朱元璋继续对瑶人实行招安。据光绪末年所编《扶灵瑶统记》记载："洪武九年（1376）四月初十，奉蒙张丁爷招安下山，给赏红袍玕瑉与瑶把守粤隘；奉蒙钦差户部侍郎曹踏拨边山五里表；徭陆续开垦成熟，洪武二十九年（1396）十二月二十日设立桃川所，召留一千八百八十名军概占民徭田五百八十一顷，永乐二年董顺千户带徭人石午碑赴京报立徭藉，纳粮不差……"并把扶灵、清溪、古调、富凌（埠陵）统称为四瑶。"张丁爷"是桃川所的千户长。在兰溪瑶族乡黄家村保存的石碑中有道光二十九年（1849）永明县"正堂示谕"碑刻，文前有小序称"明洪武二十九年，因埠陵徭离隘三十余里，不便把守，奉上以斯地易之，号勾蓝徭，以守边粤石盘、斑鸠两隘"，四大民瑶中的"勾蓝瑶"是在洪武二十九年（1396）接替了"埠陵瑶"而承担起把守西南界的石盘、斑鸠两个隘口的责任。

2.2.2 四大民瑶的地理位置

四大民瑶位于五岭（即南岭）之一的萌渚岭北麓，与广西恭城、富川两县交界。南岭因处于华中以南而得名。"自北徂南，入越之道，必由岭峤，时有五处，故曰五岭。"南岭民族走廊独特的自然环境，影响了生活在这里的瑶族人民的经济活动。

南岭山地是我国长江、珠江两大水系的分界线，是华中和华南的自然与农业生产差异的重要界线，是我国大陆南部最具地理意义的山地之一。南岭有狭义的概念，也有广义的概念。狭义的南岭包括大庾岭、骑田岭、都庞岭、萌渚岭、越城岭五岭，附近还有九连山、青云山、滑石山、瑶山、海洋山、大桂山、大

---

① 1丈＝3.3米，1尺＝33.3厘米。

瑶山、驾桥岭等，由一系列北东向平行的零碎山地组成。岭间有低谷，多构造盆地，历来为南北交通要道。长江流域的潇、湘、资水的上游夫夷水，湘水支流春陵水、耒水，赣江上游的章水，珠江流域的桂（漓）江、贺江、连江、武水、浈水等，都发源于南岭。狭义的南岭山地行政区划包括广东韶关、清远、河源，广西桂林、贺州、梧州，湖南郴州、永州、怀化、邵阳，江西赣州等。而广义的南岭还可向西延伸，即长江与珠江流域的分界线一直向西至红水河与乌江的分界线苗岭，也就是两广丘陵与云贵高原的分界，包括黔西南、黔南、黔东南、桂北、桂西北、滇东等地①。这一带雪峰山、大南山、天平山、九万大山、凤凰岭、东风岭、都阳山、青龙山南北分列，融江、龙江、刁江、红水河等南北贯穿。湘粤桂三地交界的南岭民族走廊，是全国瑶族最集中最主要的居住区。江永县被南岭山脉的萌渚岭与都庞岭环绕包围，是位于湘桂边界、瑶汉杂居的小县。

四大民瑶位于江永县境内。四大民瑶关系密切，互以兄弟相称。从地理位置上看，从勾蓝瑶到扶灵瑶，再到清溪瑶、古调瑶，四大民瑶背靠萌渚岭、紧依都庞岭山麓，由东至西连成一线，位于湖南南部与广西北部（富川、恭城）的交界之处。勾蓝瑶位于江永县城西南30公里的石灰岩山峦中，与广西富川瑶族自治县的油沐乡交界，西南距扶灵瑶10公里，聚居于兰溪瑶族乡，包括黄家村（原下村）、上村、大兴村（原大径村）三个行政村；扶灵瑶位于江永县城西南45公里的奉源口，与广西富川瑶族自治县的朝东镇毗连，南距清溪瑶8公里，聚居于源口瑶族乡，包括小河边、上村、八角亭、功曹四个行政村；清溪瑶位于江永县城西南54公里，与广西恭城瑶族自治县三江乡交界，南距古调瑶3公里，聚居于江永县最西边的粗石江镇的清溪村；古调瑶位于江永县城西南角57公里，与广西恭城瑶族自治县龙虎乡交界，聚居于粗石江镇的古调村。勾蓝瑶的地理位置最为偏僻，被高耸的群山环抱，保存碑刻和石墙等古迹最多。

2.2.3 四大民瑶的族源

据统计，四大民瑶的世居姓氏共42姓，不含重复姓是28姓，除已迁走7姓、1姓改为他姓外，现有20个姓氏，且同一姓氏并不都是同源，同一源流也不完全同姓。勾蓝瑶世居姓氏包括蒋、周、欧阳、黄、何、杨、苏、毛、田、曹、李、

---

① 王元林. 费孝通与南岭民族走廊研究[J]. 广西民族研究，2006（4）：109 – 112.

雷、顾十三个姓氏，其中苏、毛、顾三姓已迁走，现有十姓；扶灵瑶世居姓氏包括唐、石、张、首、何、莫、周、蒋、田、宋、翟、陈、黄十三个姓氏，其中宋姓已迁走，现有十二姓；清溪瑶世居姓氏包括田、蒋、周、杨、陈五姓，其中陈姓已迁走，现有四姓；古调瑶世居姓氏包括何、周、莫、陈、蒋、杨、邓、遇、洲、和、刘十一姓，其中洲、和两姓已迁走，遇姓已改姓周，现有八姓。

原江永县民族事务委员会主任杨仁里认为："四大民瑶先祖的族源是多元的，有瑶族，也有瓯越等族，还有流民。大抵可以归纳为五个方面：一是始祖为散居在异地的瑶族，有石、首、田、蒋等姓；二是元朝大德年间从千家峒逃难进来的瑶族，有唐、翟、黄、李、雷、邓、周等姓；三是其祖为古代瓯越民族，有欧阳、莫等姓；四是始祖为汉人，有何、周、张等姓；五是始祖是流民，其族源待考，有陈、曹、杨、刘等姓。"

江永县新编的《县志·民族来源》记载：隋唐的武陵五溪地区的一支瑶民南迁入境，居境内都庞岭、萌渚岭，逐渐形成"四大民瑶"瑶族群体。唐开元年间（713—741）另一支瑶民从江浙一带迁入千家峒定居。

从族源来看，扶灵瑶的十三个姓氏来自山东、广西、浙江等全国各地，来源十分广泛。据清末流传下来的《扶灵瑶统记》记载："立籍姓名，具开原立籍扶灵瑶源口功曹两村一十三姓。一姓唐喜孙系山东青州人，一姓石午碑系广西平乐府荔浦县人，一姓张千陆系山东青州人，一姓首午弟系本县十二都莲塘村人，一姓何宗保系道州沙田人，一姓周大七道州人，一姓莫晚儿系浙江温州府永嘉县人，一姓田驴儿系广西平乐府恭城县白羊人，一姓宋慈径，一姓蒋玉苑系广西桂林灌阳县人，一姓翟湘贵系山东青州府人，一姓黄国矿系山东青州府人，一姓陈启珍系山东青州府人。"这十三个姓氏中，唐、张、翟、黄、陈五姓皆来自山东青州，占了38%，石、田、蒋三姓来自广西，周姓、何姓来自邻近道县，莫姓来自浙江温州，只有首姓来自本县。其中首姓始祖首午弟与石姓始祖石午碑为结拜兄弟，石午碑为兄，首午弟为弟，两人于洪武七年（1374）迁至源口定居。石午碑生儿子八人，被称为石姓八房。翟姓、唐姓、黄姓始祖于元大德九年（1305）从千家峒逃难到源口定居。据《张氏族谱》记载，张姓始祖张千陆系山东青州府人，生于元至正丙戌年（1346）九月初二，卒于明永乐戊子年（1408）十月十三日，明洪武九年（1376）迁至源口。周姓始祖周大七是周敦颐（1017—1073）的族人，来自道县。何姓始祖与古调瑶、勾蓝瑶的何姓同源，来自道县。陈姓与古调瑶陈姓同源，来自山东。

清溪瑶的田、蒋二姓是大姓。据清光绪十五年岁次乙丑（1888）桂月修的《蒋氏族谱》记载："吾鼻祖出自湖广清州，迁至南京猪屎巷，次迁江西吉安府太和县鹅颈大丘，又迁广西平乐府恭城县北乡里西坊第四排上锦村。大明洪武二年（1369），天下扰乱，四处人心惶惶，定八公因是弃家逃难，经历湖广偶遇水师，引至永州府永明县桃川乡十九都义城里清溪白蕨坊，燕子归巢形托足寄住。观其宅场茂林幽雅，山水清奇，他日必有兴旺之兆，继而具有蒋十善、十义等先朝绝民田地极其广阔，又是村前古庙额书井川、枫木二庙，观香炉铭志书有十善十义名字，定八公突窥探之久，知是永明先朝绝民人氏，即有陶公隐居之念，不愿归家，甘心拙守惟居之安而已。因蒋十善、十义户籍四至田地山场立基开报，永远承顶……襄者改田为蒋以报善、义二公恩惠，其理固然，安知自有根源，为何遗志不追思以继续乎？因朝公字辈共相会议，将田蒋二姓分上下二坊，通、兴二公承上坊田姓烟火，恭、辉二公承下坊蒋姓门楣，翻后二姓结婚修盟，恰符大体。由田而蒋，蒋而田，同根同本，炽而昌，昌而炽，万载千年。"由此可知，田、蒋同脉，其始祖于明洪武二年（1369）迁居清溪村。

古调瑶的何姓来自道县，是最早迁入的姓氏。古调瑶的周姓和邓姓于元大德九年（1305）从千家峒迁居到古调村。莫姓和刘姓始祖于明洪武初年（1368）迁入古调村。

2.2.4 四大民瑶的人口数量

明洪武初年归化之前，有大量人口持续迁入四大民瑶，归化之后因为享受朝廷的优惠政策，更是步入了一个繁荣时期，各瑶都有上千户之众，勾蓝瑶最辉煌的时候多达两万人。然而，清嘉道年间大量人口纷纷迁出，各瑶逐渐走向衰落。

据光绪《永明县志（卷十三）》记载：

四瑶户口人丁清册

扶灵瑶：正户六百七十户，男一千六百一十三丁，女一千三百七十九口，另户九户男十四丁，女六口。

勾蓝瑶：正户三百四十一户，男六百四十六丁，女六百七十八口，另户无。

清溪瑶：正户三百零五户，男六百七十五丁，女五百五十二口，另户一户男一丁，女二口。

古调瑶：正户二百五十六户，男四百九十七丁，女四百四十一口，另户无。

以上四瑶正另共一千五百八十二户，男女共六千五百零四丁口。

总共民瑶正另二万五千七百九十七户，较道光二十六年旧志所载二万四千三百九十五户，实多一千四百零二户。①

由此可知，清光绪年间，四大民瑶人口锐减，共计 1582 户，6504 人。其中，扶灵瑶人口相对较多，勾蓝瑶总人口仅 1324 人，比当时扶灵瑶的男丁数量还要少 303 人，古调瑶人数最少，仅 938 人。

2.3 勾蓝瑶十三姓的迁徙情况

在勾蓝瑶流传一首瑶歌，描述了勾蓝瑶的迁徙历史："我的始祖是平王/平王手下出盘王/盘王进出高山岭/生下子女十二双/吾祖住到兰溪地/秦汉传世不一般/勾蓝古村名气大/宅址山好水又清/汉时求佛龙岩山/唐代修建龙凤庵/天佑百年盘王庙/洪武封瑶受招安……"

十三个姓氏是在不同时期、不同地方，从不同的路线，分批分次迁入勾蓝瑶的三个村庄的。因为年代久远、战乱、灾荒、人口迁徙、十年"文革"浩劫等各种原因，各姓氏在历朝历代所修的家谱几乎都已失传。因此关于十三个姓氏的迁徙时间和迁徙路线只能根据《湖南氏族源流》和勾蓝瑶老人们的回忆来进行考证。

2.3.1 蒋姓捷足先登

蒋姓是一个古老、多民族、多源流的姓氏，是姓氏排行榜上位居第四十三位的大姓，人口 664 万余人，约占全国人口总数的 0.48%。蒋姓的最初发祥地是河南，源于北而盛于南，成为比较典型的南方姓氏。

蒋姓南迁比其他姓氏族群都要早，始于汉朝。据史料记载，东汉建武年初期，逐道侯蒋横遭谗害，其九子避难四方，光武帝刘秀醒悟后，九子皆随地封侯，即公华侯颖、会稽(今浙江绍兴)侯郑、临苏侯浙、临湖(今安徽无为)侯曜、浦亭侯巡、临江(今四川忠县)侯川、九江(今江西九江)侯稳、云阳(今陕西淳化)侯默、函亭(今江苏宜兴)侯澄。

---

① 江苏古籍出版社编选. 中国地方志集成·湖南府县志辑 49 康熙永明县志·光绪永明县志[M]. 南京：江苏古籍出版社，2002：316.

据村里老人回忆，蒋横的第四个儿子临湖侯为避难，卖掉战马买来耕牛，由军人化身为民，带着子孙驱赶牛车、拉着行李，到偏远的兰溪瑶山避难，建立了蒋家寨(今大兴村)，并在此安居乐业，成为勾蓝瑶的开基始祖。蒋家寨背后有一座山，名叫"寨脑山"，是当年的避难之处。寨脑山的半山腰建有一道石城墙和一个石墙门，山上有数百处古老的石砌住居处，现仍保存完好。据清嘉庆三年(1798)秋月立的《龙岩山修路碑》记载："余村东南隅，履步而登山，有一庵焉，名曰龙岩。汉时，崇奉佛像，攀岭翻山五层，岩静空秀，实如鹜岭湘山。"这段碑文说明勾蓝瑶先祖早在汉朝就修建了龙岩庵。

由于蒋家寨曾是通往广东广西的主要驿道，盗窃事件时有发生，基于安全的考虑，蒋姓族人于隋唐年间迁入上村的蒲鲤井附近，于唐朝在蒋家村的背后山修建了龙凤庵。现存一块明嘉靖二十六年(1547)四月重修蒋家龙凤庵的碑记上记载："本庵自唐立焉，绍承相继，屡经葺理，岁深矣。"如今大兴村故地仍剩下一口蒋家井，述说着历史的沧桑。由于年代久远和缺乏足够的历史文献，笔者无从考证哪一种说法更可靠。若从盛唐玄宗时算起，蒋姓定居勾蓝瑶已有一千二百多年。

据调查统计，目前上村的蒋姓人口仅82人，仅占勾蓝瑶寨总人口的3.8%，在勾蓝瑶姓氏人口排名中位列第九位。

2.3.2 欧阳姓

在勾蓝瑶的十三个姓氏中，唯独欧阳姓族人保存了相对完整的族谱，因此欧阳姓的历史和迁徙情况相对来说要清晰一些。欧阳志良老人保存了一本民国二十三年(1934)修订的《湘粤桂欧阳氏通谱》，黄家村欧阳明俊家保存了2009年重修的《湖广欧阳氏宠公宗谱通志》1部8卷。

《湖广欧阳氏宠公宗谱通志》中"绪修欧阳氏族谱世系序"云："吾欧阳氏先本出于夏禹后裔，帝启孙少康帝封其支子于会稽守管禹陵和祭祀。经历商、周，相传至春秋允常，允常子勾践(即春秋战国时期卧薪尝胆的越王勾践)，践的五世孙无疆兴兵伐楚，被楚王所灭。其族诸子分散而立，皆受楚王所封。无疆之子蹄封于乌程欧余山之阳(今浙江乌程县东二十一里许)为欧阳亭侯，而后世子孙逐以欧阳为姓氏。在汉初居青州千乘显者曰生字和伯，以明经出名为博士，汉史中所谓欧阳尚书是也。生及以下子孙巨、远、高、仲仁、地余、政、歇为汉史中的八世博士。可惜！后世绝经不传家，子孙亦遂微弱，至复以下未见谱传。

居冀州渤海者名举、举之四世孙建，字坚石，在晋史中所谓渤海赫赫欧阳坚石是也。赵王伦与建之舅石崇为缘珠故而杀崇，建受株连亦为之所害。建兄基之长子质，见叔父被杀携其族南奔长沙。质弟崇文之七世孙曰景达，南齐大夫，谱史中称为第一世祖（即称为长沙始祖）。景达三世孙名仕梁，为镇南将军总管十九路诸军事。颀子纥，纥子询，仕唐为弘文馆学士太子率更令封渤海男，铸九成宫书法。询四子通拜南兰台郎，中书舍人兼兵部尚书，因纳言武后进谏死节，四世仕唐，皆为名臣。通之二世孙曰昶，昶长子璟为福州侯官县令……璟之十三世孙宠……宠公字君锡，唐天复年间任春陵府检察官，葬于距黄家岭二里许的龙母致交椅形，生儿子长曰岩，次曰德辉。岩任唐推官，爱黄甲岭山水秀丽，遂家而居……"

欧阳姓的郡望为渤海，现在河北沧县一带。汉高帝五年（公元前202）置，东魏又移至东光县（今河北东光县东）。隋开皇初废，大业初又改沧州为渤海郡。上村欧阳志良老人家中的木质神龛有一副对联："唯渤海盛出俊杰，于斯门永绍书香。"

根据《湖南氏族源流》记载，湖南江永黄甲欧阳氏始迁祖宠公，字君锡，宦游来湘，后卒于任，其子岩公卜居于永明寒柏岭。族人多分布在江永县黄甲岭乡的黄甲岭村和允山、谢沐、刚隆等乡，以及富川、江华两县。至1948年，已传37代，男女丁口约4000余人。宗祠在黄甲岭，堂号敬义。据《湖广欧阳氏宠公宗谱通志》记载，宠公生于唐朝宣宗大中十二年（858），一生任春陵府（今宁远）检察长，卒于后梁乾代四年（914）。

据欧阳志良老人考证，汝楫公是勾蓝瑶欧阳姓族人第三十二世祖，从黄甲岭迁入上村。太爷爷名叫欧阳云德（即欧阳瑜），曾中进士，担任过瑶长。祖父名叫欧阳焕章，曾为医生，家里的房子曾为药号，祖父也曾被用轿子抬着去广西看病。父亲名叫欧阳学谦，哥哥名叫欧阳志嘉。欧阳姓聚居于黑门楼，明代多达四百余户，曾称"阳万户"。

据黄家村欧阳锡毅老人（1941年出生）回忆，欧阳姓的班辈排序为凤—日—德—延—经—普—锡—明—群，他是锡字辈，黄家村现任村委会主任欧阳明俊是明字辈。

据杨仁里先生考证，欧阳姓先民来源于瓯越，于北宋治平四年（1067）迁徙到这里，已有九百多年的历史。20世纪30年代，盛襄子在《湖南苗史述略》中称："永明县境三面距粤，诸瑶杂处，有真赝二种，以盘、李、周、赵、沈、邓、唐、任八姓为真瑶，他姓为赝瑶；另有生瑶二种，不入版籍，一曰砍山瑶，一曰顶板瑶（置板于头顶），皆未开化。""真瑶"是指保持本民族习俗的瑶人，"赝瑶"是指汉文化水平较高的瑶人和一部分汉人。据此，欧阳氏属于"赝瑶"。

据调查统计，目前勾蓝瑶寨的欧阳姓人口为430人，占勾蓝瑶寨总人口的19.9%，是勾蓝瑶排在第二位的大姓，主要聚居于上村和黄家村。

2.3.3　黄姓

黄姓是传统的瑶族姓氏，是勾蓝瑶的大姓。黄姓的迁徙历史要追溯到江永千年瑶都千家峒的那场灭顶之灾。瑶语中的"峒"是指群山环抱的肥沃小平原，千家峒则是指居住着一千户或几千户瑶家的山间小平原。据瑶族古籍《千家峒源流记》记载，千家峒是瑶族先民繁衍生息、安居乐业的聚居地之一。

勾蓝瑶村民至今仍传诵着千家峒的故事。元朝大德九年（1305），官府发现世外桃源千家峒之后，派粮差进峒催交粮税。粮差被好客的瑶民留下，热情款待，于每户瑶民家做客一天，一千户就将近三年。粮差三年不归，官府误以为粮差被杀，于是派都头刘名卿统兵数万，于道州罗岭扎营，永明、灌阳与千家峒交界处亦有官兵把守住隘口，呈合围之势，欲剿灭千家峒瑶民。十二姓瑶民匆忙用石头搭建城墙，仓促应战，捍卫家园，但最终还是敌不过官兵的强悍攻击。在紧急撤退时，族人将一支白牛角锯成十二截，十二姓瑶民各持一截，约定500年后，合拢牛角，重聚千家峒。据《瑶族过山榜选编》记载："大德王九年三月十九日，众瑶人起脚出千家门楼来上桑木源，过了枫木四下了云盖，来到道州浮桥，过了三日三夜不断丝。道州太爷差兵出来，取断浮桥，有一半转回九嶷山，有一半过了永明地界……大德王九年三月二十六日，来到源口入西江河，奉人住家在奉源口，黄人住家在黄家灌，盘人住在盘人洞，翟人住在翟茅塘村，李人住在李家冲，何人住在仁人洞。"由此可知，黄姓始祖当时住在黄家灌，也就是现在黄家村的黄家湾。

勾蓝瑶寨的黄姓于元大德年间从千家峒逃难到黄家湾，在此繁衍生息，建立了许多商铺。因黄姓人口日益增多，下村改名为黄家村。明万历四十五年（1617）所建的黄氏祠堂碑刻记载："吾族居其地历数百年，而子孙繁衍将近数千口。"人民公社时期，勾蓝瑶开始实行四固定政策，即劳动力、土地、耕畜、农具必须固定给生产小队使用。于是，黄家族人纷纷迁往其牛庄屋处另建新居，形成了两个移民村。第一个移民村是大地平新村，共40余户，220多人；另一个移民村是解放村，现为石盘村的第一组，共30多户，180多人。

据调查统计，目前勾蓝瑶寨的黄姓人口为333人，占勾蓝瑶寨总人口的15.4%，是勾蓝瑶排在第三位的大姓，主要聚居于黄家村。

2.3.4 何姓

根据《湖南氏族源流》记载，江永何氏原籍山东青州府，始祖汉末公璞任营阳郡刺史，卒于官，葬城西。其次子守蹈分居永明白象，三子守思分居永明枇杷。何姓历经千百年繁衍，占全县总人口的17.4%，成为县内第一大姓。支派分流遍及江永县内各乡镇及湖南道县、宁远和广西富川、恭城等地。江永县内上村、枇杷所、下圩、宅田、下白象、上里、下里(今称鲤川)、何家厂、富隆、枞山、油田、土坝、锦堂、龙田、西栎尾、马河、上白象、石角、面前门、门面塘、门西边、鱼塘、朱家眼、西州尾、寺西塘、卢家、周家、水美塘、潮水、白水、黄泥铺、堂锦、上界头、回岗、何家湾、五爱、三元宫、塘背、凤岩山、禾田、月亮塘、东塘、香花井、夏层铺、槐木等村何姓，皆同一宗。

查阅《辞源》注解，青州，古九州之一，在泰山与渤海之间，汉始置州，魏晋南北朝继之。治所屡迁，辖地不一。隋废，唐初复置。元代叫益都路。明清叫青州府，旧址在今山东益都县。古代青州的确切地址已很难找到，大体应在今青州、潍坊、淄博一带。

据杨仁里老人回忆，何姓是元末从道县迁入上村的，建了何姓门楼，因靠水边，取地名叫圳头。黄家村76岁老人何金林曾担任黄家村村支书(1970—1997年)，他回忆何姓的排辈为：风雄国作昌、世代可经求、枝明应从泊、远建起家常。他自豪地说，家中曾三代秀才。黄家村老支书欧阳绪珍[①]老人的家族成员可以追溯到父亲何克统(1909—1996年)、爷爷何元佑(1878—1940年)、太爷爷何楚书(1839—1910年)、何韶道(1811—1893年)、何宗宜(1781—1859年)。

明代何姓有120户。据调查统计，目前勾蓝瑶寨的何姓人口为469人，占勾蓝瑶寨总人口的21.7%，是勾蓝瑶排在第一位的大姓，主要聚居于上村、黄家村和大兴村。上村、黄家村和大兴村都保存了完整的何氏门楼和何氏祠堂。

---

① 欧阳绪珍父亲姓何，入赘后，子女随母姓。

2.3.5 周姓

根据《湖南氏族源流》记载：江永周姓原籍山东青州府。始祖归仁公，居青州，仕隋魏博节度使，左迁襄州刺史。至四世安时，字朝用，生二子，长如匙，次如锡。匙登唐进士第，任韶州曲江县令，迁大理寺评事，出知道州路刺史，终于任所，葬永明潇水南清凉台（清凉寺）。锡于唐贞观元年（627）继登进士第，历任高州刺史、征南大元帅、水陆马步都统、左金吾卫上将军、金紫光禄大夫，后因奏宫内事忤旨，贬道州充军司马。匙生子六：弘慎、弘怀、弘恂、弘磷、弘悯、弘惮；锡生子十八：弘约、弘本、弘邵、弘道、弘正、弘章、弘沐、弘谦、弘德、弘量、弘交、弘度、弘明、弘顺、弘亮、弘意、弘利、弘颂。合称二十四弘。他们或任他邦而占籍，或相山水之宜居乡社，或慕田园之利，而散居各方。弘慎居神福地（今福洞）；弘悯居槐木，后迁居古调，分脉山田湖潭（今荷柏塘），又分脉栎口头、风塘；弘本居上甘棠，后分脉溪头、宋村；弘章居东江（今城关周家巷口），后分脉周家邦；弘亮居石枧邦鳌岗，分脉晶咏、思棠，至十七世次燿兄弟于宋元丰年间（1078—1085），由思棠徙居上林（今上洞村），分脉城下；弘量、弘顺居界头（今上界头），后弘顺十二代孙于宋乾德三年（965）分脉下甘棠及山水口；弘交居白象、秀水、周棠；弘度居雄川；弘恂居沐田，裔迁广西灌阳县。广西模州刺史智毅于唐元和十四年（819）以疾休官回，至永邑，瞩目潇源景趣，卜居于是，名曰达尊（今达村）。至曾公再徙白上塘，谓之塘背，后分脉山爻头。弘惮次子符，于唐开成二年（837）徙居石梯头（今三元宫）。全县周姓主要分布在城关、允山、厂子铺、夏层铺、冷水铺、兰溪、桃川等9个乡镇。周姓既是县境古老的姓氏之一，又是第二大姓，约占总人口的9%。

勾蓝瑶寨上村的周氏宗祠中有一块清咸丰四年（1854）的石碑，碑刻题名为"兰溪建居始祖周公墓志"，称"祖芳讳多孙，字伯八，其先曲都祖讳□□①，出山东青州益都县，仕隋大业间（605—617）官授襄阳节度使，十六任奉，葬于城南之卧龙岗下，后嗣因而隶籍焉。传至如匙如锡兄弟时际盛唐，二公俱登进士第，匙公官历太守，锡公官刺史，解组后同游九嶷，慕山川之雄峙，遂弃襄阳而徙居宁远，匙公嗣六人，锡公嗣十八人，相继科甲，联登多孙，公盖锡公第十三

---

① 部分文字损毁，无法辨识，用"□"表示，全书同。

子弘顺公之后裔也，至三代间，干戈扰攘，各房子侄星散四方，予族宋初（960—970 年）徙居上界头，旋迁下甘棠，追明洪武二年（1369）公始携妻子移居兰溪，迄今已越十余世，历岁五百余矣……"。此碑文与《湖南氏族源流》的记载不谋而合。

综上所述，周姓始祖原籍山东，后因贬斥居道州，后代在江永（古称永明）一带繁衍，明洪武二年迁入上村。据调查统计，目前勾蓝瑶寨的周姓人口为105人，仅占勾蓝瑶寨总人口的4.9%，主要聚居于上村。

2.3.6　杨姓

在《湖南氏族源流》中，笔者没有找到江永县杨姓的相关记载，而杨姓的族谱也在"文革"时当作"四旧"烧为灰烬了。杨仁里先生认为杨姓始祖为流民，其族源待考。

深入研究杨氏历史，发现有"天下杨氏出华阴"之说，槐木下杨姓门楼的墙垛上也曾有"弘农华阴府"的字样。另据考证，山西洪洞县城西北2公里的广济寺旁有棵大槐树，相传为汉时所植，名叫"洪洞大槐树"，这株槐树庇荫了数十代的杨氏子孙。新中国成立后，广济寺倒塌了，古槐树也枯死了。据山西洪洞县《大槐树志》记载，从明洪武三年（1370）至永乐十五年（1417），近五十年间官府先后在大槐树下办理了7次移民登记手续。

据村里老人回忆，杨姓族人是在上村蒋姓、欧阳姓之后，于南宋绍兴年间流亡到下村（今名黄家村）的。黄家村由茶园、麻斋圩、桥头、圳头、槐木下和黄家湾等地名组成，据杨仁里老先生回忆，1942年其出生于槐木下，但并没有见过槐树。槐树是北方的树种，南方并不多见。据村里老人回忆，因为杨姓始祖迁来之前居住过的地方有一棵大槐树，庇护过杨氏家族的子孙，所以杨姓族人对大槐树感情笃深，迁入下村后取地名为槐木下。据村里老人们回忆，杨姓族人已在槐木下住了30多代共870多年了。北宋末年，朝廷腐败，奸贼当道，金人大举入侵，中原人民遭受屠戮，杨姓家族的住地也不例外。为了躲避战乱，杨姓族人从中原逃至永明县，先后在坝王岭、回龙街和兰溪的樟木围居住过，于南宋绍兴年间才迁入槐木下，建立了上、下两座杨姓门楼。上门楼的始修年代无法考证，下门楼是由族长杨普政于万历二年（1574）主持修建，有"万历二年族长杨普政立"的碑刻可考。综合下门楼的家仙排位、上门楼嘉庆元年的墓志铭、光绪十九年（1893）守夜楼碑和民国十九年（1930）螺丝井路碑的名单，杨氏子孙排辈为：积—文—普—宗—俊—智—兆—庆—仕—松—呈—盛—声—同—启—叶—加—仁—瑞—平—柳—国—忠—义—治—乾—坤。

据调查统计，目前勾蓝瑶寨的杨姓人口仅为52人，仅占勾蓝瑶寨总人口的2.4%，主要聚居于黄家村。

2.3.7 李姓

李姓是传统的瑶族姓氏，在瑶族十二姓中居于第五位。根据《湖南氏族源流》记载，江永李氏祖籍千家峒，于元朝大德九年(1305)逃亡至大兴村，建立李家寨，修建了李家门楼和李家祠堂。

如今勾蓝瑶还流传着李三娘和李正当将军的民间故事。李三娘原名李月娥，相传是清朝时期勾蓝瑶寨中的一位有名的女将军。机缘巧合下学到了不少本领，并运用这些本事为保卫勾蓝瑶寨做出了贡献。李三娘虽是女儿身，但是作为备受崇拜的女中豪杰，她深受村民们的膜拜，村民为她建造了兴隆庙。据传，李正当将军是大兴村李家村人，是清代时期将领，担任过湖广总督、广西巡抚。他生于道光癸卯年(1843)七月二十日子时，终于光绪壬寅年(1902)十月十五日巳时。

据调查统计，目前勾蓝瑶寨的李姓人口为109人，仅占勾蓝瑶寨总人口的5%，主要聚居于大兴村。

2.3.8 雷姓

笔者在《湖南氏族源流》中没有找到关于江永兰溪雷姓族谱的记载。雷姓属于盘瑶十二姓之一。据村里老人回忆，雷姓族人于隋唐时期迁至蒋姓人迁离后的大径村(今大兴村)，设寨定居，建立了上寨和下寨。

据调查统计，目前勾蓝瑶寨的雷姓人口为134人，仅占勾蓝瑶寨总人口的6.2%，主要聚居于大兴村。

2.3.9 田姓

笔者在《湖南氏族源流》中没有找到关于江永兰溪田姓族谱的记载。杨仁里先生认为，"田姓始祖是散居在异地的瑶族"，关于田姓的族源待考。笔者在大兴村找到三块与此相关的碑刻。第一块是"大径田门碑记"，此碑立于清乾隆三十一年(1766)，碑的正中刻有"宋故田氏墓"几个大字，右边刻有"自宋年间厝此土名马母巷,曾竖碑记,仅厝血坟四冢,厝祭无异"的文字。墓主是田宗园之母,其父亲是兰溪大径田姓始祖,由此证明他们在兰溪已定居数百年之久。因为发生一起与异姓争夺祖山——马母巷权属的民事诉讼,所以他们在胜诉后立此碑,以防异姓再次冒占祖山。第二块是"鼎建祠堂碑记",此碑立于清嘉庆十九年(1814),碑上刻有"祠堂建议于清之季告成,于民国年费金不满二千,历年三十一载,皆因款项不足,经济困难……今已落成"等文字。由此可知,该祠堂始建于清代中期,计划三年建成,因经济拮据,一直延后到民国初年才竣工。第三块是"田君暨周孺人合葬志铭",此碑立于清光绪三十二年(1906),碑上刻有"国用先生讳登庸字容齐,原江城望族,其始祖滔公值明之乱因避难于永邑之兰溪遂家焉"的文字。因江永土话"江"与"恭"同音,经常混淆。由此可以推断,田姓始祖滔公于明末清初因战乱从恭城迁徙到兰溪避难,且在此定居几百年。

据调查统计,目前勾蓝瑶寨的田姓人口为110人,仅占勾蓝瑶寨总人口的5.1%,主要聚居于大兴村。据兰溪瑶族乡学校校长田多艺回忆,他出生于大兴村,全家在20世纪搬迁至新桥村。田姓的排辈:维—多—中—树—光。大兴村老支书田光裕是光字辈,如今80多岁。

2.3.10 曹姓

《湖南氏族源流》中没有曹姓迁入永州的记录。但通过对湖南曹姓的分析发现,湖南曹氏祖先皆为汉人。而杨仁里先生认为兰溪曹姓"始祖为流民,其族源待考"。大兴村仍保存曹氏门楼和曹氏祠堂。

据调查统计,目前勾蓝瑶寨的曹姓人口为167人,仅占勾蓝瑶寨总人口的7.7%,主要聚居于大兴村。

2.3.11 毛姓

《湖南氏族源流》中只记载了江永锦堂毛氏的族源:"唐秘书监衷公,由衢州授广西贺郡守,因家富川鳌岗,卜迁秀峰。迄宋十世祖十二官,讳钜,宦游广东,道经永明(今江永)锦堂,见其山川奇秀,风俗淳朴,命其子孙安居焉。孙嫩八官,讳立,宋皇祐间遂自秀峰而徙居,为锦堂一代始祖。族谱自宋以来,至2002年凡七修。明隆庆间所定班辈:(自一百十一世始)际绍国朝,方辉树鸣,鸿仪展彩,举步云霄。"

据村里老人回忆,毛姓族人在新中国成立前夕衰败,曾收养黄姓儿童为养子，长大后继承了毛的祖业，现并未改姓毛姓，仍以黄姓归宗，故毛姓绝嗣矣。

2.3.12　苏姓

据村里老人回忆，传说在隋唐时期勾蓝瑶有一个名叫苏一士的村民，从小出家在武当山学道，武功高强，后来报名参加了秦王李世民的军队，立下了许多汗马功劳。待李世民安定天下之后，为表达对苏一士的奖励，派御史相公周灵到勾蓝瑶境辅国安民，在苏家住址敕建一祠，勾蓝瑶人将此祠称为苏家祠、苏家庙，戏台称为苏家戏台。因苏一士在朝为官，苏氏族人陆续迁往京城居住。如今勾蓝瑶寨已没有一个苏姓族人。

2.3.13　顾姓

据村里老人回忆，顾氏族人于宋元时期迁走，目前已不知去向，但顾家桥和顾家凉亭仍流传至今。

第 3 章
勾蓝瑶的村落布局与建筑

3.1 选址与布局

村落是人类聚居与生活的重要场所,是人类有意识地开发利用和改造自然的结果,从而创造出适宜人类生存的人居环境。村落选址需要把地形、河流、风雨、堪舆等诸多因素综合起来考虑,最终选择一处最有利于人类生存与发展的自然环境。选址不仅直接关系到村民的生活质量,而且还会影响子孙后代的生存和发展。总而言之,村落选址是一门高深复杂的学问。

3.1.1 村落选址

勾蓝瑶寨的建筑文化极富地域特色,其村落选址与建筑布局既体现出汉族的传统人文精神,又具有浓郁的瑶族文化气息。勾蓝瑶以"天人合一"思想为营造理念,以崇尚自然、合理利用自然的态度进行村落选址与营建,在科学的基础上注重物质和精神上的双重满足。勾蓝瑶寨依山就势,傍水而居,村落布局灵活多样,与周边的地形、山貌、河流等自然环境融为一体,极具地域特色。历经一千余年,13 个姓氏陆续搬迁至勾蓝瑶,他们依山傍水建宅,遍地架桥修路,建庙祭祖,在勾蓝瑶这片乐土繁衍生息,并融合汉、瑶、壮等民族文化,形成了丰富多彩、独具特色的勾蓝瑶文化。

1.影响选址的因素

影响村落选址的因素有很多,不同的村落取决于居民的不同生产特点、生活习性以及民族发展历史,但总结起来大致可归为两类:自然因素和社会文化因素。自然因素是指人类所处的自然环境,包括地理、地形、气候、水文等;社会文化因素是指人类在长期发展中形成的生产方式、生活习惯、社会组织、文化观念以及风俗等。[①]

在自然因素方面,勾蓝瑶寨地处湘南永州江永县境内,全县属亚热带季风湿润气候,夏季炎热多雨,光照、水源充足,自然条件较为优越;南与广西富川交界,属南岭山脉的山地丘陵区,为喀斯特山岩地貌;都庞岭和萌诸岭环绕江永

---

① 李敏.湘南地区瑶族传统民居群落的研究[D].长沙:中南林业科技大学,2013.

县，山高林密，河流纵横，群山之中零星分布着大小盆地，大体为"六山半水三分半田土"的土地结构。①村中《鼎建戏台碑》记载："予祖昔居万山中，山勾联透，溪水伏流，色蓝于靛，因名勾蓝。"勾蓝瑶先祖来到勾蓝瑶寨这个地方，看到群山包围之中有一个盆地，其间溪流、涌泉遍布，河岸遍生兰草，景色十分优美，仿如世外桃源，是个宜居的好地方，于是搬迁到此居住，更是因山水取了"勾蓝"这个美丽的名字。

● 群山包围中的勾蓝瑶寨

勾蓝瑶寨聚落的形成一方面受自然因素影响较深，同时，社会文化因素也对瑶寨的形成产生了重要的影响，如历史因素、政治因素、风俗习惯、生活方式、生产关系等社会文化因素都影响了勾蓝瑶寨的选址。瑶族原先居住在中原地区，后慢慢迁移到南方地区，形成"南岭无山不有瑶"的局面，而湘南永州地区历来是瑶族聚居的重要地区，勾蓝瑶寨处在永州江永县与广西富川县的交界之地，宋元之际便有许多瑶人居住于此。瑶族历来多受到统治者的压迫，因而在选择聚居地时，会选择那些地理位置偏远、地势易于防守的地方安居。康熙《永州府志》记载："瑶之所居皆深山重阳，人迹罕至。"勾蓝瑶寨的地理位置十

---

① 唐早君.江永县志(1991—2004)[M].北京:方志出版社,2008:81.

分偏僻，盆地四周大山环绕，形成天然的防御屏障，十分有利于防守，其间溪流、涌泉遍布其中，为生活与生产提供了充足的水源，周边平地为开垦种植提供了可耕地资源。明洪武二十九年（1396），勾蓝瑶招安成为政府在籍的平地瑶，并受旨镇守湘粤隘口，封以田地与犒赏。在朝廷一系列优惠政策照拂下，以及较为安定的社会环境中，勾蓝瑶人逐步发展繁荣起来。

2.选址特点

勾蓝瑶寨聚落的选址，凝聚了整个瑶族的智慧和思想，并融合汉族传统风水文化观念为一体，以勾蓝瑶人的生存、发展及延续为目标。首先是安全性，瑶族历来受到较多压迫，大山之中猛兽出没，湘粤边界盗匪横行，诸多因素造成了勾蓝瑶人在聚落选址时，非常注重环境的安全性，即是否有可利用的地形建立防御工事，以保卫瑶寨内居民的安全。勾蓝瑶寨四周山峦环绕，环境较为封闭，起到了天然的保护作用，历代村民更是在各处隘口修筑起十道城墙，以增强瑶寨的防御功能。其次是便利性，依山傍水的环境使得村落易于布局规划，而河流为居民提供了必需的生活、生产用水，勾蓝瑶寨有兰溪、兰水两条溪流贯穿村落，给村民的生活提供了极大的便利，有利于勾蓝瑶人的生存与发展。最后是环境优美，光绪《永明县志》记载，"各都皆山环水带，绿树阴森，惜居者在桃源仙境而不自知"，绵延的青山、环绕的溪流，构成了勾蓝瑶人的安乐桃花源。[1]

3.1.2 村落堪舆

堪舆，又名风水，《淮南子·天文训》中说道"堪，天道；舆，地道也"，意思是指人类仰观天象，俯察山川水利，从而了解天地万物。风水着重看"气"，东晋郭璞的《葬经》记载："气乘风则散，界水而止。古人聚之使不散，行之使有止，故谓之风水。"中国古代先民非常看重风水，在村落选址时会多次考察山川地貌、水文流向，最终选择一处依山傍水、藏风聚气，富有生气而利于生息的地方。上村《重建崩山庙碑记》记载："吾村居于此，前川如虹贯日，后山如燕归巢，左右林壑龙头，中间绿水萦回，村舍为之环列，林树为之阴翳……增庙貌之庄严，壮神威之赫濯，聚族径居，实足以应山川之王气。"

---

① 江苏古籍出版社编选.中国地方志集成·湖南府县志辑49 康熙永明县志·光绪永明县志[M].南京：江苏古籍出版社，2002：244.

通过碑文可以看出，勾蓝瑶寨四周群山环绕，背靠青山，绿水萦回，植被茂密，是一处风水极佳的地方，适合瑶人繁衍发展。

1. 藏风聚气

中国古代的风水理论以"气"为中心，气是中国古代哲学思想里的一个重要概念，强调村落应选址在富有生气的地方，忌讳和避免"死气"和"煞气"。湘南风水观念认为"山管人丁，水管财"，水象征着财富，水与山不可分离。但从宏观层面的选址来说，湘南在村落选址中更注重看水，这水不能直来直去，应当曲折和缓。老子曰："上善若水，水善万物而不争。"有水的地方富有生机，而生活与耕作更是缺少不了水。勾蓝瑶寨溪流纵横、涌泉遍布，瑶寨内有两条较大的溪流自东向西穿流而过，兰溪从上村旗山下蒲鲤井发源贯穿上村与黄家村，而兰水从狮形山下发源流经大兴村，溪水清澈见底，终年不断，且水势曲缓，像一条彩虹贯穿太阳，正所谓"紫气东来"，为勾蓝瑶带来无尽的生气。

● 依山傍水的大兴村

"水随山而行，山界水而止"，水与山相得益彰，共同构成影响村落风水的重要因素。勾蓝瑶寨建于盆地之中，四周地势高峻，有龙岩山、大木脑山、车尾山、马腰山、怡山、旗山等十余座青山围绕，瑶寨被紧紧地包围在其中。众山既可遮风挡雨，又是防御的天然屏障，勾蓝瑶人利用地形修筑起十道寨墙，以抵御外来盗匪的侵袭。"前川如虹贯日，后山如燕归巢，左右林壑龙头"，碑文记载了勾蓝瑶先民对村落山水的描述，依山靠水，周边山势形如龙脉，在山环水绕之中形成了藏风聚气的优良人居环境，勾蓝瑶先人情不自禁地发出了"聚族径居，实足以应山川之王气"的感慨。

2. 后天改造

人类在适应自然的同时也在不断地改造自然，世间少有十全十美的自然生态环境，在村落的选址与土地资源的适配过程中，勾蓝瑶人在有机利用自然生态环境的同时，也在按照自己的需要对其进行适度的改造，这体现在瑶寨内的桥亭与宗教建筑的营建与布局上。勾蓝瑶先民认为，水是财富的象征，他们对水的来去十分看重，在河流的出入口、两山夹峙或水流蜿蜒的地带，构筑桥亭、楼阁、塔等作为关锁，在遮风避雨的同时也挡住煞气，并把财气保留在村内。勾蓝瑶在河流上修筑了许多风雨桥来改造风水，培元桥便是最好的案例。培元桥是建在兰溪河上的一座青石拱桥，其上修建有一座美丽精致的"培元桥凉亭"，始建于清光绪二十二年（1896），桥长 13 米，宽 6 米，高 5 米，凉亭长 5.6 米。培元桥建于流经黄家村的兰溪河的西边出口处，是最重要的两个水口之一。勾蓝瑶先民认为，培元桥既锁住了兰溪河"财气"的流出，也遮挡了西面缺口吹来的风雨，起到避免煞气、固本培元的作用。

兰溪地势西高东低，西面有一处较大的缺口，这在风水中被叫作"气口"。于是勾蓝瑶人在车尾山与马腰山之间修筑起高大的石砌城墙，两侧修建了多座庙宇，以起到防御与聚气的作用。在村口城墙后两侧山下，勾蓝瑶人修建有关帝庙、相公庙、秦王庙、城隍庙等。

康熙二十九年（1690）《新建关帝庙题名记》碑文记载：

"盖闻天开地辟，尧舜其宗，汉主尊贤，新建关王宝殿，基塞坊团境土，普照万民安泰，天生正道，地户英豪，圣力威灵昌感应，勇镇乾坤。"

《鼎建秦王庙志》有诗曰：

"鼎建金銮大吉昌，关拦风水护村坊。前朝北斗人兴旺，后倚南辰物兴隆。川主匡扶生富贵，帝王保佑寿延长。从今竖立千秋记，感应灵通万古扬。"

勾蓝瑶先民希望借助神威的力量镇守兰溪风水，以保护勾蓝瑶人平安、健康。

● 黄家村村口的培元桥

3.1.3 规划与布局

勾蓝瑶寨原由上村、下村(现名黄家村)和大迳村(现名大兴村)联合组成,3个古村呈三角形,各村相距不到一公里,现在分成上村、黄家、大兴、新桥4个行政村和石盘村的一部分。其占山林田土面积30余平方公里。[①] 勾蓝瑶寨依山傍水,不讲究整整齐齐,而是根据地形情况灵活布局,依山就势,临水而居,沿路而建,怎么方便舒适便怎么安排。各姓氏聚族居住在一个姓氏门楼后,村落布局与周围自然生态和谐共生,最后形成了非轴线布局的村落格局。

1. 村落布局形式

第一,依山就势。

勾蓝瑶寨周边山体勾连透漏,大小山峰不下十余座,黄家村从西向南再向东依次分布着车尾山、大木脑山、将军庙庙山、横山、呼雷山、背人脑山、白地

---

① 杨仁里. 永明文化探奇[M]. 北京:中国文联出版社,2006:62.

岭、龙岩山、银屏山等；上村周边从东向西分布着筒鼓山、坳背山、寨门山、元石山、旗山、紫竹山等，与黄家村的阳凼脑山相接；大兴村自东向西处在李家背山、雷壁寨山、虎岩山、杏花园群山、雷家寨山、何家背连山、神仙脑山、鸡脑山的群山环绕中。山体的格局与走势必然影响村落的布局，勾蓝瑶寨的民居主要沿着山谷依山势高低而建，具有层次性，这样既可以利用背后的山体进行防御，又可隔绝大风与冷空气的侵袭，前低后高，便于住宅采光通风。依山就势也是顺应地形，建筑布局灵活方便，单体的朝向不受限制，可充分利用珍贵的土地资源，减少对耕地的占用。

● 黄家村石头街依山而建的民居

第二，临水而居。

勾蓝瑶因山水得名，兰溪与兰水两条溪流缓缓穿流而过，水系由北向南经广西恭城流入西江。水是一种十分重要的自然资源，为人类的生产与生活以及其他物种的生存提供了基本的保障。长年不断的溪流为村落带来无尽的生气，聚落建筑布局于水系两侧，水系的走势与局部的地形决定了聚落的选址与布局。兰溪蜿蜒穿越黄家村，形成了建筑沿兰溪两侧布局的格局，在黄家村的桥头、麻斋圩等处，两侧民居与祠堂沿着兰溪两侧紧邻而建，有的住宅甚至横跨在兰溪之上。在溪流之上，修筑有石板桥或风雨桥，形成"水上有桥，桥上有亭，亭下有井，井旁是人家"的独特湘南田园风景。①

● 黄家村桥头临河修建的民居

第三，沿路而建。

道路对于村寨，就犹如血管之于人体，勾蓝瑶寨通过道路系统把各处连接起来，形成一个相互联系的统一整体，为适应复杂多变的地形，道路网络采用自由、有机的形式。瑶寨内的道路依大小可分为进村大道、街道、巷道三级，为行走方便，避免下雨时道路变得泥泞难行，瑶寨内的整个道路网络统一采用青石板铺砌。出入瑶寨的大道一般依山傍水，蜿蜒于群山与溪水之间，进入村内后分成两条南北走向的"Y"字形主干道将村落串联起来，勾蓝瑶寨的建筑布局便沿着这两条主要道路展开，在聚居区内形成多条或纵或横的街道，于街道两侧的各姓氏在门楼后沿着巷道聚族而居。瑶寨的建筑布局沿着主要道路而展开，使得聚落成不规则线形拓展。

---

① 周蒙. 城堡式的古瑶寨—勾蓝瑶[EB/OL]. 长沙：红网[2015 – 10 – 19][2019 – 01 – 07]. http：//hn. rednet. cn/c/2015/10/19/3817127. htm.

● 沿路分布的民居

2. 村落布局特征

第一，聚族而居。

勾蓝瑶是一个多姓聚居的瑶寨，这种情况是明朝洪武二十九年（1396）勾蓝瑶招安后形成的，最初时是单门独户，后来子孙繁衍昌盛，代代相邻聚居，从而形成同一族姓集中居住在一个街区的模式。村落的布局以各族的门楼和祠堂为中心展开，同姓血缘聚族而居住在姓氏门楼后的巷道内，最终形成了几个较为集中的街区，如麻斋圩、三门街、槐木下石头街等，杨氏、何氏、黄氏、欧阳氏、雷氏等大家族的门楼构成了村中的多个中心点，这些中心点由寨内的街道串连成一个有机整体。① 勾蓝瑶寨这种依血缘关系形成的聚落，具有明显的血缘性、聚居性、农耕性、封闭性、稳定性等多元文化特质，这些特质使聚落共同体具有强大的亲和力与凝聚力，村落绵延直至今日。②

---

① 李敏.湘南地区瑶族传统民居群落的研究[D].长沙：中南林业科技大学，2013.
② 项哲.瑶族传统聚落的形成与发展[J].建筑工程技术与设计，2015(13)：32.

● 家族祠堂

● 姓氏门楼

第二，灵活自然。

勾蓝瑶的先祖历代居住在大山之中，聚落依山就势傍水而建，最大程度适应周边地形，与自然融为一体，后来搬迁到山下平地居住，在吸收周边汉族村落建筑营建文化的同时，继承发展了瑶族本身独特的聚落选址与布局的文化理念，顺应地势灵活布局与亲近自然的做法一直传承了下来。勾蓝瑶寨的建筑布局没有统一规划，灵活地根据各自然村的地形环境沿道路、溪流、山势展开布局，形成不规则的线形聚落群体，体现了勾蓝瑶人因地制宜、顺应自然而灵活布局的营造理念。

● 上村鸟瞰图

第三，层层防御。

历史上，勾蓝瑶为抵御元兵、盗匪、猛兽的侵袭，保卫瑶寨安全，在村落四周修筑了多道寨墙防御。明洪武二十九年（1396），勾蓝瑶寨被招安后受旨镇守湘粤隘口，在先前的基础上历经多代于瑶寨四周狭窄山坳处修建起十余道护寨城墙，同时在村内也设置起多层防御工事，最终形成布局紧凑、防御森严的寨堡式瑶寨布局。就勾蓝瑶的防御建构而言，由外至内大体修建了四层防御建筑：石城墙（石寨门）、守夜屋、关厢以及门楼。四道工事构成了层次分明、功能齐全的防护网络。

```
┌─────────────────────────────────────────┐
│                  瑶寨                      │
│  ┌───────────────────────────────────┐  │
│  │              家族聚落                 │  │
│  │  ┌─────────────────────────────┐  │  │
│  │  │           住户单元             │  │  │
│  │  │                               │  │  │
│  │  │            院门               │  │  │
│  │  │                               │  │  │
│  │  │            巷道门              │  │  │
│  │  │            门楼               │  │  │
│  │  ┌──┐                      ┌──┐  │  │
│  │  │关│                      │关│  │  │
│  │  │厢│                      │厢│  │  │
│  │  └──┘        守夜屋          └──┘  │  │
│  └───────────────────────────────────┘  │
│                 石城墙                     │
└──────────────┬──────────────────────────┘
               │
               石寨门
```

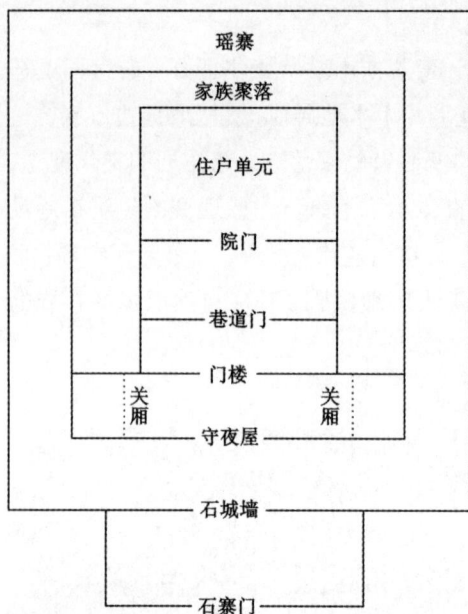

勾蓝瑶寨防御结构示意图

3.2　村落建筑

地处湘南偏远地区的勾蓝瑶，自古便是化外蛮荒之地，历史上文化技术较为落后，然而勾蓝瑶人善于吸收汉族先进文化与技艺，并勇于创新，一方面勾蓝瑶的村落建筑吸取着周边汉族建筑文化精华，另一方面却又保留着瑶族独特、质朴的民族文化特质，两者在漫长的历史中既相互碰撞又彼此交融，使得勾蓝瑶的建筑文化更加多姿多彩，极具瑶族风情与地域特色。

3.2.1　民居建筑

民居建筑是勾蓝瑶人在自然环境的基础上，根据本民族的历史渊源、文化习俗、生产生活方式、建筑智慧及审美观念等社会文化因素发展起来的，经过近千年的发展，结合夯土技术和木构架结构体系，勾蓝瑶形成了以天井院为代表的建筑形式，具有鲜明的地域性和民族特色。因身处相对独立偏僻的山区，加上勾蓝瑶人对民族文化的坚守与保护，如今勾蓝瑶寨的建筑保存较为完好，村落整体格局大致未变，寨内现存二十余座明代古民居，上百栋清代古民居，村落传统格局基本保持完好，具有很高的历史文化价值。

1. 民居平面形制

勾蓝瑶先祖生活在大山之中，生产力与技术水平十分落后，以砍山为生，长期过着原始的农猎生活，需要经常搬迁，房屋修筑得十分简单，伐木作屋，扯草为盖。自洪武九年(1376)后，瑶人吸收周边汉族先进文化与技术，修建起砖木混合结构的住宅。瑶族有男子娶妻后须与父母分居独立生活的习俗，因而每户人口不多，房屋以三五开间的居多，其平面布局主要有两种形式：一种是单体院，一种是天井院。

(1)单体院

单体院的平面形式非常简单，由单体建筑加上外围小院构成，一般是在正屋周围修建矮墙，形成一个小院，多数院门布置不在正屋的主轴线上，而是偏向一边，方向与正屋成一定角度，这是因为勾蓝瑶人认为院落门与房屋门相对会冲撞，从而产生"煞气"，要尽量避免。[①] 这种布局虽然缺乏进深，但因此能适应各种地形，且若是把几栋单体院组合起来，其布局、功能、空间也会变化多端，充满智慧。单体院不设天井，房屋为了采光通风，会在大门上方开设天窗，其规格较大，多为方形花窗。勾蓝瑶寨建筑以二层房屋结构为主，但我们在大兴村发现几栋三层单体院民居建筑，砖墙修砌方式为明代的两平一侧式，在正屋门上开设大天窗采光通风，侧立面开有狭小的气窗，造型结构独具特色。

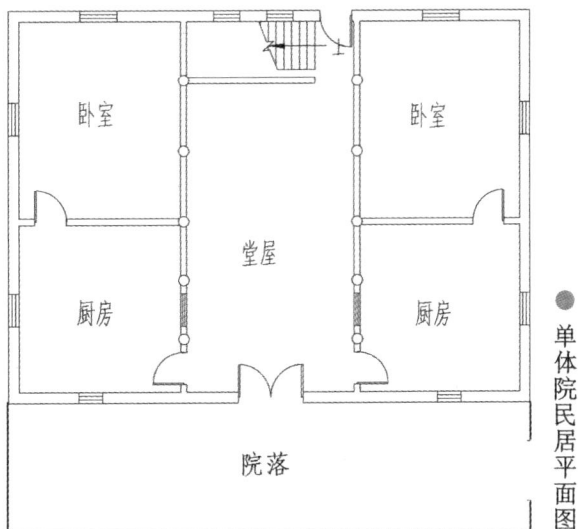

单体院民居平面图

---

① 陈幼君.兰溪美丽的城堡式瑶寨[M].长沙：湖南地图出版社，2008：60.

（2）天井院

勾蓝瑶民居以天井院形制为主，房屋外部修砌高大围墙，在住宅内部开设天井，室内房屋的门窗都朝向天井开设，这种布局既可起到防御的作用，又可通过天井来采光、通风、散热、排雨。房屋平面布局以天井为中心，两侧厢房成对称分布，堂屋朝向天井，用雕花隔扇门区隔，朝向不固定方向，随地形做出相应调整。瑶寨内的天井院住宅有两种形式，一种是三合院，一种是四合院。

三合院是由三面房屋和一面高墙组成，住宅平面为"一明两暗"的三开间布局，正屋居中，两边为对称的一层木制厢房，三合院前方为砖砌高墙，墙门开在正屋的主轴线上，或是偏向一边。四合院即四面都是由房间围合而成的天井院，为三间两进式布局，靠街一面是第一进，叫作下房，多用作厨房或储藏间。住宅中间为长方形天井，两侧是厢房；第二进是上房，一层明间是堂屋，二楼是卧室或储藏室，靠天井面设有廊道。天井院冬暖夏凉，既节约了用地，又营造出安全与私密的居住环境，对室内空间气候环境的改善起到了十分重要的作用。

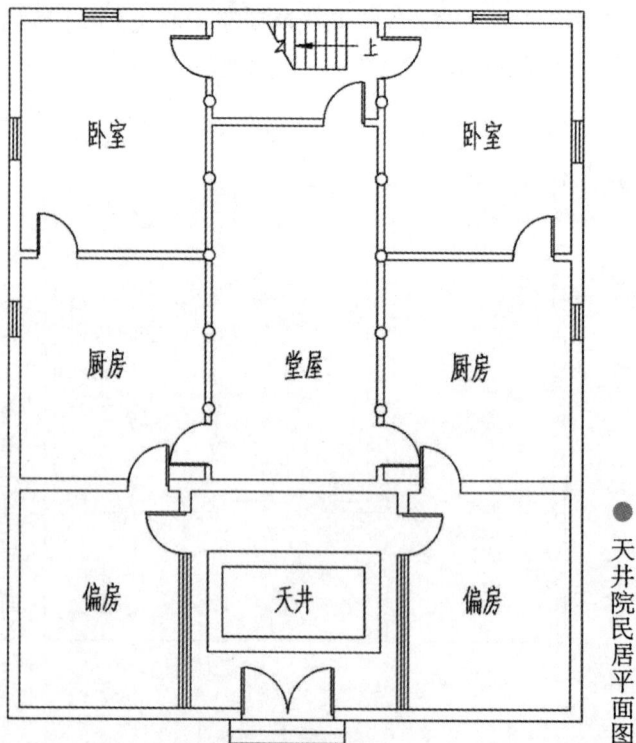

天井院民居平面图

2. 民居构筑空间

勾蓝瑶传统的民居建筑形制以天井院格局为主，村民根据住宅地形、自身经济状况和对房屋的使用要求创造出许多既实用又美观的平面组合形式。而明、清、民国等不同历史时期的建筑风格又稍有差异，但就民居建筑总体而言，都是由正房、厢房、阁楼、天井等要素构成。

（1）正房

正房一般位于勾蓝瑶民居建筑的中心位置，处在房屋平面的中轴线上，作为民居相互连接的关键节点，是家庭中最为神圣、重要的场所。其典型形制是"一明两暗"的三开间平面布局，很明显是受到了汉族住宅"居中为尊"文化的影响，"明"是指堂屋，作为祭祖供神、接待宾客、日常起居与议事的场所，"暗"是指堂屋两侧的卧房，为家中长辈居住的空间。正房面朝大门入口，向天井敞开形成厅，厅内摆放有方桌、长凳等家具，与天井用隔扇门间隔，便于采光和通风。在厅后墙正中设有神龛、香案，用于祭祀祖先和供奉神灵，神龛高约两米，向后凹成戏台状，用于放置油灯、烛台与香炉，板、墙中间张贴祖宗源流，其下部设有存放香烛、纸钱之类的暗柜。在神龛后是隐蔽的楼梯间。

（2）厢房

厢房位于正房前天井两侧，一般成左右对称分布，为一层木质结构，部分民居受地形与面积限制，没有厢房或只有单侧厢房。厢房一般供家中晚辈或者是客人居住，或作为厨房及储存间使用。厢房的高度与大小不能超过正房，有"厢不压正"的说法。出于安全与隐私考虑，厢房的门窗大多朝向天井开设，窗户为制作精美的雕花隔扇窗，兼具采光与装饰的功能。

（3）阁楼

勾蓝瑶地处湘南永州地区，气候多雨潮湿，夏季十分炎热，于是人们便修建了阁楼，把屋顶做成人字形坡面，以便于有效防雨、排水以及散热通风，保持室内温度，同时也可充分利用了住宅顶部空间，用之做孩子的卧室与储藏室，具有良好的物理和实用功能。在厅上方阁楼的楼板处开有长宽约50厘米的洞口，以方便用滑轮装置把物品拉到阁楼储存，是一种十分智慧、方便的设计。阁楼前的天井上方设有出挑的廊道，边上有镂空栏杆防护，可用于晾晒衣物、竹笋、辣椒以及观察院内情况。在阁楼后墙壁上开有狭小气窗，以促进阁楼内的空气流通，兼具采光功能。如今勾蓝瑶人在修建房屋时，仍有许多村民喜爱这种阁楼结构。

● 阁楼

（4）天井

　　勾蓝瑶由于特殊的气候条件以及地域文化背景，周边匪盗较多，社会冲突时有发生，为了保证住宅的安全性与私密性，勾蓝瑶人偏好修建封闭的天井院式住宅。天井一般开在堂屋前，开间尺度不大，通常只有几个平方，呈长方形。天井地面比屋面要低30厘米左右，向下凹成一个浅井，地面铺砌青石板，以便雨水能快速排出，营造相对清洁的生活空间环境，内部开凿有排水槽，以通过暗沟把雨水排出。天井四周屋顶都为内坡，雨水通过屋面集中流向天井内部，最后通过暗沟流入屋外沟渠，这种叫作"四水归堂"，在风水上起到"肥水不流外人田"的聚财作用。天井底部一般放置有青石水缸，接雨水兼备防火之用。

● 天井

因村内住宅之间距离十分相近，而外墙又修得高大，因而窗户多开在室内，朝向天井。天井起着通风透气、采光、散热、排雨以及吸除烟尘等作用。天井因处在住宅的中心位置，常在人的视觉中心，于是主人多在天井之中设有假山，其上种有花草，还在天井照壁上题"仙露明珠""德润圭璋""凤翥鸾翔"等大字，以增加室内文化氛围，起到美化住宅的作用。

3. 代表性民居

民居的营建是一个复杂的过程，村中木匠何继宝说勾蓝瑶传统民居的营建包括12个重要流程，即地基动土、架马、立柱、砌墙、上梁、立门、和门、修神龛、装楼梯、盖瓦、封山、送马。勾蓝瑶先民营建房屋前首先要请地理先生看地，房屋选址坐南朝北、坐北朝南都可以，但不能建在祠堂前面与侧面，有"一人不能压众，众人可以压一人"的说法，位置看好后须用一只雄鸡压五味（鬼魂、乌龟、蛇、斑鸠、斑鱼），以驱邪破煞，然后才能破土动工。房屋营建的每一个步骤都有许多讲究，需要雄鸡祭祀破煞，用鲁班尺量地基、裁柱头、立大门。鲁班尺长一尺四寸八[①]，其上标有财禄门、长病门、生离门、义顺门、官福门、劫盗门、六害门、福德门八种门，各道门的口诀不同，设立大门时须用鲁班尺量好尺寸后再行修建，具体依建筑类型与房屋主人的身份而定，居民多用福德门、财禄门，寺庙、商铺多用义顺门，学堂与当官人家选择官福门，避免长病门、生离门、劫盗门、六害门四门。立大门时，把墨斗、尺、斧头、锯子、鲁班尺放在大门前，放一盘五色米，用公鸡、纸钱、香、三杯酒祭祀鲁班。房屋修建好后，主人要在祠堂请酒，亲戚挑着用竹叶包着的红包与8~10个鸡蛋担子前来送礼，贺喜主人乔迁新居。

勾蓝瑶的古民居不论是营造工艺还是装饰风格都有明显的时代印记，明清时期的古民居可以透过这些细节区分出来，一是看民居的墙体，勾蓝瑶明清建筑砖墙的砌筑方式有别，明代的砖墙是竖砌的两平一侧式，而清代的砖墙是横砌的一顺一丁式，清代的外墙在保温隔热方面略优于明代。二是看民居堂屋梁柱数量，明代及以前的民居立10根柱头，清代民居立6根或8根柱头，现代勾蓝瑶新建房屋则立4根柱头，这一方面是因为建筑营造技术的进步，另一方面也是为了减少木材的消耗以节约成本，且柱头越少，空间越宽阔，划分也越灵

---

① 1寸 = 3.3厘米。

活。三是看民居的窗户，在明朝时社会环境较为动荡，匪盗频繁，勾蓝瑶为加强防御并获得安全感，建筑外墙窗户设置得又高又小，并用坚固木栏板防护。到清朝，社会环境较为安定，村寨外围的防御工事非常严密，窗的防御功能随即减弱，为加强民居采光通风功能，窗户的尺度略有增大，数量也有所增加。居民建筑在排水、防潮等方面得到改善，建筑的形制越来越多样灵活，装饰也变得多彩华丽，最终形成了勾蓝瑶独特的建筑艺术。

（1）何氏民居

黄家村桥头何金林家民宅是勾蓝瑶民居建筑的代表，从砖墙、装饰以及房屋结构来看，它属于勾蓝瑶明代建筑，历经500多年风雨至今仍保存十分完好，是勾蓝瑶古代天井院民居建筑艺术的代表。何氏民居为两层砖木结构建筑，其形制是"一明两暗"的三开间平面布局，房屋宽9.8米，进深11.8米，高8.75米，面积116平方米，一层由天井、厢房、堂屋、厨房、卧室、楼梯间几个部分组成。何氏民居坐西朝东，大门开在房屋正中稍偏左，门前有一级青石台阶，因何家先祖是官宦人家，其比普通民居要大四五寸，开的是宽敞气派的"官福门"，门额上题有"玉漱荣森"四字，其下设有一对雕刻菊花纹案的户对。为防止鸡、狗等动物进入屋内，加强房屋的采光通风，还在民居的大门外加设了一对齐腰高的栅栏门。进入大门后是一个14平方米左右的天井，天井底部为下凹的长方形泄水池，天井周边与底部铺设有青石板，主人家在天井四周放置了多盆花草美化环境。天井两侧是11.5平方米的两间厢房，为采光通风，厢房在靠天井面设置了大面隔扇窗。正房面朝大门入口，向天井敞开形成厅，厅内摆放有明代方桌、长凳等家具，在厅后墙正中设有神龛、香案，用于祭祀祖先。由两排十柱支撑的开阔堂屋，是主人进行祭祖、接待宾客、日常起居与议事的场所。堂屋两边是厨房，最里间是主卧室，神龛后是狭小楼梯间。二楼是瑶家的阁楼，一般作为孩子的卧室与储藏室使用，阁楼前的天井上方设有出挑的廊道，边上有镂空栏杆防护，可用于晾晒衣物、竹笋、辣椒以及观察院内情况。栏杆前方墙头设置有高高翘起的马头墙，临窗而望，黄家村鳞次栉比的建筑与远处青山尽收眼底。

何氏民居是勾蓝瑶明代天井院民居的代表，民居墙头高耸，通过在屋内开设天井来采光通风，外墙面不设大窗，只在二楼两侧与后方墙面开设狭小的透气牖窗，厢房的门窗朝向天井开设，从而形成了封闭的建筑结构，满足了瑶民对于安全性与私密性的要求。阁楼前方出挑的廊道除了方便日常生活以外，还蕴含观察屋内外情况的功能。沧桑的古民居历经500多年的风吹雨打，在历代主人的细心维护下得以保存下来，如今住宅主人的女儿在家中开办起了"勾蓝瑶农家乐"民宿，这是勾蓝瑶古建筑多元开发利用的一种方式，可以让游客深入体会到勾蓝瑶的独特建筑艺术与浓厚的地方文化内涵。

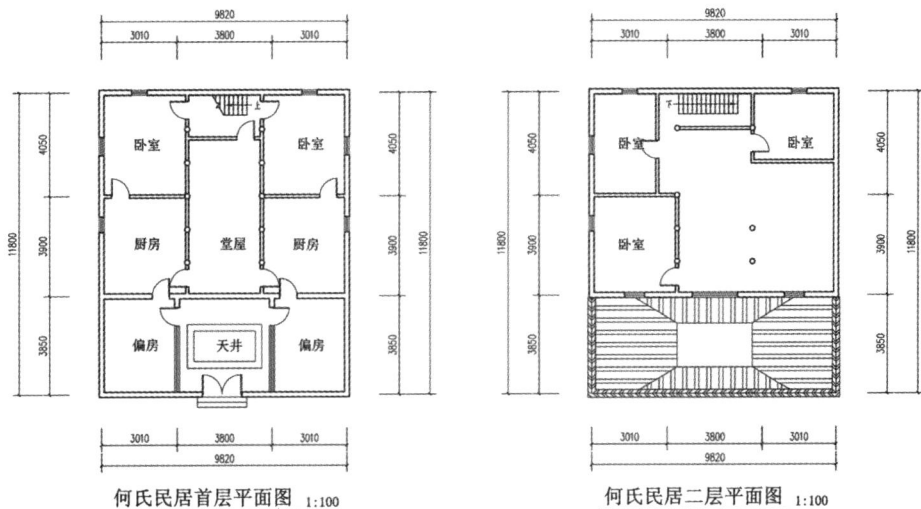

何氏民居首层平面图 1:100　何氏民居二层平面图 1:100

● 何氏民居平面图

何氏民居正立面图 1:100

● 何氏民居立面图

何氏民居大门

● 何氏民居厢房隔扇窗

（2）黄氏民居

在黄家湾井头凉亭左侧，有一栋民国初年修建的四合大院民居，是黄正元的住宅。房屋宽 10 米，进深 15.7 米，屋面高约 7 米，面积 157 平方米，是一栋青砖砌筑的高大四合院。民居沿从清水庵发源的小溪而建，是一栋集商贸与居住功能为一体的建筑。住宅结构为两个三间堂屋隔一天井相对，北、西、南三面开门，北面为房屋生活起居宅门；南面临溪处为"黄裕丰五色染房"商铺，大木门两侧修有砖砌柜台，二楼设有外挑廊道；西面为侧门，开在墙面中部偏左，上书"里仁"二字。房屋正中为长方形大天井，成四水归堂造型，地面铺设红砖，天井西面左侧靠墙处设有通向二楼的木质楼梯。二楼南北面为宽大卧房，靠天井面设有走廊连通，外墙开窗多，房屋采光通风功能良好，各房布局幽雅得体，是勾蓝瑶最有特色的一组新式大宅院民居。

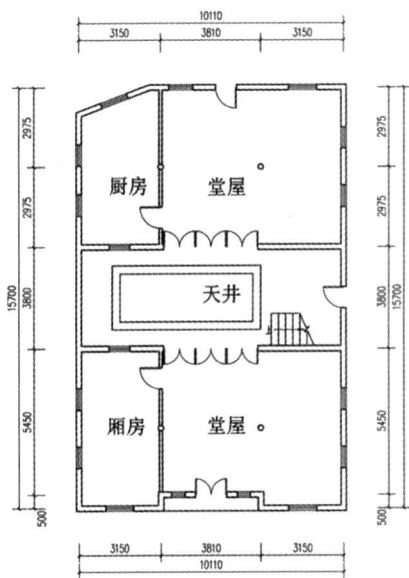

黄氏民居一层平面图 1:100 黄氏民居二层平面图 1:100

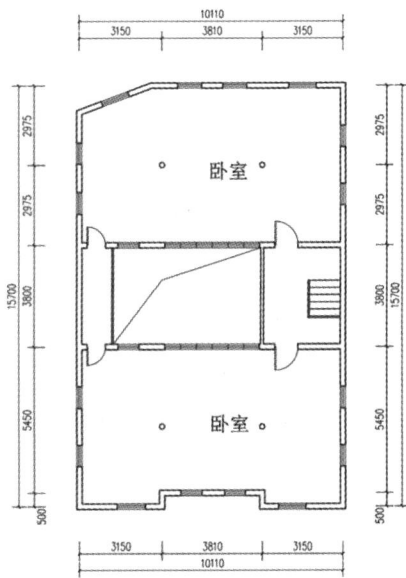

● 黄氏民居楼层平面图

黄氏民居立面图 1:100

● 黄氏民居立面图

　　黄正元为勾蓝瑶下村（今名黄家村）黄家湾人，民国初年在石枧乡任乡长，平日横行乡里，霸占村民果园，垄断烟草种植与销售，新中国成立后，因民怨沸腾被定为恶霸地主而枪决，家产被没收充公，黄正元的妻儿子女迁居大地平新村。此宅如今成了一栋空房，再无人居住。因无人维护，房屋梁柱、楼板被雨水侵蚀，古宅保存现状不容乐观，急需进行修缮。

● 黄氏民居北面

3.2.2 公共建筑

在勾蓝瑶 6 平方公里的土地上，分布着数量众多的公共建筑，这些公共建筑有大有小，用途不同，但都是对勾蓝瑶人具有某种特殊意义的公共场所，它们是沟通各家族以及整个村落的重要元素，是宗教信仰和社会习俗活动的物质载体，是村民进行休闲娱乐、开展集体活动的空间，对聚落的布局和景观有着深远的影响。[①] 在勾蓝瑶众多的公共建筑中，最为常见的是寺庙、祠堂、寨墙、守夜屋、门楼、凉亭、风雨桥、戏台、牛庄屋、私塾、水井、道路等，这些公共建筑不仅为勾蓝瑶人的社会交往与文化活动提供了活动场所，而且也是勾蓝瑶民俗文化、生产生活以及建筑技术与艺术水平的集中反映。按建筑的功能划分，这些公共建筑可分为宗庙建筑、防御建筑和其他建筑三类。

1. 宗庙建筑

勾蓝瑶人质朴虔诚、尊神敬祖、宗族观念强，为祭祀先祖，每个姓氏都修建了祠堂。崇佛信神的勾蓝瑶人，为寻求神灵护佑，祈愿生活安宁吉祥、五谷丰登，在村落四周陆续修建起了寺庙宫观等多达六十八座宗教建筑。

（1）祠堂

勾蓝瑶是一个多姓同居的平地瑶村寨，目前寨内主要居住着蒋、欧阳、黄、何、田、雷、李等 13 姓，每个姓氏都建有祠堂。寨内原有古祠堂 15 座，大都建于明清两代，具体为黄家村的欧阳氏祠堂、黄族祠堂（麻斋圩）、何氏祠堂、杨氏祠堂、毛氏祠堂、黄氏祠堂（黄家湾）等 6 座；上村的欧阳氏祠堂、周氏祠堂、蒋氏祠堂、何氏祠堂等 4 座；大兴村的李家祠堂、曹氏祠堂、田氏祠堂、何家祠堂、雷家祠堂等 5 座。中华人民共和国成立后，毛氏祠堂、杨氏祠堂、黄族祠堂、何氏祠堂（上村）因拆除损毁不复存在，现存 11 座古祠堂。

各姓因天灾人祸与招安政策先后举家迁居于勾蓝瑶，出于安全考虑与宗族观念影响，人们以祠堂为中心，同姓血缘聚族而居住在一个姓氏门楼内。勾蓝瑶处在湖南永州江永县与广西桂林富川县交界处，历来动乱较多，社会环境不太稳定，为抵抗外匪侵犯与朝廷暴政，唯有借助群体的力量才有可能应对来自外部的各种风险与矛盾，同祖同宗同姓村民依托祠堂，通过共同的祭祀活动加

---

① 李泓沁.江永勾蓝瑶古寨民居与聚落形态研究［D］.长沙：湖南大学，2005.

强族群的认同感，因而祠堂对于凝聚族群的力量起到了极其重要的作用。

黄族祠堂(麻斋圩)于明万历四十五年(1617)刻《黄族祠堂记》，其记载："盖宗人涣散，亦无祠宇聚之，其间礼别尊卑长幼无序。祠堂者，无论婚媾宴会所不可也。"

碑文记载了当时黄族人丁繁茂，族人却人心涣散、尊卑不分、长幼无序的状况。为了增强黄族人的凝聚力，做到礼别尊卑、长幼秩序，于是族人合力修建了黄族祠堂。祠堂宽11.8米，进深9.2米，高6.4米，占地面积约110平方米，大门开在左侧，门楣上题有"黄族祠堂"四个乌黑大字，祠堂内部空间开阔，左侧2/3为厅堂，右侧1/3为隔离厨房，前方中部开有天井，以便于采光、通风以及快速散除烟尘。山墙造型灵动，以阶梯形马头墙为主，马头墙面刷有白色石灰，红白相映下，整个建筑变得绚丽多彩。为保护墙体不受流水侵蚀，女儿墙外侧还设有挑檐排水沟。祠堂内不供奉祖宗牌位，只在大厅墙壁上写有族规以及劝勉训谕，黄族祠堂正壁墙上题有"箕裘範(范)衍"四个苍劲大字，寓意为希望黄家开枝散叶，人丁兴旺，族人齐心。行为懂规矩有礼数。祠堂内部木构均采用抬梁式构架，楼面不铺盖木板，显露出梁柱构架、穿枋、如意斗栱等部件，展示出了祠堂内部精巧的结构，营造出宽阔明亮的空间效果。祠堂内部不设墙间隔空间，宽敞的大厅便于摆放酒席与商讨事情，只在祠堂左右一侧隔有小间搭置锅灶，以当作厨房。木柱下垫有石柱础防潮，柱础形式多样，雕刻图案细腻优美。因祠堂是一族一姓的代表性建筑，其大小与装饰受家族富裕程度与地形的影响，祠堂建筑结构简单而大气。

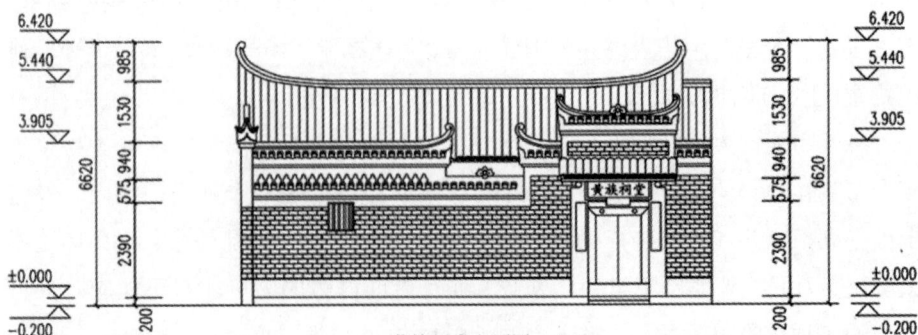

黄族祠堂立面图 1:100

● 黄族祠堂立面图

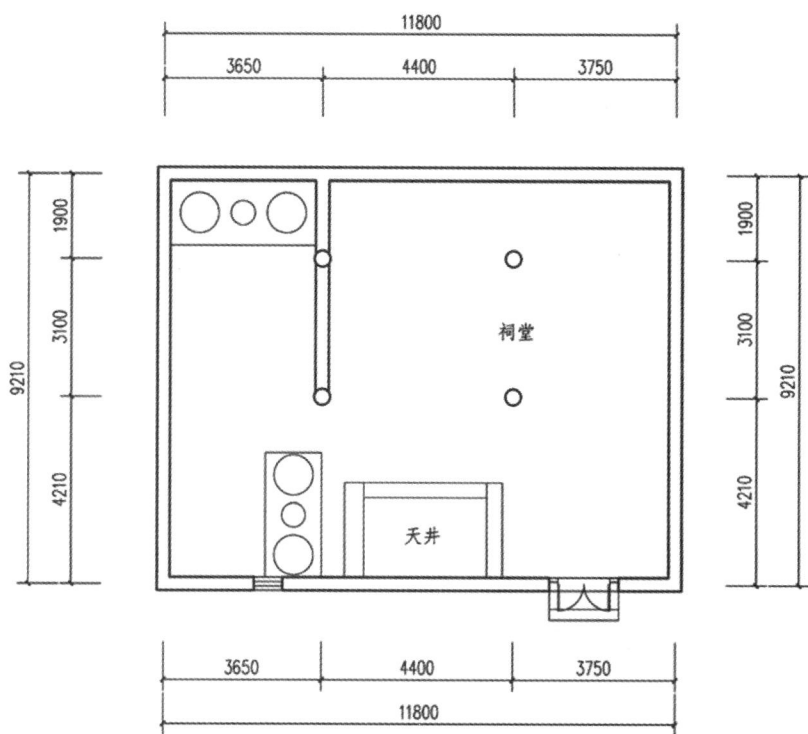

11800
3650　4400　3750
1900
9210
3100
4210

祠堂

天井

1900
9210
3100
4210

3650　4400　3750
11800

黄族祠堂平面图　1:100

● 黄族祠堂平面图

● 黄族祠堂

每年清明节会定期在宗祠内举办祭祀活动，村民称之为上"清明堂"，村民每有红白喜事也会在祠堂进行。此外，祠堂还是家族议事、聚会的场所，每逢族内遇到重大问题，都要召集族人到宗祠商议。祠堂钥匙一般由族长或族老保管，平日大门紧锁，只余锅碗瓢盆、桌椅板凳等用具放置其中。祠堂在古代由同姓族人合资修建，起到训导尊老爱幼、凝聚同族人心的作用，有的还兼做教育场所，请先生为族中幼儿进行启蒙教育。

祠堂原是同姓同族人所捐资修建，黄家村槐木下欧阳、黄、何、杨四姓因原老祠堂毁坏，酒宴无地备办，祭祀无处进行，于是四姓村民摒弃一家一姓的偏见，共同集资请村中工匠杨叶珍等人修建了永兴祠堂，此后每年开一次会讨论，按公约办事，选出专人保护祠堂。

● 永兴祠堂

（2）庙宇

勾蓝瑶人对祖先、天地、神灵都非常崇敬，崇信万物有灵，盛行自然崇拜、祖先崇拜、信仰多元而虔诚。汉魏以来，佛道儒先后传入勾蓝瑶，多种信仰和谐共处，在勾蓝瑶修筑的寺、庙、宫、观、庵、阁就有六十八座之多，其中有四十九庙、八庵、五寺、三阁、二观、一宫，这在中国是绝无仅有的。现仅存盘王庙、相公庙、迴龙阁、龙泉观、水龙祠、枇杷庙。寺庙由勾蓝瑶人与周边信众捐资修建，有专门的寺庙福田出产供养，大的寺庙中有僧、尼、道人等修行，所有寺庙的活动由总管庙(黄将军庙)主持协调安排。这些庙宇在漫长的历史长河中修建、损毁又再次重建，是勾蓝瑶人精神生活的一个重要组成部分，也是先人留给勾蓝瑶的丰厚文化遗产。

①盘王庙。

瑶族尊奉"盘王"为先祖，有瑶族居住的地方便修建有盘王庙，勾蓝瑶人原先为过山瑶，明朝洪武年间招安后成为在籍的平地瑶，属于瑶族盘瑶的一个细小分支，历来有祭祀盘王的习俗。勾蓝瑶有瑶歌唱到"我的始祖是盘王，平王封姓十二双。自从居住兰溪地，秦汉传世不一般"，歌谣介绍了勾蓝瑶的祖先为盘王。元大德年间元军攻打瑶人聚居的千家峒，瑶人不敌被迫四处迁徙，离开前平王把一只牛角分为12节，交给千家峒的12瑶人姓氏，作为以后再聚的信物。瑶族历史上被迫不断迁徙，这塑造了瑶族坚韧的精神以及对祖先盘王的崇拜信仰。

在勾蓝瑶寨黄家村下关马腰山下的兰溪河畔，由上村、黄家村与大兴村集资共同修建了盘王庙祭祀盘王。盘王庙又被称作天帝庙，始建于后汉乾祐元年(948)，后多次损毁又陆续重修，雍正九年(1731)刻《重建盘王庙碑文》，记载："勾蓝源之奉祀盘王也，犹未旧矣，其间从始创而重建不知凡几更矣。"盘王庙庙宇坐北朝南，庙宽20米，进深48米，面积960平方米，是勾蓝瑶规模最大的庙宇。盘王庙整体呈长方形，采用围合庭院的空间布局模式，大门是宏伟的牌楼建筑，两个青石大鼓门单户对，牌楼原立有马奴牵马石雕像，今已不存。入口为戏台倒座，戏台屋面陡峭，檐角向外飞出，形如凌空展翅的雄鹰，封顶的两边翘角如同牛角一般直插天空，精致而又大气。戏台两侧为宽廊，中间为宽敞庭院，后侧为五间式台楼主殿，由四排十六根黑色大柱撑起歇山屋顶，飞檐翘角，高大宏伟。殿中原供奉有伏羲、神农和盘王的神像，但在"文革"中被捣毁，如今大殿中只留下一座土垒神台，台前遗留有石香炉一座。上村、黄家村、大兴村每三年一次在盘王庙砍神牛祭奠盘王，请师爷诵经说法，跳长鼓舞等礼仪祭拜，还会举办规模最大的庙会还愿仪式，请戏班在戏台开唱大戏，举办各种活动。

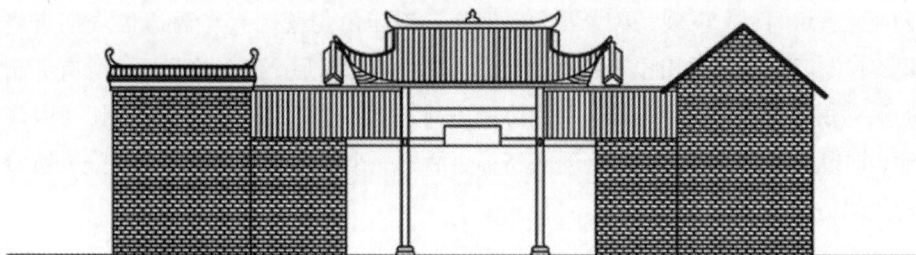

盘王庙正立面图 1:100

● 盘王庙立面图

● 盘王庙正面

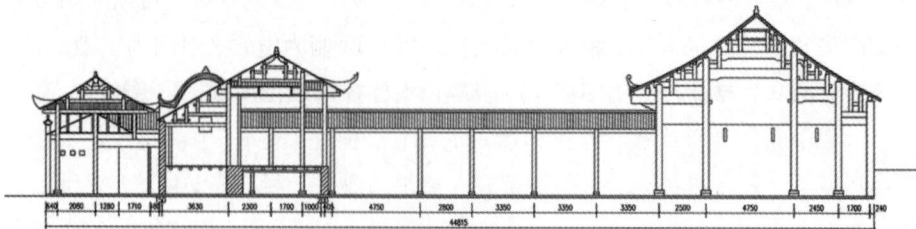

盘王庙剖面图 1:100

● 盘王庙剖面图

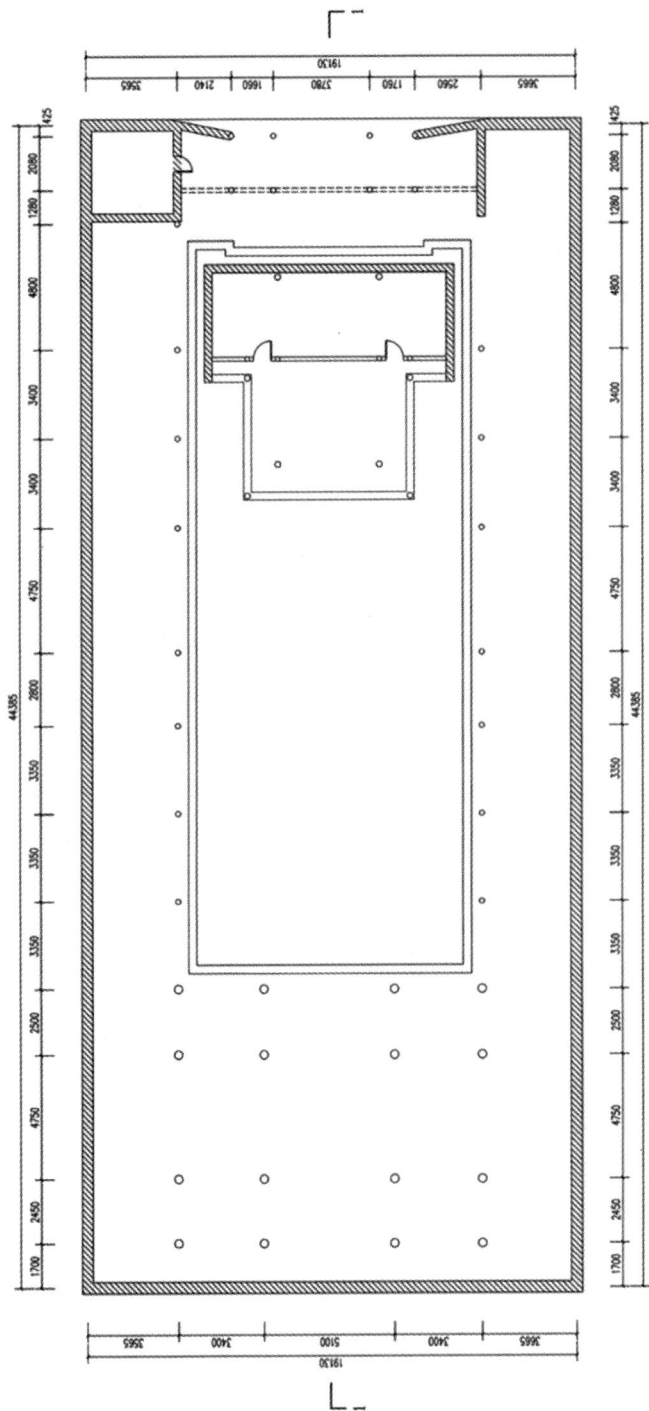

盘王庙平面图

● 盘王庙大殿

②水龙祠。

"尝谓圣王之制，祀也。法施于民则祀之，以死勤事则祀之，以劳定国则祀之，能御大灾则祀之，能捍大患则祀之，而帝郊宗社，报五者之外，如山川之神，皆有功烈于民者也。斯庙号水龙，威镇山川，赫声濯灵，固有凭依，以吾方者也。"

这是《水龙祠重修碑记》（嘉庆十五年，1810）的序言。碑文记载了水龙祠兴建缘由与名称，水龙是山川之神，因威镇山川，有功德于百姓，所以建祠以祭祀供奉水龙。每到过节，大兴村民齐聚于庙中，砍神牛祭祀，鼓瑟吹笙，场面十分热闹。

水龙祠，又名"老虎庙""虎婆神"，位于大兴村兰水河畔，背依老人山，坐东朝西，周边农田围绕，处在大兴村各自然村的中部。水龙祠鼎建于明代，乾隆十二年（1747）重修大殿，并增建戏台，后于嘉庆、同治年间有所修缮；民国十六年又进行了大规模的修缮；近些年的局部性维修、改造工程更是不断。因正殿木柱梁糟朽造成房顶垮塌，2008年，村民集资更换了正殿大量木构件，然而因祭祀断绝，无人看管维护，院中荒草丛生，损毁情况严重，几近荒废。

水龙祠建筑群由门厅、戏台、天井、左右宽廊及正殿等组成，祠宽约18米，进深48米，面积864平方米，是大兴村最大的庙宇，与上村的李三娘庙、黄家村的盘王庙规模相当。水龙祠采用围合庭院的空间布局模式，正面开设三个高大拱形砖门，入口后为戏台倒座，戏台对面是正殿，两侧为单层宽廊，中间是宽敞

● 处在大兴村中心的水龙祠

的天井，节日里兼做戏坪，但如今两侧宽廊与戏台几近坍塌，损毁非常严重。最里间是水龙祠的正殿。正殿是一座由四排八柱支撑起的 8 米高的宽阔大殿，柱梁体系采用硬山搁檩造，屋面为青瓦覆盖的人字形硬山屋顶，大门屋顶两侧配置有"猫弓背"式马头墙。

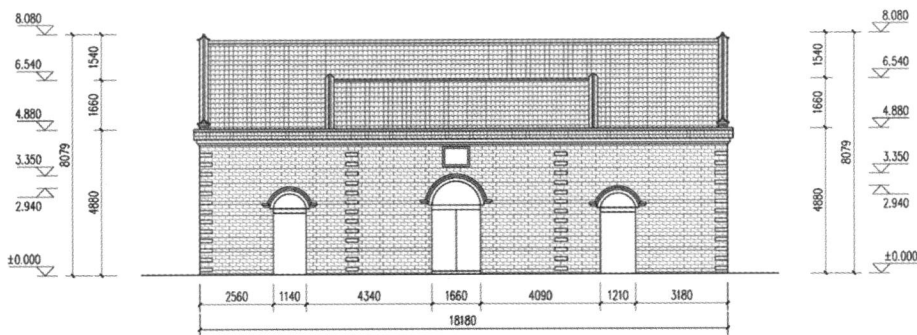

水龙祠正立面图 1:100

● 水龙祠正立面图

　　勾蓝瑶是一个信仰多元的民族，水龙祠最初是祭祀龙神的庙宇，后随着社会变化，在经历多次重建改造后，祠内供奉起的神灵不断变化并增多起来。据大兴村支书李成贵回忆，中华人民共和国成立前，在水龙祠大门内的牌楼房间里塑有两条威猛的神虎，这也是"老虎庙""虎婆神"称呼的由来；内里第二间塑

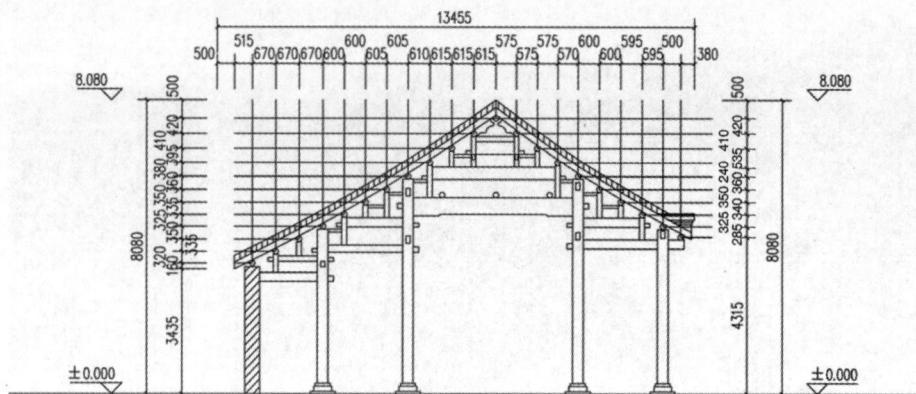

水龙祠主殿屋架 1:100

● 水龙祠主殿剖面图

有李将军、李仙娘、黄将军三人的神像；正殿供奉着玉皇大帝与王母娘娘，而龙神反倒不见了踪影。正殿正中墙壁处原先挂有一块刻着"六也堂"的精致牌匾，其上还阳刻有一行"薄也、厚也、高也、明也、悠也、久也"的小字，可惜现在祠内的牌匾与神像都已被拆除破坏。历经多次破坏与修缮的水龙祠，其原先的建筑形制与历史信息完全中断，仅宽廊与正殿墙壁保留着原始的历史信息。

● 水龙祠鸟瞰图

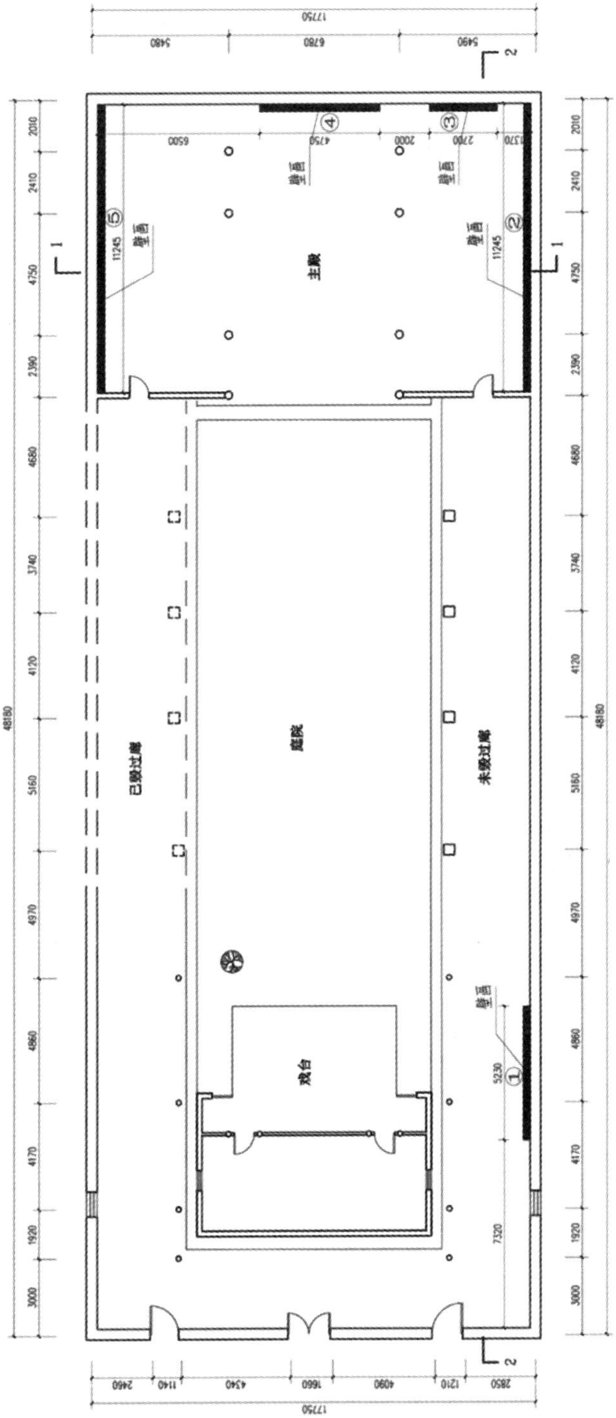

主殿

庭院

戏台

已婚过廊

未婚过廊

神龛

水龙祠平面图

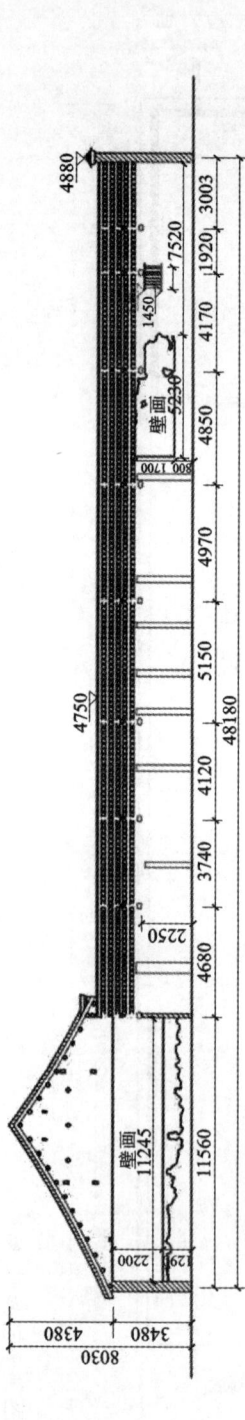

水龙祠2-2剖面图 1:100

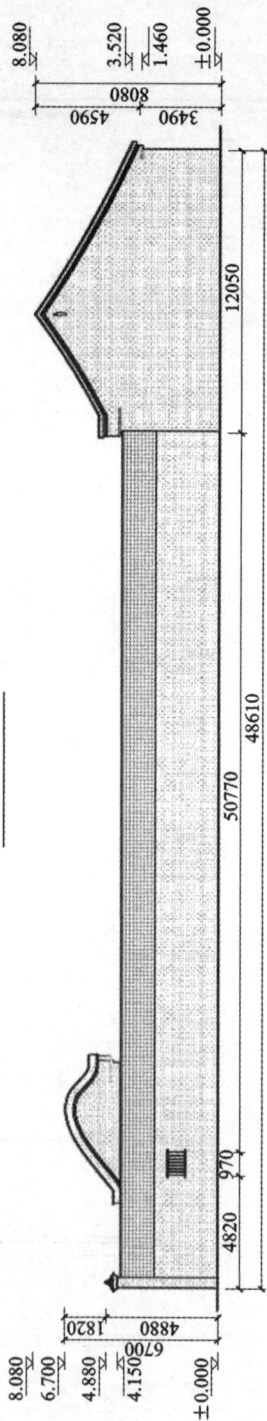

水龙祠侧立面图 1:100

水龙祠剖面图与侧立面图

● 水龙祠正殿祭祀壁画

中南大学中国村落研究中心多次到勾蓝瑶寨调研，水龙祠祭祀壁画得以发现。水龙祠大殿与宽廊墙壁保留有总面积348平方米的彩绘壁画，画面中，番王率领多路大军携珍宝、俘虏前来水龙祠祭拜，祠前巫师在砍神牛祭祀，场面宏大，人物刻画细致生动，历史价值、艺术价值非常高，是研究勾蓝瑶历史、艺术、文化的宝贵资料。因其丰富、独特的历史信息，水龙祠受到了湖南省政府的高度重视，湖南省文物考古研究所专门为水龙祠建筑本体制订了抢救保护方案，并委托意大利壁画保护专家塞尔吉奥·卡洛教授帮助设计水龙祠壁画保护方案。未来，水龙祠将以崭新的面貌展现于世人眼前。

③龙泉观。

龙泉观位于黄家村，初建于何时不知，有明弘治十一年（1498）刻的《重建龙泉观劝像拾财题名记》碑文：

"本观，古之灵境也，三清是为一坊，烂劫年久，栋宇倾斜，若不建造，室堪祭拜，仰瞻丝故新，其费不细，诚是独力难为，如无众，轻易举。所以众缘自发心善捐资帛，得擅越施主乐助钱银若以胜事，福有所归，得所其言，同心协力，今匠鸠工凭术针作丙午山壬子向栋月，弘治十一年十二月二十日巳时重新起造，幸获完成，自兹两赐顺而谷丰登，从此山水宜而人华盛。弘治十三年庚申年无射月吉旦立。"

从碑文可知，龙泉观内供奉道家三清，因年久失修，房屋破损倾斜，村民的祭祀活动无法进行，于是村民于明弘治十一年（1498）捐资请工匠重建了龙泉观。龙泉观坐东南朝西北，为两进一厢结构，开间 14.2 米，进深 16.5 米，高 5.1 米，占地面积约 234 平方米。大门是红色双开木门，门框上方书有"龙泉观"三字，门前有信士捐赠方形门墩石一对，内侧刻有"四人同立""乐舍题名"字样。主体建筑前后两进，为单层三开间单檐硬山建筑，每进施两榀梁架。中间为天井采光通风，天井阶沿铺青条石，地面垫青石板，建筑室内地面铺设红砖。西侧设附属两进厢房，硬山搁檩。由小青瓦铺盖两坡顶屋面，两边为人字形山墙，屋檐施滴水瓦，檐口有杉木封檐板，其上雕有二龙戏珠图案，龙身由植物纹样构成。如今龙泉观已荒废，变成村民存放农资的场所。三清塑像在"破四旧"中被村民捣毁，祭祀已断，如今只剩满庭荒草。

● 杂草丛生的龙泉观

龙泉观立面图　1:100

● 龙泉观立面图

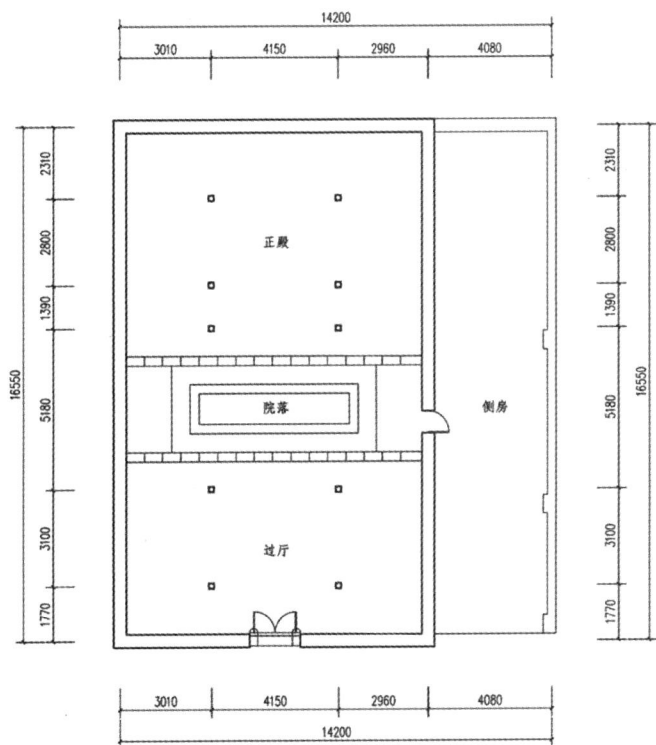

龙泉观平面图　1:100

● 龙泉观平面图

④相公庙。

相公庙位于黄家村桥头中心地带，鼎建于唐贞观年间，是皇封御赐的庙宇，后经宋元明清多次修缮重建，面积约800平方米，是勾蓝瑶人的教育、文化中心。清雍正三年(1725)的《重建相公庙万代流芳记》碑文记载：

"盖闻天地玄黄之初，宇宙洪荒，立如庀狱，凑山川足亦而立三才，育生万物之明也。夫为人者，效神之祀，而宗庙为神，神之格思而祭之诚也，自祖以来，钦奉李圣大王，周灵御使相公都寓中丞，莅临境土，永锡兰溪，祭之则显赫威灵，叩之则昭彰感应，古灵祠曰，相公庙也。"

从碑文可知庙内供奉着唐王李世民与魏征塑像，后因文庙与王庙同庙，不合情理，不堪祭拜，于是把君臣分开，于车尾山下建造了秦王庙供奉李世民，原庙专门供奉孔子、魏征等圣贤。自成立初，相公庙便是勾蓝瑶人的儒学教化之地，集文庙祭拜与学堂教育为一体，直至新中国成立，村内新建学校，才停止教学。随着文庙教育活动的开展，儒家文化开始浸润于勾蓝瑶民族文化的内涵之中，勾蓝瑶人开始讲究仁、义、礼、智、信，耕读传家、尊礼敬贤等儒家文化。相公庙由大殿、戏台、厢房、天井等构成，庙正面中堂为三间开高大门房，从大门进入即是大殿。大殿高达 10 米，宽为 20 米，为三层式建筑，宏伟壮观，对面是戏台，中间是宽敞的天井，作表演、戏坪之用，两侧为厢房，厢房为两层式建筑，可存放杂物与观看表演。2013 年，相公庙又重新修缮一新，这是继雍正三年（1725）重修后，百余年后的再次重建，投入资金达 60 余万元，成为黄家村的文化艺术表演中心。

● 相公庙俯瞰图

● 相公庙大门

● 相公庙内部

2. 防御建筑

勾蓝瑶是一座堡垒式瑶寨,历史上因不服从朝廷统治,经常被朝廷发兵镇压,于是勾蓝瑶人于村内外修筑了多道防御工事。明朝洪武二十九年(1396),勾蓝瑶被招安后,"因埠陵离隘三十余里,不便把守,奉上以斯地易之,号勾蓝瑶,以守边境石盘、斑鸠两隘",勾蓝瑶受旨镇守湘粤边境,为防御广西富川、恭城等地瑶民越境以及匪寇的侵袭,于是在村落四周山路隘口大规模修筑了多道石城墙,于寨内各处道路的关键节点修建起多道防御工事,并每日派人进行防守巡查。就勾蓝瑶的防御建构而言,由外至内大体修建了四层防御建筑:石城墙(石寨门)、守夜屋、关厢以及门楼,四道工事构成了层次分明、功能齐全的防护网络。

(1)石城墙

石城墙是勾蓝瑶寨防御匪患的第一道防御工事,它担当着保卫勾蓝瑶人生命及财产安全的重要作用,为促进勾蓝瑶人的生存与发展发挥了重要作用。勾蓝瑶人日出而作、日落而息,石寨门也因此朝开夜闭,当外敌来犯时,村民赶紧从寨外退回墙内,据险而守。据说,当年日军侵入桃川县城时,大量百姓逃入勾蓝瑶避难,部分日军追击前来,最终因勾蓝瑶城墙坚固,村民抵抗激烈,而选择撤退。勾蓝瑶人正是依靠坚固的城墙以及顽强的斗争精神得以保住了生命财产安全。勾蓝瑶人于瑶寨周边的山路隘口处修建了九道坚固的青石城墙与十座城门防守,每村分布三座,总长2000多米,如今保存较好的尚有1000米,九道城墙具体为黄家村的头门关大城墙、关帝庙前左城墙、黄家湾古城墙,上村的井头坳古城墙、阳家背古城墙、寨门山古石城墙,大兴村的大迳古城墙、何家坳古城墙、虎岩古城墙。

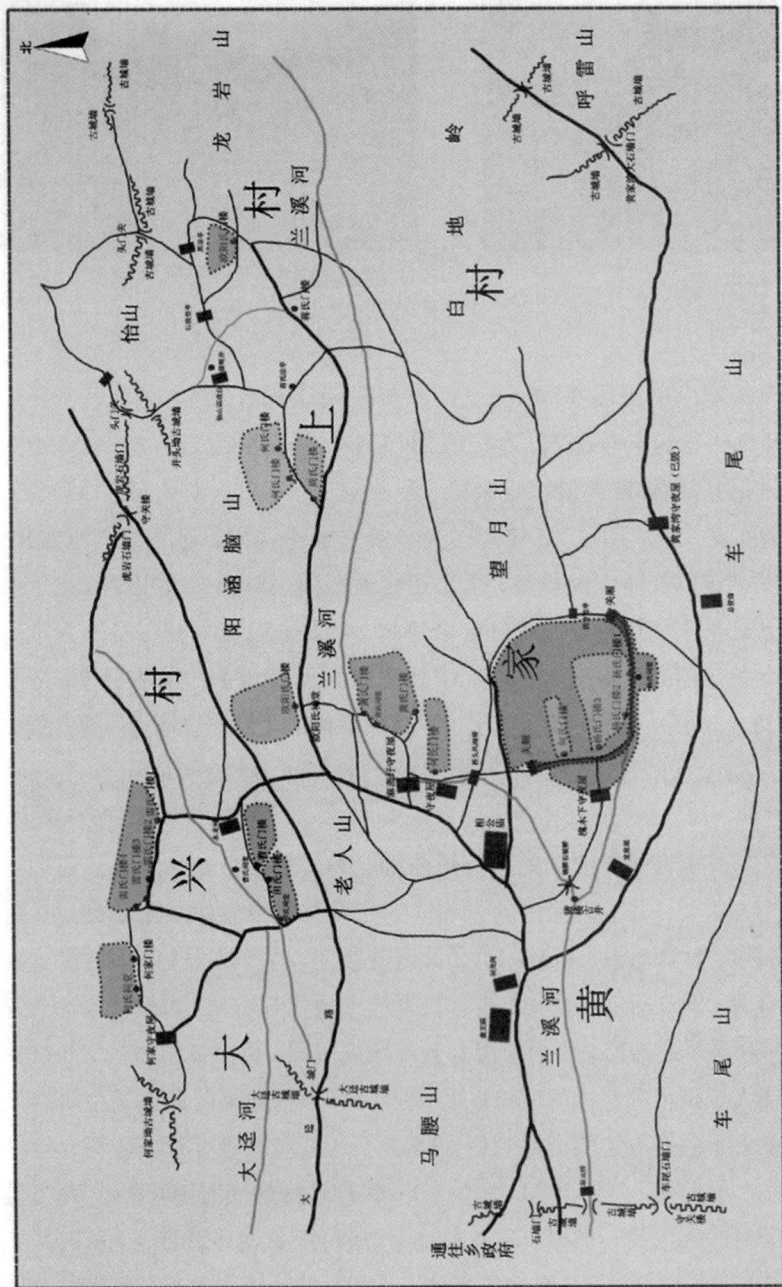

勾蓝瑶寨层级防御示意图

● 勾蓝瑶寨防御布局示意图

勾蓝瑶地势东北高西南低，在勾蓝瑶这个小盆地的西部因地貌形成了一个缺口，马腰山居中而立，将此处分为两个隘口，兰溪与大迳河由此穿村西去。为守护瑶寨安全，黄家村在车尾山与马腰山之间跨河营建起高大的下关城墙，并分别在兰溪河两岸设置了城门，马腰山下的城门通往村民耕作区以及桃川洞到江永县城的道路，车尾山下的城门通往耕种区和至广西富川的道路，两段城墙通过培元桥连接起来，总长200多米，墙高4米，厚5米，其上原修有高大城楼。下关城墙不但是兰溪最大最主要的防御工事，而且周边景色宜人，隘口后修建有关帝庙、盘王庙、城隍庙、相公庙等众多庙宇，如兰溪八景之一的"培元晨曦"便在此处。黄家村另一道城墙为位于黄家湾宝塔寺内里山坳处的黄家坳城墙，此处是洪武二十九年（1396）勾蓝瑶被招安后镇守石盘隘防御两粤的重要地段。城墙全部用青石砌成，总长45米，高厚4米，开有3米高、2米宽的城门，是勾蓝瑶九座城墙中较严谨坚固的一座城墙，出城门有道路通往广西朝东和本村耕作区，城墙往里200米处是兰溪第六景"古塔钟远"，景色优美，是勾蓝瑶古代军事、通商、旅游的要地。

大兴村在西面村口的马腰山与神仙脑山之间的狭窄隘口处，修建了总长250米的大迳古城墙，此处是大兴外出的主要通道，城墙总长200多米，是大兴村最重要的一道城墙。该城墙在河岸两边山脚处各开了一道城门，分别通往广西富川与本村的耕作区，中华人民共和国成立后，城墙因修路耕作被拆除，如今只能在山边看到部分基石。大兴第二道城墙是何家坳古城墙，位于何家村西北部的神仙脑山山坳处，瑶人就近凿取山石修筑而成，总长30米，城门处保留有简易寨门，由三根简易木柱作门框，墙体底部为青石城墙，上部为红砖，顶部为小型人字形屋面，这是勾蓝瑶唯一一座城门保存完好的城墙。此处地势险要，易守难攻，通往江永的永富、甘棠。第三道城墙位于大兴村东部，紧邻上村的井头坳古城墙，城外是通往广西的古驿道，古时此处商旅往来频繁，勾蓝瑶人在此修筑城墙以抵御盗匪侵扰，原城墙长60米，如今城墙已不见踪迹。

井头坳古城墙位于上村蒲里井北方200米处，修建于旗山与雨山的狭窄山坳中，呈东西分布，城墙高4米，宽3米，长50米，在瑶内属于小而坚固严谨的城墙。此城墙是防守从上村蒲鲤井经旗山庙通向广西古驿道的关隘。井头坳古城墙两边山势险峻，城墙虽短小却坚固，设有三道防御工事，有"一夫当关，万夫莫开"的气势，传闻李三娘带领勾蓝瑶女兵在此与元兵展开过激烈对战。阳家背古城墙因地处上村欧阳家聚落背后而得名，修筑于上村北面的旗山与寨门山之间，墙城长 160 米，四周古木参天。从阳家背古城墙沿寨门山陡峭石板路而上，在寨门山与狮子山山坳处修筑有寨门山古城墙，城墙长 50 米，高 3.5 米。城门大体保存完好，顶部为一宽阔青石板，尤见当年风采，此处通往财洞与广西。

● 黄家湾古城墙

● 新修下关城墙

● 何家坳古城墙城门

● 井头坳古城墙

● 阳家背古城墙

● 寨门山古城墙门

（2）守夜屋

守夜屋矗立在通往各自然村的道路出入口处，是进入勾蓝瑶寨后的第二道防御工事。瑶寨内原修有15座守夜屋，黄家村5座：黄家湾守夜屋、槐木下守夜屋、桥头守夜屋、麻斋圩守夜屋、茶园守夜屋；上村4座：门楼社守夜屋、旱井源守夜屋、顾家亭守夜屋、周家街守夜屋；大兴村6座：李家守夜屋、曹家守夜屋、田家守夜屋、何家坳守夜屋、雷家上寨守夜屋、雷家下寨守夜屋。如今寨内只余黄家村的麻斋圩守夜屋和槐木下守夜屋保存完好，其他守夜屋都已被拆毁或坍塌。

槐木下守夜屋，重修于清光绪十九年（1893），初建年代不详，位于黄家村村口，经门前石板路过锦桥通往村口头门关大城墙门。守夜屋耸立在村口处，呈扼喉锁颈之状。一楼左侧墙壁上嵌有《重修守夜屋路及锦桥并井提名记》石碑，内容为：

"盖闻唐公居第门前置鼓吹之楼，仲母称贤宅之下有甘泉之颂，我村历来于门闾外建有守夜屋及锦桥猪楼井，相距廿余丈者，老幼男女皆所共由，朝夕爨炊，胥资抿注，是诚我村之要领也。然而历年久远，不无额圮朽坏之虞，是以谪（商）同众姓户老大，解金囊共襄美举，补修三处，焕然一新，不独无负前人创业之功，而且与唐公鼓吹之楼，仲母甘泉之颂，有后先辉映者矣。是为序。大清光绪拾九年岁次癸巳仲秋毂旦立。"

因为这块石碑是立在守夜屋内墙之上，由于避开了风吹雨淋，目前仍保存相对较好，字迹也较为清晰。碑文内容主要是：因守夜屋经久衰败，为不负前人创业之功，村民于光绪十九年（1839）集资重修了槐木下守夜屋，此举可以与唐公、仲母的美行相媲美。

槐木下守夜屋为砖砌二层楼结构，宽3米，进深约5米，高约6米，占地面积近15平方米。正面为大拱门，原有两扇木制坚固大门，厚约2寸，门墙上方写有"礼门义路"，后侧过路写有与前门四字相对应的"履蹈中和"四字，两侧设有八字形外墙，墙上写有"山环""水抱"字样。一楼为通道，两边放有长石条凳，供村民平时歇息聊天，晚上关门后，在楼内架床看守。二楼前后方设有瞭望孔和枪眼，可观察村内外情况。屋顶为小青瓦铺盖的人字形悬山屋顶，两边用瓦做成飞檐翘角状，屋脊中间置有灰塑葫芦造型，前方屋檐两侧立有简单山墙。

守夜屋剖面图 1:100

守夜屋立面图 1:100

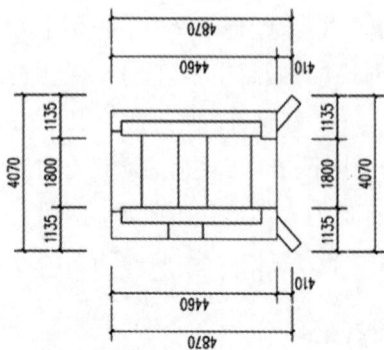

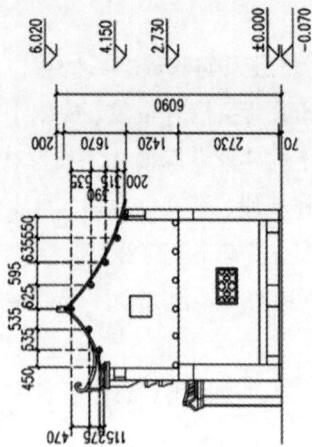

守夜屋平面图 1:100

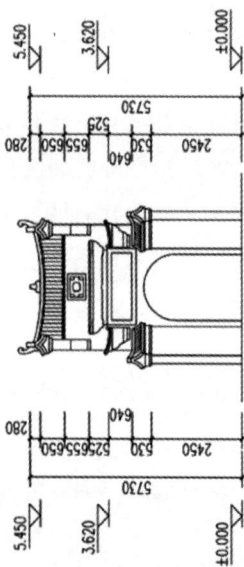

● 槐木下守夜屋平面图、立面图与剖面图

● 槐木下守夜屋

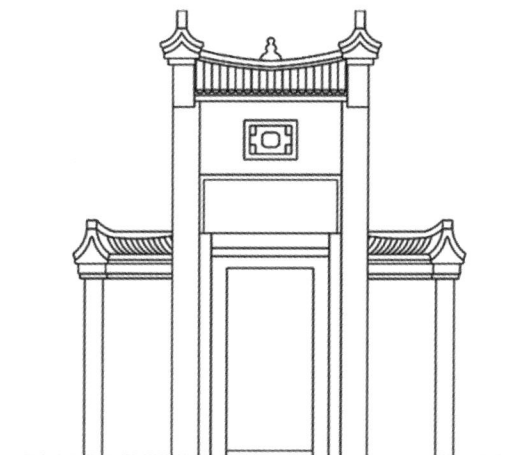

● 关厢复原图

（3）关厢

关厢是勾蓝瑶的第三层防御工事，它建在村内的守夜屋通向各门楼和自然村的相隔处，是各姓氏的交界区分标志，起到防止匪盗进入各自然村以及防范村内他姓内乱的作用。关厢大部分为两层砖砌结构，面积 12 ～ 16 平方米，规模小于守夜屋，二楼有瞭望口，起瞭望守护村落之用。与守夜屋一样，关厢也是守夜建筑，白天不设岗哨，到晚上把关厢门关闭，将村内所有过道交通都封闭，如有人往来，需要表明身份，经严加盘问后才可开门。关厢与守夜屋遥相呼应，保卫着村内治安，偷盗作案者在如此森严的村内防御下插翅难逃。

关厢在勾蓝瑶比守夜屋多，寨内原建有 18 座，黄家村有 8 座：黄家湾关厢、毛家关厢、杨家关厢、何家关厢、桥头关厢、桥头横河水墙关厢、竹母下关厢、茶园欧阳氏关厢；上村 6 座：欧阳氏左关厢、欧阳氏右关厢、井头坳阿弥陀佛关厢、蒋氏关厢、周氏关厢、何氏关厢；大兴村 4 座：李家关厢、田家关厢、何家关厢、雷家关厢。然而随着时代变换，尤其是中华人民共和国成立后，社会越发安定和谐，村民不再需要其防御功能，为拓宽路面，方便村中往来，立于道路中央的关厢都被拆除。现在其只能在勾蓝瑶的文字资料与老人记忆中留有印记，十分可惜。

（4）门楼

门楼是寨内的最后一道公共防御工事，它处于一个族群聚居区的关键位置，大多数与主干道垂直，并衍生出多条巷道，每条巷旁还设有巷道门，一个姓氏共同居住于门楼之后。门楼是各家族体系共建的集防御、休闲、娱乐、集会、商讨等功能一体的楼房，每个姓氏依人口数量修有 1~5 座不等。历史上的勾蓝瑶人丁兴旺，门楼最多时有 30 座，现瑶寨内仍保存有 20 余座。

门楼是家族的代表，其建筑雕梁画栋十分精美，是寨内精美、独具特色的代表性建筑，由同姓族人集资修建，使用木材、石头、砖、瓦等材料建造而成。大多数门楼有大门和侧门，晚上关闭大门，只留小侧门出入，有的还在门楼内架设了石桌或木凳供村

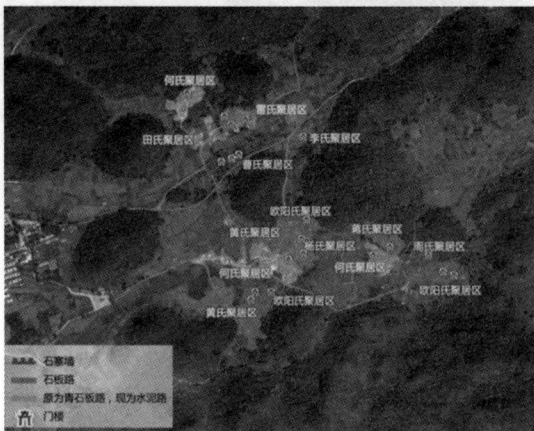

● 门楼分布图

民休息聊天。门楼有全木结构和砖木混合结构两种；依楼层与梁柱多少划分，可分为一层二柱式门楼、一层四柱式门楼、一层六柱式门楼、两层十六柱式门楼四种。门楼柱头数量必须为双数，一般用杉木做柱头，而横梁用椿芽木，横梁上用墨写有修建时间与吉祥祝语，门楼梁柱的多少与楼上雕梁的复杂程度，多依家族富裕程度而定。

①一层二柱式门楼。

黄家村槐木下杨氏门楼，是杨氏族长杨普政于明万历二年（1574）修建，清光绪年间进行过大修。门楼两侧为砖砌墙壁，前方设有小型外八字墙，墙角处摆有一对刻有"福""盈"二字的方形门墩石，门楼前方由两根木梁柱支持，屋顶为小青瓦盖的人字形屋顶，墙头设有高高翘起的飞檐，显得古朴大方。杨氏门楼梁枋精雕细刻，是勾蓝瑶寨门楼建筑中最为精致细腻的一对大型梁枋木雕。梁枋使用了线雕、浮雕、圆雕的雕刻技艺，上涂红漆，呈"A"字形结构，"A"字上部是一个倒挂的展翅蝙蝠，"A"字两脚处是一对昂首抬尾的麒麟，图纹精致细腻，十分逼真，是勾蓝瑶高超木雕技艺的代表。

②一层四柱式门楼。

黄家村麻斋圩黄将军门楼是勾蓝瑶历史最为久远的门楼，至今已有 700 多年的历史，其修建具有传奇色彩：相传为元末黄庭龙将军凭一己之力在一夜之间修建起来的。门楼长 5.5 米，宽 4 米，高 3.9 米，为一层四柱式砖木混合结

构，上覆歇山式屋顶，木柱弯曲较短，底下垫有方形青石柱础，楼两侧用红砖围砌，正面两边墙上设有木雕花窗，是勾蓝瑶早期门楼的代表。

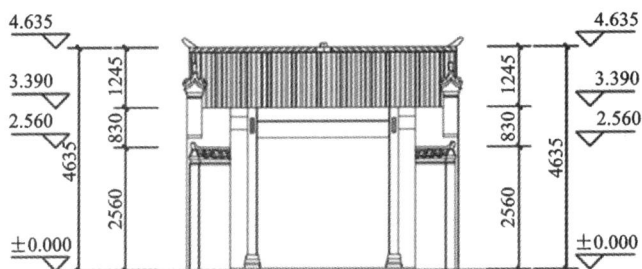

杨氏门楼正立面图 1:100

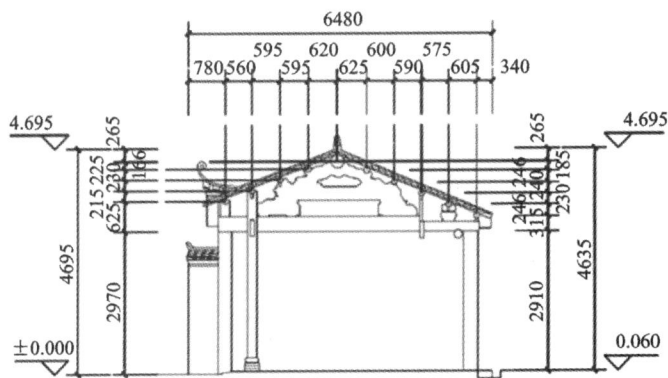

杨氏门楼 1-1 剖面图 1:100

● 杨氏门楼

● 黄将军门楼

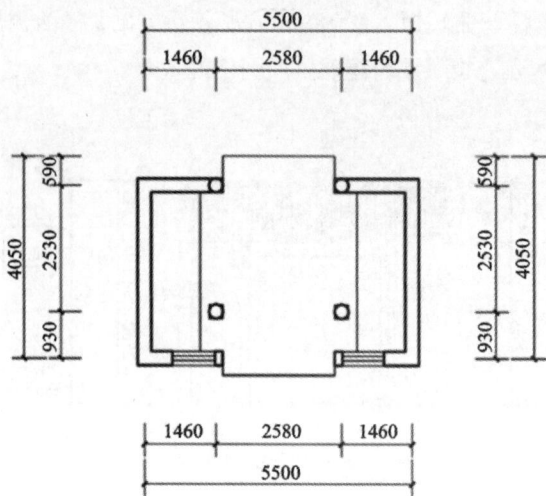

黄将军门楼平面图 1:100

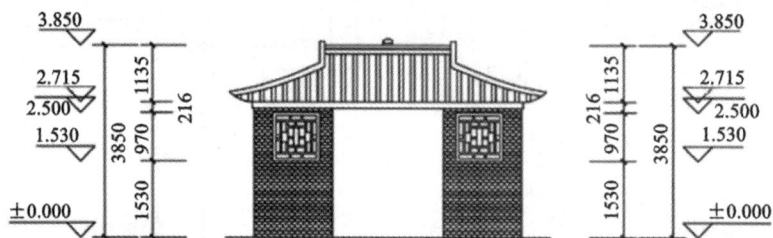

黄将军门楼正立面图 1:100

● 黄将军门楼平面图、立面图

● 黄将军门楼雕花石凳

● 欧阳门楼

③一层六柱式门楼。

黄家村茶园欧阳门楼，修建于明万历四十五年(1617)，门楼宽5.7米，进深8.2米，高近5米，面积47平方米，是一座砖木结构的优美建筑。欧阳门楼高出路面1米多，修筑有八级石阶通往欧阳门楼，门楼两侧为砖砌白色隔离墙壁，前方还设有砖砌外翻八字形照壁，左右分别题有"福""禄"两个黑色大字。门楼进入1米多处设一座砖砌照壁，左右各有一条巷道通往茶园欧阳氏聚居区住户单元。门楼由三排六根木柱支撑，后侧由木板分割为正门与左右侧门，平时正门紧闭，只开两侧小门，门额上挂着刻有"樟隆梓里"四字的朱红牌匾，其下有一对刻有"福""禄"文字的户对。门楼屋顶分为两层，中间屋顶高出两侧瓦面，屋檐与墙角高高翘起，成鱼尾或吻兽造型，装饰精巧而又灵动飘逸。

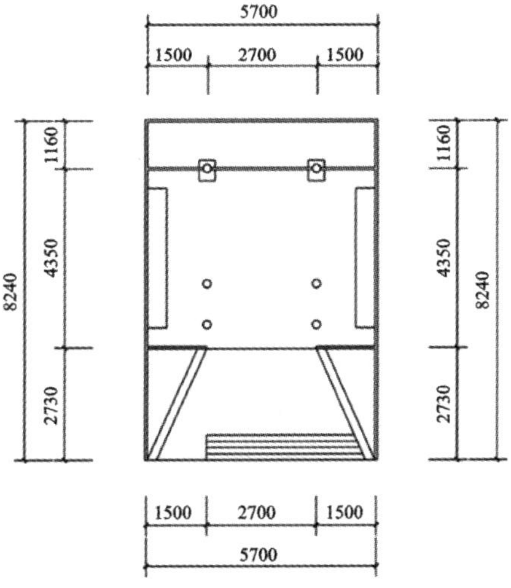

欧阳门楼平面图 1:100

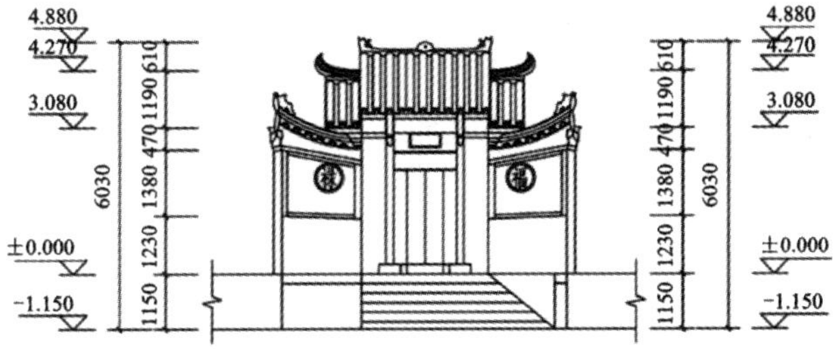

欧阳门楼立面图 1:100

欧阳门楼平面图与立面图

④两层十六柱式门楼。

欧阳氏黑门楼是勾蓝瑶唯一的一座二层门楼,是上村欧阳姓族人于明嘉靖二十一年(1542)修建的。门楼长6.8米,宽4.8米,高5.6米,面积33平方米,高大庄重。黑门楼为二层十六柱全木结构门楼,一楼两侧设有栏杆与长木板座椅。门楼一层为直角屋檐,二层为三重翘角屋檐,远看如凌空展翅,气派雄伟。道光年间,上村欧阳瑜与欧阳恢祥两人高中进士,在黑门楼门额上悬挂"进士及第"牌匾,可惜毁于"文革"中,如今村民称其为黑凉亭。门楼右侧一条小河静静流淌,沿着河畔的石板路往北走便是阳家背古城墙,沧桑的门楼,寂静的石板路,无声述说着欧阳氏往日的繁荣兴盛。

● 黑门楼

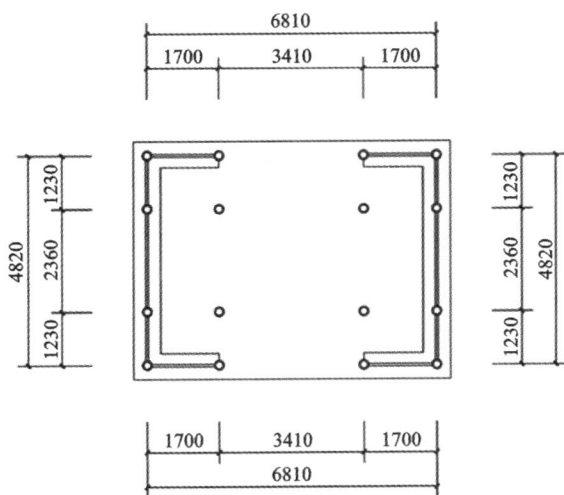

黑门楼平面图 1:100

黑门楼立面图 1:100

● 黑门楼平面图与立面图

3. 其他公共建筑

(1) 私塾和书屋

在明清时期，朝廷出台了许多优惠政策，鼓励勾蓝瑶这样的少数民族兴办私塾，开办教育以培养人才，学习四书五经，知教化以变风俗，由此勾蓝瑶人兴修了大量的私塾与书屋。这些私塾为勾蓝瑶人培养了大批优秀人才，勾蓝瑶寨先后出过多名进士，如黄家村的何文斌、何文彩兄弟，出任布政司的多达20余人，他们沟通周边汉族关系，引进先进文化与技术，并留下了大量诗文和珍贵的历史文献资料。正是因为有这些私塾源源不断地培养优秀人才，所以才使勾蓝瑶在历史长河中创造了灿烂的历史文化，为后人留下了大批宝贵遗产。

勾蓝瑶内保存完好、最具代表性的私塾当数上村欧阳志良家私塾"华雅轩"，也称欧阳私塾。欧阳私塾位于上村较为核心的区域，修建于清道光年间，为砖木混合天井院结构，是供欧阳氏子弟读书学习的处所。私塾开间近10米，进深约9米，占地约78平方米，分上下两层。一楼高约3.4米，中堂为四大柱，梁柱上有"喜鹊登枝头""荷花带露珠"的镂空雕花雀替，原先为完整的中堂空间，是老师授课和学生读书的场所，后人在中堂左侧隔开一间做厨房。一楼正厅前有一2米宽、4.2米长的天井，作采光和通风之用。天井由青石做边，红砖垫底，井中原先摆放有一石雕水缸，其上雕有"双龙戏珠""牡丹富贵"图案，天井壁上题有"仙露明珠"四个大字。中堂后面是上楼的楼梯间。二楼高约3米，中间为阁楼，两侧用木板隔成四间小巧玲珑的卧室，供老师、学生休息和睡卧之用。二层楼前天井上方开有一4.2米宽走廊，其上装有木雕栏杆，人站在廊道上，远处青山绿水可尽收眼底。书屋内的石缸、白墙、诗画、方砖、马头墙，宁静淡雅，营造出一处极好的读书环境，这也反映了勾蓝瑶人与淡泊、耕读相伴的文化情结。

除了兴修私塾，勾蓝瑶历史上还开设了大量书屋，现今仍存20余座。书屋由瑶寨内较富裕的家庭在家中开设，以鼓励子女学习。在黄家村石头街旁有一座梯云书屋，书屋为两层砖木结构建筑，内中修有天井采光通风，是典型的家庭式书屋。梯云书屋坐北朝南，右侧为豫顺号商铺，左侧为何家门楼。欧阳姓的书屋主人已搬去镇里，如今书屋已荒废，这也是村内大多数书屋的现状。

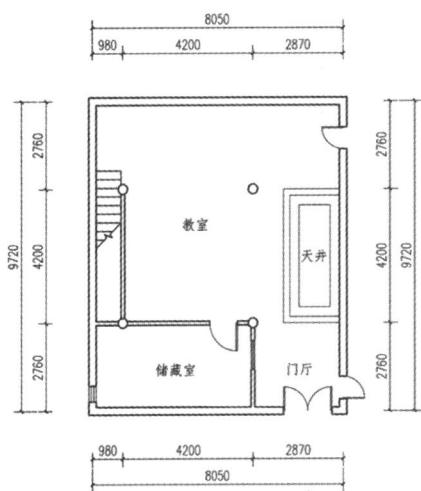

欧阳私塾一层平面图

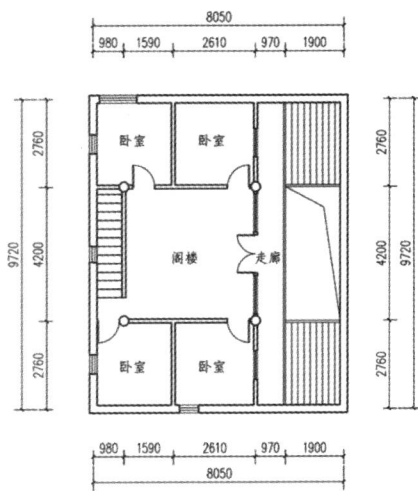

欧阳私塾二层平面图

● 欧阳私塾楼层平面图

● 欧阳私塾天井

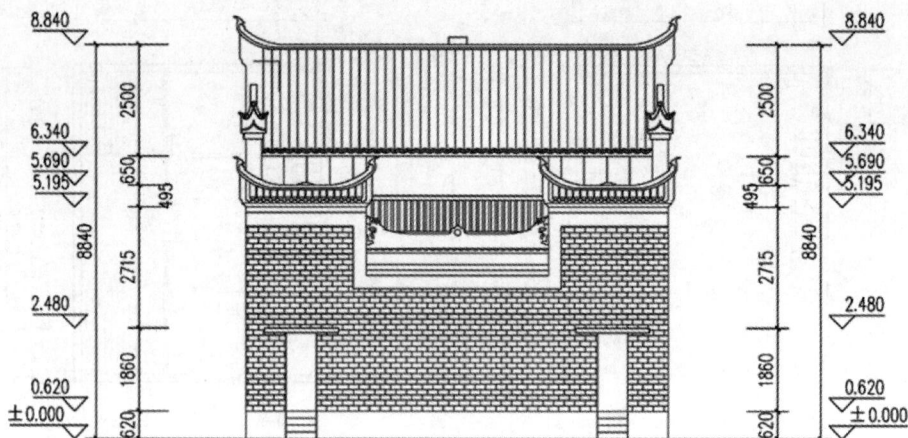

欧阳私塾立面图

● 欧阳私塾立面图

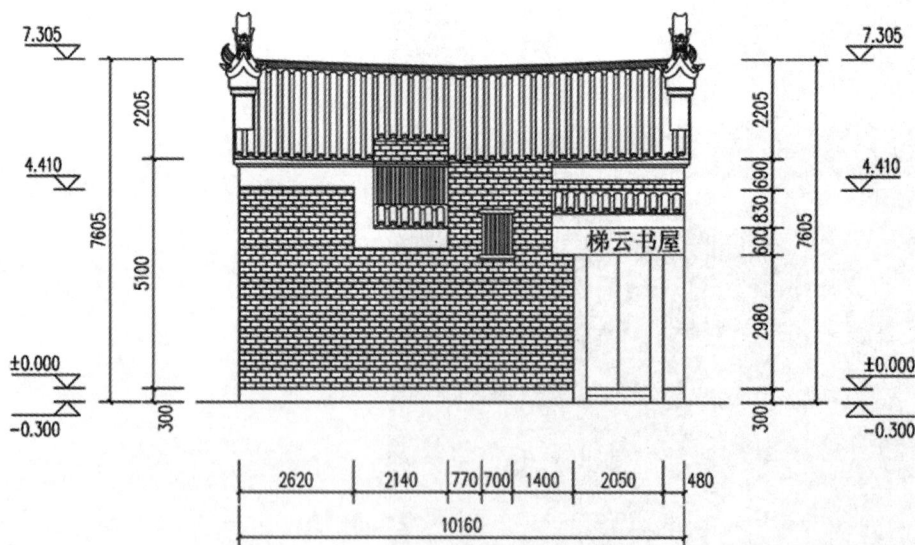

梯云书屋立面图 1:100

● 梯云书屋立面图

梯云书屋

（2）戏台

瑶族是一个能歌善舞的民族，节庆活动丰富，几乎每月都有节日，每逢节日与庙会，勾蓝瑶人都会举行跳舞、唱戏活动，民族文化特别活跃丰富。① 戏台是勾蓝瑶人节日庆典与庙会必不可少的场地，历史上，勾蓝瑶共修建了五座戏台，即黄家村的关帝庙古戏台、盘王庙古戏台、相公庙古戏台、上村的旗山庙古戏台，以及大兴村的北川庙古戏台，如今关帝庙古戏台已坍塌不存，寨内只存四座。

旗山庙古戏台位于上村蒲鲤井旁的旗山下，是一座单体独立建筑，建于清乾隆二十二年（1757），距今已有两百多年。2013年，人们按古戏台样式对其进行了重建，戏台前立有《鼎建戏台题名碑记》石碑，上刻碑文：

"众等倡议择吉日于十二月初六日寅时鼎建楼台以壮斯庙之观，且报振赛时寅，赞鸠工庄材口越月而落成。众姓嘱予作文以志之。予思古人营建不列于庙宇无裨人生，则勿有斯台之建，所以传古是以型今。他日梨园于斯仲戏，便聚合观者若者忠，若志孝，若者奸，若者诈……虽穷通苦乐之无常，究祸福之兴亡，

---

① 根据勾蓝瑶当地人欧阳绪珍的手稿整理。

于是乎为劝善惩恶之，推而富，则斯台这建不为小补云，是为记。"

　　碑文记述了村人重修旗山庙后，鼎建戏台以壮寺庙神威，庙会时请梨园子弟以霓裳歌舞来娱神，而村民也可通过看戏辨识善恶忠奸，于娱乐中受到教化，讲明了修建戏台的缘由与时间。旗山庙古戏台是一座典型的南方瑶族古戏台，戏台坐西朝东，宽约9米，进深9.4米，高6.26米，总面积约85平方米。基座用红砖垒砌起高台，前沿两侧置有一对正方形石墩，其上刻有"凤凰吹笙图"，左侧有七级石阶通往戏台，戏台形状形似"凸"字，凸起处为表演戏台，后面为化妆室，戏台与化妆室中间以墙壁相隔，开左右二门进出。中堂墙壁上写有"歌歇清奇"四个大字，在两扇小门的上面各写有"溪水""拖蓝"，两小门两旁护栏上方有"加官进禄"和"天官赐福"图，上方楼面设有八边形藻井。整座戏台由八柱支撑起歇山式屋顶，屋顶飞檐翘角，如凌空展翅。戏台前是一块坪地，一直向旗山庙延伸，是一个天然的看台，四周古木参天，环境幽雅宽敞，有两副旗山庙古对联描述很贴切："旗鼓相当灵钟地脉，山川毓秀大启人文""旗山影里龙蛇动，山麓桐中俎豆香"。逢年过节的各种庆典活动都在旗山庙古戏台处举办，这里是上村欧阳、周、蒋、何姓族人的文化娱乐中心。

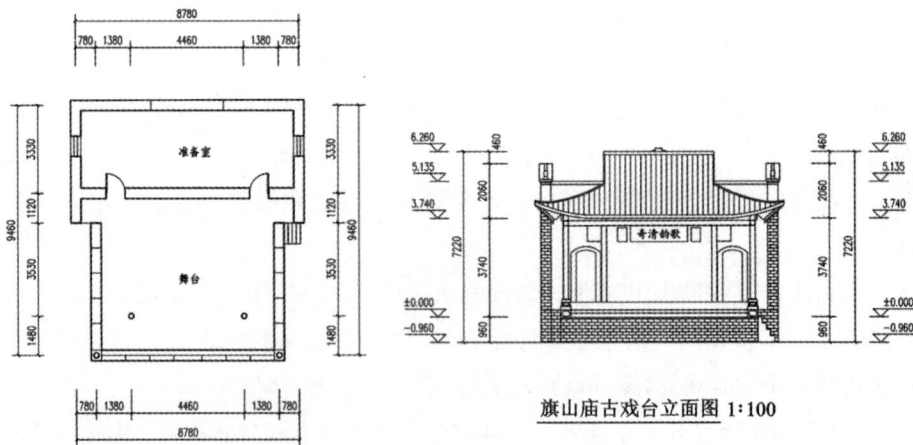

旗山庙古戏台平面图 1:100

旗山庙古戏台立面图 1:100

● 旗山庙古戏台平面图与立面图

● 翻修后的旗山庙古戏台

● 旗山庙古戏台凤凰图案石雕

（3）古道

勾蓝瑶寨深处群山包围之中，寨旁有一条从湖南永州通往广西的古驿道，此道历史上被称为"楚粤通衢"，民国十九年（1930）所撰写的《重修牛巷上下大路题名碑记》碑文记载："虽车马臻辐之孔道，实为往来之要冲。南通富邑粤山与楚水相辉，西望雄关虎踞与龙蟠并峙……牛巷一道诚达三湘，通两粤之要径。"大兴村原名大迳，大迳就是大道的意思，此道是勾蓝瑶对外交流与贸易的重要交通线路。然而古驿道也带来了许多匪盗的侵扰，汉代迁居勾蓝瑶的蒋姓最开始便居住在大兴村的古驿道旁，后不堪匪盗侵扰，最终搬迁到了今日上村的居住之地。虽有驿道经过，但因勾蓝瑶位置偏僻，四周高山险阻影响了勾蓝瑶的对外通行，交通状况总体而言比较落后。虽然这在某种意义上来说为勾蓝瑶人提供了较为安稳的生活环境，但也给勾蓝瑶人的生活与对外交流带来了许多不便。

勾蓝瑶人为增强与外界的交流联系，改变"天晴一把刀，下雨一团糟"的糟糕路面情况，方便村民日常的生产生活，使生产便利、通商无阻、生活方便，于是争相解囊，同心协力，挖山取石，逢山开路，遇水建桥，历经多代修筑了15条青石板铺成的石板路，其中有七条路通向广西，八条路通往永明县各村，全长80余公里。石板路的修建非常不容易，从山中采石到打制成型，这样长长的瑶路是瑶人用几百年的时间历经多代人，在紧密团结下依靠坚忍不拔的坚强意志以及解囊捐资的忘我精神下，最终建成的。这种拼搏抗争的坚韧精神也是维持勾蓝瑶人数千年繁荣发展而永远立于不败的根本原因。嘉庆三年（1798）所撰《龙岩山修路碑记》记载："孟氏云，山径蹊间，今然成路，未有不资夫。天工，凭人力丽鬻者也。"说的是山径蹊间今天有这样的道路，是耗去了人们大量资金与劳动才修筑起来的，并不是天上掉下来的啊！纵横交错的多条石板路促进了瑶人安居乐业，为勾蓝瑶人的经济、政治、通婚、联谊、社会交往、民族团结等创造了不可磨灭的功劳，是勾蓝瑶人不朽精神的见证。

● 上村寨门山陡峭石板路

● 村内青石小径

从勾蓝瑶寨通往广西的 7 条石板路分别为：

①从黄家村修往广西富川县朝东镇的石板路，长约 5 公里。

②从黄家村修往广西福溪的石板路，长约 5 公里。

③从黄家村修往广西岔山的石板路，长约 6 公里。

④从上村修往广西长塘、苦竹岗的石板路，长约 7 公里。

⑤从上村经财峒修往广西的山上古驿道，长约 4 公里。

⑥从大兴村修往广西黄沙岭、长奉的石板路，长约 8 公里。

⑦村外横向通湖广的古驿道，长约 4 公里。

从勾蓝瑶寨通往永明县各处的 8 条瑶路分别为：

①从黄家村大墙门修往石喉塘、欧菜庄最后至开井的石板路，长约 6 公里。

②从黄家村大城门修往桃川的石板路，长约 7 公里。

③从黄家村修往新坝庄、沐田的石板路，长约 7 公里。

④从黄家村车尾山古城墙修往婆神、大地坪的石板路，长约 9 公里。

⑤从大兴村大墙门修往新桥、东江的石板路，长约 5 公里。

⑥从大兴村何家坳古城墙修往永富、甘棠的石板路，长约5公里。

⑦从上村虎銮井通往千木岗、古牛迹的石板路，长约3公里。

⑧从上村通往龙岩庵佛地的石板路，长约4公里。

（4）桥亭

勾蓝瑶寨处于万山之中，依山傍水，溪流遍布，有两条河流自东向西穿过寨内，兰溪贯穿上村、黄家村而过，兰水从大兴村中间横穿。为便于生产生活，加强与外界的沟通交流，村民共同捐资在兰溪与兰水河上修建起了多座桥梁。桥的形式从其顶盖造型上可以分为露天桥与风雨桥两种类型，露天桥有石板、圆拱等多种形式，采用地方盛产的青石砌筑；风雨桥在空间形态上表现为廊和桥的结合，桥墩用石头砌筑，廊用木材修建，桥顶上覆盖小青瓦。各桥梁大小不一，造型各异，分布于村内外各处。青石拱桥有：锦桥、麻斋圩石拱桥、培元桥、犀牛桥、元圩桥、朝天桥、鬼崽桥、高桥、新坝石拱桥等9座，大小石板桥更是数不胜数，有166座之多，寨内桥梁共计175座，实为罕见。这些桥伴随着瑶寨走过了几百年的风风雨雨，大多数修建于明清时期，现存历史最久的当数立于大兴村头建于宋代的鬼崽石拱桥，仍然屹立如初，为村民的生活提供了极大的便利，也起到优化村落布局作用。

● 大兴宋代鬼崽桥

勾蓝瑶一类比较独特的建筑便是它的风雨桥，立于村头寨尾的水口处，由桥墩、木结构的桥身和凉亭三部分组成，又被称为廊桥，形成了"水上有桥，桥上有亭，亭下有井"的独特景观。"水口"就是指一村之水流入和流出的地方，勾蓝瑶先民认为，水是"财源"的象征，在"水口"处建风雨桥，能改善村落风水。①

---

① 云燕.人文观念影响下的中国古代村落文化[J].青年文学家，2016(18)：27.

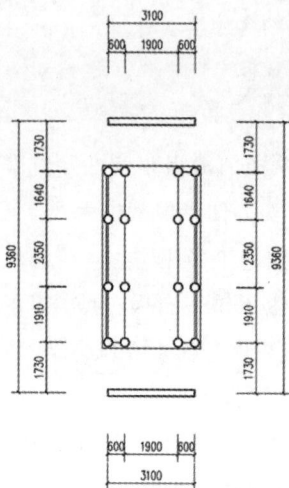

桥头风雨桥平面图 1:100

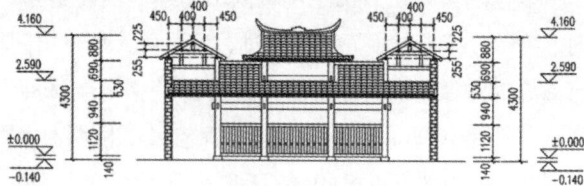

桥头风雨桥立面图 1:100

● 桥头风雨桥平面图与立面图

● 桥头风雨桥

最具代表性的风雨桥是位于黄家村广场旁的桥头风雨桥。桥头风雨桥修建于明代，距今已有 400 多年的历史，风雨桥横跨兰溪河，桥长约 9.4 米，宽 3.1 米，高 4 米。风雨桥的下端是由三块大青石板铺成的桥面，其上建有两层十六柱木制凉亭，梁架结构完整，造型奇特优美，在临河两侧设置有长木板凳与栏杆，供村民纳凉休息与聊天。先民们认为风雨桥在为村民往来以及遮风挡雨提供方便的同时，也镇守着水口的风水，阻挡邪气，留住福气，使村寨风调雨顺。站在风雨桥上，蓝天白云、碧树青山、寂静的石头街、河畔的水井次第浮现在眼前，勾蓝瑶的美好似一幅绝美的画卷，让游人无不流连忘返。

除了风雨桥上的凉亭外，勾蓝瑶还在村内外交通要道上纳凉休息的处所修建的凉亭。村中原先有蒋家亭、石鼓登亭、何家坳凉亭、李家亭、永富亭、永安亭等 24 座古凉亭，如今只余 10 座。凉亭是一种方便村民纳凉、休闲、娱乐、饮水、休息的公共建筑，凉亭没有门楼建筑那般精致美观，但却小巧可爱。凉亭内放置了椅凳供村民休息，而在村外山间道路处修建的凉亭还置备有水缸。在大兴村西北的何家坳古城墙后，村民修建了一座小凉亭，为外出劳作的村民和过往的路人纳凉解渴，寨子安排村民轮流挑水，有的村民为修持功德还会自发挑水。

大兴村何家坳凉亭

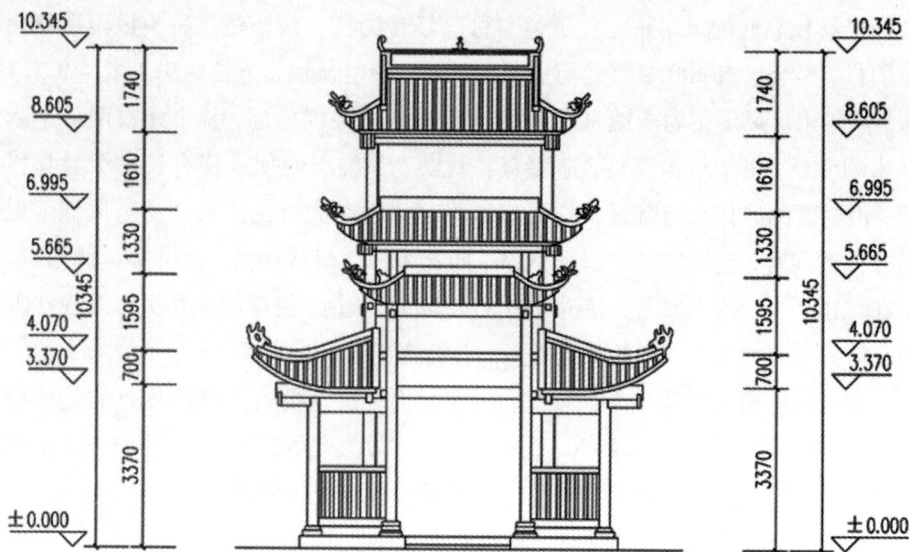

石鼓登亭正立面图 1:100

● 石鼓登亭正立面图

石鼓登亭是勾蓝瑶的标志性建筑，位于上村蒲里井东侧，是凉亭建筑艺术的最高成就。石鼓登亭历史久远，始建于明代，清道光年间，亭内的欧阳姓出了欧阳瑜、欧阳文光两个进士，村民为本瑶能出这样多的人才感到骄傲，为庆贺两人进士及第，于是共同集资将已经老朽的古亭重建，并于道光八年（1828）建成。新建成的石鼓登亭是一座三层十六柱全木结构建筑，高约10米，形似一顶官帽，寓意以后勾蓝瑶人才辈出，加官晋爵。石鼓登亭得名于16根木柱下铺垫的精美豉形石柱础，加上出入和登亭都是踩石鼓而行，所以取名"石鼓登亭"，很形象而有趣的名称。高耸的石鼓登亭在古代拥有诸多用途，既是总览兰溪最佳风景的楼台，也是一座观察兰溪上村和黄家村敌情的瞭望台，凡有盗匪敌袭都能一目了然，从而早做准备。

石鼓登亭是一个建筑群落，前后都拥有附属建筑，凉亭一层面积70平方米，除出入处留有空间进出外，四周设有围护栏杆，左右两侧梁柱间设有坐板供族人乘凉、聊天。亭下有九级石台阶，原先在亭前石阶两侧建有一对高2.5米的石桅柱，在蒲里井畔与凉亭后侧建有挡视兆墙，因石鼓登亭建成后大大地美化了兰溪风貌，于是村中文人在前后兆墙之上题诗词以歌咏兰溪人文风景：

"都源，古之灵境，勾蓝，山水得名。兰溪美地，通透两广，诚达三湘，南通富邑粤府，西连虎踞龙盘。望云山霞光笋翠，观村舍烟树迷离。万山勾连伏流水，蒲鲤井际现蓝颜。舞榭歌台开心处，翩跹歌舞乐升平。蓝水清音惊过雁，溪台雅韵遏行云。鸟语花香如仙境，水色山光原自然。千门灯火婵娥夜，八景风光助游人。天上哪有神仙府，人间且看古都源。"

石鼓登亭

● 石鼓登亭后兆墙

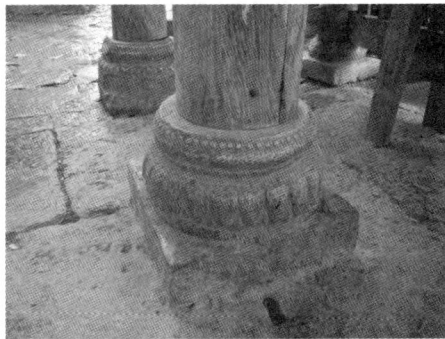

● 石鼓登亭莲花座柱础

　　词句道尽了勾蓝瑶人对本村风景的赞美歌颂，在万山勾连伏流水的勾蓝瑶寨，瑶人修建起了舞榭歌台的村舍，过着翩跹歌舞乐升平的生活，勾蓝瑶人不禁发出感叹，天上哪里有什么快活神仙府呢，勾蓝瑶这古都源就是世外桃源啊！

　　(5) 水井

　　由于勾蓝瑶所处的湘南地区降雨充沛，林木茂盛，土地植被覆盖率良好，喀斯特地貌使得地下水资源丰富，且勾蓝瑶处在山间盆地之中，地下水贮量大，山脚多有水井，水流终年不断，不但可供村民生活饮用，还满足了田土灌溉用水。水井一般分布在河道周边，采用当地盛产的青石围砌而成，结合地形修成一至四个水坑，第一个水坑为饮用水源，第二个水坑做洗菜之用，第三个水坑用于洗衣，第四个水坑用于洗刷一些较脏的生活与生产物品。村民取水主要是肩挑水桶，在家中设水缸贮藏，供饮用、做饭、洗漱之用。

勾蓝瑶寨内大小水井遍布，黄家村有37口水井，上村有10口水井，大兴村有18口水井，全寨水井多达65口之多。其中，位于大兴村雷家寨前的蒋家井是勾蓝瑶最早的一口井，为汉代居住在大兴的蒋家先民挖掘，可谓流芳千古。蒲鲤井是瑶寨内最大的一口井，可谓"万井之源"，兰溪河便是从蒲鲤井中涌流而出，是上村村民生产生活用水的主要水源，井水清凉透澈，井边用大青石板分成两个水池。清乾隆二十二年（1757）立《鼎建戏台题名碑记》，曰："是溪至村左旗山侧，始汇为潭，横仅十八尺，径丈有咫，其深不可测，旧号蒲鲤井，或曰井际产九节蒲，中多赤鲤，理或然也。"

● 大兴蒋家井　　　　　　　　　　　● 上村蒲鲤井

碑文记载了在上村旗山南侧，因地下水涌出而形成的水潭，长18尺，宽约一丈，深不可测，因井旁产九节蒲，水中有许多红色鲤鱼，于是称之为"蒲鲤井"。蒲鲤井周边景色非常优美，是兰溪八景的第一景"蒲鲤生井"，有诗曰："厥井犹来古，天然景致幽，水深蒲掩映，浪细鲤沉浮。树老浓阴久，人多报吸稠，天光云弄影，山色翠欲流。"

（6）商铺

勾蓝瑶自明洪武二十九年（1396）招安后，在较为稳定的社会环境中，人口与经济逐步发展起来。明代时期勾蓝便在村中形成了自己的市场，一些小商铺陆续出现，售卖桐油、香油、茶、酒、粉、染布、打猎用具等各种手工业与农副业产品，为瑶寨居民的生活提供了极大便利，也为勾蓝瑶带来了活力。勾蓝瑶盛产烟叶、棉花、五色布、桐油等商品，村民把这些商品带到周边村县与广西的麦岭、青山口、城北、朝东、富阳、龙虎关、嘉会、恭城等地售卖，再换回村民所需物品，经济交往中还促进了先进技术的传播与文化的交流融合。勾蓝瑶的印染业尤为发达，光绪《永明县志》中记载，瑶人好着五彩斑斓色衣物，村民多自己种植棉花，几乎家家都织布。纺织品有细宁布、麻布、斑布、竹布和棉布等，丰富的水资源加上瑶人独特的印染工艺，村中曾开设了大小十多家五色染房。传说勾蓝瑶在最鼎盛时期居住有两万多人，商业活动非常发达。清道光年间发生了一场严重的瘟疫，许多人因感染死亡，清末的混乱与民国时期的重税抽丁更是雪上加霜，使勾蓝瑶的经济越发衰退。光绪《永明县志》中保甲局户口统计记载："勾蓝瑶正户三百四十一户，男六百四十六丁，女六百七十八口，另户无。"即勾蓝瑶到清光绪三十一年(1905)时有341户，男女总计1324人，人口相比繁盛时期减少很多。[①]

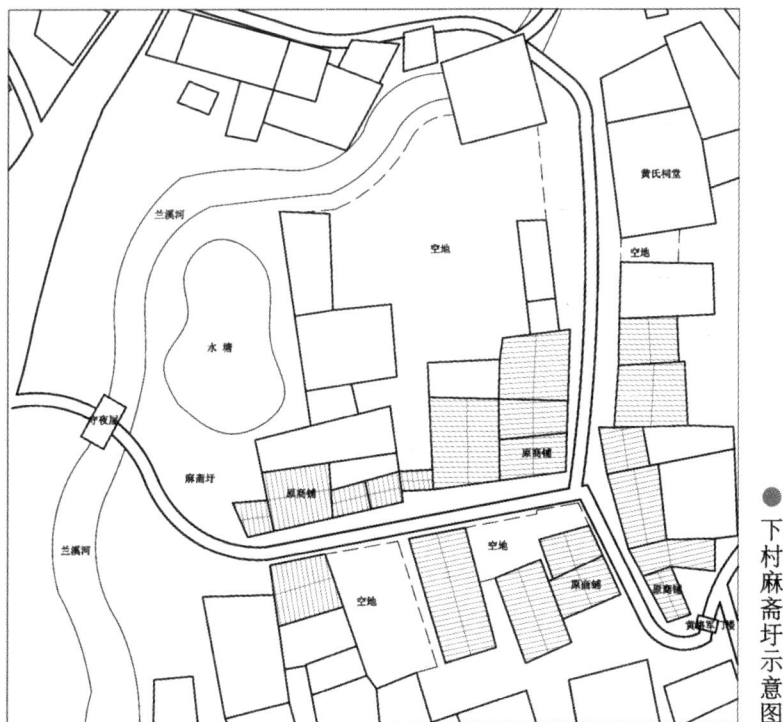

下村麻斋圩示意图

① 江苏古籍出版社编选. 中国地方志集成·湖南府县志辑 49 康熙永明县志·光绪永明县志[M].南京：江苏古籍出版社, 2002：316.

● 黄家村麻斋圩鸟瞰图

　　勾蓝瑶内现存数条古商业街与多家明清古商铺，黄家村如今还有三条保存较为完好的商业街，即黄家湾三门街、槐木下石头街、麻斋圩。古商铺沿着道路两侧间或分布，如今还可看到商铺的名号，如"何五色染房"、"豫顺号"、"黄裕发车衣社"（店主是民国年间从东安逃来的，带来了缝纫机）、"何源益号五色染房"、"有道号"、"黄店聚益号"等，从遗存的商铺数量可以看出勾蓝瑶原先商业活动较为发达。商铺建筑大多集商业功能与居住功能为一体，老支书欧阳绪珍说，有的住在街道一边的人家会在街对面开设商铺，有的商铺延伸到后面池塘上，这种叫水楼。

　　商铺为两层砖木结构建筑，平面布局灵活多样，如上村欧阳志明家的"谦益号"商铺，曾经是一个药铺。欧阳志明的爷爷医术非常厉害，在村中开设诊所为村民看病。这是一栋集居住与商用两种功能为一体的建筑，房屋横跨在一条小溪上，面积50多平方米，一楼大部分空间作为铺面，在房间后方与左侧隔出厨房与卧室，而二楼则是作为储藏室的阁楼。和民居建筑不直接对街开门的封闭格局不同的是，商铺下层为便于经营和吸引顾客，在临街面开设大窗和门用于迎接顾客，有的商铺还在门前一侧或两侧修建起砖砌柜台，并在两侧墙上写上商铺名称。随着历史的演变，这些商铺都不再营业，变成了村民住宅，有的甚至倒塌废弃，只能从众多的商铺号中回想往日的繁华热闹。

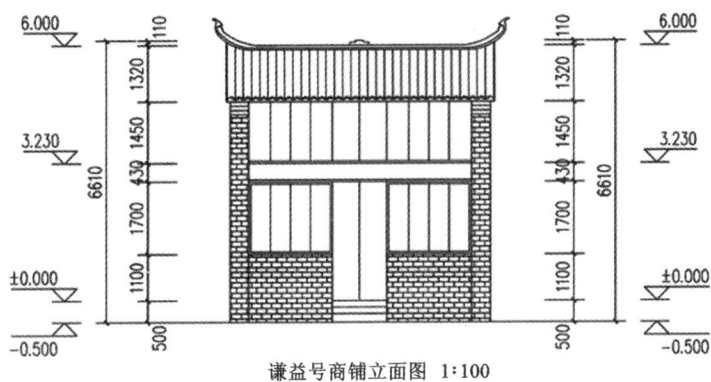

谦益号商铺立面图 1:100

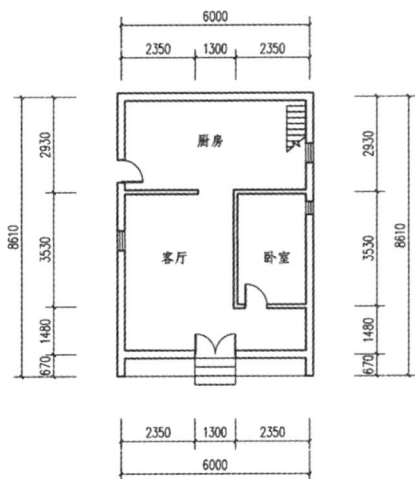

● 谦益号商铺立面图

谦益号商铺一层平面图 1:100　　　　谦益号商铺二层平面图 1:100

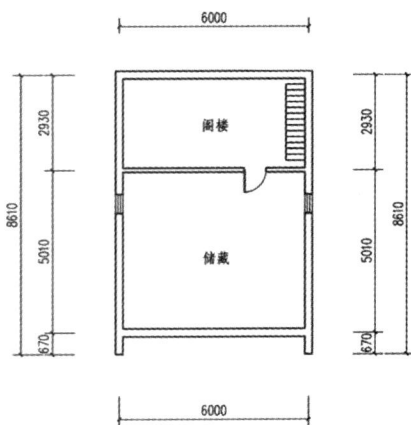

● 谦益号商铺楼层平面图

（7）牛庄屋

勾蓝瑶人在离村 10 多里外的地方拥有许多田地，为解决因距离太远村民耕作不便的问题，省去每日来回的奔波之苦，勾蓝瑶人共同在离村较远、田地分布集中的地方修建了牛庄屋，以便在农忙季节居住，好就近干活。这些农庄修建得十分简便，因用于临时居住和关牛，勾蓝瑶人习惯称之为"庄屋"或"牛庄屋"。牛庄屋的出现与在明清两代的历史政策下而形成的独特劳动生产方式有关，据村中道光二十九年(1849)《正堂示谕》碑文记载，清溪、古调、扶灵、勾蓝四瑶于洪武九年（1376）招安，受旨镇守湘粤隘口，因守边有功得力，于是朝廷恩赐瑶田瑶产，量水开垦，免丈免量，并每岁赏给花红牛酒以慰辛劳。迨及万历年间，加恩准买民业，钱粮只纳正供，独免一概杂差。

在优厚的政策下，勾蓝瑶人积极开荒造田，并向远至 10 里开外的马畔、邑口、朱塘铺、所城、上洞、桃川等地大量购买民田，达数千亩①，于是形成了 12 处田产分布集中的地方，修建了 18 座"牛庄屋"，形成集中耕作的生产局面。牛庄屋分布在离瑶寨 5～10 里处田地连片集中的地方——婆神、大地坪、欧菜、元圩、新坝、桥头、白棠、开井、半苍、黄岩等 12 处。欧菜牛庄屋最多，建有山脚庄、螃蟹井庄、斜背庄、黄土庄四座牛庄屋，呈扇面形分布。牛庄屋的建筑格局为回字形独门四合院封闭结构，与福建方形土楼类似。牛庄屋修成回字形四合院封闭结构，是出于安全考虑，因为田地位于偏僻之地，四周了无人烟，以前山上多豺狼虎豹等凶猛野兽，且当时社会较为混乱，盗匪横行，为了抵御野兽与盗匪的侵扰、保证村民与耕牛的安全，于是把牛庄屋修成封闭的四合院式结构，只在北面开设了一个高大坚固的青砖大门，供牛与村民进出。其他三面最外侧都用砖修砌起高大山墙。到晚上把门关闭，便形成一个封闭的院落，保障村民的安全。

欧菜山脚庄是勾蓝瑶现存最早的牛庄屋，修建于 20 世纪 20 年代左右，因其坐落在小山脚下而得名。该牛庄屋长约 33 米，宽约 17 米，高 4 米，占地面积约 570 平方米，外墙与大门用坚硬红砖修砌，内里两侧为木质两层穿斗式结构，中间是用于采光换气的狭长天井。牛庄屋两侧各是由 15 间独立的居住小单元串联而成的主体建筑，两边总共 30 个居住单元，房间有大有小，宽 2～3.5 米不等，每间居住 1～2 人，一个牛庄屋能容下四五十人。牛庄屋为全木二层结构，一层关牛，高约 1.7 米，每个房间用木板隔开，门前靠柱处设有专门的草料槽，这也是上下楼的工具。二层住人，制有两个长方形谷柜，用来存放衣物与粮食，到晚上又可作为床铺使用，做饭也在二楼，用砖铺在楼板上做成围炉生火，瓦行上挂有竹制篾笼，用来存放油盐调料与熟物。居住环境虽然简单，但生活住宿用品样样齐全，犁、耙、锄头等生产工具都有一套。二楼各屋之间不用木板隔开，这是为了促进空气流通，保持空气清新，因此旁边人家炒什么菜大家都一目了然。屋顶是用小青瓦铺成的人字形悬山顶，利于透气通风以及排水。在漫长岁月的侵蚀下，山脚庄如今只残留大门框架与两小段牛庄屋，同时期修建的其他老牛庄屋更是片瓦不存，只能在村中老人的记忆里追述。

---

① 1 亩 = 666.7 平方米。

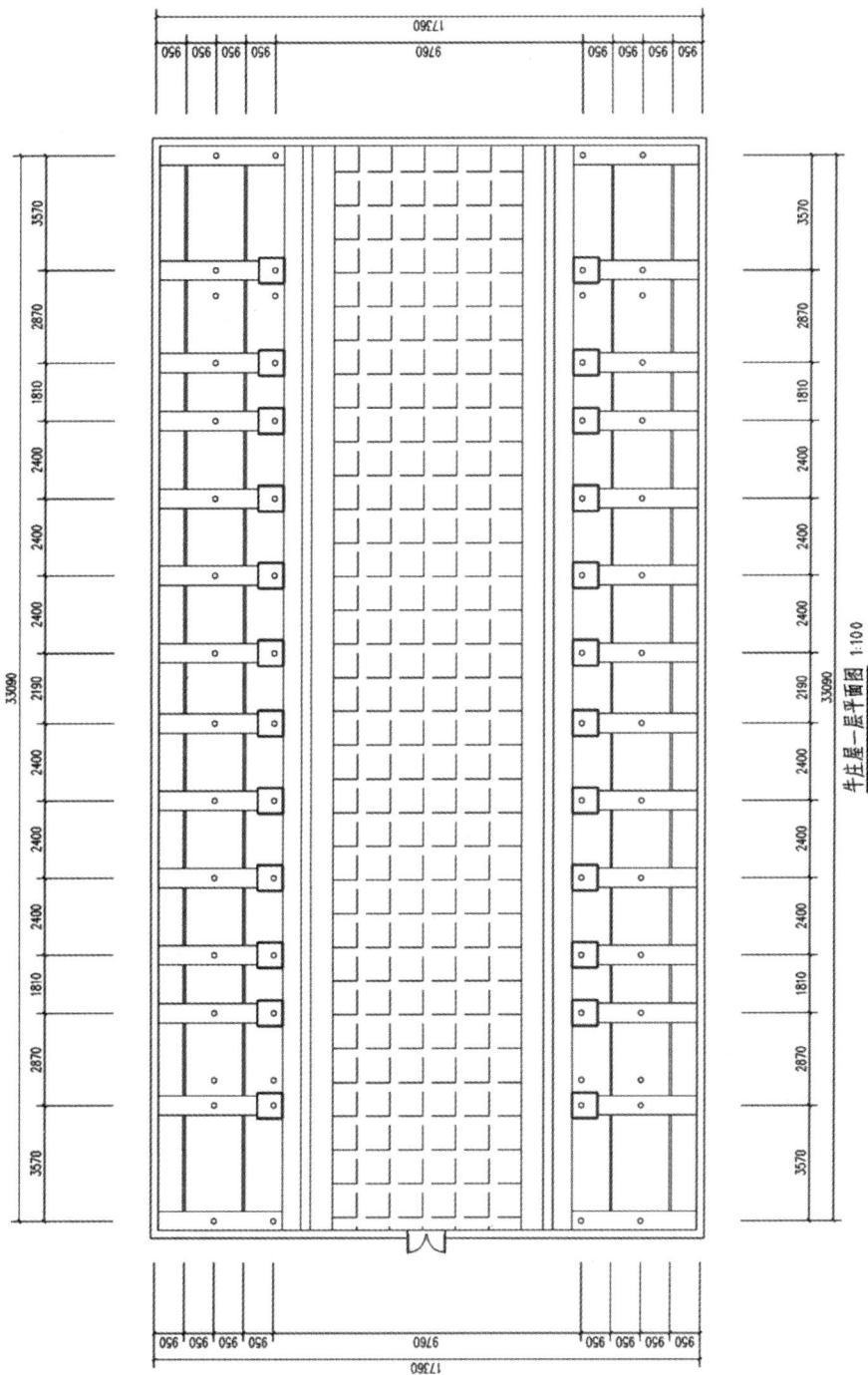

牛庄屋一层平面图 1:1 10.0

● 山脚庄平面复原图

牛庄屋剖面图 1:100

牛庄屋立面图 1:100

牛庄屋大门立面图 1:100

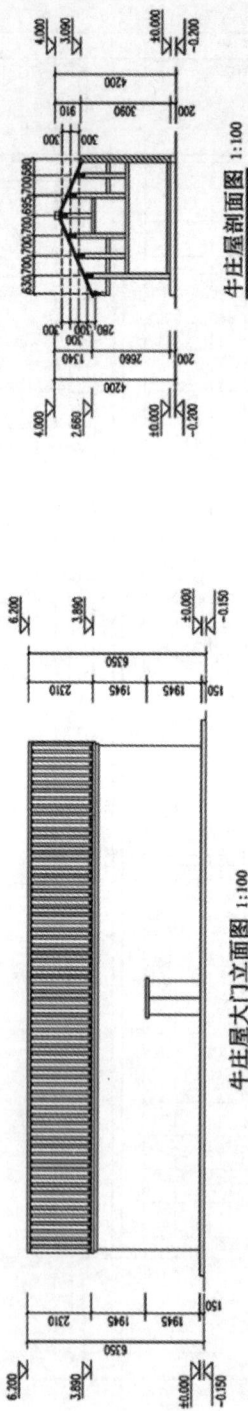

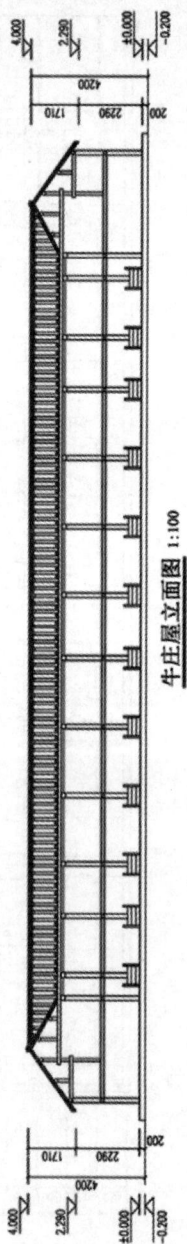

● 山脚庄立面图与剖面图

因老牛庄屋年久失修，条件太过简陋，黄家村瑶人于 1958 年又在山脚庄南边不远处修建了新的牛庄屋。其坐西朝东，像一个"一"字，长 62 米，宽 7.3 米，占地约 453 平方米，共计 20 个房间，每间宽约 3 米，进深 7.3 米，面积约 22 个平方米。新牛庄屋为两层砖砌结构，一层使用火砖（从对面水川庙拆来），二楼为黄土制泥砖。一楼分割为前后两间，前间住人煮饭，后间关牛，二楼堆放草料，也可住人。

　　牛庄屋由村民集资共同出力修建，也可几家合修一座。每年开春，瑶人约好时间把耕牛统一赶到牛庄屋去，开始轮班放养，一班 3 人，每班 3 天，用水牌交接，两人外出放牛，一人留在守夜屋看守，3 人每天轮流交换任务，错开时间，其余 20 多天集中精力干农活，这样的安排极大地提高了劳动生产力。牛庄屋有效地缓解了春种、夏作、秋收、冬储的劳动强度，省去了每日来回几十里路程的奔波之苦，有效地提高了生产率，增加了作业时间和休息时间。在牛庄屋里，勾蓝瑶人是一个大家庭，大家同吃同住，共同劳动，互相学习，互相帮助，在劳作时唱瑶歌解乏，晚上在牛庄屋里吹拉弹唱、说古谈今，非常热闹，既增进了友谊，又发展了文化，勾蓝瑶的许多民族文化，如黄将军与李三娘抗击元兵、祖先盘王的传说、瑶歌等文化故事，就是这样一代一代在牛庄屋中传播继承下来的。

● 山脚庄房屋残存部分

● 山脚庄残存大门

　　牛庄屋本只是一个农忙时季节性的暂居场所，新中国成立后，成立的"人民公社"开展划片的四固定改革，部分勾蓝瑶人愿意在离田土较近的牛庄屋建房居住下来。于是，解放村、新桥村、大地坪新村、欧菜等都变成了勾蓝瑶的移民新村，往日暂居的牛庄屋如今成了宜居的新村，简陋的牛庄屋退出了瑶人的生产生活，社会在不断变化，勾蓝瑶人的生活正变得越来越好。

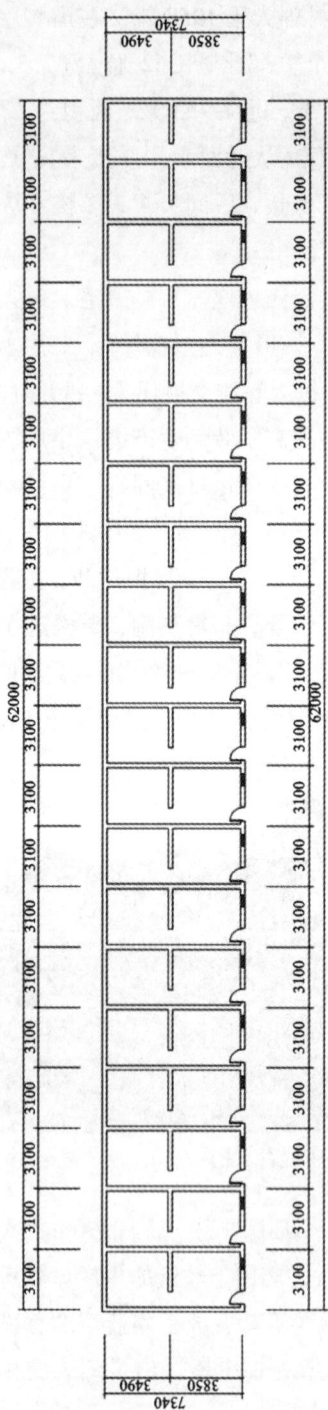

牛庄屋一层平面图 1:100

● 新牛庄屋立面图

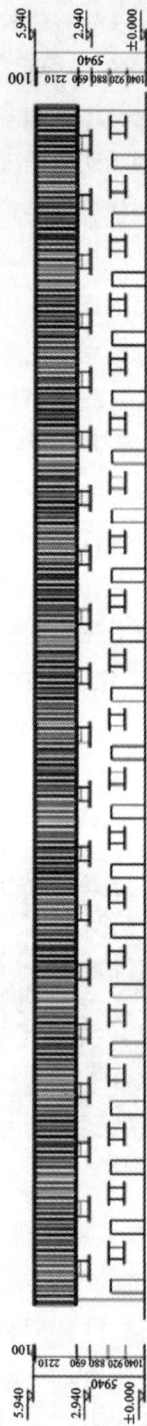

牛庄屋立面图 1:100

● 新牛庄屋平面图

3.3 建筑材料与营造工艺

建筑材料是村落建筑营造的基本物质要素，村落建筑修造多遵循就地取材的基本原则，因各地的地域环境千差万别，加上不同的风俗习惯与历史文化，中国村落的建筑材料选择与营造工艺具有很强的地域性，每个村落都有自己的特点。

勾蓝瑶寨地处气候湿热、雨量充沛的亚热带季风气候的永州地区，境内群山环绕，山高林密，盛产木材，森林资源十分丰富，喀斯特地貌造成勾蓝瑶寨周边多是石山，土地以红壤土为主，勾蓝瑶人就近取材，开山取石，挖土烧砖，以石头、木材、红砖瓦等为主要建筑用材。

3.3.1 材料与工艺

1. 木材

木材是勾蓝瑶寨建筑营造的主要用材之一，建筑内部的构架、门窗及楼板等构件都由木材制成，使用较多的木料有杉木、樟木、松木、椿芽木等。清道光《永州府志》记载："祁阳道州出杉木。"杉木是湘南乡土建筑营造中使用最多的木材，其材质均匀，质地较为松软，便于加工，门、窗、楼板、椽皮、柱头、家具等多用此木，湘南地区有"风吹千年杉，水浸万年松"的说法；椿树木质柔韧，树干笔直，抗压能力好，干燥时容易破裂，抗潮湿，一般用作建筑屋顶大梁；而樟木自带清香且材质坚硬，干燥后不易变形，适合加工雕琢，易于染色，多用于制作家具。

杉木制横梁

2. 石材

勾蓝瑶寨位于湖南南部的永州市江永县，自然地质属于喀斯特地貌，瑶寨四周群山大多是石头山，因此石材资源非常丰富，取材也很方便。石材资源以石灰岩和花岗岩为主，因其颜色当地人称为"青石"，主要成分是碳酸钙。石材在勾蓝瑶寨建筑的修建中应用广泛，主要用于建筑墙体、柱础、门槛、天井等部位建造以及地面铺砌。

● 勾蓝瑶周边的石头山

● 石匠开石工具

3. 砖

砖是勾蓝瑶寨建筑营造使用最多的材料之一，主要用于修砌建筑外墙与部分内墙。勾蓝瑶寨的砖不是中国大部分地区使用的青砖，因砖泥中含铁量较高，在烧制过程中不加水冷却，因而呈红色，红砖颜色鲜艳，性能优良，为勾蓝瑶寨建造室内相对舒适的人居环境提供了基本的保障。

(清代)　　　　　　　(明代)

砖的砌筑方式在勾蓝瑶寨建筑营造中主要有两种,明代的砖墙组砌方式多采用两平一侧式,修成的房屋为镶装屋,而清代的砖墙组砌方式多采用一顺一丁或多顺一丁,这种房屋被叫作平装屋。两种修砌方式比较而言,清代的外墙在厚度上稍大于明代,因而在保温隔热方面也略优于明代。

勾蓝瑶寨用来砌筑砖墙的砂浆,主材材料包括细沙与石灰(石灰膏),二者的配置比例一般为1:4,还可以添加糯米汁、桐油、草木灰等材料,具体视家庭经济状况而定,搅拌后的颜色呈灰白色,黏性较强,经久耐用。

4. 瓦

瓦是勾蓝瑶寨建筑营造的重要材料,是建筑屋顶防雨与围合空间的主要用材,由勾蓝瑶人自己采泥烧制而成,因而瓦片大张偏厚,颜色不一,有灰、青、红等色。勾蓝瑶寨建筑的屋顶由瓦片覆盖在木质椽皮上铺设而成,无论是民宅还是庙宇、祠堂等建筑,都以合瓦屋面为主。合瓦屋面的特点是:盖瓦也使用板瓦,底、盖瓦一反一正排序,形成一阴一阳的格局,瓦与瓦之间不铺灰构造,直接将底瓦冷摊在椽皮上,然后再把盖瓦直接盖在底瓦垄间。[1]

勾蓝瑶寨的不同建筑屋顶瓦的摆放步水(坡度)不同,一般民居放五步水,祠堂放六步水,戏台放七步水,寺庙屋面出水最高,放置八步水,步水放得越高,建筑则显得越是雄伟。层层叠叠的屋顶,铺设整齐规律的瓦片,比汉族稍缓的屋顶幅度,给人以素雅、沉稳、朴素、宁静的美感。

3.3.2　建筑装饰

建筑中的装饰往往是承载一个地域历史文化以及风尚审美的重要物质载

---

[1] 许建和.地域资源约束下的湘南乡土建筑营造模式研究[D].西安:西安建筑科技大学,2014.

体，通过就地取材，因地制宜，利用高超的工艺和技术手段，使建筑既实用又美观。勾蓝瑶寨保留有许多明清时期的古建筑，其建筑装饰淳朴雅致，既具有明代粗犷典雅的特色，又具有清代细腻富贵的风格，雕刻内容丰富，处理手法简洁明快，是勾蓝瑶建筑艺术的重要组成部分。

装饰主要集中在建筑的门、窗、樑枋、雀替、柱础、门墩、马头墙等部位，集木雕、石雕、灰塑、彩绘于一体，多采用中国传统建筑装饰中常用到的龙、凤、仙鹤、蝙蝠、喜鹊、葫芦、莲花、兰草等形象，整体建筑装饰精美绝伦，写实与夸张并举，让人看后无不惊叹古代工匠高超的技艺。勾蓝瑶的先民从大山中走出，在兰溪繁衍生息，不忘瑶族对自然的喜爱亲近，偏爱动物与植物造型纹饰。

1. 木雕

勾蓝瑶寨四周群山环绕，山多林茂，木材资源在明清时期十分丰富，寨内现存明清古建筑以红砖作墙，建筑内部构架及门窗等小构件则使用木材，是典型的砖木结构。木雕是勾蓝瑶寨建筑装饰中使用最多的一种装饰，主要在建筑物的门、窗、栏杆、梁枋、雀替等部位雕刻，雕刻工艺有线雕、浮雕、透雕、圆雕等，雕刻技艺高超，内容丰富，且保存较为完好。瑶寨内建筑的木雕很少染色贴金，大部分选择显露木材原色。精细的雕刻技艺构造了多层次的雕刻作品，其木雕装饰题材内容丰富，文化内涵深厚，兼具实用性与装饰性功能，展现了勾蓝瑶建筑木雕装饰的高超技艺与独特魅力。

（1）门

门作为进出的主要通道，是建筑的关键节点，具有重要的功能，集出入、防御、礼仪等功能为一体，通过门可以大概了解到这个家庭的社会地位以及富裕程度，它所具有的标志与象征的作用非常明显和重要。勾蓝瑶寨建筑的房门上大多雕刻有木雕，起到修饰美化的作用。具体来看，房门的木雕可分为两部分，即雕刻或镶在门板上与大门顶部门簪上的花纹图案。

大门是进出建筑物的主要通道，安装在院墙入口或建筑的正立面，出于安全考虑，大门多使用坚固厚重的实木板，封闭性极强，遮挡功能与防御功能二者兼顾。为防止鸡狗等动物进入屋内，加强房屋的采光透气，一般还会在民居的大门外加设一对齐腰高的栅栏门。从正门进入房屋内部天井，在正厅或天井两侧的房屋安装有隔扇门或者房门，在隔扇门上镶有各式各样的花纹图案，有的则进行大量的镂空雕花。黄家村茶园欧阳锡干家正屋的隔扇门雕花尤为精致，由杉木制作，用来分割隔断正厅和天井两个空间，兼具墙、门、窗三个功能，格心采用中心对称构图,回钩纹由榫卯运用夹角榫拼接而成,在格子正中镶嵌有桃花木雕结子,榫卯交接处有变异龙兽,门面上采用高浮雕技法雕刻有四幅精致细腻的麒麟图像,麒麟鳞甲具现,小巧而生动,是勾蓝瑶最具代表性的雕花清式隔扇门。

● 民居大门

● 欧阳锡干家隔扇门

● 欧阳锡干家隔扇门上的木雕——麒麟

（2）门簪

在勾蓝瑶寨的民居、寺庙、门楼等建筑的大门上方多装有门簪。门簪，即俗语"门当户对"之中的户对，其形式精美，既能对大门起到很好的装饰作用，又可用来支撑匾额。瑶寨内门簪的样式丰富，常见的有方形、圆柱形、鼓形、八边形等，正面雕刻八卦卦象（多为乾坤）、福禄字样、牡丹喜鹊等吉祥鸟兽花草图像，使用线雕、浮雕、透雕等雕刻工艺，图案精美，造型生动别致，对大门起到了很好的修饰作用。

● 方形乾坤雕刻门簪

● 圆形牡丹雕刻门簪

（3）窗

窗户是整个建筑中重要的节点之一，具有采光、通风及分割室内外空间的功能，是建筑中重要的装饰部位。在勾蓝瑶寨的建筑中，窗户的形式多种多样，有由几根木条做成、十分简单质朴的，也有精雕细刻、构造复杂精致的。总的来看，瑶寨内建筑的窗户从形式分，可以分为直棂窗、花窗、隔扇窗、牖窗等。在勾蓝瑶寨建筑的外墙中，大部分用的是直棂窗。直棂窗一般以两根横料和数根直棂拼成，讲究些的会将几根直棂稍加雕刻打磨，制作十分简单，因造价低廉，坚固耐用，所以在勾蓝瑶建筑中广泛使用。

除了简单的直棂窗以外，瑶寨的建筑还多设有花窗。花窗造型美观复杂，窗格由许多榫卯拼接组成各种图案，造型精美，有平纹、斜纹、动植物纹样、井字图案和吉祥文字等，有的图案中心还点缀有一些木雕画，刻有花鸟植物，十分小巧精致。横格和棂格间用飞禽、花草、瑞兽等精细的镂空花饰连接。

直棂窗

方形花窗

圆形花窗

（4）梁枋

以榫卯结构交错叠加而成的梁枋，在建筑中位于梁柱上方，起到支撑屋顶的作用。工匠在结构上重视梁枋承重功能的同时，还赋予其装饰功能，对其进行大量雕刻，这在勾蓝瑶寨的门楼建筑中表现最为明显。雕刻多在梁枋的相接底座承重部位，或为莲花座植物卷草浮雕纹样，或在长方形底座面刻动物造型浮雕。

瑶寨内雕刻最为精美繁杂的梁枋，当数黄家村永兴祠堂旁修建于清光绪年间的杨氏门楼。从整体上看，梁枋使用了线雕、浮雕、圆雕的雕刻技艺，上涂红漆，呈"A"字形结构。"A"字上部分是一个倒挂的展翅蝙蝠，蝠首雕刻逼真，在翅膀的面上以线条雕刻植物图案，"A"字中间一横两端为昂首抬尾的麒麟，脚踏长方形云纹底座，门楼两侧梁枋雕刻造型一致。"蝠"音同"福"，而麒麟更是吉祥瑞兽，都具有美好的寓意，二者都做了圆角处理，纹理清晰，造型逼真生动，并从多方位角度呈现出蝙蝠、麒麟形象。

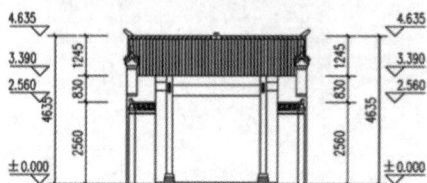

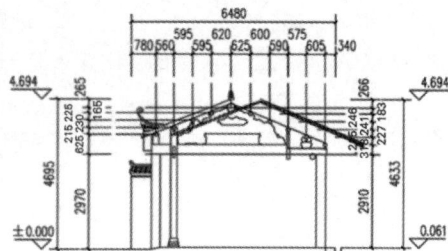

杨氏门楼正立面图 1:100　　　杨氏门楼剖面图 1:100

● 杨氏门楼正立面图、剖面图

● 杨氏门楼"A"字形雕梁　　　● 上村欧阳家书屋雀替

（5）雀替

雀替是中国古代建筑的特色构建之一，多安置在建筑的额仿与柱头的相交处，以缩短梁枋的跨度并增强其承重能力，防止梁柱倾斜。到清朝时，雀替主要作柱头装饰之用，从力学构件逐渐转变为装饰构件，兼具稳定与装饰功能。有龙、凤、仙鹤、花鸟等多种形式，综合使用圆雕、浮雕、透雕的雕刻技艺。上村欧阳私塾内的雀替，是勾蓝瑶寨保存较好、雕刻工艺尤为精湛、图案较为典型的代表。雀替位于私塾内天井旁的柱头与梁连接处，呈四边形竖条状，上刻卷草、花鸟、龙等图案，线雕、浮雕、透雕、圆雕四种雕刻方式的综合运用，使龙、喜鹊、牡丹等图案立体生动、造型优美,欣赏价值极高。

2.石雕

勾蓝瑶寨现存建筑石雕构建,大多雕凿于明清时期,主要用来修饰柱础、台阶、门槛、门当、石敢当等需要防潮耐磨的建筑构件上。勾蓝瑶寨建筑石雕装饰追求实用、质朴、清秀的艺术效果,在石雕的题材上多选取祥瑞禽兽与吉祥花鸟植物,雕刻手法有线雕、隐刻、浮雕、圆雕等,在强调实用的同时追求美观,渗透出勾蓝瑶人孺慕儒家文化思想和浓厚的独特瑶族文化气息。①

(1)柱础

由于勾蓝瑶寨地处雨水丰富的湘南永州地区,为了防止木柱直接接触地面受潮变腐,人们于是在柱脚垫上石柱础,多见于瑶寨的门楼、寺庙、民居等建筑。柱础一般由上端的石鼓和下端的基座构成,基座造型丰富多彩,形状以圆形、四边形、六边形和八边形为主。柱础上端做成鼓形便于承放柱子,同时鼓具有吉祥、喜庆的意思,鼓身一般雕有卷草、祥云、莲花瓣、鼓钉等图案,鼓身下边雕成莲花座、覆盆的形式。基座各面均雕有龙、虎、鹿、鸟、花草等图案,有的面还刻有记录捐建人名及雕刻时间的文字。基座最下端通常为四边形底座,一般五至十厘米高,为保持稳固,有的会埋入地下。

● 明嘉靖年间动物雕刻柱础

● 石鼓登亭的鼓形柱础

瑶寨内遗留下来的柱础,以明清两代柱础为主,明代柱础大气而精致,工匠喜爱莲花图案,到清代柱础装饰与形制变得更为丰富多彩,从简单的线脚、莲花

---

① 姚辉.永州古民居建筑石雕装饰艺术初探[J].艺术与设计,2014(1):54-56.

瓣到复杂的各种鼓形、兽纹，由单层的雕饰到多层的立雕、透雕，式样千变万化，是勾蓝瑶古代工匠留下的宝贵财富。[1] 勾蓝瑶的代表性建筑石鼓登亭更是因其16个石鼓形柱础而得名。石鼓登亭为三层全木结构建筑，16根大柱竖立在16个雕刻精致美观的石鼓之上，因出入和上楼都是踩石鼓而行，得名"石鼓登亭"，登高远望，瑶寨各处尽收眼底。

（2）门槛

勾蓝瑶寨气候多雨潮湿，为了避免风雨，通常把正门做成凹入式带门廊的形式，大门设有青石制门槛，由方整石料砌成，底部一般还放有一至三级石台阶。石门槛的高度较高，作用有三：一是垫高，防止雨水与湿气浸入屋内；二是登高，以示尊贵之意；三是高门槛被当地人们认为可以守住运气和财气。门槛上的雕刻主要集中在正面，图案多以浅浮雕和阴雕图案、文字为主，以防止出入时的磕碰摩擦。

民居石雕门槛

（3）门当

"门当"又称"抱鼓石"或"门墩"，是指放置在宅门前的一对呈扁形的石墩或石鼓，除了起到固定门框的作用外，古人认为门当还具有避邪、祈福的功能，是身份地位的象征。[2] 勾蓝瑶寨民居前的门当为方形的书箱形石墩，由大块青石雕

① 李方方.论中国古建筑的装饰特点[J].西北建筑工程学院学报，2002（4）：39.
② 陶海鹰.门当户对——中国传统民居设计造型的意象分析[J].设计艺术，2010（1）：76.

刻而成，民居前设立有门当的人家非富即贵，是主家身份地位的象征，如上村欧阳氏民居前的门当，雕刻着古代典型的"转角莲"图案，画面中碧波荡漾的水中荷花盛开，仙鹤静立水中，鹭鸶展翅凌空飞舞，二者一动一静，左右相对，画面生动传神，十分精致，显示了主人家诗书传家、崇礼尚德的美好追求。

● 上村仙鹤荷花雕刻门当

　　寺庙大门前的门当多为信众捐赠供养。例如，现立于新修相公庙门前，从清水庵遗址处搬运过来的一对方形门展石，周身雕刻有莲花瓣与卷草图案，正面雕刻有"狮子戏绣球"图案，是当时的信士为乞求清水庵神灵的保佑所捐献的石展石。相公庙前的门展石图案下刻有碑文：

　　"本檀信士欧阳宗里同妻周氏，男子绍珍，吾父佛扶，堂母周氏，舍门展石一座，献上本庵佛前供奉，特祈一家清吉，福有归者。嘉靖甲午年正月二十九日竖。"

　　"本坛信士欧阳端，妻蕉氏，男子阳调女秀珍秀锦，玄男宗敬玄男妇何氏，玄孙孙富，舍门展石一座，献上清水庵供养，特为男调长俊成人。嘉靖甲午年正月二十九日立，匠人陈润祥刊。"

（4）石敢当

瑶寨内部分民居外墙壁上嵌砌有一块长方形竖条青石，用来加固房子，其上凿刻有"泰山石敢当"五字，寓意"稳如泰山"，所以又称之为泰山石。泰山石敢当是一种风水器物，先民认为其具有镇鬼压灾、镇宅安神的功效，可化解房屋与巷道相冲带来的煞气，多嵌砌于瑶寨内立在巷道旁的民居墙角处，特别是丁字路口等处的墙上。

● 清水庵嘉靖年间门当

● 泰山石敢当

3. 彩绘

彩绘在勾蓝瑶的建筑中主要是起到点题与增加居住环境的文化内涵，提升居民的精神意境的作用，同时也是永州地域文化观念的物化与表现。瑶寨建筑中的彩绘多绘制于建筑的墙体、檐口、外窗披水、天井照壁以及寺庙大殿墙壁等处。瑶寨内的壁画属于苏式彩画，注重写实的笔法和画题，多为黑白水墨画，显得朴素自然、清新淡雅。依据彩绘的具体内容，勾蓝瑶的彩绘大致有山水花鸟彩绘、诗文题字、宗教瑞兽与人物彩绘三类。

（1）山水花鸟彩绘

此类主要绘制在民居及公共建筑的窗、屋檐、天井照壁、门额等处，这一类壁画与日常生活息息相关，表现题材丰富多样，植物类有松、竹、梅、柳、桃、兰草、牡丹等花草树木，动物类有蝴蝶、蜻蜓、鱼、鹿、仙鹤、鸟雀等飞禽走兽。例如，黄家村桥头清代何氏民居外墙檐下一组诗画的彩绘，鸡、老鼠、蝴蝶、游鱼、龙虾、蝴蝶、凫鸭一一入画，均用写实的手法描画这些虫鱼鸟兽，其神态细致入微。画面最左侧母鸡领着鸡雏于树下觅食，极具生活情趣，右侧三只老鼠亦步亦趋地在攀爬葡萄架，其中一只跌落藤架，举首翘望，画幅尽头在碧水清波中，有鲤鱼游荡，明虾跃动，其旁还题有朱熹的《观书有感》："半亩方塘一鉴开，天光云影共徘徊。问渠哪得清如许，为有源头活水来。"诗词佳句配上图画，意蕴内涵更为丰富，极具生活情趣。

当地还将卷草花卉彩绘作为纯装饰性纹样绘制于照壁檐下、马头墙、脊头等处，在丰富建筑立面的同时，更增添无穷趣味。部分建筑的檐口及马头墙上，绘有水生植物图纹，既具有很好的装饰性，又有以水克火的深层文化内涵。

桥头何氏民居屋檐彩绘

（2）诗文题字

这一类彩绘多单独出现，少数与山水花鸟彩绘相结合，既是书画相宜，也不留空白，增添旨趣。此类既有一至四个的词语，诸如"福""崇德""礼仁""德润圭璋""仙露明珠"等题字，明显表达出对礼仪教化与美好生活的向往，又有历代诗词大家的绝妙诗文，多为唐宋大家经典之作，或感怀兴志，或咏叹山水。例如，麻斋圩黄族祠堂右侧黄店和贵号门额壁上写有唐代柳宗元的《渔翁》："渔翁夜傍西岩宿，晓汲清湘燃楚竹。烟销日出不见人，欸乃一声山水绿。回看天际下中流，岩山无心云相逐。"潇湘山水风物从诗中迎面而出，湘南人看描绘潇湘风物的诗文，更加亲切。诗文词句既是一种装饰手段，也是勾蓝瑶人深受汉文化熏陶的象征。这些诗文中还寄托了勾蓝瑶人对于太平、安康、富足的美好生活的向往。

（3）宗教瑞兽与人物彩绘

在瑶寨寺庙正殿的墙壁上，常绘有大幅神兽彩绘，如在龙泉观、枇杷庙、水龙祠大殿墙壁，绘有蟠龙、麒麟、金蟾等瑞兽。大兴村枇杷庙大殿壁上的墨玉麒麟，脚踏祥云，昂首左顾，周身鳞甲具现，气势威猛，画面精湛细腻。勾蓝瑶人在寺庙中绘制这些祥龙、麒麟等瑞兽，既是烘托寺庙的神圣庄严，也是期望它们能护佑勾蓝瑶太平安康。

● 枇杷庙麒麟壁画

● 前往水龙祠祭祀的军队

● 壁画中的水龙祠

位于大兴村河畔的水龙祠，正殿两侧墙壁以及宽廊墙上绘制有大幅人物祭祀彩绘。壁画绘制的年代基本可以断定为明代洪武年间。壁画高3米，总长达116米，保存较好的约有162平方米。内容描绘了三军仪仗队祭祀场景，将军率领众将士大队人马，持"三军司令""三军号令""风调雨顺""五谷丰登"等旌旗前往水龙祠砍神牛祭祀娱神的恢宏场面。人物类型有文臣、武将、侍从、俘虏、僧侣、平民、将士等各色形态，色彩鲜明，描画细致入微，是反映勾蓝瑶历史面貌的重要物证，具有重大的艺术价值与史料价值。

（4）灰塑

在建筑的屋脊与封火山墙处，勾蓝瑶人习惯使用由石灰、桐油、糯米粉等混合而成的材料制作灰塑，具有防火、防风的功能，同时，其夸张优美的造型还丰富了建筑的房顶装饰，使建筑显得更为立体。由于寨内建筑布局紧凑，各栋之间相隔很近，为阻止大火在单体建筑间蔓延，在建筑两侧山墙上端设有高过屋面的实砌封火山墙。封火山墙形态丰富，造型多变，由红色火砖砌成，并用砂浆、灰塑、瓦片等进行装饰，周边涂有白色石灰，顶部铺盖瓦片。在封火山墙的正立面上部，常用灰塑制作有桃花、瓶、喜鹊、水草等图案，脊角用砖瓦垫高，作"卷草"或鱼尾向上翘起。在传统文化中，封火山墙上的瓶、水草、吻兽等形象具有抑制火灾的功效。"瓶"谐音平，是祈求平安的意思，而桃花则被居民认为有辟邪的功能。从马头墙上的灰塑中，可以看到勾蓝瑶人对平安吉祥的期望。

● 民居马头墙灰塑

● 屋顶灰塑葫芦

深藏在湘南大山中的勾蓝瑶寨，居住其中的勾蓝瑶人历经千年岁月，持续数代人修筑起了城墙、守夜屋、门楼、民居、庙宇、祠堂、戏台、风雨桥、凉亭、井、路等众多物质文化遗产。山环水绕中的勾蓝瑶寨与自然融为一体，小桥流水人家俨然是一幅江南水乡风情画。勾蓝瑶人过着翩跹歌舞乐升平的生活，这是属于勾蓝瑶的"桃花源"。

第4章

勾蓝瑶的生产与商贸

4.1 生产与商贸概述

4.1.1 生产概述

勾蓝瑶位于江永县西南边缘，东部及南部与广西富川瑶族自治县的油沐、朝东镇毗邻，西接桃川镇，北邻夏层铺镇。境内属于典型的喀斯特地貌，石山遍布，山林陡峭，平整土地较少，是一个土地贫瘠、没有大河流、水利较差的边远山区。此外，境内属中亚热带南缘湿润季风气候，雨量充沛，光照充足，四季分明，春秋季短，夏冬季长，无霜期长，适合农作物的生长，自然资源丰富，特别是野生动植物资源丰富。

丰富的自然资源必定吸引着人类的前往与生活。早在东汉建武初年，为避免战祸，蒋姓首次迁入勾蓝瑶寨上村以后，陆陆续续有李、欧阳、雷、何、田、曹、周、顾、毛、苏、杨等姓迁入，从此勾蓝瑶寨变成了一个多宗族聚居村落。这些宗族在之前大都与汉族聚居生活，了解汉人的农作方式和技术，迁入瑶寨之后，引入了一些汉族先进的生产工具和生产技术。他们开垦荒山，种植水稻，过着自给自足、打猎捕兽、与世隔绝的山居生活。在封建社会，由于山地多，勾蓝瑶的生产、生活条件差，不通车，不通电，不通邮，瑶民们若要出山就得爬山，运输靠肩挑背驮，大部分土地贫瘠，水利条件差。同时，勾蓝瑶寨是典型的红黏土地区，歌谣"天干成铁板，下雨变泥浆""晴天一身尘，雨天两脚泥"是当时出行的生动写照，出行极为不便。恶劣的自然条件严重阻碍了农业生产力的发展，勾蓝瑶人的生产生活较为艰难。

自明洪武年间两次招安后，勾蓝瑶人才下山转为平地瑶，经官府编户入籍，与源口瑶族乡扶灵瑶、粗石江镇清溪瑶、粗石江镇古调瑶合称为四大民瑶。转为平地瑶以后，随着与汉族交往的频繁，汉族的一些先进的农耕文明被逐渐引入到瑶寨。在朝廷羁縻的优厚政策下，勾蓝瑶积极垦山拓田，在田边营造了许多离寨10多里的便于耕作的牛庄屋，牛庄屋便成为勾蓝瑶人的第二家园。至此，勾蓝瑶便丰衣足食，农业一度繁荣。封建社会末期，由于吏治日渐败坏，时局动荡不安，尽管勾蓝瑶深居大山，但也未能幸免，生产受到极大破坏。

新中国成立之初，由于受国家"极左"政策和民族政策未能落实的影响，勾蓝瑶寨遭受了前所未有的冲击，不适当的生产组织方式严重地挫伤了瑶胞们的生产热情，极大地阻碍了生产力的发展。1984年，兰溪瑶族乡的成立，标志着瑶寨进入了一个新的发展时期。在党的民族政策的光辉普照下，经过三十多年的快速发展，近年来，勾蓝瑶寨形成了以水稻、玉米、烤烟、夏橙为主导的种植业，以生猪、耕牛、土鸡为主的养殖业，以发展观光旅游业、农副产品加工为主的第三产业。勾蓝瑶寨的家家户户都已通电、通水、通路，现代化的农作工具、移动手机、摩托车均走进了千家万户，生产效率得到了快速提高，生产生活条件获得了极大改善。2015年，勾蓝瑶寨为了发展观光旅游业，提高农户们收入水平，组建了村级旅游公司，农户变股民，实施了土地流转政策，农户将景区内责任田的土地经营权以保底租金的方式流转给公司，由公司"统一规划、统一开发、统一经营"，通过种植优质水果、时令蔬菜等观光体验型农作物，让土地在旅游产业中增值，农户们在收益中进行分红，农户的热情日渐高涨。如今的勾蓝瑶寨在当地政府的引导下，有更多的农户从繁重的农作中解放出来，吃上了"旅游饭"，在如火如荼的乡村旅游业中奔向小康之路。

4.1.2　商贸概述

据(光绪)《永明县志》记载："瑶人性至朴，耕田作苦，税赋易办，有老死不至城市者。"可见，早期的勾蓝瑶在历史上过着自耕自食、自给自足的生活方式，几乎不与外界来往。

元明期间，很多汉商将食盐、铁器等物品带入勾蓝瑶，同时收购瑶山的粮食、豆类、木材、山货等。也有一些"货郎担"走村串寨，给瑶区带来了方便。但在买卖过程中，不等价交换的现象也常有出现。官府曾禁止商贩、军、民等进入瑶山贸易，但屡禁而不止。据清道光二十九年(1849年)正堂示谕碑刻记载，在明洪武初年受招安而转为平地瑶后，勾蓝瑶进入了一个新的历史时期。勾蓝瑶在官府优厚的对瑶政策下，休养生息，大力发展生产，手工业、农产品加工业获得了较大的发展，从而出现了很多剩余产品，为商品交换提供了条件。勾蓝瑶人与那些进入寨内的汉族商贩进行交易的过程中，一般以物易物，且多以赊借的方式，到农作物收成季节时，结账还物。这种交换和贸易不仅解决了瑶族人民的生活所需，同时也促进了勾蓝瑶经济的发展。随着与汉族交往的增多，勾蓝瑶逐渐改变了过去那种"视商为奸"的观念，勾蓝瑶内部也逐渐产生了个别的专业经商活动。

　　至清初时，勾蓝瑶人口最多达两万人，瑶人内部商品交易较为频繁。此外，勾蓝瑶拥有如此多的庵堂和庙宇，众多外来信徒纷至沓来，求神拜佛，朝拜许愿，他们不仅仅带来了寨外物品，而且还要衣、食、住、行，具有购置当地商品的强烈需求，这均为勾蓝瑶的大规模商品交易市场的形成提供了良好的市场基础。勾蓝瑶古商业街就是在清初这一最鼎盛的发展期间所建立的。勾蓝瑶古商业街的出现，一方面标志着勾蓝瑶寨商品经济发展的繁荣，另一方面反映了瑶

● 各种古商铺

● 古商业街

族与外部经济联系与往来的加强。走进黄家村古商业街，窄窄的小巷，青石板的路面，两旁林立着众多的商铺遗址依然可见，还有很多商铺当年的店号清晰可辨，这意味着古寨商业曾经的繁荣。青石板巷道不仅是勾蓝瑶古寨的一个特色，同时也是古商业街的一个标志。旧时黄家村古商业街，商铺形态多样，一家挨着一家，经销的商品品种繁多，有米酒、豆腐、粉丝、烟叶、粮食、黄豆、花生、食油、食盐、糖果、染布、制衣，甚至布匹、洋绒、洋火、洋钉、洋纱、洋油、洋碱等。据村里老人们回忆，近代的黄家村商铺并不是只有一家或两家专营某种商品，有时是多家共同经营某一项，例如，染布坊就有何氏五色染坊、黄氏五色染坊、欧阳氏五色染坊等好几家，很多商铺不只是经销一种商品，还兼营很多物品，如经销食盐、食油、酒、糖果、洋纱、洋火等生活用品的小商铺。

4.2　农业生产活动

4.2.1　农业生产分工与协作

勾蓝瑶的生产基本上是以一家一户为单位进行的，劳动时男女均一起参加劳动，在性别上没有显著的分工。通常情况下，一些细微的工作，如刺绣、缝衣、煮饭等，则由妇女担任。不过，一些较重的体力劳动，如树木的砍伐、搬运等一般会由男人承担，但有时年轻力壮的妇女也会参加。旧时由于水田离家较远，开春时节男人们都要住在牛庄屋，进行春耕，直到农活忙完后才回来。在此期间，妇女们白天从家里为男人送去衣食，并与男人共同耕种，晚上再回到家里操持所有的家务，如纺棉纺纱、砍柴、打猪草、饲养禽畜、种蔬菜等，照顾一家老小。在家守寨的妇女们还须担负瑶寨的安全，习武练拳。正因为勾蓝瑶妇女在农业生产中发挥了较大的作用，因而女人在家中地位也比较高。

对于一些社会公共事业，如修水利、建桥梁、筑路等均需要许多劳动力集合在一起才能进行。勾蓝瑶人自"刀耕火种"时代的集体狩猎的过山瑶到定居的平地瑶，在长期的生产劳动中形成了一些互助合作的习惯，大家相互配合，完成了许多让世人叹为观止的奇迹，如古城墙的修筑、近百公里青石板路的铺设等。对于以血缘为纽带、为本族成员所公有的清明山、清明田，大家轮耕轮管，收获主要用于祭祖聚餐、救济本族贫穷之人，有时也用在本族人员的共同花费上，如修缮祠堂、铺设青石板路等。

● 牛庄屋遗址之一

● 牛庄屋遗址之二

　　勾蓝瑶自明洪武年间受官府招抚下山以后，官府的羁縻政策给勾蓝瑶带来了一些好处，其中就包括只准瑶买民田民产，禁止汉民买瑶田瑶产，强制性地保护了瑶田瑶产。同时，由于勾蓝瑶人居住大山，山广田少，生齿日繁以后自然而然地就会向邻近地区扩垦或购买田地，以至田地越种越远，有的水田甚至离寨二十里。为了耕作方便，提高劳动效率，缓解季节矛盾，勾蓝瑶人就在毗邻水田处营造了牛庄屋，每个宗族一个牛庄屋，形成了独特的牛庄屋生产协作模式。据载，在历史上勾蓝瑶营造的牛庄屋多至20多座。每座牛庄屋周围都有一片较为广阔的牧场，为耕牛提供了丰富的草源。农忙时，几十户男人住在牛庄屋，大家相互配合，共同劳作，集体狩猎，形成了独具特色的牛庄屋生产合作方式。"牛庄屋"的格局是一个"回"字形的四合大院，两层结构，一个大门进，每座牛庄屋分成三十格，每户一格，上面住人，下面关牛和置放农具。一到开春，所有家庭的男劳力都要陆陆续续地牵着耕牛，整装离寨，长住到牛庄屋，打理农活，种植庄稼作物。直到过完"牛王节"后，牛庄屋的男人和耕牛才能回家团聚。然后，由庄头召集大家开会，内容主要以牛庄屋轮班人员安排、牛庄屋修缮与清理卫生、牛庄屋周边修路与割草、田间修渠筑坝等为主题。等所有事宜完成，大家聚完餐之后，牛庄屋便开始实行水牌交接，轮班值日。三人一班，一班三天，白天两人放牛，一人在牛庄屋里负责收放牛栏中的牛，清点进出耕牛数。如有牛当天未回，三人要负责寻找，丢失了要赔偿，假如牛在外偷吃了庄稼，由当班人承担责任。晚上有两人睡在牛庄屋进门处，时刻保持着警惕，以防耕牛被盗。直到秋收以后，等到坡草枯萎了大家才"散班"，各户把耕牛赶回瑶寨过冬。除了洗泥节休息一阵子外，一年当中男人们基本上有十个月待在牛庄屋。在这期间，男人们同吃同住，相互合作，日出而作，日息而归，晚上一起渔猎，聊天唠嗑。可见，牛庄屋不仅是勾蓝瑶交流农耕、渔猎经验的极好场所，也是传承民间故事和民族文化的天然平台。现在勾蓝瑶人绘声绘色说的许多传奇和鬼神故事，大部分都源于牛庄屋。总之，勾蓝瑶人牛庄屋的这种生产合作方式，不仅保障了农业耕作有条不紊地进行，极大地提高了劳动生产力，而且能够增强族人凝聚力、丰富与传承民族传统文化。

4.2.2 农耕工具

勾蓝瑶处于崇山峻岭之中，这里气候温和，雨量充足，冬暖夏凉，森林资源极为丰厚。在刀耕火种时代，勾蓝瑶主要采用石器、木器、竹器等农耕工具。生产工具随着生产力的发展而不断发展变化，是人类进行物质生产的必要因素。随着定居平地地区后，在长期的社会生活、劳动生产中，勾蓝瑶人发明与创造了一些农耕工具，同时在与汉族地区长期不断的交往当中，也陆陆续续地引进了一些汉制的工具与技术。这些农具体系不仅反映了勾蓝瑶族人民认识自然、利用自然的智慧，也反映了当时勾蓝瑶生产力的发展程度。

1. 主要工具类型及使用

从当地老人的介绍及查阅相关资料得知，勾蓝瑶族人民农耕工具大致可分为以下几类。

砍伐开垦荒山工具：勾蓝瑶人将所选地段树木杂草砍倒，开辟出一片山地。他们砍山所用的工具主要有钩刀、镰刀、斧等。钩刀、镰刀用途较广，不仅可以砍伐树木和杂草、收割粮食作物，而且还可以用于修理其他工具。斧头主要用作砍伐树木之用，形制与汉族聚居地区的一样。

耕地整地工具：此类工具主要有锄头、犁、耙等，用于耕翻土地、破碎土垡、平整田地等作业。勾蓝瑶土地大致分为以下三种：一是在山坡高岭所开垦的山地，主要种一些红薯、花生、玉米、棉花、果树等；二是住宅附近的园子，主要种一些蔬菜；三是平地与山上的水田，大多数水田都是在山溪和小河附近。锄头主要用于挖田地，与汉族所用的形制完全一样。犁主要分为两种，一种是山犁或称为脚踏犁，用作开垦荒山之用；另一种是田犁，即牛犁，一般在水田中使用，同时配有木制的牛弯、牛后背。耙，分为木耙和铁耙两种，用于翻土。

中耕工具：主要用于除草、间苗、培土作业，分为旱地除草工具和水田除草工具两类。铁锄是最常用的旱地除草工具，秧耙是水田除草工具。有时还需要借助镰刀除草。

灌溉工具：由于山地崎岖不平，勾蓝瑶族人民在靠近山溪或小河边会开凿一些灌溉沟，而没法挖沟的山地就用木制的水槽进行引水，以解决灌溉问题。此外，在离灌溉渠道及水源较远之地，勾蓝瑶人自制了一些水车。据当地老人回忆，勾蓝瑶水车的形制与汉族水车无多大差异，只是以竹子为料而已。

收获工具：包括收割、脱粒、清选用具。勾蓝瑶人的收割用具现以镰刀为主，据说旧时经常使用一种称为禾剪的收割工具；脱粒工具以稻桶为主；清选工具以簸箕、鼓风车为主。

加工工具：勾蓝瑶人用于舂米的工具主要有手碓、脚踏碓、石磨、水碾四种；用于麦子脱皮、研磨的主要工具也是石磨；还有梿枷，一种竹制的农具，用于脱落麦子、芝麻、黄豆等作物。

运输工具：由于地理条件的不同，勾蓝瑶人采用的运输工具也有所差别。对于崎岖不平的山地主要采用的运输工具是背篓、箩筐、扁担、公鸡车等，基本上靠人力运输，而在平地上，一般采用牛车进行运输。当然，箩筐、背篓还可以作收藏粮食和其他物资之用。

储存工具：米仓和米桶是储藏粮食的主要工具。米仓一般呈长方形，全是木制，可储存粮食好几千斤，一般殷实的家里都会建造。米桶是最为普遍的工具，家家户户都有，容量大小不一，大者可装粮食五六百斤，小的可装粮食几十斤。

● 犁

● 水车

● 鼓风车

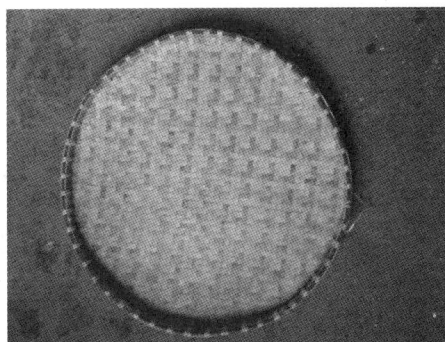

● 簸箕

● 舂米用的脚踏碓

● 小麦石磨

● 背篓

● 箩筐

● 米仓

● 米桶

2. 农耕工具的制作

铁器在隋朝时陆陆续续地传入瑶区。铁器工具的使用，促进了瑶族社会经济的发展。隋末唐初，由于铁器工具的推广使用，铁刀、铁斧、铁犁、木尖锄和木柄犁等主要铁制工具，逐步代替木质、石器工具，对促进瑶族社会经济发展起着重要作用。勾蓝瑶在平坝地区定居后，较多采用了先进的铁制生产工具，促进了自身社会的发展。但是，勾蓝瑶不产铁，铁器要么是从汉族聚居地区直接购买，要么就是购买钢铁材料请寨内铁匠代制。勾蓝瑶地处高山，森林资源较为丰富，拥有着大量的树木与竹林，瑶族人民就地取材，用木材与竹子制成了许多农耕工具，同时也产生了许多手艺非常好的木匠、竹匠。木器的制作主要是扁担、木桶、米仓、风车、水车等之类，竹器制作以背篓、箩筐、簸箕等为主。据当地老人们说，旧时几乎家家户户的成年男子都会编织普通竹器，并且掌握竹器精细加工手艺的艺人也不少。

3. 其他农具

勾蓝瑶人除了制作一些必备的农业种植工具以外，还结合生产实践制造了一些其他农具，如捕鱼用的长鱼篓、打鱼筐、小背篓等；牛耕作业用的牛嘴罩，以防牛吃庄稼；晒谷子用的晒席(当地人称为篷簟)；等等。

牛嘴罩

各式各样的鱼篓

4.2.3 农事习俗与谚语

1. 农事习俗与信仰

古代的勾蓝瑶由于社会生产力发展水平不高，人们对一些自然现象无法解释，往往将其归结为自然的神秘力量和神灵作祟，因此，在生产上不得不依赖大自然与神灵，每逢天灾之时，就要对自然界中的巨石、古树、山、水等进行图腾崇拜，祭祀主管农事的神灵。

祭祀虫神。古代没有农药，为了庄稼免除虫害，勾蓝瑶人要到牛庄屋附近的寺庙祭拜虫神。据黄中玉老人回忆，在移民村——欧菜处勾蓝瑶人曾建有四个不同宗族的牛庄屋，他们分别是黄姓、何姓、杨姓、欧阳姓的宗族。这四大宗族在欧菜建造了一个专门祭祀虫神的仁福寺。每年七月到八月水稻要成熟时，四大宗族就会杀鸡宰鸭，到田间抓一些害虫，送到仁福寺，请师公主持送虫仪式，烧香化纸，摆上供品，以供虫神享用。仪式毕，大家敲锣打鼓，尾随着师公绕着自家所有水田走上一圈，师公喃喃念词，祈求虫神保佑当年五谷丰登，没有虫害。

求雨。勾蓝瑶上村古戏台后面岩洞中有一个菩萨形状的石头，旧时每逢大旱之年，勾蓝瑶人就会将此石头抬出，暴晒，认为是该石作崇导致全寨干旱，然后各家凑香纸钱，敬上供品，祭拜龙王，祈祷龙王开恩赐雨。

2. 农事谚语

勾蓝瑶农事谚语，是一种特殊的语言形式，它来源于勾蓝瑶人长期的农业生产实践，通过口耳相传一代一代地流传下来。勾蓝瑶人农事谚语的语言不仅简练生动，寓意深刻，给人以启迪和教育，而且通俗易懂，深受广大瑶民们的喜爱。这些广为瑶民们熟知的农事谚语，对勾蓝瑶人的生产活动有着极为重要的指导作用。现就勾蓝瑶人部分农事谚语摘录如下：

（1）农业生产谚语

一年四季在于春，一日之计在于晨。

春事不去种，秋事何取收。

春雷一声惊天地，莫把懒惰过时辰。

男人春来倒扎裤，女人春来助夫君。

男人殷勤，有余庆；女人殷勤，穿色鲜。

（2）节气谚语

芒种前好种棉，棉头从脚结到脑。

一月锣鼓噔噔铛，二月锄田种紫姜，三月去时人下种，四月回时人插田，五月去时人夯草，六月回时财草实，七月去时禾标箭，八月回时满洞黄，九月去时人收摘，十月回时收摘完，十一月去时人酿酒，十二月回时人过年。

正月饱，二月社。（意为正月吃饱玩好后，二月要去犁田了，警示大家抓紧农活。）

4.3 种植业

勾蓝瑶位于东经110°10′，北纬24°25′，属于亚热带季风湿润气候，这里冬温夏凉、四季分明，降水丰沛，适合各种植物的生长。勾蓝瑶地貌是典型的喀斯特地貌，土壤呈碱性，富含硒等多种微量元素。这些均为勾蓝瑶人发展种植业提供了较为优越的自然条件。从勾蓝瑶的农业发展史来看，古代以种植黍、稷、麻、麦、豆、油桐、油茶、棉花、桃、李、棕、黄竹等几十种农作物为主。据《扶灵瑶统记》记载，"兰溪以种皇（黄）竹为界，有皇竹的地方为瑶人边界，皇竹内地一概归兰溪人管业"，古代勾蓝瑶大规模种植了黄竹，利用黄竹加工的黄龙干（即黄竹笋干）是皇帝的贡品。此外，勾蓝瑶种植的穤禾米、油桐、棕、李子、桃子，品质极佳，较为有名，有兰溪瑶民谚语可印证："千棕万桐，一世不穷。种桃种李，富裕家里。"明清时期勾蓝瑶以种植水稻、玉米为主，其次为红薯、南瓜、花生、油菜、烟叶、棉花、水果、甘蔗、蔬菜等几十种农作物，同时还发展了林业生产，种植斑竹、楠竹、杉树、油茶、油桐、棕树、松树、茶叶等。近几十年来，勾蓝瑶种植的作物以水稻、玉米、烟叶、果树为主，其他的经济作物有南瓜、蔬菜、红薯、花生、油菜、芝麻、眉豆、绿豆、黄豆、槐桑、药材等，形成了多种经济作物协同发展的农业格局。

4.3.1　水稻生产

勾蓝瑶是一个经历了漫长的历史发展而聚居的瑶族分支。早期的瑶民僻居人迹罕至的深山、丘陵、盆地之间，依山而居，过着"刀耕火种""海天狩猎""食尽一山又一山"的生产生活方式与自耕自食、不入城邑的山居生活。勾蓝瑶自成为平地瑶后，在明洪武至清初，进入了一个发展的鼎盛时期，利用官府优厚的政策，在沿河、溪附近开垦或购买了大量的水田，并在临近水田之处营造了牛庄屋。新的生活环境迫使勾蓝瑶民们放弃以前那种山居的生产生活方式，转而不断学习汉族的稻作农业文化。由于他们辛勤的劳动，勾蓝瑶形成了以水稻为主的农业经济。勾蓝瑶寨所种的水稻品种随着历史进程的不断发展而增多，至新中国成立前有黑毛、清水白、百合籽、桐禾、越南黏、百日黏、黑节巴、细油黏、大子谷等粳谷和糯谷，以中糙黏谷为主，桐禾次之，糯谷又次之。

勾蓝瑶先民们耕作水田普遍是两犁两耙。第一次犁耙在播种之时进行。开犁前将牛栏粪撒在田里作基肥，每亩四至二十担不等。第二次犁耙在插秧前进行。秧插成活后便开始分蘖，再耘田除草两次，随即进行施肥。灌溉为引泉水和拦河蓄水引灌。水田冬季有瑶民种油菜，作为第二年的基肥。旱地作物，锄草中耕两次以上并少量施肥，主要采取牛耕和锄挖的翻地办法。

新中国成立后的勾蓝瑶农户以水稻为主要粮食作物。水稻种植基本上是一年两季——早稻和晚稻。清明时节种植早稻之时，在田间进行排沟、排水，以免种子浸泡在田间积水当中腐坏掉，育苗一般在播种一个月后撒一些肥料，旧时主采用猪、牛粪便做肥料，有时扯田埂旁的薇菜，将薇菜均匀铺满田里，用脚踩，踩完后用泥巴填好，薇菜发酵后也可成为基肥。同时还须撒一些石灰，有除草杀虫之效，农户在撒石灰时都要在身上系一宽大的棉布，以免撒石灰时被石灰灼伤。如今普遍采用化肥施肥和农药杀虫除草。播种一般在每年农历三月至四月犁田后进行，犁田主要用牛拉犁。中耕一般在农历四月至五月进行，主要是杀虫、除草、灌溉等田间管理作业。早稻一般生长期为105天。立秋时分就是秋收的季节了，农户一般看天气好坏而定具体的秋收时间，旧时用四方打谷筒，用人力在谷筒内壁侧使劲甩打进行脱穗，加工损耗比现在使用的机器脱穗要小一些。打完谷子后，要将谷子进行暴晒，否则会发霉变质。旧时一般在打谷场一块大的平地上垫上竹制篷簟，将谷子均匀铺开暴晒，如今农户都是在自家的房顶上或一块空旷的平地上铺一层油布，将谷子放在油布上进行暴晒。谷子干透后，在自家专门建筑的小仓库里或大木桶中进行储藏。晚稻主要集中在下半年立秋前20天播种，立秋时开始插秧，大约95天的生长期。有些农户晚稻与烟叶轮流耕作，下半年种植晚稻，上半年种植烟叶。当前，农户普遍认为种田不合算，例如，一亩田产1000斤谷子，市面价为150元/100斤，成本大约300～400元/亩，每亩纯利润(不含人工费用)约1100～1000元，而种植夏橙一亩可收入5000元以上，所以现在农民对种稻谷大都积极性不高。农户农忙时，"放工"现象较普遍。放工就是农户相互之间帮忙，欠工方等有空时再去免费帮另一方的农活。大家相互协商，各取所需，体现了原生态的"以物换物"交易理念。

● 种植水稻

4.3.2　烤烟生产

从 20 世纪 70 年代开始,勾蓝瑶农户开始种植烤烟,并将此作为主要的经济收入来源之一。一般都是上半年在稻田里种植烟叶,下半年在稻田中种水稻。在种植过稻谷的稻田里接着种植烤烟,稻梗在土中可作为肥料,每亩烟叶可增产 100 斤,产量可高达 500 斤;此外,在种植过烤烟的稻田再种植水稻,每亩水稻产量也会高一些,亩产可超过 1000 斤。主要原因是上次所施肥料、农药的功效还在田中发挥着作用,病菌不易成活。可见,交替种植不仅烟叶产量有所提高,而且稻谷收成也会增加。因此很多农户选择春季种烤烟,秋季种晚稻,晚稻与烟叶循环种植。通常情况下,一亩产烟叶 300 斤,料理好的话可达到 500 斤,每亩销售额可达到 8000~10000 元,收入较为可观。因此,早些年几乎家家户户都种植烟叶,都有自己的烤烟房。现在黄家村有 15 户种烟户,有一定规模的有 10 户;大兴村 20 户;上村 19 户,其中大户(种植面积 10 亩以上)17 户。

国家烟草公司为了鼓励农户种植烟叶,在三个村都建立了电烤烟房,其中黄家村 15 个,上村 10 个,大兴村 20 个。烤烟房大致结构如下:烤烟房大概长宽各有 8 尺,房内设有四层,每层有三根木头镶嵌其中,层层相间 90 厘米的距离,底部是火管与火龙管,由黄泥烧制而成,为了增加受热面积而呈曲线状。火龙管约 2.5 米长,直径 1.2~1.5 尺,居烤烟房正中,之后分叉到两个火管,火管直径约 1 尺,长度 1.2~1.3 尺,配有 8 节 90°的弯管,居烤烟房两侧。房子中部第二层镶一木头棍,上有一个干湿计,二层正面有一个观察窗。烤烟房顶部有天窗,底部有热风洞(大小约 60 cm × 60 cm × 80 cm),可利用对流原理用火力控制温度、湿度。烤烟房外边正面有一个火炉口,与火龙管直接相连,两旁为热风洞的进口(大小约 60 cm × 60 cm),侧面有一个小门,便于进出,烤烟房背面是烟囱。烤烟过程中最重要的是"三看":看湿度、看温度以及看烟叶的颜色。

勾蓝瑶土质较好,且是黏土,据说含有丰富的矿物质,农户所种植的烟叶储存时间较长,可放置三年之久而不会变色,并且香气浓度更大,因此,本地烟叶质量好,可直接作为卷烟厂的配烟。烟叶的等级相对其他地方来说普遍都要高,农户卖的价格也相对来说较高,一般都可卖到 30 多元/斤。农户种植烟叶期间天天都须到田中去护理种植的烟叶,烟叶产量与质量与天气的好坏高度相关,有时大雨后烟叶被浸泡久了就会坏死。农户辛辛苦苦忙碌了半年，到最后颗粒无收的现象时有发生。采收季节时，农户凌晨五点就要起床，六月至七月采收时天气又最热，但烟叶不及时采摘的话，就会腐坏，可见，农户种烟叶非常辛苦。勾蓝瑶农户种烟叶普遍采用的程序是：育苗—整地—移栽—管理—采收。农户将采收好的烟叶放到自家盖的烤烟房进行熏烤，之后，由国家烟草公司收购站根据烤烟的品相进行定级，按照不同级别实施不同的收购价，并给予每斤几元的种植烟叶补贴。据 2015 年 8 月的湖南省烟草收购政策，中橘二 34.40 元/斤，中橘三 30.40 元/斤，中柠三 27.40 元/斤，下橘二 21.00 元/斤，国家补贴 3.20 元/斤。

● 农户自建的烤烟房

● 国家烟草公司建设的电烤烟房

● 田里生长的烟叶

● 国家烟草公司建设的电烤烟房中的烟叶

● 收获烤烟

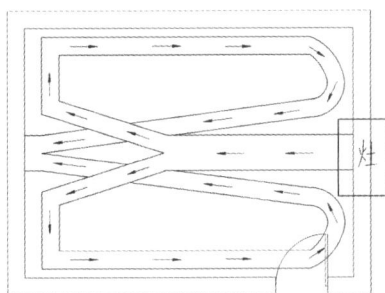

烤烟房平面示意图

● 农户自建烤烟房底部火龙管平面示意图

● 黄泥烧制的龙管

4.3.3 玉米种植

玉米本是外来粮食作物，原产地在美洲。哥伦布发现美洲之后，一些美洲农作物便开始传入世界各地。明清时期，我国与南洋各国的商贸联系频繁，美洲粮食作物很有可能就是在此时期从南洋地区最先传入我国闽粤等沿海省份，然后再传播至内地。至于勾蓝瑶何时引入玉米这一美洲粮食作物，我们尚不得而知。勾蓝瑶属亚热带季风气候，降雨量比较丰沛，但雨量分配不均，夏秋两季经常出现雨少易旱的现象。此外，勾蓝瑶山多平原少，丘陵交错其间，比较适宜种植旱地农作物，如玉米。为了预防出现旱情时水稻减产，勾蓝瑶人家家户户都会种些易高产、耐旱、耐瘠、适应性强的外来旱地粮食作物——玉米。勾蓝瑶人种植玉米以旱地居多，每年春分时分（即农历三月二十日左右）进行播种，玉

● 田中生长的玉米

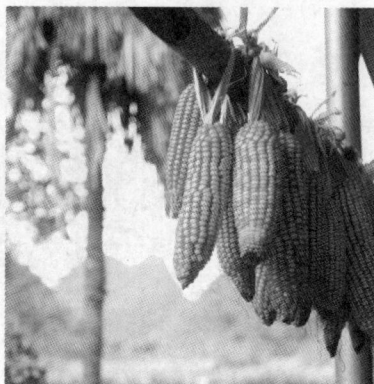

● 收获的玉米

米生长期为110天左右，平均亩产大概有1000斤。收获季节时，将摘下的玉米挂在庭院当中晒干，就可以储藏了。

4.3.4 花生种植

花生，又名"落花生"或"长生果"，起源于南美洲热带、亚热带地区，约16世纪传入我国。勾蓝瑶的红色土壤蓄水蓄肥、透气性好，非常适合花生的种植。勾蓝瑶人以种植春花生为主，每年在春分时进行播种。春花生的生长期为115～120天，平均亩产为300～400斤。种植的春花生糖分较高，嚼在嘴里较为甘脆。勾蓝瑶人山地多，拥有许多旱地，所以几乎家家户户都种植花生，自产自用，一来可作为招待客人之用，二来可以榨花生油食用。每逢收获之时，大家就扯出花生苑，放置在门楼中、巷道边、庭院内，农闲时就聚集在一起，一边摘着花生，一边聊着天，何其快乐！

● 摘花生

● 收获的花生一

● 收获的花生二

● 曝晒花生

4.3.5 果树种植

近年来，勾蓝瑶农户除了种稻谷、烟叶以外，还种了很多果树，主要品种有夏橙、香柚、柑橘类，收益较为可观。勾蓝瑶当地土壤中富含有机物质，微量元素较多，又是红色黏土，蓄水及保存肥效较好，因而水果及蔬菜糖度较高，不像其他地区土质属于沙土质，结构疏松，肥效流失较高，所以勾蓝瑶当地的水果品种好，水果外形晶莹发亮，甜度高，销路不用担心。每逢水果成熟之时，外地果贩就会上门来收购，再销往全国各地。

夏橙：勾蓝瑶的夏橙每年清明过后就可销售，且在树上存活时间较长，有的挂果时间可至农历七月，因此，销售时间较长，在此期间随时都可以买到新鲜可口的夏橙。夏橙从育苗到成果，一般需4年，农户第五年就可收回成本。由于成果时间周期较长，很多果农采用嫁接的方式种植夏橙，第二年就可以结果，大大地缩短了成本回收期。夏橙这几年收购价每斤2~3元，成本大约占1/3（不含人工），平均亩产5000斤左右，果园护理好的话，可达到10000斤，可见，果农收益较为可观。近年来，很多果农的夏橙树遭遇黄龙病虫的侵袭，感染了黄龙病。果农们不得不忍痛将大批已成果的夏橙树砍掉，以避免其他果树感染黄龙病，损失比较大。虽说兰溪瑶族乡政府请相关专家进行了多次技术培训，但收效甚微。如何控制黄龙病在夏橙果树的蔓延，是果农的当务之急。

香柚：由于勾蓝瑶山地多，土质较好，一些农户种植了香柚，但是有一定规模面积的果农不是很多，有4~6户。香柚树苗三年就可挂果，挂果后头两年每株可产20~30斤香柚，5年后就可产100斤，树龄越大结果越多。一株果树丰产后如果管理得好的话，产量可达500~600斤。香柚一般农历十月成熟，重阳

● 六月的夏橙

● 成熟的香柚

节前后可采摘，不摘就会从树上脱落，保活期一般3个月，过了正月就会变味，销售周期比夏橙要短。一般来说，香柚平均每斤成本为0.6元(不含人工费用)，每亩纯收入为6000~7000元，果农收益较为可观。香柚成树后，最为关键的是护理。护理主要是根据天气的变化适时进行管理，过程有点花、授花、打药、摘果实等，有时还须请劳工帮忙。由于土质的优势，本地的香柚甜度较高，极为好销，外地果贩纷纷上门，收购的价格也比其他地方要高，因此，果农种植香柚积极性比较高。

如今，勾蓝瑶寨在黄村成立了农村合作社，为农户免费发放种植技术图书，推荐种植果树的肥料。此外，每年湖南省扶贫工作组都会委托湖南农业大学或农科院专家在新相公庙免费对农户进行几次果树种植技术培训，例如，栽培技术、虫害防治技术等，每次培训时间2~3小时。这些培训对果农们启发较大，

● 成熟的砂糖柑

深受大家的欢迎。

此外，勾蓝瑶农户充分利用当地的自然资源并结合本地土质的优势，还种植了许多其他水果，如砂糖柑、西瓜等，大部分农户将所得收入用于维持家庭的日常开支、购置家具、盖房子、供小孩上学等，勾蓝瑶实行土地流转后，寨内极少有空闲土地。同时，实施新农村建设政策后，农户不能占据城墙内土地，因此勾蓝瑶农户大部分新建果园都在古城墙外。由于路途遥远，农忙时果农们早起晚归的景象司空见惯。

4.3.6　蔬菜种植

勾蓝瑶寨内的农户一年四季都种蔬菜，但基本上都是自给自足，不进行销售。只有寨外的移民村欧菜农户中有几户专职种植时令蔬菜，春季有黄瓜、四季豆、莴笋等，夏季有紫姜、茄子、丝瓜等，秋季有白菜、辣椒、南瓜等，冬季有白菜、萝卜、

田间劳作

榨菜等。由于欧菜地势较高，菜园大都在山坡上，土质是红色黏土，既蓄水又蓄肥，有机成分较高，因此，本地蔬菜较其他地方糖分含量高，甜度较高，很多外地商贩直接到欧菜批量收购蔬菜。有时欧菜的专业菜农们也开着三轮农用车、拖拉机将所种的蔬菜运到附近的集市上卖。也有几户老人种了蔬菜，自家吃不完，每逢赶集时便骑着电动车到集市去卖，所得收入就买些盐、肉、油等日常所需之物。一般来说，欧菜专业菜农年收入为 3 万~4 万元。

4.4　养殖畜牧业

勾蓝瑶先祖们过着山居生活时，没有什么养殖畜牧业。转为平地瑶后，勾蓝瑶几乎家家户户都从事一定程度的养殖畜牧业，主要以养牛、猪、羊、马、鸡、鸭、鱼、狗等家禽家畜，基本上都是放牧养殖，但都不会卖，自产自食，过着自给自足的生活方式。不过，勾蓝瑶民养耕牛主要是为了耕作，不是为了食用。

耕牛不仅为瑶民勤勤恳恳耕作，是一类重要役畜，而且在生活艰苦困难无粮食吃时，很多瑶民就靠牛奶将子女一个一个地养育成人，因此，瑶民对牛有着深厚的感情，称之为"神牛"。瑶族崇拜盘瓠，图腾龙犬，相信狗是本族的保护物，勾蓝瑶人养狗是为了看家护院与狩猎。

勾蓝瑶山地、林地资源丰富，森林覆盖率高，空气新鲜，水资源丰富，生态环境良好。兰溪瑶族乡现有大小石头山近四百座，生长着繁茂的杂灌木和小毛竹，为发展养殖畜牧业提供了得天独厚的自然资源。如今，勾蓝瑶寨内大部分瑶民还保留着原生态的养殖方式，自产自食，自产自用，乐得其所！但是也有一些农户发现了商机，积极投入养殖业。勾蓝瑶近代养殖业主要有养殖畜禽、养鱼、养蜂。畜禽有鸡、鸭、鹅、猪、牛、羊等，鱼类主要有草鱼、鲤鱼、鲫鱼等。随着勾蓝瑶经济的发展，一些勾蓝瑶居民的商品意识得到增强，他们利用当地的自然资源从事养殖畜牧业，并形成了一定的规模，例如，利用当地水库养鱼，利用山地豢养鸡、羊、马、牛等，有的勾蓝瑶居民在离村几公里处建造了自己的养猪场。这些专业养殖户基本上都是夫妻经营管理，忙不过来时才会请劳动力帮忙。然而，据老人们讲，前些年由于家家户户养羊，过度放牧，导致山上植被受到了极大的破坏，旱涝灾害频繁发生，生态环境恶化。近年来，基于保护当地生态环境、提高当地瑶民收入和发展生态旅游业的需要，江永县政府制订了勾蓝瑶未来的发展规划，会逐步取缔一些破坏生态环境的养殖业，如山上养羊。

● 养蜂

● 山上豢养鸡

● 巷间家狗

● 耕牛回家

4.5　手工业

据《后汉书·南蛮西南夷传》中记载，长江中下游瑶族先民们"织绩木皮，染以草实，好五色衣裳，制裁皆有尾形……衣裳斑斓，语言侏离"。可见，瑶族先民们在原始社会末期就已懂得利用木皮来纺织布匹与利用植物进行染色的技术了。勾蓝瑶手工业历史悠久，不仅种类多，而且技术先进，主要以纺织、印染、刺绣、油料加工为主，其次以木器制作、竹器编制、金属加工为主。

4.5.1　织绣印染业

《君子堂询手镜》中记载，"瑶人以耕织为生"，说明了纺织在瑶人生活中的重要性。大部分勾蓝瑶人家中都有缫车、纺车、络丝工具以及脚踏织布机。作为纺织原材料的棉花，勾蓝瑶人都是自产自销的。在勾蓝瑶传统纺织工艺中，主要用到的纺织工具是轧棉机、弹棉机、纺纱机、织布机。纺织工具除了一些铁制零件是向汉族商人购置外，其余竹质木质机件，都由本族工匠所做。

勾蓝瑶民间习俗认为，一个聪明能干的瑶族姑娘必须懂得娴熟的传统纺织、刺绣工艺技术，这关系到自身的婚姻与前途，而是否善于织绣会影响她们长大后能否找到好的婆家。因此，勾蓝瑶女子一般十来岁就开始学习女工。

明清时期，勾蓝瑶女子操作女工不仅可以结交女友，而且与瑶歌的创作密不可分。据光绪《永明县志（卷十一）》记载，"女子纺棉每约相邻为伴，相较巧拙，右手摇纺车，左手牵棉如丝，口中则歌声竞作"，可见，勾蓝瑶女子在女工时便相约聚在一起，一方面可以相互切磋手工技艺，另一方面可以作歌吟唱，以展歌技。勾蓝瑶族衣着以自己染织为主，从染线、织布到编织各种图案都有复杂工序，一家人的穿戴，如衣、裤、鞋、袜、被、袋、锦均自织、自缝、自排、自绣，都是自给自足、自产自用，而且美观耐用，技艺精湛。正如(光绪)《永明县志》所记载："永明瑶女，织女纹花巾，制颇古质。又有瑶带，亦织成花纹。其瑶巾尤为洁白，细如西洋布。"勾蓝瑶女子在纺织过程中始终诉求变化与统一相结合的原则，严格按照经纬交织之法有序地交错运梭，织出来的布颜色素净、质地紧密，实用性强，不仅能防风御寒，也能快速散热，起到凉爽的作用，非常适应当地气候。勾蓝瑶优良的家庭纺织品使得附近汉人争相购买和仿制。

刺绣是旧时勾蓝瑶妇女必学手艺。勾蓝瑶女孩从小就在其母亲的耳濡目染之下，跟着母亲练习刺绣，用彩色棉、丝线在头巾、童帽、套袖、衣领、围裙、鞋面、帐帘、床单上绣上多种特色的花纹，色彩搭配协调，图案组合奇丽，别具民族特色。勾蓝瑶妇女刺绣主要有平绣和打结子两种，主要针法有平绣、辫绣、结绣、倒针、缠绣、贴花等，以四方图案为主，花纹完整而协调。勾蓝瑶女子主要以花卉或以虫鱼鸟兽等吉祥图案为题材，辅以喜、寿、福、禄等字样，按实物形态描绘，织出多种精致美观的图案，常用的色彩为红、蓝、黄、白、黑、绿等颜色，在色彩搭配上喜欢用对比强烈的色彩。

随着家庭纺织技术的发展，勾蓝瑶靛染业也随之发展起来。据《隋书·地理志》记载，早在汉代瑶族先民就有"好五色衣裳"的习俗。勾蓝瑶族人好五色斑斓衣着，精于套版印花和蜡染技术。勾蓝瑶印染技术早在宋代就已经非常发达，利用蓝靛和黄蜡在白布上染出许多具有精致花纹图案的"瑶斑布"。勾蓝瑶服饰染液是采用蓝靛、火灰水、酒、清水按照一定的比例配制而成的。首先，在大缸中染到布呈现蓝红色后捞出、清洗，在溪边所造的木桩上晒干，接着放入清水中煮沸，去掉布上的蜡，之后搁置在拓布石上进行楅丝、亚平、卷筒。之后，勾蓝瑶妇女们就可以用染好的布来制作服饰衣服了。如今，勾蓝瑶传统的靛染业早已不复存在，留给我们的仅有那些染坊遗址与溪边固定晒布用的树桩石洞遗迹。

现在的勾蓝瑶已不种植棉花，对织物有了新的要求，越来越喜欢那些物美价廉的现代流行服装，传统民族服饰仅在丧葬、结婚等节日庆典的活动场合中穿着。同时，在市场经济的影响下，越来越多的勾蓝瑶年轻女子到城里闯荡、谋生，不愿待在家里学习织绣。大多数勾蓝瑶女子对传统织绣工艺产生了陌生感，只有那些年岁较大的妇女才懂得一些工艺。由于老一辈的妇女渐渐老去，新一代的女子又不愿意学，传统织绣工艺的传承遇到阻碍，处在濒临灭绝的境况。

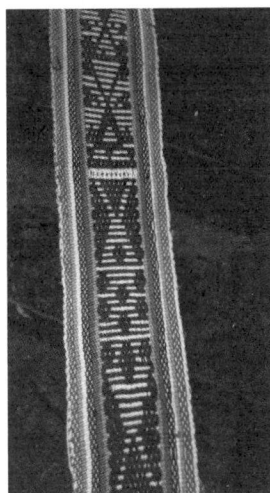

● 织绣展示一

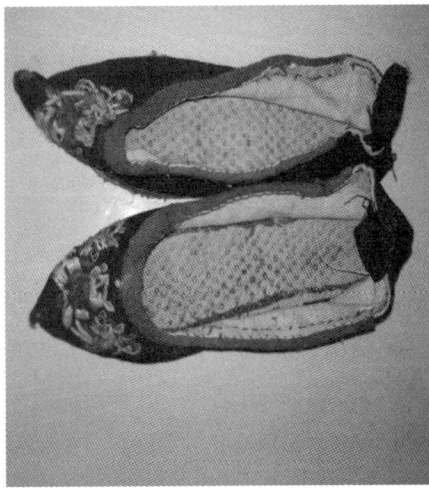

● 织绣展示二 ● 织绣展示三

● 织绣展示四

● 纺纱

4.5.2 油料加工业

勾蓝瑶寨所处地域山清水秀，属于亚热带季风湿润气候，常年温暖湿润，降水充沛，适合种植花生、油茶树、桐树、油菜等植物。勾蓝瑶早在东汉时期就有了土榨油坊。土法榨油产量高、质量好，在勾蓝瑶延续了上千年，以加工花生、油菜籽、油茶籽、油桐籽等为主。在明代，油料加工达到鼎盛时期，有大小土油榨坊近 40 个，数量之多、规模之大，前所未有。不论是桐油还是茶油、花生油榨取，除了在技术环节方面存在某些细微差别外，其过程、工序以及所使用的工具和设备都大致相同。传统的土法榨油工具和设备主要有木榨、石碾、石磨、蒸炒锅釜、容器，以及畜力、炉灶、蒸笼、风车等。土法榨油一般分烘籽、粉碎、蒸煮、做枯、装枯、冲榨等 6 道工序，过程较为复杂，所需劳力较多，一般单个家庭很难完成，需要多个家庭相互配合才能完成。在榨油过程中，勾蓝瑶汉子们各有分工，熟练操作，随着一声声的木头撞击声和号子声，清亮亮的油就会顺着榨膛哗哗地往下流。据说，勾蓝瑶所榨的桐油远近闻名。如今，勾蓝瑶土油榨坊早已不在，只留下让我们回忆的遗址。

4.5.3　金属加工业

银器自古以来都是瑶族人民酷爱的装饰用品，从头饰到服饰，种类繁多，花式各样，都是用极其简陋的工具手工制作而成。旧时勾蓝瑶银饰的加工，都是以家庭作坊式的手工操作完成的，银饰加工原料主要是银圆、银锭。勾蓝瑶银饰制作工艺较为复杂，银匠们根据需要先将熔炼过的白银制成薄片、银条或者银丝，经过铸炼、锤打、焊接、编结、洗涤等一整套工艺过程，才能制成精美的纹样。一件银饰一般都要经过几十道工序。勾蓝瑶银匠们善于从妇女们的刺绣或蜡染纹样中获得灵感，在造型上推陈出新，创造的银饰品深受妇女们的喜爱。

早期的勾蓝瑶过着刀耕火种的生活方式，使用兽骨、木、竹、石器工具来开辟荒地和狩猎，到了近代，勾蓝瑶人的生活用具基本上都使用铁制工具了。由于历史资料缺乏，勾蓝瑶具体在什么时候制造铁制用具，我们无从得知。但是从水龙祠壁画中的兵仗图像可以看出，用于战争的军器如刀、枪、剑、戟、镖枪、双刀、马刀、大刀等应有尽有，可见明代勾蓝瑶的铁器制作技术就已相当发达。勾蓝瑶传统铁制工艺基本沿用汉族工艺，首先须经过热处理，包括退火、淬火、回火、正火等过程，接着锻铸成形，包括锻造和铸造。勾蓝瑶没有铁矿，因此铁制工具的制作要么从寨外购置铁料，然后交给寨内的铁匠进行代制，要么直接从寨外购置铁器。

● 铜制洗脚盆

● 铁制烧水壶

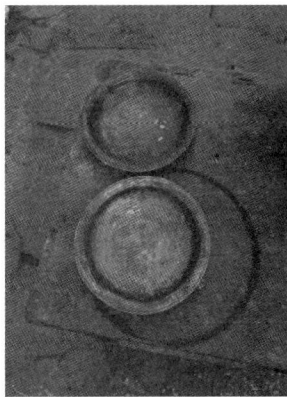

● 铜制果盘

● 鼎罐

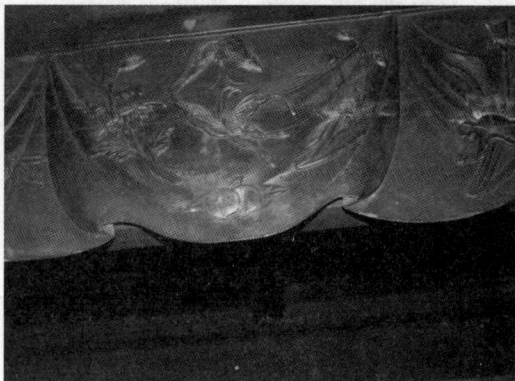
● 床檐镏金

4.5.4 篾器木器制作业

勾蓝瑶拥有得天独厚的自然环境，山区森林覆盖率极高，日光充足，雨水充沛，山体土质肥沃，盛产黄竹、斑竹、楠竹、杉树、松树、红椿等林木资源。兰溪瑶族乡山高岭大，坡陡沟深，交通极为不便。勾蓝瑶人在长期与恶劣的自然条件做斗争的过程中，为了满足生产劳动和日常生活的需要，不断学习和借鉴相邻地区的民间技艺，利用当地丰富的竹木资源，通过师傅带徒传授技术和自行摸索试制的方式，制作了许多篾器与木器用具。用具制作所需原材料均是当地附近山坡上生长的竹木，随时随处可取，同时篾匠和木匠大多为邻居或亲朋好友，主家只要承担一些加工的费用，开支较少。

旧时，竹器与勾蓝瑶的生活如影随形，每家都有必备的竹器家什，不仅有生产生活常用的箩筐、粪箕、簸箕、篾篓、斗笠、提篮、刷帚、竹席、竹床等，还有狩猎与保护家园用的"桑弓"。由于盛产竹子，勾蓝瑶几乎家家户户男人都会编制一些普通的竹器工具，其中不乏涌现出一些半工半农的手艺精湛的篾匠。勾蓝瑶每家都有生活必需的实用篾器，用烂了就添补或新置，一些简单的篾器就自制，而那些工艺要求精细化、复杂化的篾器就请篾匠代制。精巧的篾匠，剖出的篾片，粗细大小均匀，青白分明，有的薄如纸，有的细如线，编织时，篾随手转，忽上忽下，忽左忽右，令人眼花缭乱。篾匠们编制的篾器，集美观、精致、耐用、用途广为一体。勾蓝瑶人形象地描叙篾匠为"砍长竹，破短篾，打圆箩，装东装西"，而描述石匠为"开大山，出肚石，漫漫长路，走东走西"。目前，寨内竹器制作手艺较好的就是现年 78 岁的欧阳锡义老人，其编制的作品曾在湖南省民政厅组织的篾艺比赛中获得一等奖。在采访欧阳锡义老人时，老人给我们讲了一个饶有趣味的故事：一个篾匠碰见舞龙艺人就问他是干嘛的，艺人自豪地说"两手空空耍青龙"，篾匠默不作声，艺人反问篾匠，篾匠就说"打个当天照（意为棚凳），打个夜夜要（意为竹凉席），打个无风自有风（意为簸箕），打个珍珠过洞中（意为竹筛），留出青龙尾（意为留出少许竹子在篾品外），打个嘴对嘴（意为吹火筒）"，艺人听后，丈二摸不着头脑，捂着肚子不好意思地说"出门不说文，说文肚子痛"，说完就灰溜溜地走了。

勾蓝瑶木器制品以生活日常用品（如木桶、木床、木桌、木椅、木凳等）和生产用具（如木头犁、扁担、风车、水车等）最为常见。自唐代以来，勾蓝瑶大规模兴建庙宇，多达 68 座，其中祭祀类制品（如木鱼、木香钵、木制牌位、木制神龛等）在当时比较常见。勾蓝瑶木器的加工方式主要有车工和挖工两类，加工方式因制品类型而定。有时根据主家的需要，木匠们采用木雕或彩绘进行木器制品的装饰，题材主要有吉祥动物、植物、山水风光等。木器制作的木料都是以当地生产的杉木、红椿木为主，木质结构较为紧密。木匠们经过精巧的构思，精雕细琢，制成许多经久耐用、内容丰富、表现形式多种多样、具有鲜明的地方特色和民族特色的木器制品。如今，勾蓝瑶技艺较为精湛的木匠主要有三人，分别是何际保、何洪顾、杨叶珍。他们不仅帮助勾蓝瑶农户们代制家具，而且还负责宗族祠堂、戏台的建设翻修工作。

随着社会的发展和技术的进步以及勾蓝瑶人对新生活的追求，篾器木器制品已经渐渐退出勾蓝瑶人的生活。以前在生产生活中使用的篾器木器制品，除休息所用的一些木椅、木凳外，大多被铁制、瓷制、化工产品所代替。不仅如此，由于篾器木器制品式样传统，往往不被如今的勾蓝瑶人所喜爱，市场前景不容乐观，同时年轻人因工艺制作复杂嫌苦嫌累而不愿学艺继承，再就是技艺精湛的老艺人们均年岁已高，勾蓝瑶篾器与木器产品制作的传承面临着断代灭艺的尴尬局面。

● 各式篾品

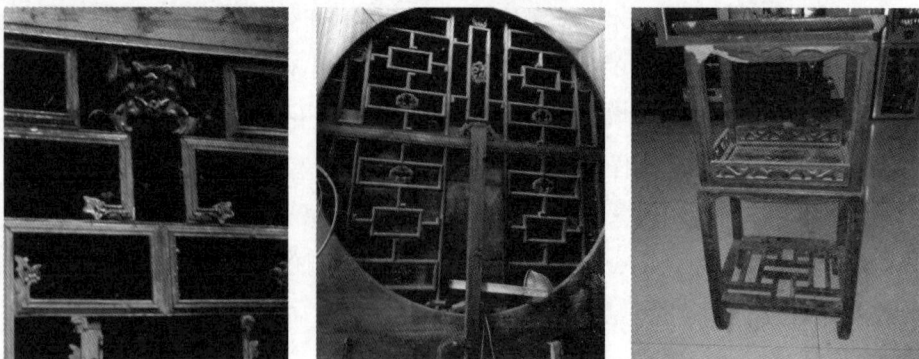

● 各式木雕

4.5.5 其他手工业

除了上文所述，勾蓝瑶人还有酿酒、石雕等手工业。勾蓝瑶男女皆喜欢饮低浓度的米酒、红薯酒，几乎家家户户都要酿酒，稍稍地咪上一口，其味甘醇清香。勾蓝瑶石山较多，石雕行业较为发达，用刻刀在石材上所雕的花纹种类繁多，飞禽走兽、花草人物，栩栩如生。

● 各式石雕

4.6 社会经济发展脉络与发展建议

4.6.1 发展脉络

勾蓝瑶与清溪瑶、扶灵瑶、古调瑶并为湖南省江永县四大民瑶。兰溪为何又称为勾蓝，有古碑记载"予祖昔住万山中，山勾联透漏，溪水伏流，色蓝于靛，因名勾蓝"为证①。勾蓝之水，起源兰溪，流入桃河汇入珠江，径入南海，故兰溪亦名勾蓝源。兰溪地处湘西南，位于都庞岭腹地，毗邻广西，与外界只有少数几条青石板路相通，环境较为封闭，造就了勾蓝瑶生产力不发达、生产关系较为落后、与外界相隔绝的独立生产体系。这种状况断断续续地延续到中华人民共和国成立。通过收集查阅大量的文献资料与田野调查，我们可将勾蓝瑶的社会经济生活的发展脉络归结为以下六个阶段②：

1. 第一阶段

第一阶段：勾蓝瑶形成阶段，时间大概为明洪武初年（1376）以前。这一阶段主要是勾蓝瑶的形成阶段，关于其社会经济生活状况的资料极为匮乏，我们只能从史学家对瑶族的研究中进行揣测。

夏以前没有国家，只有远古的部落。各部落为了扩展势力，纷争不断。中原地区势力最大的部落是陶唐氏、有虞氏、夏后氏，他们的领袖分别是尧、舜、禹。分布在今两湖、江西一带势力最大的是三苗部落集团。原始社会末期，三苗部落集团被尧、舜、禹为首的中原华夏族集团击败，被迫南迁至岭南地区。

进入封建社会后，由于受到封建统治者的残酷镇压，从东汉开始至南北朝时期，瑶族先民们进行了不断的反抗斗争。在长期的斗争中，有些瑶族先民被汉族不断地融合或同化，即逐渐被汉化了，而有些则被迫迁徙而进入山区。正如《后汉书·南蛮传》所记载的瑶族"好入山壑，不乐平旷"，所迁山区大都是地势险恶的荒山野岭。勾蓝瑶寨因地势险恶，四周层峦叠嶂，群峰竞秀，属于典型的喀斯特地貌，拥有丰厚的森林资源与水资源，因而成为瑶族先民们理想的生活居住地与避难场所。据载，蒋姓为勾蓝瑶最早现存姓氏的迁徙居民。在东汉建武初期，逡道侯蒋横遭谗害后，其九子避难四方，其第四子临湖侯蒋曜及其子孙为避难到兰溪瑶山而建蒋家寨，即位于现在的大兴村处，后来因蒋家寨盗窃事件时有发生，基于安全的考虑又迁入了上村。至于蒋姓之前的兰溪是否有瑶人居住，我们尚不得而知。但勾蓝瑶寨因毗邻岭南山区，具有独特地缘优势和丰富的自然资源，我们可大胆地揣测：可能有一些三苗部落的原住瑶人，他们长期居住在深山丛林之中，生产力水平很低，生产方式也很落后，过着流动性的"刀耕火种"的山居生活方式，与外界并无交往，砍山、烧山、耕山、种山、吃山、

---

① 见清乾隆二十二年（1757）碑刻，现存于勾蓝瑶上村。
② 辛松峰.关于勾蓝瑶社会经济状况演进的分析[J].怀化学院学报，2015（7）：23－27.

过山是他们生产生活的重要内容。在宋朝的周去非所著《岭外代答（卷三）》中记载："瑶人聚落不一……山谷弥远，瑶人弥多……地皆高山……瑶人耕山为主，以粟、豆、芋魁充粮。其稻田无几。"还有诸匡鼎《瑶壮传》记载瑶人"种禾黍粟豆山芋，杂以为粮，暇则猎山兽以续食。"可见，原住瑶人最早以粟、豆、芋为主要的粮食作物，没有养殖业，基本上过着打猎捕兽的日子。

蒋姓之后，李氏则是东汉中期为避免官祸而迁入上村的。据《勾蓝瑶人文志》记载，"溯余兰溪、大径自魏汉始居，经隋唐至宋元，有梅山、千家峒、青州、吉安等地各姓瑶民陆续入迁"，隋朝以后至元明期间为了避免战乱陆陆续续地有欧阳、雷、何、田、曹、周、顾、毛、苏、杨等姓迁入勾蓝寨定居。至此，勾蓝瑶寨成为一个多宗族的聚居村落。这些后期迁移居民的生产生活方式与早期原住瑶人大不相同，他们虽说过着自耕自食、自织自衣、与世隔绝的山居生活，但在迁移之前大都与汉族聚居生活，了解汉族的农耕技术，因而在勾蓝瑶寨引入了一些先进的生产工具与生产技术，加之耕牛和踏犁的使用，勾蓝瑶人争辟道路，开垦田地，种植水稻及其他杂粮，生活来源得以稳定，当地农业获得极大发展。

2. 第二阶段

第二阶段：勾蓝瑶发展鼎盛时期，时间为明洪武初年（1376）至清嘉庆十七年（1812）期间。明朝以前，勾蓝瑶或为生瑶或为流民，不入户籍，不服王化。直至明洪武九年（1376）、二十九年（1396），朝廷两次招安恩赐了瑶籍瑶产，赋予瑶民维护湘桂边境的治安使命，于洪武二十九年正式编籍入册后，勾蓝瑶下山便成了平地瑶。江永四大民瑶被招安的时间，在（光绪）《永明县志》第三卷《风土志·瑶俗》中有记载："清溪源、古调源、扶灵源、勾蓝源，以上四源，自明洪武二十九年归化，与编氓无异……"至此，勾蓝瑶在官府中"备了案"，成为明朝的编民。招安以后，据清道光二十九年（1849）正堂示谕碑刻记载，官府"司岁犒牛酒"，"恩赐瑶产，承纳瑶粮，量水开垦，报税免丈，并蒙每年赏给花红牛酒以奖辛劳"。此外，官府加恩准买民业，钱粮只纳正供，独免一概杂差。勾蓝瑶人在朝廷优厚的羁縻政策下，休养生息，积极开疆拓土，发展生产，在远至20里开外的马畔、邑口、朱塘铺、所城、上洞、桃川等地大量购买民田达数千亩，形成了10里外12处连片田园，营造了几十座便于农耕的"牛庄屋"，至此，勾蓝瑶进入了一个发展鼎盛时期。农业土地经营规模的扩大，必然导致劳动力需求的旺盛，因此，这一时期，勾蓝瑶人口增长很快。据载，黄姓就有400多户，3000余人，被称为豪族；欧阳氏人口超过5000人；何氏与黄姓人口差不多，有

2500 多人，加之蒋、周、杨、雷、李、田、曹、苏、顾、毛等姓，至清初康熙、乾隆年间人口最多达两万之众。[①]

随着与汉族交往的增多，汉族的许多较为先进的生产技术和工具逐渐被引入勾蓝瑶当中，对勾蓝瑶旧有的经济体系和生产、生活方式产生了巨大的冲击。花生、玉米和红薯大约在明朝中期开始传入我国汉族聚居地区。随着与汉族交往的频繁，勾蓝瑶从汉族那里引种花生、玉米及红薯，这些逐渐成为勾蓝瑶的主导农作物，极大地改变了勾蓝瑶的口粮结构。明清时期，勾蓝瑶农业以种植水稻、玉米、花生和红薯为主，副业生产主要有竹、木、藤、菜果、菌类、蜂蜜、茶叶、油桐、印染、木炭、布匹、家织、山货等。同时仿效汉族地区，勾蓝瑶也逐渐发展了一些养殖业，如养马、猪、牛、羊、兔、狗、猫、鸡、鸭、鱼等几十种家禽家畜，促进了当地经济的发展。

长期以来，勾蓝瑶先民基本上过着自给自足的生产和生活方式，商品经济意识较为薄弱，极少与外界发生交换关系。但明代以后，受官府优厚的惠瑶政策的影响，只准瑶买民田，不准民置瑶业，勾蓝瑶与汉族交往频繁，商品经济意识逐渐得到增强。同时由于交通条件改善，不断有一些外来民商来勾蓝瑶寨进行经商，再加上勾蓝瑶寨庙宇众多，吸引了大量的外来人员前来朝拜，这些人不仅带来了衣食住行旺盛的市场需求，而且还带来了一些汉族先进的经商理念。有些勾蓝瑶人看到一些汉族经营家庭副业能获利时，便开始改变过去那种轻商观念，为改善生活，主动向汉族学习，仿效"以资生业"的生产生活方式，营造了许多商铺，昔日瑶寨内那种高度封闭的生产消费体系开始逐渐瓦解。

3. 第三阶段

第三阶段：勾蓝瑶第一次衰落时期，时间在清嘉庆十七年（1812）至新中国成立（1949）。勾蓝瑶在此期间衰落主要体现在以下几个方面：

一是人口的减少。至清光绪三十一年（1905），勾蓝瑶共 341 户，其中男 646 人，女 678 人，合计只有 1324 人，与鼎盛时期两万多的人口相差甚远。人口的减少意味着劳动力的缺失，也反映出勾蓝瑶农业经济的衰退。在此期间，勾蓝瑶人口减少的主要原因有：

第一，土地生产力趋于饱和。尽管官府羁縻的优厚政策造就了勾蓝瑶寨空

---

① 根据勾蓝瑶当地人欧阳绪珍的手稿整理。

前的繁荣，但是不可再生的土地资源难以满足人口的迅速增长，现有的土地趋于饱和之状，为了生存的需要，很多勾蓝瑶人举家外迁，并在周边地区营造了新的聚居点，勾蓝瑶寨人口逐渐减少。

第二，灭顶之灾的瘟疫。勾蓝瑶在道光壬寅年（1842）遭遇了史无前例的瘟疫。据说那场瘟疫是霍乱，当时无药可治。许多家庭因染上霍乱而门殚户尽，无一幸免。一场瘟疫下来，勾蓝瑶人死者过半，上午他埋人，下午人埋他，其景极为惨烈，再加上许多幸存者为了躲避瘟疫而离乡背井，逃离他处，致使勾蓝瑶人口骤减。[1]

二是社会环境的日益恶化。一个区域经济的繁荣与否同社会环境密切相关。自清中期以来，社会环境动乱不堪，社会秩序不稳定，严重地影响了勾蓝瑶人的经济生活，主要体现有：

第一，军事制度的诟病。明朝为了巩固政权，在瑶区采取了一些军事措施，如设卫所，用于防止和镇压瑶人动乱；设巡检司，即军事检查站；置营堡，用于哨守和巡边隘；戍兵屯田，以便解决军饷问题。尽管这些机构为加强明朝统治起了一定的积极作用，然而存在着较大的隐患，即戍兵们为了利益而勒索当地瑶民的事时有发生。清朝建立后沿用了这些军事举措，以致清中期以后军队勒索瑶人的现象更是屡见不鲜，愈演愈烈，瑶人苦不堪言。据载，在道光二十六年（1846）就发生了四大民谣控诉县差役及巡检司敲诈勒索行为的事件。[2]

第二，吏治败坏盛极。清中期以来，吏治腐败横行，对民众的盘剥日益加剧。清嘉庆十七年（1812）朝廷开始实施"饬瑶偷税"，道光年间强加给瑶人的浮索、扣留串票等名目更是繁多，瑶人生活极为困难。

第三，社会动荡不安。清中期至民国期间，时局动荡，战乱不断，老百姓生活在水深火热之中，纷纷逃难。尽管处在大山中的勾蓝瑶未受多大波及，然而随着难民的不断流入，勾蓝瑶的资源受到了极大的损耗，淳朴好客的勾蓝瑶人的生计可想而知！

鉴于此，在如此恶劣的社会环境下，试图保持勾蓝瑶鼎盛时期的繁荣是何其困难，勾蓝瑶经济日渐衰退。

三是民居和大型公共设施的减少。一个地方的民居与公共设施的营造规模

---

① 根据勾蓝瑶当地人欧阳绪珍的手稿整理。

② 根据勾蓝瑶当地人欧阳绪珍的手稿整理。

直接体现了当地经济的发展程度。从现存的稍具规模的古建筑物遗存来看，大都是清初以前营造的，清嘉道以后建造的明显减少，例如，住宅方面：欧阳私塾建于明万历十年（1582），黄家村的何氏二层老宅和大兴村的李氏三层老宅均是建于明代。庙宇方面：黄家湾相公庙建于唐贞观年间，盘王庙建于后汉乾祐元年（1948），北川庙建于明洪武初年。祠堂方面：黄家湾黄氏祠堂建于明万历四十五年（1617），上村的欧阳氏祠堂建于明崇祯十年（1637）。门楼方面：黄家村的黄将军门楼建于元代，至今700多年，上村欧阳氏黑门楼建于明嘉靖二十一年（1542），还有上村的石鼓登亭始建于宋朝，并于清道光八年（1828）重修等。①修建这些雕龙画栋、雄伟壮观的建筑物，没有强大的经济做后盾是完成不了的，须投入大量的人力、财力、物力。由此可见当时勾蓝瑶经济的繁荣。而到清中期以后，基本上没再营造类似规模的建筑物，顶多是为了民族信仰偶尔对一些古建筑进行翻修而已，侧面反映了勾蓝瑶经济的衰落。

4. 第四阶段

第四阶段：勾蓝瑶第二次衰落期，时间从新中国成立（1949）至兰溪瑶族乡成立（1984）。新中国成立后，勾蓝瑶步入了一个新的发展时期，先后经历了不同的行政区划：

1950年，勾蓝瑶归永明县甘棠乡管辖。

1958年，甘棠并入夏层铺公社，同年成立大径人民公社。

1965年，更名为兰溪公社。

1966年，国家撤区并社，兰溪公社合并为冷水铺公社。

1984年，国家撤销人民公社建制，成立兰溪瑶族乡。

然而，在此期间，由于国家建设上的极"左"思想与"文化大革命"运动的影响，勾蓝瑶寨受到了前所未有的冲击，社会生产力受到严重破坏，文物古迹几乎被毁坏得荡然无存，从而进入了衰落的第二时期，主要表现为：

第一，人民公社运动严重地挫伤了瑶民们的生产积极性。在1958年全国兴起的人民公社化运动中，勾蓝瑶人的田地、家畜禽、家庭副业、果树等一切财产收归集体所有。曾热闹非凡的勾蓝瑶古商业街的小商小贩们及集市贸易活动均被取消。政府无偿调用生产队的土地、物资、劳动力及瑶人的房屋、家具、农具

---

① 根据勾蓝瑶当地人欧阳绪珍的手稿整理。

的现象时有发生,严重挫伤了勾蓝瑶人的生产积极性。

第二,大炼钢铁运动使农业生产的劳动力严重缺乏,生态资源遭到极大破坏。1958 年,全国掀起了全民大炼钢热潮,勾蓝瑶的大量劳动力被抽调炼钢铁。瑶民们被迫丢下农活去"找矿""炼钢"。大量的农用运输工具和牲畜被用于炼钢铁,瑶民家中和庙宇里的很多金属器物被作为原料用于炼钢铁。勾蓝瑶寨许多成熟的庄稼没有收割就烂在地里,或者收割草率而大量抛洒,导致粮食减产,历史文物毁坏也极为严重。此外,为了大炼钢铁,勾蓝瑶人不惜代价,毁坏森林,砍伐树木,烧炭供炼钢铁之用。曾经茂密繁盛的森林变成了荒山秃岭,生态资源破坏极为严重。如今,勾蓝瑶寨周边光秃秃的马腰山、阳涵脑山、车尾山、望月山及白地岭等山脉就是那时乱砍滥伐所造成的!

第三,高征购粮食,瑶民负担过重。1958 年至 1960 年"大跃进"时期盛行的浮夸风,导致全国各地虚报粮食高产,导致国家征粮任务成倍增加。粮食征购过多,瑶民们生活十分艰难。据欧阳绪珍老人回忆,当时他所在的冷水铺公社黄家大队第七生产队,自公社化后到 1975 年,全队 179 亩水田,170 口人,年产粮均在八九万斤徘徊,其中还含有 40% ~ 50% 的杂粮,国家征购粮后家家户户所剩无几,有一半人家不得已靠变卖房屋家产度日。1973 年,他家五口人,两大三小,当年分的口粮是 1498 斤,人均不足 300 斤,常常食不果腹。"文化大革命"后,但因民族政策没有得到落实,许多勾蓝瑶人田产多以各种方式分割出去。同时因道路不通,稻田又大多离村寨 10 ~ 20 多里,尽管国家粮食征购任务有所下降,但对于当时勾蓝瑶人生产现状来讲还是挺高的。1980 年统计数据显示,勾蓝瑶三村共计 2000 人,水田 2083 亩,征购任务为 278164 斤,亩均负担 134 斤,比江永县平均值 110 斤高出 24 斤,人均负担 141 斤,比江永县均值 125 斤高出 16 斤。此外,每户(除单身、五保户外)还有一头统购猪的指标,每人还有黄豆、花生、食用油的指标。可见,勾蓝瑶人负担较重。

第四,"文化大革命"初期的"破四旧"运动对传统文化造成了毁灭性的破坏。勾蓝瑶寨中,几乎所有的寺庙被拆除,神像被捣毁,石碑被砸碎,门楼祠堂被涂抹,传统节日与庙会被取消,商业贸易被取缔,戏装和道具被烧掉。不计其数的古籍、字画、器皿、饰物均丧于火海之中,就连家族宗谱也被视为"四旧"而遭焚烧,导致勾蓝瑶各姓氏的家谱体系被摧毁,至今无法恢复。"破四旧"运动给勾蓝瑶的传统文化带来了毁灭性的打击,其上千年的文化资源损失无法估量。如今回想着那些传统文化,勾蓝瑶的老人们也只得发出一声无奈的叹息!

5. 第五阶段

第五阶段：勾蓝瑶恢复建设期，时间从兰溪瑶族乡成立（1984）至公元2008年。1984年，通过瑶民的多方努力，在各级政府的大力支持下，兰溪瑶族乡正式成立。在此期间，由于家庭联产承包责任制的大力推行、民族政策的有效落实、民族乡的顺利成立，大大地激发了瑶民们的生产积极性，勾蓝瑶寨的发展得到了复苏，主要体现在：

第一，收入水平得到极大提高。1984年，兰溪瑶族乡国民生产总值仅为296万元，人均收入96元，贫困户占1/3。通过二十多年的建设，2008年，全乡国民生产总值达到2500万元，瑶民人均纯收入为1315元，比建乡时的1984年分别增长了7.45倍和12.7倍，瑶民们的收入大幅度得到增加。

第二，多种产业引领经济快速发展。建乡之前，勾蓝瑶人生计主要依赖农业，产业结构单一，经济十分落后。通过二十多年来的努力，在上级党委政府的领导下，历届乡党委、政府与广大瑶胞一起，努力探索治穷致富之路，大力调整产业结构，形成了以水稻、烤烟、南瓜为全乡的主导产业，辅以红薯、香柚等水果为主的经济作物种植产业和以牲畜、耕牛、鱼、狗等为主的养殖业。2004年，全乡粮食种植面积11912亩，总产3718吨；烤烟2935亩，总产100吨；南瓜3000亩，创产值180万元；水果4875亩，总产893吨；年末出栏生猪10846头，存栏5785头等，经济获得快速发展。

第三，加大基础设施建设，改善瑶胞生产生活条件。1984年建乡时，全乡仅有2条黄泥路通往外界，全乡没有电话，没有高压电，勾蓝瑶人生产生活条件极为艰难。兰溪瑶族乡成立后，在各级各部门的大力支持下，先后修建了通乡通村公路52公里，修建狮形水库以及5处山塘，架设高压线路40公里，大大改善了勾蓝瑶人的生产生活条件。

然而，随着国家经济的快速发展以及城市化进程的不断加快，越来越多的勾蓝瑶年轻人开始接受了新的生活观念和新的生活方式，为了追求更加富足的生活，转而不断地流入城市打工，留在寨中的基本上都是老弱妇孺，甚至有的举家迁入城市，造成了人走宅空的现象。这些优质人力资本的缺失，不仅造成了勾蓝瑶土地资源闲置，未能合理开发利用的局面，而且形成了一座座空壳的古民宅，文化传承后继无人，进而形成了勾蓝瑶寨文化空心化的堪忧境地。

6. 第六阶段

第六阶段：勾蓝瑶经济转型与发展期，时间从2008年至今。为了弘扬中国传统文化，早在 1982 年我国就开始评选历史文化名城，2003 年建设部和国家文物局组织评选中国历史文化名镇名村，2008 年国务院颁布了《历史文化名城名镇名村保护条例》（以下简称《条例》）。《条例》的颁布标志着我国历史文化名城名镇名村的保护工作又上了一个台阶，使保护工作更加有法可依，有章可循。以此为契机，勾蓝瑶寨进入了一个经济转型与快速发展期，主要体现有：

第一，获得诸多荣誉，知名度与影响力逐年扩大。在各级政府的高度重视与大力支持下，通过乡党委、政府与瑶胞们的共同努力，近年来，千年勾蓝瑶寨获得了诸多荣誉。2008 年黄家村被湖南省民族事务委员会授予"湖南省少数民族特色村寨"；2009 年勾蓝瑶寨被湖南省文物局授予"湖南省文物保护单位"，2011 年又被授予"湖南省历史文化名村"；2012 年勾蓝瑶寨的洗泥节成功入选湖南省非物质文化遗产目录；2014 年勾蓝瑶寨被评为中国历史文化名村，2015 年又被评为"湖南省最美少数民族特色村寨"，并成功创建了国家 3A 级景区；2019 年 7 月，勾蓝瑶寨入选全国乡村旅游重点村名录；2019 年 9 月，勾蓝瑶寨被评为第八批全国重点文物保护单位。诸多荣誉，辅以优美的自然风光、古朴的民俗风情、浓厚的文化底蕴，千年古寨闻名遐迩，每年吸引了众多游客、艺术家、学者、美院学生来此观光旅游、原野采风、美术写生。

第二，经济转型，大力发展观光旅游业。勾蓝瑶寨具有秀美的自然环境和丰厚的文化资源，为发展观光旅游业创造了得天独厚的人文自然资源。近年来，当地政府非常重视勾蓝瑶寨的旅游开发，已完成了基础设施建设，搞好了村容村貌整治，并编制完成了《勾蓝瑶寨旅游开发总体规划》，力图将勾蓝瑶寨打造成山水田园、乡村古建筑群和瑶族民俗文化互融相伴的乡村观光休闲旅游区，开发了集各种勾蓝瑶传统民俗表演活动为一体的主题篝火晚宴。此外，江永县政府利用勾蓝瑶寨丰厚的人文自然资源，努力发展体验式的观光旅游业，积极推进土地流转政策，成立旅游公司。农户将景区内责任田的土地经营权以租赁的方式流转给公司，由公司经营管理，种植原生态农产品，辅以农副产品加工，土地收益与农户进行分红，如今，土地流转已基本完成，农户们都在翘首以盼未来的致富之路。

第三，品牌保护意识得以加强，着手依托"互联网＋"助力瑶寨电商发展。一个国家或一个地区创建旅游品牌，不仅能带来更高的经济利润，而且能保障旅游产业的强劲发展。旅游品牌的法律保护是由其商标权利来保障的，而商标是一个旅游品牌的核心，是旅游品牌中的标志和名称部分。随着经济的快速发展，为打造勾蓝瑶的旅游品牌、保护知识产权，2015 年，江永县政府注册了勾蓝瑶寨品牌商标，为顺利发展勾蓝瑶旅游业保驾护航。此外，随着通信技术的不断发展，农村互联网络逐步普及，为了实施"走出去"的发展战略，现在的勾蓝瑶寨正在推行互联网基础建设，试图依托"互联网＋"平台，整合旅游、科技、农业等资源，促进勾蓝瑶电商经济快速发展。

● 勾蓝瑶商标　　　　　　　　　　● 勾蓝瑶顾客服务中心

　　第四，扶贫工作成绩显著，瑶胞生活水平得到提高。历史上的勾蓝瑶寨相当闭塞，与外界交往只能靠肩挑步行，生活极为贫困。近年来，尽管生活水平有所提高，但是农户收入较其他地区普遍较低，贫困人口较多，据湖南省民政厅驻江永县勾蓝瑶村帮扶工作队统计，截至 2013 年，勾蓝瑶寨仍有贫困户 120 户，人数为 412 人，人均年收入只有 2298 元。令人兴奋的是，经过历届湖南省民政厅帮扶工作队的努力，2015 年，勾蓝瑶寨整体实现了脱贫。在帮扶工作队的帮助下，贫困户们收益渠道多元化，收入水平得以提高：一是租赁土地给旅游公司，并从土地收益中分红 70%；二是参与"洗泥宴"篝火晚会表演活动，平均每场可获得 40 元收入，有的农户仅该项就增收 3000 元；三是抱团参加农产品加工，年创收近 60 万元，人均增收 600 元；四是创建淘宝店和"乡村驿站"6 家，实现旅游产品销售收入150余万元；五是参与基础设施建设，获得劳动报酬等。此外，帮扶工作队2015—2016年就先后8次邀请省、市专家进寨举办培训讲座，向农户们传授技术知识，农户们的专业技能有所提高。帮扶队还建立了"党员＋贫困户"结对帮扶机制，为贫困户建档立卡，党员上门与帮扶对象见面，帮助贫困户为致富出谋划策，农户们的观念逐渐与时俱进。

目前，尽管勾蓝瑶寨的旅游观光业正在有条不紊地建设当中，农户们积极性也比较高，但是我们通过走访调查，发现还有许多的问题亟待解决。

第一，许多古建筑破落不堪、荒废闲置。勾蓝瑶寨现存的大部分古民宅、门楼是古代瑶族人民智慧与技艺的结晶，具有无可比拟的人文和艺术价值，是发展旅游业的重要资源，然而因年久失修，如今都已破烂不堪，尤其是清代以前的古民宅因木质腐烂，摇摇欲坠，而荒废闲置。这些传统文化资源处于濒临丧失的境地。

第二，优质人力资本流失仍然严重。外出务工现象仍然非常严重，据我们走访调查勾蓝瑶三村了解到，外出青壮年打工人员占总人口的比例为50%以上，留在村寨的几乎都是老弱妇孺。同时，由于优质人力资本的流失，许多优秀的民族技艺、民歌民谣、民间故事无人传承，而以欧阳绪珍（洗泥节传承人）、黄正森（男子瑶拳传承人）等为代表的传承人都已年逾古稀，勾蓝瑶传统文化传承断层现象较为严重。

第三，农户文化程度有待提高。根据2014年勾蓝瑶人口数据，三村总人口2160人，其中黄家村1070人，大兴村669人，上村421人，初中文化程度及以下的2064人，占总人口的95.6%，文化程度偏低。据调查，尽管勾蓝瑶人现在人人都有手机，但大部分中老年人不会用手机上网，配有计算机的家庭几乎没有。由此可见，勾蓝瑶农户与新时期的农民要求相距甚远。

第四，农户市场意识比较薄弱。随着经济的发展，旅游业的兴起，勾蓝瑶人市场意识较以前有所提高，然而自给自足和老死不至市者的观念在很多农户思想中根深蒂固，种植的夏橙、香柚、蔬菜等农产品主要采取坐等销售的方式，没有积极进行营销推广。勾蓝瑶人的市场意识普遍薄弱。

4.6.2 发展建议

第一，保护与利用协同并重。勾蓝瑶寨依山傍水，风景秀丽，不仅具有优美的自然旅游资源，而且还保存着优秀的历史文化遗存，保留着众多的历史文化信息，拥有很高的历史、文化、科学、艺术、社会、经济价值，文化旅游资源极为丰富。因而，发展旅游业是提高勾蓝瑶经济水平的一个重要路径。然而，勾蓝瑶传统文化是在瑶胞们尊重自然、适应自然基础上发展起来的，综合体现了勾蓝瑶人因地制宜和以人为本的人地关系思想。不论是土地资源的合理分配利用、建筑区划的巧妙设计，还是资源与材料的节约使用，无不蕴含了勾蓝瑶人朴素的生态文明思想。因此，发展旅游经济要依托当地的生态环境、文化空间来展开，对一些破烂不堪、闲置已久的古建筑要遵循"保护优先"和"修旧如旧"的原则进行整体性、原真性开发利用，不仅仅要保护物质层面上的古建筑、古巷道及其空间环境，更重要的是保护与挖掘其所蕴含的历史文化信息，保存其原有规模数量和特色，要尽量与整体历史环境协调一致，修旧如旧，不断激活那些已有的衰退文化因子，进行观光旅游业的开发利用。

第二，培养村民"造血"机能，促进"文化"扶贫。目前，尽管勾蓝瑶寨在经济上已全面脱贫，但是，物质资源的贫困，从深层次来说更是智力贫困、信息贫困、观念贫困、文化贫困。扶贫不仅是在产业与资金上作文章，更要立足于农户们文化素质能力的培养，立足于自身"造血"机能的不断更新，因此扶贫要先扶智，授人以鱼不如授人以渔。然而，由于自然条件与历史的原因，现在勾蓝瑶寨的农户受教育水平相对较少，文化水平低，对新知识、新技能、新信息的接受与掌握能力较差。文化素养能力较差，必将制约勾蓝瑶寨传统文化的有效传承与发展，必将成为旅游经济、互联网经济持续发展的瓶颈。因此，一方面，应加大专业技能的教育培训力度，组织专家进行培训讲座，不仅要培训农业生产与果树种植技术，而且要培训市场销售技能、互联网基本技能。同时，技能培训应针对农户不同的年龄层次、不同的文化层次，采用不同的差异化培训形式：对文化程度不高的农户，不能一律以印发资料、上理论课的形式，要采用播放录像带、VCD 等形式，培训人员要"面对面、手把手"地教农户如何操作，解决他们学不会之忧；对有一定基础的农户要有针对性的培训，要教他们新技术、新工艺，让他们真正感受到学有所用。另一方面，勾蓝瑶人是其传统文化的传承与发展的参与主体，是勾蓝瑶寨经济得以发展的主要力量，而现在许多农户对勾蓝瑶传统文化知之甚少，当被问及相关内容时均说不了解，要我们去咨询欧阳绪珍老人。因此，为了弘扬与发展勾蓝瑶传统文化，更好地发展观光旅游业，应在村里定期举行勾蓝瑶传统文化培训班，聘请那些具有一定文化知识而又比较了解勾蓝瑶文化的当地农户进行授课，也可组织一些专家、学者来勾蓝瑶举办讲座，将授课内容印成教材和光盘；同时应大力支持民间艺术团队，创设文化广场，鼓励瑶胞们农闲之时积极参与民俗的表演活动，还可在一些具有代表性的古民居设置标牌，阐述其建造时间、面积、所属权等内容，以此提高农户们的文化认同感与文化自觉性。只有农户们自身的"造血"机能提高了，勾蓝瑶寨的经济才能持续发展。

第三，开展招商引资，推进观光旅游市场化进程。勾蓝瑶寨自然人文资源丰富，旅游业的发展刚刚起步，尽管各级政府注入了一些发展基金，但因其经济基础薄弱，还是杯水车薪。资金的缺乏，逐渐成为勾蓝瑶寨观光旅游业的一个重要发展瓶颈。因此，为了更好地发展旅游经济，提高勾蓝瑶人的收入，改变单纯依靠政府投资的发展模式，可以考虑开展招商引资，采取"政府主导、企业主体、市场运作、社会参与"的开发模式，构建投资主体多元化、投资渠道多元化体系，引进一些有实力的大企业，在不破坏勾蓝瑶寨的自然、人文环境的基础上，利用它们的资金实力开发那些前期投入大的旅游项目，同时，鼓励和扶持一些社会力量投入勾蓝瑶观光旅游产业。当然，政府还应建立健全的旅游开发引导机制，制定保护措施。例如，可聘请具有丰富专业知识的专家学者编制《勾蓝瑶寨旅游开发保护手册》，在技术上、原则上要指出明确的旅游开发标准和依据。同时，要发挥社会监督作用，构建旅游开发监督体系，本着"谁投资、谁收益"的原则，充分调动开发者的积极性，将看点变成卖点，把资源变成产品，促进勾蓝瑶寨旅游保护与开发的健康发展。

第四，进一步完善基础设施建设。近年来，勾蓝瑶寨在政府扶贫工作队的帮扶下，基础建设力度逐年加大，目前已经实现了自来水到户，家家户户用上了干净的自来水；已全面完成了农网改造，每家每户都用上了电；修通了村主干水泥道，瑶胞们饮水、用电、出行等问题得到解决。然而，还有一些基础设施建设亟待解决：农户的田地因缺乏引水灌溉设施，农业种植需要人工浇种，农户劳动强度大，影响种植效率和从业积极性；现有的古民居大多破烂不堪，很多成了危房，由于没有资金进行维修维护，这些历史文物面临毁损风险；瑶寨内的农家乐，设施简单，仅提供住宿、餐饮两方面的服务，缺少民族、民俗产品的推广等。这些设施不建设好，长期来看，必会影响未来旅游业的发展。因此，勾蓝瑶寨要进一步完善农业基础设施和社会服务设施，多渠道筹措瑶寨的保护发展资金，为农户们建设高效的农用配套系统，为旅游者提供集吃、住、玩、游、乐一体的完善的休闲服务特色农家乐，为观光旅游业提供保存完好的文化资源。

第五，大力鼓励外出务工人员回寨发展。进入 21 世纪以来，勾蓝瑶寨的青壮年基本外出务工，村内留下来的多为老、弱、妇、幼，劳动力极为缺乏，导致种植、养殖、食品加工、旅游等产业很难有效发展，瑶寨的内生动力严重不足，这些优质的人力资本流失，使勾蓝瑶的传统文化传承与发展后继无人。为了鼓励这些外出务工人员回寨发展，当地政府无论从政策上、制度上，还是资金上要给予有力的支持，可采取以下积极举措：开展回寨人员职业技能培训，对在外务工期间参加相关培训取得国家承认的职业资格证书的回寨人员，给予一定的培训补助；对回寨创业人员提供税费减免政策；可提供免息的小额贷款的金融政策和创业扶持基金；除国家法律法规明确禁止的行业领域外，只要是符合勾蓝瑶寨经济发展的规划，可向回寨创业人员全面放开，简化立项、审批、办证程序和环节；建立回寨人员特殊贡献奖励机制，比如奖励携技术、资金、项目回寨创业的人员；积极动员在外务工人员回寨创业；发挥人脉优势引进投资等。

第5章

勾蓝瑶的生活与习俗

5.1　传统村落饮食习俗

早期勾蓝瑶受高山环境的限制，过着山居的生活方式，物产结构单一。转变成平地瑶后，勾蓝瑶生产力水平获得了较大的提高，农作物品种逐渐增多，生活条件得到大大的改善。如今的勾蓝瑶以农业为主，实行轮耕，兼营渔猎，日食三餐，以大米、玉米为主食，常吃的蔬菜有各种瓜类、豆类、青菜，还有竹笋、香菇、木耳、蕨菜、香椿、黄花等。

由于地处山区，勾蓝瑶人素有冷食的习惯。为了便于携带与储存，常将粽粑、竹筒饭作为主食。过去的勾蓝瑶人常用煨或烤的方法加工食品，如煨红薯等各种薯类、烤嫩玉米、烤粑粑等。在饮食上，除与汉族有共同的习惯外，勾蓝瑶人还有自己民族特色的饮食习俗。办喜宴时，每桌都有一盘油炸的"果子"，按人数配置8个或10个红蛋，以示庆贺并图吉祥。在办小孩"三朝酒"时，吃豆子饭是必不可少的，以表达对小孩健康成长的祝福。洗泥节时，勾蓝瑶人酿苦瓜食用，以祈求苦尽甘来之意。此外，打油茶、腌黄竹笋、酿三角油豆腐、炸果子、打糍粑等也是勾蓝瑶一种饮食风俗，不仅自己食用，而且还用来招待宾客以及随礼。

5.1.1　打油茶

喝油茶是勾蓝瑶人的饮食习惯，亦是勾蓝瑶人的一种待客方式。勾蓝瑶地处深山丘陵，湿度大，油茶不仅具有饱腹之效，而且还有祛寒湿、提神之功能。勾蓝瑶妇女每天早晨都要"打油茶"，甚至一日三餐都要"打油茶"。勾蓝瑶油茶制法特别讲究，可选用清明、谷雨时节从树上摘下的嫩茶叶，也可用烘炒过的干茶叶。先用少许水浸泡 5～10 分钟，以减少烟火味及苦涩味，然后在特制茶锅（锅比一般锅要厚、要小）内放少许食用油烧热，放入姜、蒜及泡好的茶叶稍炒，随即用木制的打油锤将其捣茸，捣好后加水烧开熬至出味，将油茶水滤入盛有果子或米花的碗中，撒入一些葱花，油茶就可饮用了。制好的油茶，端上桌后，葱的香味、茶叶的香味、姜的香味、米花的香味掺杂一起，满屋飘香。油茶进口后初觉是茶叶的清苦，过后便是甘醇鲜香，令人回味无穷。一锅油茶水被饮完后，还可向锅内掺入清水熬煮，如此重复熬煮可达五六锅，但味道会逐渐变淡。头锅油茶，香气浓郁，色味俱全。每逢客至，勾蓝瑶常将头锅油茶作为待客之用，以示敬意。

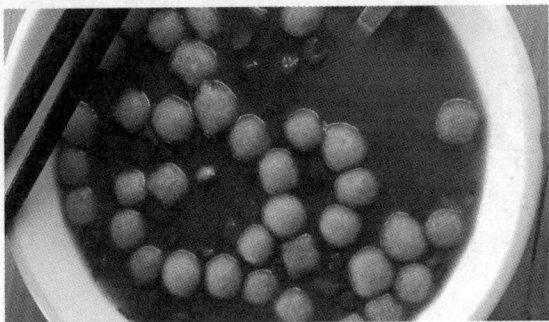

● 勾蓝瑶人特色饮食：打油茶

5.1.2 酿苦瓜

勾蓝瑶人酿苦瓜有自己特定的日子，一般在每年洗泥节时，酿苦瓜是餐桌上的必备菜肴之一，以表达劳作之后苦尽甘来、五谷丰登的祝福之意。首先将苦瓜洗干净，一根苦瓜切成两节，去籽，酿入配好的酿心，有鲜肉、水豆腐、糯米、葱花、鸡蛋、香油、盐等料。旧时由于家境贫寒，一些勾蓝瑶人家中酿苦瓜的酿心是没有鲜肉和鸡蛋的。酿满苦瓜之后，开口的一端在油锅里煎制蜡黄，目的在于封口，香气不会流走，然后清蒸即可食用。这样制作的酿苦瓜，咸鲜脆嫩，微苦鲜香，具有清热解毒、明目败火、开胃消食之效，可放置3~5天而不易馊。

● 勾蓝瑶特色饮食：酿苦瓜

5.1.3 腌黄竹笋

兰溪的地貌属于典型的喀斯特地貌，气候属于亚热带季风湿润气候，非常适合黄竹生长。这里的山上，生长着一丛一丛的黄竹，青翠碧绿，郁郁葱葱。据说，勾蓝瑶的腌黄竹笋曾是皇帝的贡品，深受皇帝的喜爱。每逢清明雨后，笋芽顶岩破土，竞相生长，勾蓝瑶妇女们就会上山去挖竹笋，带回家后削片，腌在盛有井水的大坛子里，一个月后即可食用。制成的腌黄竹笋犹如长沙"臭豆腐"，臭味扑鼻，但口感脆嫩，开胃提神，不但能增进食欲、帮助消化，而且具有滋阴之效。有时，勾蓝瑶常将腌黄竹笋作其他菜的佐料，其味极为诱人。今天的勾蓝瑶人仍延续了这一饮食习俗，对腌黄竹笋青睐有加，只不过改为塑料瓶按量承装，每餐一瓶，不像以往用大坛腌制，量多，可吃到第二年插田之时，但是每次食用后，空气会进入，导致坛中竹笋变黑变味。

5.1.4 吃猪血灌肠

旧时勾蓝瑶的物产不是很丰富，谁家杀猪时，都要请亲朋好友来家庆祝一番，宴席上，猪血灌肠是主要菜肴之一，量大又易饱腹。猪血灌肠的具体做法为：大肠洗净后，将事先浸泡好的糯米拌猪血、水豆腐、食盐填充入大肠内，将两头系在一起，用筷子分成小段，在清水里洗一下，放进锅里煮熟即可，吃时斜切成块。其营养丰富，香而不腻，风味独特。如今勾蓝瑶人的生活水平提高了，认为吃猪血灌肠是家境不好的象征，将其作为宴席之肴有失待客之礼，因此杀猪后会将猪大肠做成其他美肴，不再吃猪血灌肠了。

5.1.5 酿三角油豆腐

每逢过年过节，勾蓝瑶都要酿三角油豆腐，作为待客与随礼的必备食品之一。将豆腐制成三角形，蕴含着勾蓝瑶的上村、黄家村、大兴村成三角形之状，以示三村骨肉相连、唇齿相依。具体做法为：先将一块水豆腐沿着对角线切开，制成两块三角形豆腐，再在油锅里进行油煎，各面煎黄后取出，挖出内里的白色豆腐，填充糯米、鸡蛋、瘦肉及其他配料，蒸熟即成。酿三角油豆腐制好后，一般会放到厨房的吊篮储存，以备今后食用或随礼所用。酿好的三角油豆腐酿既有豆腐的脆嫩，也有肉的鲜美，营养均衡。

勾蓝瑶人特色饮食：酿三角油豆腐

5.1.6　吃豆子饭

勾蓝瑶妇女生完孩子后，都有做"三朝酒"的习俗，宴请亲朋好友，当地人称为"吃豆子饭"。豆子饭做法较为简单，将糯米与绿豆用水浸泡，发透之后放置蒸笼中蒸熟即成。勾蓝瑶人认为吃了豆子饭，小孩今后好带养，身体健康，不会长水痘。"三朝酒"席上，除了豆子饭必不可少外，还要有红蛋，以表达喜庆与吉祥之意。

勾蓝瑶人特色饮食：吃豆子饭

5.1.7 炸果子

炸果子是勾蓝瑶人过年必备的传统风味手工食品。每年春节前夕，勾蓝瑶妇女都要炸果子，根据想象随意制作成形状各异的花样，这一风俗一直保存至今。炸果子的具体做法为：将糯米糕、芝麻、糖糕合在一起，有时为了味脆些，便会加入一些粳米，之后，放入大的油锅里进行油炸，至黄色取出即成。刚出锅的果子，外酥里嫩，香甜可口，嚼上一口，口有余香。过去的勾蓝瑶将炸好的果子储存在一个大的陶瓷缸中，缸中底部铺一层石灰，以保持缸内干燥，以免果子回潮，如今直接用塑料编织袋盛装炸好的果子，扎紧袋口即可。春节期间，主人将果子取出招待客人，去亲戚家拜年和随礼都要送果子，以表达来年果实累累、平平安安之意。

● 勾蓝瑶人特色饮食：炸果子

5.1.8 打糍粑

每逢佳节，勾蓝瑶寨家家都要做粑粑，这已是多年的风俗了。在勾蓝瑶寨，粑粑除了充当一家未来在外做事的干粮、速食外，还可做成美味佳肴，用来待客，也可作为节日走人家的礼品之一。有糯米、高粱、粟子做的粑粑，也有糯米与杂粮混合做的粑粑。做好的粑粑，蒸、油炸均可，其味黏软柔腻，香甜可口。不同的时节，勾蓝瑶人做的粑粑式样不尽相同。春节前夕，打的粑粑以纯糯米为原料，色白，形圆而小。具体做法与苗族一样：首先要将糯米浸泡一天，再蒸上一个小时之后，放到石臼中用大木槌用力捶捣，直至成泥后取出，趁热揪成拳头大的团，用工具定型，然后摆到阁楼上风干。春节以后，发南风之时，将风干的糍粑放在大水缸里，用水浸泡，定时换水，这样糍粑就可以吃到来年的六七月份。打好的糍粑既可以油炸吃，也可以火烤、煮甜酒吃，味道鲜甜、可口。农历三月三，做青蛙粑粑，将米打碎后用水拌好，放入少许盐，捏成肉丸子大小，在锅中炒熟即可食用。农历五月十三的洗泥节做的粑粑个虽不大，但馅心有炒熟的花生米粉、黄糖粉，甜脆可口，回味无穷。农历四月初八的牛王节还要做"牛腿粑粑"，其味香甜，形大经吃。此外，春耕时分还有艾叶粑粑。勾蓝瑶人做的粑粑形状各异，种类繁多，展示了不同的时令特征。

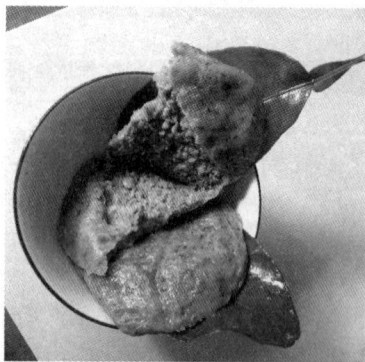

● 勾蓝瑶人特色饮食：打糍粑

5.2 传统村落服饰习俗

瑶族崇拜盘瓠。传说中的盘瓠是只龙形犬，浑身都长着五色斑斓的绒毛。为了祭奠盘瓠，瑶族好用青、黄、赤、白、黑五种色彩来作为服装和图案的主要用色。早在汉代，瑶族先民们就有"好五色衣裳、衣斑布、色斑斓，对襟齐领，椎髻跣足"的习俗。其服饰形态各样，绚丽多彩。直到近代，勾蓝瑶还保持着这一独特的服饰风格。

自明初移居到平地，转为平地瑶以后，勾蓝瑶致力于发展农田稻作与山林农业经济，放弃了以往"刀耕火种"迁徙不定的游耕生活。这种生产生活方式的转变必定导致其文化的变迁。定居平地后，在长期与汉族的接触中，勾蓝瑶受汉族经济文化的影响较大，服饰逐渐汉化，如男子习惯穿汉族服装。

由于勾蓝瑶地处山区，自然环境较为恶劣，山路较多，信息较为闭塞，近代的勾蓝瑶还保留着一些传统民族服饰习俗。兰溪山区以黄土质为主，在劳作过程中会产生大量灰尘，因此，勾蓝瑶以耐脏耐旧的黑色或蓝黑色的服装穿戴为主。此外，狩猎是勾蓝瑶经济生活的一个重要部分，黑色或蓝黑色可以充当保护色之效，不易被猎物发现。勾蓝瑶人在喜庆之时才穿戴色彩绚丽的服饰。为了适应高山生活，抵御山区寒冷的天气，预防山路荆棘虫咬，勾蓝瑶男女老少皆扎绑腿，形式大同小异，均以自制棉布为料。夏秋季节，勾蓝瑶一般都是打赤脚或穿草鞋，冬季天气变冷就穿自制的布鞋。勾蓝瑶人都喜欢系腰带，一可彰显精神喜气，二可做包裹捆绑的工具。勾蓝瑶服装分为日常装和盛装两种。日常装款式简单，无烦琐的装饰，制作工艺简单，以较旧材料或普通棉布为面料，经蓝靛染成黑色土布制成，布厚而硬，便于劳作，体现了勾蓝瑶崇尚实用性和勤俭朴实的服饰风格。勾蓝瑶节日颇多，每逢节日来临之际，男男女女都要穿上最具有特点节日的盛装。勾蓝瑶女子为了美观漂亮，在节日喜庆穿盛装时常会系绣花的腰带。此外，勾蓝瑶新娘出嫁、出远门探亲访友，均穿着盛装出现。盛装较日常装款式烦琐，用材上乘，装饰绚丽，结构复杂，体现了勾蓝瑶追求美好幸福生活的强烈愿望。

在长期的生产生活实践中，勾蓝瑶人充分发挥了自身的想象力，用勤劳与灵巧的双手在服饰饰物上描绘出许多美妙绝伦、寓意深刻的图案式样。勾蓝瑶人的服饰图案装饰主要集中在衣边、裤片、后背上。勾蓝瑶人以五彩图案织绣出图腾盘瓠，表达了对其尊重之情。以天上游云、空中飞鸟、陆地花鸟、水中鱼虾、林中野兽、宗庙神灵、冥界鬼怪等为图案创作题材，体现了勾蓝瑶人对美好、幸福、平安的生活的向往。勾蓝瑶服装色彩对比明显，搭配稳中求变，以深色为底色，便于劳作，辅以彩色为装饰色，带有浓郁的民族乡土气息，表现出了勾蓝瑶人勤劳与尚美并存的独特审美。

勾蓝瑶配饰主要分为银饰、头饰、腰饰与脚饰。勾蓝瑶无论男女老幼都喜欢戴银饰，不仅能彰显自身的财富地位，而且有着延年益寿、吉祥如意的寓意。勾蓝瑶人认为小孩佩戴银手镯、银项圈等能除邪解秽，健康成长，因此小孩在一周岁后便开始佩戴银器。勾蓝瑶男子以绣花青布头巾来装饰头顶，造型相对简洁单一。女子常裹方格头巾于头顶，颜色与形态依据年龄不同而有所差异。老年妇女裹黑色头巾，成

● 小孩节日服饰

独角偏向头部右后边；中青年妇女头巾以青色为底色，饰有刺绣与挑花图案，两端有须，在后脑打交叉结；未婚女子形制与中青年女子一样，但以红色为底色，也有刺绣与挑花，较为艳丽。最复杂、最为华丽的头饰就是新娘头饰，各种银饰、织锦、花卉镶嵌在其中，绚丽多彩，衬托出新娘妩媚动人、婀娜多姿之态。勾蓝瑶男子腰部往往缠着一条青蓝色的大围巾，既可以包头，又可以洗澡，还可以采摘蔬菜和山货时作包裹之用。勾蓝瑶女子腰间常系有绣花围裙，中老年妇女以青色为本色，未婚女子以红色为本色，围裙外扎红色布腰带。围裙不仅起到装饰之用，还可将围裙下垂的两角提起系在腰间装东西。勾蓝瑶脚饰有鞋和

裹脚布两种。鞋有草鞋、布鞋、棉鞋、油钉鞋(雨天穿)和绣花鞋，裹脚布是在寒冷季节为了御寒而作裹脚之用，常以青蓝色为主，底部有时用织绣进行装饰，采用自制的家织土布缝制而成。

在服装穿戴上，勾蓝瑶男子习惯穿无领汉装衣，衣袖较小，当面扣，一般有5个布扣，头部扎绣花青色头巾，门襟、袖口处织有花边，腰部缠着大围巾，裤子较为宽大，下身着青黑色裤子，裤袖常有织绣花边。勾蓝瑶妇女平时着右襟开口衣，便装衣袖长而小，盛装衣袖宽大较短，衣襟过膝，领口处有 1~2 个银扣，其余均为布扣，袖口、门襟处也镶有花边，头缠头巾，腰裹围裙和系彩色布带，裤子形制与男子差异不大，只不过有时颜色较为鲜艳些。

随着社会的进步、生活条件的改善、交通条件的便利以及物质资料的丰富，现在的勾蓝瑶人受到了汉族和现代流行文化的影响，已逐渐放弃了本民族传统的服饰与制作工艺，使用毛线、腈纶、涤纶等材料取代了原有的棉质或丝质色线，勾蓝瑶服饰已越来越现代化、简洁化了。

● 男子服饰

● 女子服饰

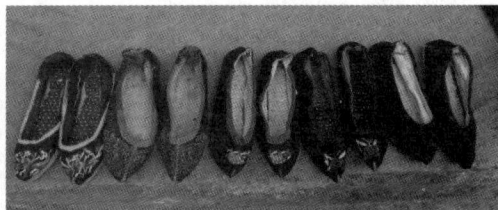

● 绣花鞋　　● 油钉鞋　　● 女子日常用鞋

5.3　传统村落居住习俗

在历史上，瑶族历来就是一个被压迫和受到歧视的民族，他们不得已远离平地，躲进深山峻岭中生活。勾蓝瑶先祖们也不例外，生活在高山密林之中，居无定所，长期过着刀耕火种的游耕生活。他们的居所常因地制宜而"以木叶覆屋"，利用山中竹木搭建成一些简单而又便于搬迁的临时性建筑。正如史载"依山险而居，其居址屋舍，如鸟巢兽穴"。自隋唐以来，十二姓的瑶民陆陆续续地迁入兰溪定居，建立了勾蓝瑶寨。勾蓝瑶寨四面环山，地势北高南低。

瑶民转变成平地瑶而定居下来以后，定居生活对勾蓝瑶的建筑提出了较高的要求，其建筑物普遍采用石料、砖、瓦、木来营造。为了抵御外侵与匪患，勾蓝瑶依天然石山为屏障，聚族而居，营造了四道防御工事——石城墙（石城门）、守夜屋、关厢和门楼。山与山之间的隘口都建有石城墙，寨内路口处都建有守夜屋、关厢、门楼，青石巷道连接各个工事。四道防御工事错综复杂，外来人员进入如同进入死胡同。如此坚固的防御工事，使勾蓝瑶人生活安逸，形成了"路不拾遗，夜不闭户"的质朴民风。成为平地瑶后，深受汉族地区的影响，勾蓝瑶生活习俗日趋汉化，其居住方式也逐渐融入了一些汉族因素，居住民俗表现出了独特的地方民族特色。

5.3.1　民居形态

　　勾蓝瑶寨在清初形成了较大的规模，人口达到 2 万之众。在此时期，勾蓝瑶大兴土木，现存的大量民居宅院就是在此时营造而成的。一般勾蓝瑶民宅风格呈天井院格局，进门处有一个天井，两侧是偏房，主要供家庭晚辈成员休息或储存物资之用，也有部分家庭房屋受地形限制，就未设置偏房或只有一间偏房。出于安全考虑，偏房的门窗大多开向内院。偏房的高度一般不得超过正房，有偏不压正之说。

　　在勾蓝瑶人居住的房屋中，一楼正房，为三开间的房屋平面型，二楼为阁楼，个别宅院配有三层阁楼，正房正中间是堂屋，是吃饭、议事、会客、祭祀的公共空间。堂屋正对大门处设有神台，其中摆放着祖先牌位和供神塑像，可见，堂屋是勾蓝瑶人祭祖供神的神圣之地。堂屋两侧对称建有卧室和厨房，分别是家中长者、父母或长子休息入寝的私密空间和煮饭的地方。神台木墙后置有楼梯，通往阁楼，阁楼主要用来堆物储粮。

何氏老宅天井

5.3.2 民居营造习俗

勾蓝瑶民居的营造主要有选地基、破土、架马、立柱、上梁等程序。勾蓝瑶先民认为宅基选取的好坏，直接关系到整个家族的兴旺与否与子孙后代的安康与否，因此打算盖新居之时，都会请地理先生选地基、定方位。地理先生根据"龙脉"走向，结合主家的生辰八字，选好宅基。之后，主家请地理先生择黄道吉日，到时，主家先祭拜土地神以求吉利，再锄土，俗称"破土"，然后才可平整基地。架马在汉族聚居地区俗称"发墨"，主家摆上猪肉、香纸、五色米、米酒等供品，掌墨师傅请出鲁班师傅牌位进行祭拜，然后将房屋正柱放于扎好的木马上，掌墨师傅点香、烧纸钱、喃喃念词，再杀一只大公鸡，将鸡血溅于正柱上，用墨斗在正柱之上弹一道墨线，最后燃放鞭炮，仪式方算完毕，此时木匠们就可以开始工作了。立柱选择吉日是一定的，同时立柱要求顺利安全，不能出错和出安全事故，否则视为不详。因此，主家须备好供品，由掌墨师傅祭拜，念祈祷词，用一只大活公鸡鸡冠的血涂在中柱上，之后燃放鞭炮，高喊"升起"，方可立柱。勾蓝瑶人常在立柱时，在每根立柱底处镶一个太平铜钱或一个光洋，寓意今后世代代平平安安、富贵不愁。上梁是房屋建筑中的大事，是指安装屋顶最高中梁的过程。勾蓝瑶人认为中梁安装的顺利与否不仅关系到整个房屋的结构是否牢固，还关系到主家未来的吉凶。因此，勾蓝瑶先民对上梁极为重视，除了选定吉日外，还须备好供品祭拜鲁班师傅和祖先，并举行隆重的仪式。在上梁整个过程中都要喊"大吉大利"的祝福语，掌墨师傅用公鸡血祭梁。中梁安装好后，须在其中部用红绸布缠绕一圈系好，以示喜庆和吉利，同时在寨子中请一位德高望重而又子孙众多的老者，由他在梁木正中用毛笔写上上梁的时辰，另一侧写上一些祝福的字词，如"福"等，有时也在梁木上画一些吉祥图案。上梁之日，主家做酒设宴，亲朋好友登门道贺，场面极为热闹。

上梁之后，便可砌墙、盖瓦、安窗、合大门、装楼梯、封山、送马了。这些工序虽都要举行相应的仪式，不过相对简单一些。值得一提的是，合大门和装楼梯有其特别的讲究。勾蓝瑶先民认为，大门的方位与朝向不合会严重影响整个家庭的兴旺，因此，对合大门极为重视。合大门时，须请地理先生，事先测定大门的方位和具体的朝向，择良辰吉日，届时，主家备上供品祭拜鲁班师傅与主家祖先，木匠师傅用鲁班尺丈量尺寸，一般在傍晚6点左右装设大门，寓意为开门大利、关门大吉，同时在门槛处镶一块平安铜钱或光洋，祝福家人平平安安回家。在兰溪，商铺门一般选择义顺门，一般家庭选择福德门、财禄门，学堂与当官人家选择官福门。装楼梯举行的仪式同合大门无多大差异，只不过安装时间一般在早上 8 点左右，意为一日之计在于晨，家人就会步步高升，家境就会越发殷实。完成盖屋一套流程，主家要杀十二只公鸡，备上祭祀供品，摆席做宴，虽花费较大，但主家仍认为盖屋是人生最重要的大事之一，非常愿意投入。

5.3.3　家具陈设习俗

家庭的家具陈设主要由当时人们的生活习惯所决定的，暗含着其主人的生活起居习惯、审美偏好、价值追求等方面内容，散发着某一地区民俗文化的气息。目前勾蓝瑶所保存的明清时代的民居有 300 多座，从老人们的零星记忆中，我们可以对勾蓝瑶人那时家具的摆放习俗一窥概貌。由于勾蓝瑶寨每家每户的生活习惯和生活品质不同，家具的数量与质量也不尽雷同，从而其陈列方式也会出现各自的差异性。但是，由于处于共同的地域和社会环境，明清时期勾蓝瑶人的家具陈设也蕴含着共性的特点。

1. 堂屋主要家具的陈设习俗

堂屋是勾蓝瑶人议事、会客、吃饭、祭祀的地方，是勾蓝瑶传统民居最为重要的地方。从古至今，勾蓝瑶人均以堂屋的空间大小与其中的家具陈设来彰显主家荣耀、社会地位。到了明清时期，受儒家思想与宗教信仰的影响，堂屋逐渐成为一个家庭中的礼仪化和神权化的公共活动中心。勾蓝瑶人的堂屋空间布局都是按照建筑南北轴线为基准，左右两边采用对称布局。堂屋正对大门处设有神台，神台下对称摆有两张太师椅。在勾蓝瑶寨，只有长辈、男主人或者贵宾到访才能使用太师椅，晚辈、妇女都只能坐背靠椅、长条凳或方凳，体现了勾蓝瑶人的封建宗法伦理观念。靠右近墙处有一张八仙桌，四周配有长条凳，其余空间可以放条凳、方凳、躺椅、花瓶等物品。在进大门的左侧常置有洗脸盆架，营造出一种具有生活气息的实用功能设计。

2. 卧室家具陈设习俗

卧室是提供居住者睡眠的空间，是传统民宅中的核心空间。卧室设计以床榻为中心，辅助于四周分别布置箱柜、梳妆台、方凳、衣架等。勾蓝瑶气候湿润宜人，民居卧室内部的就寝家具是木制的四柱架子床，往往与卧室门毗邻，形式多种多样，架上长年配有透气性较好的帐幔。为便于采光，在北面外墙处开有一扇窗，窗下置有梳妆台。卧室进门1米处左右往往放一个米缸。过去，米缸不仅作为储存大米之用，有时主家还会将一些贵重之物储藏在其中，如钱财、鸡蛋甚至年货等，为便于看管而又可以储藏，卧室无疑是最为理想之处。有时，根据主人的喜好还可在卧室中加入一些小的摆件，如漆盒、小盆景等，也有在帷帐上使用刺绣之类的陈设品。无论怎么陈设，卧室总体的陈设风格都以清新淡雅、适宜休憩为最终原则。

3.厨房家具陈设习俗

厨房是居住者准备食物并进行烹饪的场所。两个厨房对称位于堂屋进门两侧处，各开一扇门。在近卧室侧墙处有一个火塘，是煮饭烹饪的地方，旧时火塘是用三块石头堆砌而成，后来改为三脚架，火塘上方常悬有一个从屋梁吊下的吊篮，其内盛装有一些食品，如糖果、干货等，火塘周边围有四张条形长矮凳，闲暇之时，家人们常围坐在火塘边聊家常，其乐融融！在厨房中，碗柜是必不可少的。勾蓝瑶人碗柜设有两层，上层可放碗和储存吃不完的剩菜，下层就搁置炒锅、鼎罐(煮饭与烧水之用)之类的物品。在近偏房处往往备有一个潲水缸，将一些吃不完的残羹冷炙倒入其中以便喂猪用。总之，勾蓝瑶人厨房家具陈设风格以简单、实用为主。

在勾蓝瑶，森林资源极为丰富，生长着各种类型的参天大树。勾蓝瑶人就地取材，建制家具。在勾蓝瑶人传统家具的木料选材中，均选取自然木材，如黄花梨、杉木、檀木、榆木、松树、红椿等，制作过程中充分地表现出其原有木材天然的花色纹理，用打蜡或者大漆对表面做以保护，这种自然的木质本色的保留，体现了勾蓝瑶人希望与自然融合的思想。此外，在明清时期，勾蓝瑶人过着自给自足、怡然自得的自然传统的生产生活方式，在其家具陈设上便可以一窥端倪：一方面表现为尊重自然，崇尚自然，与环境友善和谐相处，家具陈设整体风格呈现出自然、和谐、朴素或精致的风貌；另一方面以营造家居环境的生活便利与实用为最终目的，以均衡对称为主要理念，追求一种浑然天成的审美情趣。由此可见，勾蓝瑶人的家具制作与陈设均体现出了勾蓝瑶人崇尚自然，顺应自然，追求天人和谐的境界，充分展示了其"天人合一"的哲学理念。

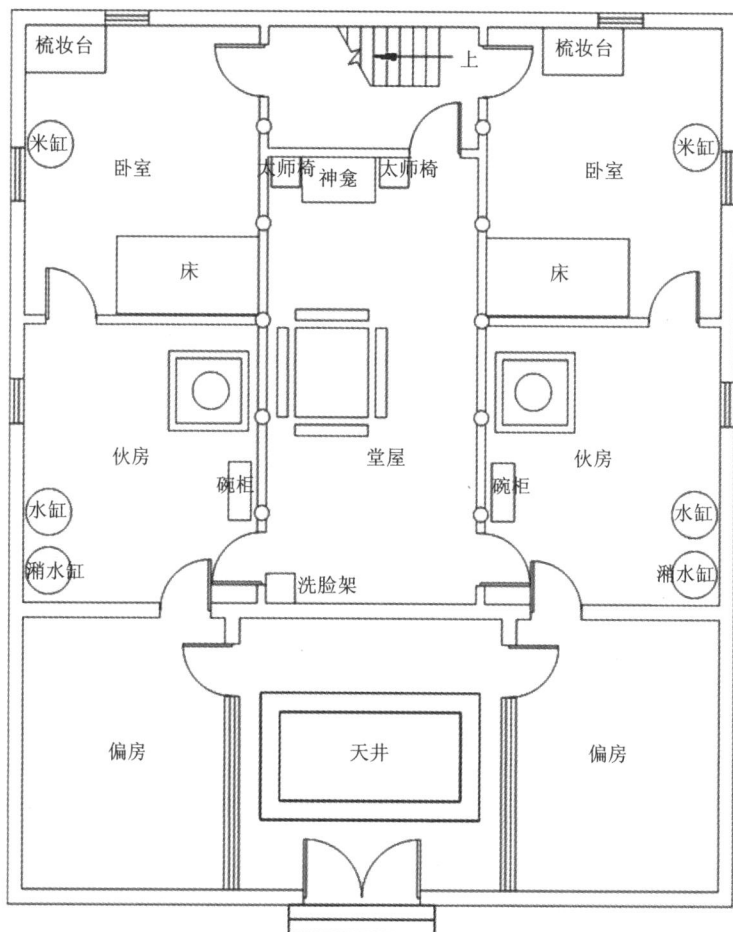

何氏民居平面布置示意图

● 何氏民居一楼平面示意图

● 古床

● 木制太师椅

5.3.4　居住习俗

勾蓝瑶先民认为，新房建好后，要请地理先生选定进火日子，举行进火仪式。进火当天，天蒙蒙亮，主人从老屋带着火种，端一盆水，来到新房，燃放鞭炮，点蜡烛、烧纸钱祭拜灶母娘，之后将水烧开倒入盆中，将盆搁置在堂屋中，意为水火相容、家庭和睦，然后就可以煮饭炒菜了，整个进火仪式即告完成。此外，主家在新房各房间门两侧还须贴上对联，大门贴上门神。历代封建社会统治者中虽有采取怀柔政策安抚勾蓝瑶，但更多的是实行民族压迫与民族歧视政策，在经济上实行对勾蓝瑶的剥削，在政治上实行压迫，再加上勾蓝瑶寨处于两广与湖南的交界处，经常有盗匪的入侵与骚扰，为了保家卫寨，勾蓝瑶人建立了稳固的四道防御工事，进行不屈不挠的斗争，种种因素之下，勾蓝瑶人非常崇尚古代那些保家卫国的将军，例如关羽、秦叔宝、张飞、尉迟恭等，将他们画像作为门神贴在堂屋大门上，用以驱邪辟鬼、保家宅平安。

勾蓝瑶建房时非常注重建筑物周边环境协调与内部装饰。勾蓝瑶住屋门前，不能有任何遮挡物，前排房屋必须低于后排，前排不能遮挡后排。他们在房屋脊梁、门、床、窗等处雕刻出许多精美的图案。雕刻题材多样，所雕内容皆为吉祥美好之寓意。例如，蝙蝠谐音遍福，表示福禄绵绵，牡丹寓意富贵，喜鹊意味喜上眉梢，龙凤意味吉祥等，这些都表达了勾蓝瑶人对未来美好生活的憧憬与向往。

勾蓝瑶人结婚时都要做新床。新床做完后，在安床时，须举行仪式。主家杀鸡，木工师傅点蜡烛、烧纸钱，用三杯清茶、一斤猪肉、五色米祭拜花母娘，以保早生贵子。

分家时，勾蓝瑶的传统习惯是大儿子住在祖屋里，小儿子另盖新房。大儿子赡养老父亲，小儿子赡养老母亲，费用各自分担。父母的田产及大牲畜由各自赡养者来均分。尽管勾蓝瑶妇女在家庭与社会上的地位较高，但是勾蓝瑶还是沿袭着汉族父袭制的理念，女儿一般无财产的继承权。对于有女无子的家庭，可通过招郎的形式继承家产。

勾蓝瑶人有很多居住禁忌和崇拜。"泰山石敢当"就是其中之一。勾蓝瑶先民认为把刻有"泰山石敢当"的石碑，立于村口、桥道或砌于房屋墙壁上，可镇宅辟邪。火塘是勾蓝瑶人家庭的核心场所。火塘的价值不仅在于它能做饭、照明、取暖，而且它是吃饭、议事、会客的主要场所。旧时的火塘里常立有三块石头，以备烧火煮饭之用，后改用铁三脚架。在勾蓝瑶人的观念中，灶母娘负责管理各家的灶火，因此勾蓝瑶对灶母娘极为崇尚，认为踏越火塘以及脚踩三脚架是对灶母娘的亵渎。勾蓝瑶人在新房建成或从父母家分离出来时，都要置火塘及进火礼，标志着一个新家庭的组成，火塘的价值已超越了作为工具使用的意义，成为一个新家庭的象征。

如今，在政府的帮助下，勾蓝瑶筑起了移民新村，生活条件得到极大的改善，家家户户的住房为钢筋水泥结构，安上了电灯和自来水，添置了不少的现代家具、生活用品，电视机、互联网、电冰箱、手机等进入了勾蓝瑶寨。尽管如此，勾蓝瑶人还是秉承着一些传统的居住习俗，体现了浓郁的地方民族特色。

5.4 传统村落文娱习俗

勾蓝瑶处在崇山峻岭之中，海拔较高，山路弯曲，为喀斯特地貌，不利于农业的生产。农忙时，勾蓝瑶人每天都日出而作，日落而息。闲暇之余，勾蓝瑶人结合生产与生活实践，创造了许多休闲娱乐活动，体现了勾蓝瑶人热爱美好生活、祈盼农业丰收、憧憬婚姻幸福的精神追求。

5.4.1 优美动听的歌谣

千百年来勤劳智慧的勾蓝瑶人通过生产与生活实践，以自己喜闻乐见的方式创造了各式各样的民间歌谣，反映了不同时期勾蓝瑶人的生活、情感、体验。勾蓝瑶人特别爱唱歌，山坡上、田野中、溪流边、凉亭内随处都可听到勾蓝瑶人优美、悦耳的歌声。

在日常生活中，勾蓝瑶人常常以歌代替语言，歌谣不仅可以传递信息，以"信歌"形式将信息传递给亲人，而且是一种情感交流、沟通心灵的主要途径。勾蓝瑶的歌谣内容大都与生产与生活劳动密切相关，歌谣种类繁多，有歌唱红白喜事的"贺歌""哭嫁歌",有歌唱待人接物和道德规范的"礼节歌""训导歌",有歌唱追求美好爱情的"情歌",还有憧憬农业丰收的"农事歌"等。大家即兴而唱,你唱我和,优美动听,令人心旷神怡。

5.4.2 妙趣横生的游戏

勾蓝瑶至今还流传着许多贴近生活、具有浓厚趣味性的游戏,例如,拍鸡毛球、下三三棋、甩镰刀把、玩斗鸡、打陀螺、荡秋千、吹嘟嘟等。这些游戏简单易学,取材方便。鸡毛球汉族称为毽子,用脚踢,而勾蓝瑶是用手拍打,双方在中间画一条线,用手拍打过去,鸡毛球先落地的一方为输者。每年正月,身穿盛装的勾蓝瑶姑娘与小伙子,手拿鸡毛球,相约聚集在打谷场对抛对拍,一来一往,十分有趣。鸡毛球的具体制法较为简单,首先选好三支粗细均匀、长短一致的鸡翟毛,将干粽叶折叠成正方形,形成"凸"字状,将鸡翟毛插入"凸"字突起部分,然后用细线缠好底部便完成了全部工序。三三棋的玩法更为简单,在青石板上画一个棋盘,用路边石子摆在棋盘上就可玩。甩镰刀把就如同我们练飞刀一样,砍柴休息时一名男子手握镰刀把旋转甩飞镰刀,插入约3米远的地上,镰刀把朝上,周围人就用自己的镰刀甩砍插在地上的镰刀把,看谁砍得准而又有力。勾蓝瑶男子酷爱甩镰刀把风俗,这与他们经常狩猎密切相关。他们在狩猎时,常将镰刀甩出以击中猎物。勾蓝瑶儿童喜欢玩斗鸡、打陀螺、荡秋千,放牛时剥下桐子枝片,做成号角,含在嘴中吹奏,其声清脆响亮,荡漾在山谷之间。春节期间,深受勾蓝瑶青年男女喜爱的一项游戏活动就是"鸡婆孵蛋",一人扮作母鸡,趴在地上,腹下放几个石头作为"鸡蛋","母鸡"周围有5~6个青年人扮的"公鸡"来偷"鸡蛋"。"母鸡"看见一个"公鸡"伸出一只脚偷"鸡蛋",就会抬起腿猛踢该"公鸡",只听公鸡"哎呦"一声,捂住脚在地上不停地打滚,旁边观众顿时发出"好"的一片喝彩声,然而趁"母鸡"抬腿之际,其他"公鸡"就从另一个方向伸出腿将一个"鸡蛋"踢走,"母鸡"来不及反应,常顾此失彼,"鸡蛋"便会被偷走。当"母鸡"的"鸡蛋"全被偷走时,大家就会将"母鸡"高高抛起,然后丢在地上以示惩罚。这些勾蓝瑶人传承下来的民间游戏,不仅简单好学,取材容易,找一些树叶、石子、农业工具等就可以开始游戏了,而且具有较强的趣味性,可达到愉悦身心的目的。

拍鸡毛球

5.4.3 惟妙惟肖的长鼓舞

　　每年农历十月十六日为勾蓝瑶的盘王节。十月十五日开始，至十月十七日结束，勾蓝瑶都要唱盘王歌、跳长鼓舞来祭祀祖先盘王。除了盘王节外，旧时勾蓝瑶曾拥有68座庙宇、15个氏族祠堂，这些场所经常举行各类信仰的祭祀活动，祭祀完毕后跳长鼓舞是必不可少的一种活动，场面热闹非凡。瑶族长鼓舞起源于古代的狩猎时期，是瑶族先民们自娱与娱人的一种文化现象，是瑶族族群识别、血缘亲疏区分的工具之一。在勾蓝瑶，长鼓舞的许多内容和形式与生产劳作密切相关。长鼓舞分为单人舞、双人舞、群舞等类型，有"大打72套，中打36套，小打24套"动作套路，每一套又分为"起堂""移堂"等动作。在整个过程中，勾蓝瑶以日常生产生活为内容题材，利用敏捷的舞蹈语言，如跳、跃、蹲、翻转、仰腾等动作，生动演绎出翻山越岭、踏石过溪、伐树运木、斗龙伏虎等场景。这些原生态的舞蹈动作洋溢着勾蓝瑶浓郁的远古文化气息，表现了勾蓝瑶人热情豪迈、英勇雕悍的性格特征，形象地反映了勾蓝瑶人的物质生活和精神生活状况，深刻地展示了勾蓝瑶人的日常生活情景。

● 跳长鼓舞

5.4.4 欢欣鼓舞的民俗表演

每年正月初二至初十五，为了营造浓郁的节日氛围，勾蓝瑶都要开展传统的民俗表演活动，装故事、装鬼客、舞龙、燃放一树花等。扮故事据说起源于抬城隍出游的仪式，一般在元宵佳节举行，以祈求风调雨顺、国泰民安。一名十岁以下身穿戏服的勾蓝瑶小孩站在一个由四个青壮男子抬起的四方平台上，不说不唱，不舞不蹈，一切都在不言中，仅凭身着的戏服、脸上勾画的脸谱和造型来表达人物身份和故事情节。扮故事一般选择的是流传甚广、众所周知的故事内容，如哪吒闹海、唐僧取经、白蛇传、武松打虎等。装鬼客也是勾蓝瑶人春节期间十分热衷的娱乐活动，男女老少聚集在一起，男的装成女客，女子扮成男客，互相调侃与嬉戏，滑稽诙谐，令人捧腹大笑。勾蓝瑶先民将龙视作行云布雨、去灾降福的神物，久旱不雨时，舞龙求雨；虫害天灾时，舞龙驱虫；祭祀时，舞龙祈福。舞龙之日，锣鼓喧天，场面极为壮观。勾蓝瑶在喜庆之日也燃放炮仗，常见爆竹品种与汉族无异，但一树花是勾蓝瑶独具民族特色的一种烟花。据老人们回忆，一般是在春节期间或重大节日之时，才会燃放一树花。其制作工艺较为复杂，燃放技巧极为讲究。首先在空旷处立一根 20～30 米高的足有 80 厘米粗的木柱，木柱上有竹钉，竹钉上挂满了用竹筒制成的烟花，直至木柱顶部。离木柱三米远的四周各摆有四个八仙桌，桌上放有花炮，桌下有引线依次相连，最后一个桌子下的引线与木柱底部相接。燃放一树花时，首先点燃一个桌子上的烟花，烟花放完后再点燃桌下的引线，相邻桌上的烟花随即点燃，四个桌子烟花燃放完后，最后点燃木柱底部烟花，依次至顶部。只见木柱上的烟花如流星般"嗖嗖嗖"地直冲出木柱，飞向天空或大地，有滚地龙、窜天鼠等，火树银花，令人目不暇接、流连忘返。遗憾的是，如今的一树花的燃放技术与制作技术在勾蓝瑶已失传，仅留给勾蓝瑶老人们美好的回忆了！

5.4.5　别具一格的瑶家女子拳

勾蓝瑶武术远近有名，其中的瑶家女子拳更是众人皆知。相传明朝社会动乱不安，盗贼活动频繁，某天夜晚，勾蓝瑶男子都到石城墙守夜去了，留在寨中的是老幼妇孺，突然传来一阵阵狗叫声，将寨中人吵醒，原来有十几个强盗从山上偷偷摸摸地溜进了村寨。寨中有位叫三姐的女子，身负武功，带领着瑶家女子，个个手握棍棒，将强盗打得抱头鼠窜，狼狈而逃。从此，三姐成了勾蓝瑶人崇拜的偶像，为了保卫家园，勾蓝瑶女子均向三姐学习武术，于是女子习拳的风气就代代流传下来了。三姐死后，勾蓝瑶人为了缅怀她，称其为李三娘，特为她建立了"兴隆庙"，每年都会举行重大的仪式祭拜她。瑶家女子拳套路较多，有岩岩鹰展翅、猛虎下山、观音坐莲等十几个套路。勾蓝瑶女子习拳最初以自卫为主，逐渐发展称为一种强身健体的娱乐活动。现如今，当地政府在中小学课堂中引入了勾蓝瑶女子拳教学，将其作为学生的体育类课程进行推广，目的以健身、娱乐为主，防身为辅。

● 瑶家女子拳

5.5 传统村落人生礼仪习俗

5.5.1 育儿与礼仪习俗

勾蓝瑶在漫长的发展过程中，为了保存本民族的繁衍和文化的延续，形成了自己的育儿习俗，造就了勤劳互助、诚实守信、坚忍不拔的精神文化。在与汉族频繁的交流中，勾蓝瑶深受儒家思想文化的影响，秉承"礼制"的宗旨，并将其应用到日常的待人接物礼仪中。

1. 育儿习俗

勾蓝瑶的育儿习俗是勾蓝瑶在长期的生育实践中约定俗成的生育习惯，涉及孕前、孕育和育后等阶段。

孕前求子习俗：在勾蓝瑶，出于对民族与血缘延续的需要，"无后"常为人所不齿，久婚不孕的家庭特别焦虑，因此，应运而生了一些求子习俗。久婚未孕的勾蓝瑶妇女要不断积德行善。勾蓝瑶人曾建造的龙凤庵，据说求子很灵验。那些久婚未孕或新婚未久、渴望早生贵子的家庭，常带着供品、香纸、小布鞋到龙凤庵许愿，祈求菩萨降福，得到福德智慧的孩子，一旦遂愿，就会来还愿。

孕育禁忌：从怀孕开始，勾蓝瑶妇女在家庭会得到特别照顾，一般不会让其做体力活。孕妇及其家人必须遵守一些长期积淀在勾蓝瑶人内心深处属于神秘文化现象和民族信仰的生育禁忌。例如，有孕妇的人家不能钉钉子或敲敲打打，否则会流产或造成胎儿畸形或留有胎记；孕妇不能随便到别人家串门，尤其是刚"过了"老人的主家，否则会对肚中的小孩不利；孕妇不能偷摘邻家果树上的果子吃，否则邻家果树就再也不会结果实。

育后习俗与禁忌：婴儿一生下来，通常母乳喂养，喂养时间不固定，只要孩子一哭闹，就给他喂奶。一周岁后，小孩就可断奶，喂些煮得特别烂的稀饭。新生儿刚出生下来，家人为其沐浴，三天后，家人要为其举办"三朝酒"，吃豆子饭，以祝福新生儿快快乐乐、平平安安。如今的勾蓝瑶在小孩出生后，常用满月酒替代"三朝酒"，宴请亲朋好友，场面异常热闹。小孩刚出生时，忌外人进入。勾蓝瑶人流行"踏生穷，踏死富"的说法，假如一个外人不知就里地踏进门槛，主家就会立即舀一瓢清水给他喝，客人立即就明白，因为勾蓝瑶人认为第一个外人进入家中，新生的小孩会分享该外人今后的富贵，为了表达愧疚之情，主家在举办"三朝酒"时都会邀请第一个来家的外人，并送上礼品。而对于刚去世老人的家里，认为第一个来家的外人会分享老人死后的财运，因而就有"踏死富"的说法。小孩未满月，产妇不能随意串门。产妇带着新生儿第一次出远门时，新生儿身上须捆着一束稻草，以驱邪避灾，襁褓中置一小包糯米供山神鬼怪享用，以防其惊扰新生儿。

● 勾蓝瑶人置办"三朝酒"

婴儿出生后，根据勾蓝瑶习俗，由外公取名字。过去由于勾蓝瑶交通闭塞，文化落后，在取名字方面带有浓厚的迷信色彩。他们崇尚苍天，祈求上天保佑后代平安幸福，为孩子取名常突出"天"字，如天成、天钦等，他们崇尚山神、树神、水神、石神，期望得以降福给自己的后代，为孩子取名常带有"山""水""树""石"等，如雄山、洪山、树远、树贵、水秀、水强、石生等。尤其当小孩出生后常患疾病或生来体弱多病，比较难养育成人时，勾蓝瑶人往往求于古树、石头，虔诚叩首求保，为消灾祈福而更换孩子名字，将孩子的健康成长寄予于这些特殊自然物，如黄家村的记名石、石窦泉清旁的古树是勾蓝瑶人常去祈求的地方。新生儿出生后，如是男孩，家人须向族长"报喜"。等到了清明节，在祠堂中由族长主持仪式将小孩名字"上清明堂"，载入族谱。在勾蓝瑶，女孩是不能"上清明堂"的，这或多或少受到了儒家思想中男尊女卑观念的影响。不过这种重男轻女的情况在勾蓝瑶较为少见。在大多数情况下，勾蓝瑶人崇尚男女平等，认为生男孩生女孩没多大差别，家里没有男孩也可以通过招郎入赘延续香火。

入赘女婿改姓后也可在祠堂"上清明堂",继承女方家产。男女平等的思想观念为招郎入赘婚的存在打下了坚实的思想基础。

● 石窦泉清古树

● 记名石

2. 教育与礼仪习俗

勾蓝瑶深居大山,在其漫长的历史发展过程中,形成了自己独特的民族文化。这些文化广泛地存在于勾蓝瑶的民间故事、歌谣和言语中,并通过耳濡目染、口耳相传和节日祭祀等方式一代一代地传承下来。在与汉族频繁交流中,汉族儒家文化的传统思想逐渐进入了勾蓝瑶的民族主流文化,勾蓝瑶民族文化的传承发生了变化,进而其家庭教育的理念与习俗也随之改变。

勾蓝瑶家庭历来就非常重视小孩的家庭教育。教育小孩的传统方法形式多样,且内容丰富。通过参加庙会与祭祀活动,让子孙后代牢记祖先传承下来的许多本民族的文化传统及宗族法则;通过参加民族游戏,让勾蓝瑶小孩能够培养坚忍不拔、团结合作的精神,并达到益智的目的;通过歌谣、口耳相传的民间故事传说传授历史知识与生产生活知识,不仅能让勾蓝瑶小孩学到地道的本民族语言,而且可以培养他们是非善恶观念和刚毅坚强、勤劳互助的民族精神。

勾蓝瑶人非常重视礼仪，具有很多优良传统，加之融合了汉族儒家思想文化，因此培养出了一代又一代勤劳淳朴、热情好客、知情达理的后代。勾蓝瑶将儒家"老吾老以及人之老"的礼制思想发挥到极致。在日常生活当中，忌言长辈的名字，须按辈分称呼问候。长辈进屋，晚辈们须站立迎候，让座并端茶敬烟。用餐时，如有长辈在场，则必须先请他们正席落座；长辈未上席，后生们不先动碗筷。鸡肝、鸡尾椎必敬长辈，鸡腿给儿童。路遇长辈，后生必须主动让路，如遇长辈挑重担，便要主动帮着挑。

中国儒家文化特别提倡孝道，提倡百善孝为先。勾蓝瑶人沿袭了这一传统文化，为父母做寿一定要礼仪周全，尽量让老人满意。寿诞前一天，庆寿之家要设寿堂，墙壁贴上大"寿"字。第二天，老人穿上新装，坐在太师椅上，在司仪的主持下，儿孙子女们向寿星行跪拜礼，三跪九叩，当然，其他亲属也可向老人拜寿。拜寿毕，开筵席，众晚辈分别敬酒，向老人说一句祝福的话。筵席后，主家请好戏班到村中戏台演大戏，老人与全村人共享喜庆之乐。寿宴规模大小视家境条件不同而有所差异，但是每桌一般要有十二大碗的菜肴。据欧阳绪珍老人回忆，他父亲当年办了96桌寿宴。在做寿的花费上，儿子们负责宴席的所有开支，女儿们负担也很重，除了承担老人的寿衣，以备其百年后使用外，还要请戏班、吹鼓手，买烟、糖、毛巾作为随礼之用。勾蓝瑶人认为长寿才能做寿，一般六十岁以上才视为长寿，男子逢十做寿，女子逢一做寿。勾蓝瑶老人满六十后的每年生日也会宴请宾朋，只不过仪式与规模会简单许多。

勾蓝瑶人好交朋友，热情好客。勾蓝瑶历来与四大民瑶中的古调、清溪、扶灵友好往来，每逢节日庙会必相互邀请，都有瑶长带队。至今，这种友好关系还保存着。勾蓝瑶还与广西周边地区的瑶寨关系密切，虽不同省但情同手足。每逢其他瑶寨的瑶民在节日喜庆前来祝贺时，无论客人多少，勾蓝瑶瑶长都会将客人安排到各户，包吃包住，每一位主家都会将其视同家人，不会亏待了客人。当其他瑶寨有困难时，勾蓝瑶必会不遗余力地予以帮助，体现了"一方有难，八方相助"的互助友爱精神。客人临门，勾蓝瑶人必先迎于门外。有客人在家坐时须绕其后走，不能从客人面前走，给客人端茶、敬烟、盛饭时须双手端捧。客人用餐时，秉承"上席"之礼，俗称"上八位"，主人夹菜只夹自己前面的，不准全盘拨来拨去，尽挑好吃的。客人走时，主人必送于门前，道声"招待不周""一路顺风"。每逢家有喜庆之事，必下帖恭请亲朋好友以表示尊敬。

5.5.2 恋爱与婚姻习俗

长期以来，勾蓝瑶深居大山之间，婚姻观念一直秉承着"好女不出石墙门"的理念。因此，勾蓝瑶青年男女一直实行着寨内异姓族间的通婚制。在勾蓝瑶寨，自由恋爱并不多见，缔结婚姻往往由双方父母决定。

婚姻是人生的一件大事，历来被人们所重视。婚姻是缔结一个家庭的纽带，家庭是一个民族聚集而成的基本单元，一个民族在婚姻家庭的形式下才得以繁衍发展。婚姻习俗是随着婚姻的产生而形成的，但一个民族在长期的发展沿革中，其婚姻习俗必然会受到社会生产力的发展水平、地理环境、民族心理、宗教信仰等制约。勾蓝瑶的婚姻习俗是其传统文化的一个重要组成部分，带有其浓郁的地方民族特色，反映了勾蓝瑶人的社会经济、伦理道德、民族心理、宗教信仰等诸多文化因素的发展轨迹。

1. 婚姻形式

勾蓝瑶与其他民族一样，也经历了母系氏族社会那种原始的血缘群婚制，之后才发展成现在的一夫一妻制。勾蓝瑶人婚姻缔结的形式主要有娶亲婚和入赘婚两种形式。娶亲婚就是现在男娶女嫁的常态婚姻形式，俗称"讨亲"或者"嫁女"，女方嫁到男方家后便永久生活，所生子女随父姓。入赘婚又称招郎婚，即男子不娶女子，而是到女方家上门。这种婚俗与远古勾蓝瑶人的生产生活方式密切相关。在母权制时代，瑶族女性在社会中占有主要地位，丈夫一般都要从妻而居，所以勾蓝瑶沿袭了这一独特的婚俗文化，又称为"勾郎配"。在瑶寨内，若一户人家只有一个女儿，为了延续香火，那么他们常从别家招赘，入赘婚较为普遍，大家在心理上都能接受。

如今的勾蓝瑶在婚姻缔结的过程中，还保留着这种"招郎入赘"的传统婚俗，其形式主要有"买断""断亲不断种""两边走""招郎转"四种。

一是"买断"型。"买断"又称"男从女姓""上门改姓"或"随妻走"。在这种形式中，女性往往处于主动地位，婚礼要在女方家举行，男方到女方家终身上门。结婚后，女婿从妻姓，所生子女全部从母姓，祭女方祖宗牌位，照顾女方家庭，成为女方家庭中的一员，赡养女方父母。女方父母亲死后，家产由女婿继承。如果妻子早逝，女婿还可另娶，但仍须从原妻姓，所生子女也不能改姓。这种形式在勾蓝瑶较为常见，入赘女婿大都是来自本寨其他异姓宗族，在家庭中地位是平等的，要到祠堂中"上清明堂"，在瑶寨内不会受到歧视，普遍受到尊重。

二是"断亲不断种"型。在这种形式的婚俗中，男方到女方家为婿，须改从妻姓，继承女方家财产，照顾女方家庭，赡养岳父岳母。但所生子女中必须有一个随父姓，以继承亲生父亲的香火。一般来说，所生子女单序随母姓，双序随父姓。

三是"两边走"型。"两边走"又叫"两边居""两不避宗"。这种婚姻形式主要出现在家庭子女不多的现代勾蓝瑶家庭当中。在这种形式中，男女结婚后，并不固定在一方家长住，因双方家庭的生产与生活都要照顾，而在双方家庭"两边走"。双方在女方家居住一段时间后，再到男方家居住一段时间，轮流在两边家庭居住，对双方父母负有相同的赡养义务，对双方家庭均享有相同的继承权。当然，居住的时间视双方家中农活和劳力的多少以及生产的时令而定。

四是"招郎转"型。"招郎转"又称为"随郎转"。所谓"招郎转"，是指男方上门入赘生了孩子后，居住一段时间后，妻子儿女便离开女方家，随夫回男方家居住。这种婚俗形式主要是由于某些勾蓝瑶女方家弟妹较多，年纪尚小，劳动力缺乏，需要新郎上门居住一段时间得以补充劳力。如今，勾蓝瑶人的生产力水平得到了极大的提升，日常劳作采用了现代化的生产工具，生活条件获得较大的改善，家庭收入提高了，劳动力不足时他们可以聘请劳力得以补充，因此，招郎转的婚俗形式在现在的勾蓝瑶极为少见。

2.婚姻过程

勾蓝瑶具有烦琐的婚姻缔结过程，其婚姻包括求婚、定亲、看屋、包蛋、婚嫁等程序。

求婚：旧时，在勾蓝瑶，男子满 18 岁，女子满 16 岁就到了婚嫁的年龄了。男子满 18 岁后，父母就会打听寨内是否有到了婚嫁年龄的姑娘。一般来说，男方家选择媳妇的标准是看姑娘是否贤惠、是否会做家务事和女工，以及女方家境条件如何。如有合适的姑娘，男方父母就会托媒人到对方家说媒。若女方父母同意，就会拿出姑娘自制的女工物品如一双鞋子或一条花带，连同姑娘的"年庚八字"交予媒人。如果男女青年的八字相合，双方择日就可定亲了。

定亲：勾蓝瑶沿袭传统的"四个蛋子，雷打不动"①的定亲习俗。定亲时，男子与父母带上"四个蛋子"，有时带一些自做的粑粑和果子，与媒人一起到女方

---

① "四个蛋子"，即一包鸡蛋，一般为四个或者四的倍数不等，是男方给女方的订婚信物，由男方家与媒人一起带给女方家。蛋子，即鸡蛋。

家。在女方家中，男子会受到"丈母娘"的考察，一番问答后，如女方家接受了这些礼物，并请男子坐红板凳，就表示同意这门亲事，如果不接受礼物就说明女方家拒绝这门亲事。根据当地的习惯法则，"四个蛋子"说明男女双方婚事已定，不能毁约，其他人不得再到女方家提亲。为了注重礼节，有时女方也要回赠给男方一些女工自制物品，如鞋子、手帕等。

看屋：勾蓝瑶姑娘在成亲前要到男方家实地考察，了解男方家的经济状况、家庭人口等情况，俗称"看屋"。女方收了"四个蛋子"后，男方便邀请姑娘"看屋"。看屋时，姑娘在主要亲属的陪同下，到男方家查访家况。媒人介绍议婚双方相识。男方热情地设宴款待女方家客人，并给每人红包，当地人称"挂钱"，数量虽不多，但表达了男方家的一片诚挚之情。

包蛋：看屋之后，男方要在自家办酒席宴请女方家亲人，俗称"包蛋酒"。宴请前，男方须与女方家商议，女方亲戚有多少家，每家亲戚一包蛋子，要包多少包蛋子。酒席完后，男方将准备好的蛋子送到女方家，分发给各家亲戚。办完包蛋酒后，男女双方便可自由来往了。时间一长，男女青年感情日增，女方便可宿居男方家。这在汉族儒家思想中被视为伤风败俗之举，然而在勾蓝瑶不会遭人非议，认为女方到男方家居住，一来可以补充男方家劳力，二来可以稳定双方关系，因此，勾蓝瑶人以宽容的态度待之。

婚嫁：在勾蓝瑶的社会生活中，婚嫁是非常隆重的，包括下彩礼、备嫁妆、办婚礼等过程。

男方娶亲前一天，需要给女方家送去足够多的彩礼。中华人民共和国成立前，勾蓝瑶的彩礼一般包括六种市面上大众化的汤/菜，每种6斤，如6斤排散①、6斤木耳、6斤海带、6斤腐竹等，还有几缸酒、几十条烟、压杠钱、猪肉等。在勾蓝瑶，彩礼按猪肉的多少一般分为三等：一等人家是家境条件比较好的富有之家，要整猪一头，民间称为"茶猪"，肉约180斤。茶猪要修理干净，破开肚子，取出内脏，猪板油留在其中，一根竹竿直通肛门到猪嘴，头上插有宫花，从耳至嘴须留毛，四肢及尾巴皆缠有红纸，背上贴有大红喜字，装扮得极为漂亮。二等人家猪肉120斤。三等人家猪肉更少，一般为60～70斤。尽管家境经济状况不一，所送彩礼样式大都差不多，只不过在数量上不同罢了，同时热闹

---

① 一种独特的油炸小吃，金黄香脆，略带咸味。

场面大体相同，所请吹鼓手不得少于6人。

在勾蓝瑶传统的婚嫁习俗中，给女方的陪嫁是娘家表达对女儿新婚的一种美好祝愿。女方的嫁妆一般由其父母准备，从床上用品、衣物、瑶家太阳伞至锅、碗、瓢、锄头、犁耙等生产生活用具，无不备齐，花费比较大。有女儿较多的家庭，光置办嫁妆的开支可见一斑，因此勾蓝瑶有"嫁女方家穷"的说法。当然，也有一些女孩的嫁妆是自己长年累月通过辛勤的劳作和女工积攒起来的，以备出阁时陪嫁之用。在勾蓝瑶，未婚姑娘是不用瑶家太阳伞的，勾蓝瑶妇女从结婚那天起，便开始使用太阳伞。所以，瑶家太阳伞是区别勾蓝瑶女子婚否的标志之一。

娶亲的头一天，男方家要引媒送礼。男方请女方舅爷过来商议婚礼的具体细节及女方家要求，吃过中饭后，由其带队，吹鼓手同行，抬着茶猪、木耳、海带、排散、压杠钱、酒、烟等彩礼送至女方家，一路上吹吹打打，全寨知晓，好不热闹。女方家在第二天送亲时会原封不动地将压杠钱返回给男方，而收下其余的彩礼，不过有时送来的猪肉超出了两家商量好的重量，女方家便会将超出部分于送亲时回箩给男方，体现了勾蓝瑶人诚实淳朴的性格特征。送完彩礼后，吹鼓手要在女方家宿居，以便晚上"坐歌堂"和第二天送亲时所需。所谓"坐歌堂"就是众多勾蓝瑶女子聚集在新娘家，对唱歌谣，俗称"陪嫁歌"或"哭嫁歌"。出嫁前两天，同村的女友到女方家陪伴新娘，共叙姐妹离别之情，练唱"哭嫁歌"，内容有哭父母的养育之恩的，有哭兄弟姐妹手足之情的，有哭知心朋友离别之谊的。实际上在婚礼之前的数日，女方家的"坐歌堂"就已开始，只不过送亲前一天会格外隆重些。这一天晚上女方家宴请了送彩礼的男方宾客后，新娘的众多未婚女伴就会聚集到新娘家，陪伴新娘，进行"坐歌堂"。歌堂设在堂屋里，摆上几张八仙桌、几把椅子和一些长凳，八仙桌上摆放一只贴着大红喜字的猪头，还有水果、糖、茶水等，燃放鞭炮后，新娘入座，哭嫁正式开始。舅妈、姑姑、表姊妹依次坐在新娘两旁，女伴坐下首，背朝大门，一起对唱歌谣，有时村中歌唱得好的才女也会前来助兴。"坐歌堂"时，一般由新娘的舅妈或姑姑起头吟唱，在一个能说会道的主持人的鼓动下，大家结合自己长期积累的知识，各尽所能，即兴创作，逢物便唱，逢事便吟，出口成歌，朗朗上口，运韵成律，无年龄限制，在吹鼓手的伴奏中，热热闹闹地唱一宿，天亮后坐歌堂结束。勾蓝瑶不像寨外其他瑶族，在"坐歌堂"的整个过程中男客自始至终都不得参加，但可以在边上观看。

第二天是娶亲之日，是整个婚礼最隆重、最热闹的一天。一大早，男方家所有的亲朋好友过来道喜，送上蛋子或礼金，主家设宴款待。吃完早饭，新郎舅妈、姑姑铺新人床，床上铺一些花生、瓜子、枣子、龙眼等物品，祝福一对新人早生贵子。这一天，是新郎家最为繁忙的一天，一方面要准备酒席，另一方面要安排迎亲队伍去迎亲。尽管忙碌，但每位人的脸上都洋溢着喜气洋洋的笑容。然而，女方家则呈现出悲情缠绵的画面。早上，男方接亲队伍等候在女方家，迎亲喜轿摆放在女方家宗族门楼口。新娘梳妆打扮后，在伴娘的搀扶下，拜别爸妈、舅娘、兄弟姐妹及村中长辈、好友，哭拜祠堂门楼，一步一唱哭嫁歌，以表达不忍离去之情。最为精彩感人的就是新娘与父母、兄弟姐妹的辞行对唱。新娘哭父母大人的生养之恩和哭兄弟姐妹们的手足之情，长辈就哭对新娘的教导与祝福，其情催人泪下，其景让人肝肠寸断。之后，新娘送入花轿，弟弟妹妹站在轿子两旁，吹鼓手开道，送亲队伍启程。花轿离男方家还有一段距离时就停了下来，男方舅爷发烟给送亲的人，然后男客先行，女客后走。喜轿一路上每经过一道门如守夜屋门、关厢门等，男方家迎亲人都要杀鸡引路，点烛、烧香化纸，燃放鞭炮，这些均意为新娘过门了，要祭拜门神。最后新娘喜轿来到男方家门楼，新郎身着新装早已候在那里，迎亲人同样要杀鸡引路，烧香化纸，燃放鞭炮，一刹那，喜气洋洋的锣声和鼓点、响彻云霄的爆竹声交织在一起，伴随着接亲队伍与送亲队伍的吆喝声，场面极为壮观与热闹。这时候，新郎舅妈、姑姑端着热水，来到花轿边，接过太阳伞，送礼金给新娘送亲的弟弟妹妹，打开轿门给新娘洗脸，之后将新娘引入洞房。至此，整个娶亲过程便告一段落。受汉族婚礼仪式的影响，勾蓝瑶的婚礼过程也要举行拜堂礼。拜堂时间由村里"师公"算出，一般为临近中午时分，男方家如有人与该时辰相冲的话，均须回避。拜堂的仪式由男方家所请司仪主持，时间一般为半个小时左右。新娘新郎皆盛装出席，新娘面部用一块红布全掩，有伴娘搀扶。在行拜堂礼的过程中，一对新人先拜神堂祖先，再拜双亲，最后夫妻对拜，礼毕，新娘由男方送入洞房。中午，开始宴席。席上男方家常安排能喝的人进行劝酒。席间，一对新人敬每桌客人，新娘侧身拜谢，新郎要下跪托盘敬酒。整个酒席，一度人声鼎沸、人头攒动、觥筹交错，场面极为热闹，一直延续到黄昏。席毕，新郎新娘送大客至门楼前，吹鼓手要奏乐。

　　婚礼这一天最热闹、最具特色的就是男方家"坐花筵"，主要内容是吟诵传统的民间诗词。与女方"坐歌堂"不同，新郎家的"坐花筵"的参加者主要是男方家村上的小伙子，俗称"诗客"。有时为了应付男方"诗客"们的刁难，新娘在出嫁时也会从娘家村请来诗客同行，所请诗客一般都是老人或女伴，双方"诗客"都是些能言善对的对诗高手。在婚礼中"坐花筵"最热闹的、颇有意思的就是俗称"接轿""请衣""叩门"三个过程。当新娘的喜轿来到门楼前，富有情趣的"接轿"活动即告开始。新郎请来的"诗客"在一位领头人的带领下，到轿子旁对诗，请新娘下轿。直到男方"诗客"们对诗三五次，新娘才矜持地被请下轿，并被接送至房中。在整个中午正席上，大家相互对诗，输者喝酒，一时间屋内诗声朗朗，不亦乐乎！"坐花筵"活动一直延续到深夜，其中最为情趣盎然、轻松愉快的场面就是"请衣"和"叩门"了。所谓"请衣"，就是新郎向新娘索取一套新衣服。新郎要想进入洞房就必须要得到这套新装，因此必须请最能言巧辩的"诗客"和与新娘一起躲在洞房中的女方"诗客"对诗，每对答一节诗，女方觉得满意后便从洞房中塞出一样东西，或为衣、裤、帽，或为鞋、头巾、绑腿。男方"诗客"们必须绞尽脑汁、竭尽全能对答诗词，方能获得这套新装。"叩门"，即新郎"请衣"后，请求新娘与其诗伴们打开洞房之门，让新郎进去。在此期间，新郎及其众多"诗客"们不得不使出浑身解数，对答女客们所提的诗词，软硬兼施、威逼利诱，用尽一切办法，只听到"吱呀"的一声房门打开，男客们在一片哄笑声中冲入洞房，场面极为热闹与欢快！

过去，四大民瑶中的一些青年热衷抄记一些"花筵"诗和"歌堂"词，以备在婚礼上大显身手，获得一些异性的注意，因此，出现了许多颇能吟诗歌谣之人。如今的勾蓝瑶"坐歌堂"与"坐花筵"已不如从前那么盛行了，民间诗词歌谣手抄本逐渐也少见了。

第三天，一对新人要回门。这一天上午，在媒人、新郎至亲长辈、兄弟等一行 10 来人的相随下，一对新人带上礼品回女方娘家，礼品多是些糖果、水果之类的物品。到女方娘家后，新婚夫妇一起祭拜娘家祖先，向新娘父母行跪拜礼。中午，女方家设宴办回门酒。新郎在头天自家办酒席时会派人送来两到三桌酒菜，作为回门酒的酒菜，不足部分由娘家补上。席间，各个劝酒，此时新郎就比较难受了，新娘娘家兄弟都会拿出自制的米酒，一一与新郎敬酒，不一会儿新郎就会烂醉如泥。这种独特的喝酒方式，展现了勾蓝瑶人淳朴豪爽的性格特质。有时，聪明的新郎会请一些会喝酒的亲戚前来伴行。席毕，新人及随行人员即日返回。

● 哭嫁表演

● 抬花轿

从此，一对新人，就像世世代代勾蓝瑶夫妻一样，秉承着从一而终的理念，相敬如宾，恩爱幸福。

3. 婚姻特点

勾蓝瑶的婚姻具有四个显著特点：

第一，微薄的定亲礼。过去的勾蓝瑶大都很穷，经济发展水平不高，为简化婚姻程序，勤劳淳朴的勾蓝瑶人采取了"四个蛋子"定亲的婚俗。四个蛋子看似不值钱，但在勾蓝瑶的一般家庭中尚属较为珍贵之物，同时蕴含着"圆圆满满"之意。定亲礼虽较为简单，但表达了男方家的诚挚之情。

第二，本民族内异姓宗族间的通婚。千百年来，勾蓝瑶有一句俚语："好女不出石墙门。"意即好女不嫁出勾蓝瑶，即使招郎入赘，都是在寨内异姓宗族招郎。这种婚姻特点具有深刻的历史渊源，归根结底就是在历史上勾蓝瑶饱受外族的歧视、侵略造成的。究其原因主要有以下几个方面：一是长期以来勾蓝瑶人饱受官府、外族的侵袭和欺压，认为寨外人奸诈，没有本族人淳朴；二是瑶内彼此熟悉，知根知底，生活习惯相同，实行族内通婚有利于家庭的和睦与稳定；三是瑶内女人是大脚，便于生产劳作，而瑶外女人要求裹脚，因此，勾蓝瑶人担心女子嫁出瑶内后较难适应，会受到歧视。

第三，稳定的婚姻关系。"四个蛋子"下定后，勾蓝瑶男女双方就已确定了婚姻关系，并取得了符合族内习惯法则的夫妻关系，双方都不得悔婚，奉行着

"四个蛋子，雷打不动"的古训，其他人也不会再向女方家提亲。在勾蓝瑶，从一而终的婚姻观念深入人心，离婚常被人所不齿。自古以来，勾蓝瑶离婚的事例极为少见。产生这种稳定的婚姻关系的原因有二：一是勾蓝瑶相对落后的生产力水平和勾蓝瑶人力求务实的观念。在勾蓝瑶家庭中，为了生活，丈夫常年要在远离家园的牛庄屋耕作，妻子则留守在家成为主要劳力，在家庭中地位较高，她们不仅承担生儿育女、孝敬长辈、打理家务事、上山砍柴的重任，农忙时还要与男人一道下田耕种。这种夫妻如筷、相互依赖的生产生活方式形成了稳固的家庭关系。二是自转为平地瑶以来，由于长期深受儒家思想与宗族习惯势力的影响，勾蓝瑶人从小就受到"慈""孝""友""悌"等儒家人伦理念的教化与熏陶，崇尚"家和万事兴"的处事理念。

第四，宽容与实用的未嫁先育理念。过去勾蓝瑶就有订完婚就可生育的习俗。在勾蓝瑶，女方接受了"四个蛋子"，在上门看屋与办完包蛋酒后之后，就可以自由地在男方家宿夜、生育。这种行为在寨外的汉人看来，就是一种丢人现眼、伤风败俗的习俗。但大多数勾蓝瑶人认为这种习俗没什么不好，完全可以接受，其原因有三：一是女青年一旦有了小孩，心理就会稳定，亲事就不易变卦；二是从前，一些勾蓝瑶家庭比较穷，很难一时筹集举办婚宴的钱财和付给女方家的彩礼，只能等到生完小孩后举办"三朝酒"时将女方的衣物铺盖搬过来，再给女方家一点钱就算完婚，这样可省不少钱；三是源于劳动力的需要，勾蓝瑶女子善于干农活，可以为男方家增添不少劳力。

5.5.3 丧葬与祭祖习俗

1. 丧葬习俗

在古代，由于生产力发展水平以及对自然界认识能力的低下，为了作出合理的解释，瑶人产生了"万物有灵"的观念。这种观念始终影响着后世勾蓝瑶人的信仰。勾蓝瑶人崇尚"灵魂不亡"的思想，认为人的灵魂可以脱离肉体而永恒存在，灵魂都生活在另一个世界——阴间。他们认为天地间都充满了神灵，鬼神主宰着一切，因而采取了敬而远之的态度，一方面想通过丧葬仪式来安抚死者，祈求其保佑全家，另一方面又担心死者鬼魂回家而扰乱活人、作祟家人。因此，勾蓝瑶人实行的一系列的丧葬仪式，就是为了让死者灵魂与祖先团聚，避免四处游荡而作祟活人。

丧葬习俗作为勾蓝瑶的一种古老文化一直延续至今，是当地文化中最为隆重庄严的一种仪式。在悠悠漫长的历史长河中，由于面对的自然环境和生活方式的不同，随着勾蓝瑶社会生产力的发展，以及与周围汉族等其他民族交往的不断加强，勾蓝瑶丧葬文化也在不断发生变化，逐渐融入了其他民族尤其是汉族的丧葬文化，形成了内容繁多、形式多样的丧葬习俗。勾蓝瑶普遍流行土葬，棺材是主要的葬具，一般由杉木材料制作，有的家庭用春芽树，丧葬仪式主要包括以下几个环节：

送终：生死离别是人生最痛苦的事。老人临终弥留之际，子女须日夜侍奉，不离左右。老人当着众人的面吩咐一些身后之事，对此，子女须一一允许，让老人放心。如果这个时候，儿孙还在忙自己的事，必然会遭到众人的非议与亲人的责骂。一些不和睦的家庭，为了避免引起误解，男的须请舅爷家来探望，女的要请娘家人来看看，以免治丧时他们故意刁难。

报丧：人死后，孝子身披孝服首先到舅爷家报丧，然后依次到本村寨的每家每户门前跪拜，但不能进入主家，只能在门前跪泣哭拜。房族兄弟和近邻闻讯后，都会自觉地放下手中农活来到丧家帮忙，体现了勾蓝瑶人互帮互助的优良传统。此外，孝子须请寨内有威望的人全权负责整个丧事活动，此人相当于一个总管，年龄稍长，要聪明灵活，能言善辩，知晓丧事仪式的规则，主要负责组织安排人员帮忙、筹集丧事经费、管理开支、请师公等。

装殓入棺：人死后，将一枚银豪放入其口中，作为"含口钱"，寓意是让亡灵到阴间有钱用。接着，由亲人帮死者洗身，换上女儿制作的寿衣与寿鞋。装殓完毕，即可将遗体从床上抬到堂屋，按头朝神台方向、脚向门外方向仰卧平放在地面上的木板上，用白布盖好遗体，再抬到两把长凳上，俗称"盛高"，头部与脚下各点一盏油灯，孝子孝女及亲属在两旁哭泣守灵，等候入殓。搁放遗体的长凳及木板在整个丧事完后，须放到池塘里浸泡数月或更长时间后才可使用，甚至丢弃不用，以免留下一些"不干净"的东西。入棺时辰由师公事先测算好，到时，众亲属抬棺材入堂屋，棺头朝神台，棺尾朝大门，两端各用一根圆木垫住，师公持剑绕棺念符咒做法后，抬遗体入棺木，再蒙上几层白布、纸钱、大米或被单、衣物。灵柩头、尾端放上点燃的茶油灯，俗称"长明灯"，让其昼夜长明，同时在头部处摆放一些供品及若干燃香进行供祭。

停柩奠祭：停柩奠祭的时间长短由师公测算，一般为1~2天，如果近段出殡日子不好的话，灵柩在家停放的时间较长，有的甚至达到一年之久。在此期间，师公打斋，述说老人生前丰功伟绩，举行送魂仪式，打铜鼓祭丧。在举行仪式的整个过程中，死者家人或亲戚不得随意走动，须跪拜在灵堂前。前来吊唁祭奠的宾客，先到死者灵柩前行跪拜之礼，并献上所带来祭品（在勾蓝瑶一般为蛋子），孝家们跪拜还礼，礼毕，宾客扶起孝家们，用言语进行宽慰，以表示惋惜之情。在勾蓝瑶，哭丧被看成衡量子女孝顺与

● 白宴菜肴

否的标准之一。哭得越伤心，就越能体现出子女们的孝顺。祭奠期间，每有亲戚来到，孝女们便要号啕大哭，唱"哭丧歌"，哭诉死者生前的经历、抚育的儿女的艰辛以及不舍离别之情等。勾蓝瑶素有生死相怜、疾病相扶之美德。只要哪家有丧事，大家都会主动前来帮着丧家一起守灵，帮着料理死者后事，为孝家减轻精神负担和压力。对前来吊唁的宾客，不论亲疏远近，均由孝家招待饭食。在未出殡前，饭食多以豆腐和青菜等素食为主，待灵柩出殡安葬好后，孝家在祠堂举办隆重的早宴款待各位宾朋，每桌一般为十大碗或十二大碗菜肴，以荤菜为主。一场丧事办下来，孝家花费是比较大的。在勾蓝瑶，据当地习惯法则，老人丧事的所有开支是分担到各位子女身上的，孝子们承担宴席的一切开支，孝女们负责前来吊唁宾朋的回礼支出，如毛巾、烟、香皂等。

出殡：在古代的勾蓝瑶，每一宗族都有公用的坟山，人死后均可入葬，与祖先共葬一起，一来可以节约择地费用，二来期望死者与宗族先祖们可在阴间一起生活，三来可以强化族群的团结性、整体性与纯粹性。如今，受公用坟山面积与"风水"环境的限制，勾蓝瑶人均要在老人弥留阳世之际，请地理先生在自家山上选好满意的墓穴。在勾蓝瑶，一般情况下，人死后1～2天即可出殡。出殡当天凌晨，师公作法举行盖棺仪式，亲人们身披白孝在灵前化纸叩头，与死者见最后一面，一时间灵堂哭声一片，其景极为悲摧。出殡时间，一般在上午九十点钟。出殡的队列中，师公作为引路人先行，吹鼓手在后，接着就是手捧死者灵牌的孝子、孝女及众亲属，灵柩后就是抬棺人队伍。抬棺人一般为三班，每班8人，队伍较为庞大。一路上，孙辈们不时撒下纸钱，意为"买路钱"，孝家们三步一跪，四步一拜，爆竹声、锣鼓声以及死者女性亲属的"哭丧歌"声掺杂一起，场面极为悲恸。每遇三岔路口、桥、亭，送葬队伍都要停下，孝子孝女们均要伏在

地上，意为背死者过去，以表示自己的孝心。

下葬：下葬前，孝子要在墓穴中将一些芝麻秆烧成灰，俗称"暖穴"，寓意将冰冷的墓坑烧暖，让死者在一片温馨中安然长眠。接着，抬棺人动手将棺木抬进墓穴，摆正，棺材头朝内、尾向外，孝子要在旁边不断校对棺材是否摆正，俗称"验金井"。之后，师公举行仪式，子孙们跪拜在坟前，不断哭泣，孝女们一直哭唱"哭丧歌"，再次表达不舍离别之情，其状泣不成声，其声哀感天地。仪式毕，将事先备好的纸人和纸屋烧掉，意为让死者在阴间有人做伴和不乏居室，接着就填土封棺，留出棺木顶，待孝子回去吃完早饭后再来擂土封棺。当所有下葬事宜完成后，孝子将死者灵牌敬上家中神台位，上香烧纸。

守孝禁忌：勾蓝瑶人非常注重孝道，为表示对亡故父母的爱戴和尊敬，孝子须在家进行守孝。勾蓝瑶至今还保留着一些在此期间的守孝禁忌。在起居方面，孝子不能坐高凳，不能睡高床，否则被视为对死者的不恭；在饮食方面，一般以吃素为主，否则被视为对亡人的不敬；在社交方面，忌讳走亲访友，不得参加娱乐活动，否则被认为会给别人带来晦气，为人所不齿，此外，不可以举行婚嫁之事及其他喜庆之事，否则被视为不孝；在服饰方面，以穿黑色、蓝色等暗色衣服来守孝，忌讳穿红戴绿，浓妆艳抹，否则也被视为不孝。

以上所述勾蓝瑶人丧葬习俗，均是针对正常死亡且六十岁以上老者的，对于年纪不大正常死亡的人来说，丧葬仪式较为简单，低调许多。至于在外凶死者，一般不准将尸体抬回家中，多是停放在石墙门外，请师公简单打斋超度，择地尽快安葬。

2. 祭祖习俗

勾蓝瑶先民的祖先崇拜是在灵魂不亡、万物有灵的基础上产生与发展起来的。他们认为祖先生活在阴间，会保护那些在世的子孙们人丁平安、六畜兴旺。基于现实的需要和愿望，他们奉行祖先崇拜，在堂屋神台里放有祖先的灵位，时常祭拜他们，注重祭祀仪式。每当岁时节日、逝者周年、祖先生日之时，都要奉上供品、烧香化纸进行供奉，餐前必先祭供，然后才能吃饭。此外，不论做任何宗教仪式，都必恭请家先参与做主，以祈幸福平安。

勾蓝瑶的祖先崇拜分为祖先崇拜与始祖崇拜两类。勾蓝瑶人对本宗已故祖先的崇拜活动经久不衰，他们相信先人们在另一个世界会保佑在世之人。所有勾蓝瑶人家堂屋中都安有一个神台，神台上供奉着历代祖先宗亲，逢年过节时，家中主人都会烧香、添酒或茶、盛饭菜加以敬奉，口中喃喃念叨着请祖先在天之灵保佑子孙后代家业兴隆、幸福安康。

祖先祭祀：每年清明节，勾蓝瑶人奉行同宗同族集体祭远祖的习俗。他们通过祠堂对远祖的祭祀活动，不仅可以强化宗族成员尊祖敬宗的观念，而且可以达到增强族人凝聚力的目的。这一天，以家庭为

● 祠堂议事

单位同宗族的各家男丁带上供品，聚集在本族祠堂，一起到坟山上祭拜共同祖先。凡参加祭祀的男人都须沐浴换上新装，以表示对祭祀的重视以及对祖先的尊敬。祭祀中，由一位年长的、德高望重的长者主持，杀公鸡并将鸡血在祖坟上淋一圈，点烛香、烧纸钱、燃放鞭炮，然后按照长幼顺序，依次祭拜祖先。祭祖仪式结束后，大家返回祠堂，举办宴席，聚在一起吃"清明酒"，所有的宴席所需物品均是由每家每户自带一样拼凑而成，有带猪肉的，有带豆腐的，有带蔬菜的，有带木耳的，等等，不足部分由本族清明山、清明田等产业生息补充，吃不完的再分给各家。此外，趁着大家聚集在祠堂的机会，由族长主持，召开同族会议，总结过往，惩恶扬善，共商族事，并且将那些当年出生的男孩以及入赘郎入清明堂、上族谱。在勾蓝瑶，女子是不能入清明堂、上族谱、吃清明酒的，可见勾蓝瑶人深受汉族"男尊女卑"思想的影响。尽管如此，勾蓝瑶一些家庭妇女在清明节这一天也会来到祠堂，帮助做一些后勤接待之类的事务，如烧水煮饭、端茶送水、洗碗刷锅等，体现了勾蓝瑶妇女勤劳朴实的性格特质。

清明节祭祀完共同祖先后，勾蓝瑶人再祭扫各自的祖坟。清明节的第二天，勾蓝瑶人备上供品，如香、烛、纸钱、鞭炮、煮好的饭和菜、自酿的米酒等，来到祖坟上进行祭扫。首先，须将祖坟墓前和墓卜的杂草除尽，再摆上供品，点燃香、烛，然后烧纸，此时口中要不时念叨着请求祖先保佑家人与子孙平安幸福、家业兴旺。最后，燃放鞭炮，作揖后告别。

除了清明节以外，七月半中元节是勾蓝瑶人祭祖的大节，仍以家庭为单位，但祭的祖先可追溯到曾祖父辈、太祖父辈等。从每年的农历七月十一日开始过节，当天晚上在堂屋神台上供上鸡、粑粑、水果等，主家年纪最长者烧香化纸，家中其他人跟其后叩拜，恭请祖先回家过节，燃放鞭炮，请祖先喝酒吃饭。用餐时，在桌上摆好碗筷，杯中倒些酒，备好祖先凳椅，恭请祖先喝酒，之后再用

碗盛些米饭恭请祖先用餐。事毕，主家再聚在一起用餐，今后数日用餐都是敬祖先后，家人才能吃饭。七月十四日是正节，晚餐较为丰盛，饭后主家在门楼处燃放鞭炮，烧香化纸，恭送回来过节的祖先。

此外，勾蓝瑶人在春节期间也要祭祖，具体详见本书第5.6节。

始祖祭祀：勾蓝瑶同其他瑶族一样，都要祭祀始祖盘瓠。关于盘瓠传说的文献记载有很多，具体见本书第8章。关于民间口头传说也有很多版本，其中之一就是：相传瑶族先人们为了摆脱官兵的追杀，由北向南迁徙时，路遇大海，于是便砍伐树木做成木船，试图漂洋过海。途中遇上狂风暴雨，船在海上漂了七七四十九天，始终未能靠岸。此时有神仙托梦给他们，只要他们向盘王许愿就可平安渡海。瑶民们立刻向盘王跪拜许愿，祈求盘王保佑他们安全渡海，并许下大愿，如能渡过此劫，就保证永远地以最为隆重的礼仪年年祭祀盘王。大家许愿过后，盘王果然显灵，天空立马放晴，霎时风平浪静，瑶民们平安上了岸。这天正好是农历十月十六日，是祖先盘王的生日。瑶民们上岸后，有的挖春冲糍粑、有的上山打猎、有的摘野果，将做好的东西敬献给盘王以表酬谢，大家一起唱歌跳舞，举行隆重的还愿仪式祭祀始祖盘王。此后，瑶族世世代代都信守诺言，每年农历十月十六日都要过盘王节，还盘王愿，举行隆重的祭祀盘王礼仪。

每当农历十月十六日盘王节之时，勾蓝瑶寨的人都会聚集在盘王庙里，人山人海，设上祭坛，祭坛上挂有盘王神像，摆上供品，请师公做法事，唱盘王歌，喃祭词，跳长鼓舞、羊角舞，吹芦笙、长号，狗头旗引路，抬盘王塑像出巡各村即"游神"。每到一村门楼，师公做道场，各家各户争先摆上供品敬奉盘王。在整个出巡过程中，年轻人载歌载舞，锣鼓声、唢呐声、爆竹声震天动地，极为热闹。三村门楼出巡完后，送盘王回庙，举行祭祀仪式。祭祀仪式大致为请神、奏神、乐神、送神几个程序。祭祀开始时，端出供品敬奉盘王，点烛上香、烧纸钱，师公做法事从请神开始，至送神结束，法事主要以念诵经文为主。场面较为壮观的就是乐神时，身披盛装的勾蓝瑶人手持长鼓，在表情肃穆的师公的带领下边舞边唱，舞者神形兼备，衣袂飘飘，动作刚强有力。送神后，所有在场的师公念经，跪拜盘王，祈求盘王保佑子孙平安幸福、人丁兴旺、年谷顺成、六畜丰盛。

在勾蓝瑶，还盘王愿仪式中最为隆重热闹、激动人心的活动就是"砍神牛"。尽管大水牯牛在勾蓝瑶人的生产劳作中发挥了巨大的作用，但是在祭祀始祖盘王时，勾蓝瑶人毫不吝啬，认为用大水牯牛这样的牲畜祭祀才显得虔诚。在黄家村盘王庙，每三年一次举行砍神牛仪式，寨外其他人员也会赶到勾蓝瑶寨看热闹，届时，人山人海，达到数千之众。一般所砍的牛，勾蓝瑶人都是通过抢花炮的形式决定。花炮一般是以篾为框架，再用纸糊上，其形有人物、鸟兽、花草等，两尺高，种类颇多，在庙前空旷广场的石头中间立一根大树桩，将所有花炮悬挂于桩顶，其中有一个花炮中含信物，抢到信物者就是获胜方，就会将自家的大水牯牛作为本村下一届的"神牛"祭祀盘王。抢到花炮者非常兴奋，认为盘王消受自家的"神牛"，是一种荣耀，是自家的福气，相信盘王会保佑自家子孙后代幸福平安、心想事成。选定好的"神牛"，是始祖盘王的供品，如照顾不好的话，主家担心盘王会降罪，因此，砍前数月不准"神牛"役用，精心照料，据说还要帮其洗澡、驱蚊。砍神牛一般在农历十月十六日午时进行。砍前，先立砍牛桩，在纸钱上摆一个血盆，主家将披红戴彩的"神牛"牵出拴在牛桩上，师公做法，烧香化纸，嘴中不断赞颂盘王恩德及神牛的功绩。事毕，将一挂鞭炮系在牛尾巴上，点燃，"神牛"一受惊就到处乱窜，众人怕被"神牛"撞击、践踏，便纷纷躲闪。"神牛"狂奔的过程中，观者如潮，欢声震耳欲聋。等到"神牛"跑得筋疲力尽了，再将其牵回，拴在牛桩上，这时候，喂养"神牛"的主家未婚男子象征性地拿着砍刀向牛颈砍上一刀后，本寨专业的砍牛手走上前，大喝一声，挥动着锋利无比的大砍刀，用尽全力对着"神牛"颈部大动脉处捅去，砍完后头也不回地走开，只见牛血一下子迸发出来，喷洒入血盆内。确定"神牛"死了之后，砍牛者会将牛头砍下，放在祭盘中，然后抬到寺庙祭坛的正中间，两边再分别摆放着猪头与羊头，师公做法，举行祭祀仪式。早已候在寺庙里的勾蓝瑶人开始对盘王进行叩拜，感谢盘王的大恩大德，祈祷来年五谷丰登以及家人富贵平安。在砍牛的整个过程中，勾蓝瑶人在一旁跳长鼓舞、羊角舞，并进行舞龙舞狮表演，好不热闹。勾蓝瑶人历来就有狩猎分食的优良传统，祭祀完毕后，由于大家都是盘王的子孙，所有在场的男丁，不论大人小孩，都可分得祖公馈赠的牛肉一条。

5.6 传统村落节庆习俗

勾蓝瑶是一个历史文化悠久的古老民族，其传统节日种类繁多，内容更是丰富多彩。除清明节、春节外，还有祖先崇拜的盘王节、中元节，以及与生产劳作密切相关的洗泥节、牛王节、尝新节、诛鸟节。在节日期间，勾蓝瑶人或跳起长鼓舞，吹响芦笙，集体欢庆，或耍龙舞狮，走村串户，甚至请来戏班唱上三天三夜，这些习俗一直沿袭至今。通过这些节日可以感受到勾蓝瑶人那种朴实、善良、坚忍不拔与热情好客的民族性格，让人领略到别具情趣的地方风俗。

在漫长的发展过程中，受"万物有灵"思想观念的影响，勾蓝瑶都要定期举行集体祭祀活动，尤其对祖先崇拜的祭祀活动是其社会生活十分普遍的现象。这些信仰活动一直延续至今，不仅表达了勾蓝瑶人对祖先怀念的孝道，而且阐扬了推己及人、乐善好施的义举。在勾蓝瑶最为隆重的就是盘王节、清明节和中元节。此类祭祀祖先节日的介绍在前文均已阐述，在此不再赘述。

勾蓝瑶本是一个山地的"游耕"民族，过着"吃了一山又一山"的"游耕文化"生产生活方式，自转为平地瑶后，在一些平原地区开垦了不少耕田，随着与汉族文化的不断融合与交流，衍生出了许多具有民族特色的农事性节日，如诛鸟节、洗泥节、牛王节、尝新节等。

诛鸟节：勾蓝瑶人居住的山区，林木茂盛，生长着许多以五谷为食的山雀、野鸡、斑鸠等鸟雀。在很久以前，一到春暖花开之时，便会有成群结队的鸟雀飞到田里啄食地中的种子、秧苗，用那尖利的喙，揪呀，啄呀，一碗茶工夫的时间，好端端的田地便被糟蹋得不成样子，影响庄稼的生长，影响瑶民们的收成。漫山遍野的各种鸟雀到处飞，赶都赶不走。在(光绪)《永明县志(卷十)》中就有记载："光绪三十二年四月大水后，忽有异鸟蔽空，数以万计下食田中新撒秧谷，农家几受其害，幸不半月即去，其鸟形似瓦雀而略大，嘴亦较阔较长毛，色较深，为素未经见，似此则又诛之不胜诛矣。"可见，鸟害非常严重，成了勾蓝瑶人早春作物的头号大敌。据传说，瑶民们发现鸟儿喜欢吃新树芽，为了防止它们再啄食田里谷种，每年二月初一(传说这一天是鸟的生日)，勾蓝瑶人就将梨树嫩芽做成粑粑给"鸟"吃。他们先将粑粑粘在竹枝上，插到田头地角喂鸟，边插边学鸟叫，意即唤鸟儿来吃，莫损坏庄稼。结果，鸟儿吃了粑粑，嘴壳被粑粑粘住了，之后再也不敢到田里啄食了。从这个传说来看，诛鸟节又称为敬鸟节。从此以后，勾蓝瑶人将每年二月初一播种之时作为一种盛大的农事节日，家家户户做梨叶糍粑，置办酒席，还要到寺庙烧钱纸，点香烛，祈祷鸟雀不要再来田间啄食了。当然，关于诛鸟节的传说民间有很多，在此不一一述说了。

牛王节：早期的勾蓝瑶社会生产力水平不高，生活较为困难，粮食不足，女子常常因奶水不够而需要依靠牛奶将子女一个个抚养成人。牛奶救活了许许多多勾蓝瑶人的性命。此外，牛是瑶民在生产与生活中不可或缺的"六畜"之一，为勾蓝瑶种族的延续与生产力的提高发挥了巨大的作用。自古以来，勾蓝瑶人对牛有着深厚的感情，将牛视为家庭中的一员，把每年农历四月初八定为牛的生日。每年这一天，勾蓝瑶人即使农活再忙，也会让牛休息，把牛当作神明来祭礼侍奉，不准打牛、骂牛、吃牛肉，更不准斗牛和骑牛。清早煮盆牛潲，送进牛食槽，给牛洗澡，将牛梳理得干干净净，让牛好好地享受一番。还用树叶将米制成乌饭，敬奉神灵，示意米是牛用血染出来的，神灵享用了这些乌饭就会保佑牛不会生病，人吃了这乌饭就会知道饭来之不易，是牛赋予人的恩赐，从而懂得善待牛。这一天，勾蓝瑶家家户户都要用糯米加些豆类，如花生、绿豆、红豆等等，用稻草烧成灰调好的碱水来做"牛腿粑粑"，粑粑做成后再用黄糖水淋一遍，其味极为香甜。牛腿粑粑做得大的有七八来斤重，小的有一两斤重。大家吃着"牛腿粑粑"，聚集在一起跳着长鼓舞，吹着芦笙，来庆祝牛的生日，以表达对牛的尊敬与感激之情。

尝新节：相传瑶族先祖们漂洋过海时，忘记带谷种，狗知道后就游了回去，在谷堆中打了一个滚，沾了一身谷子，但回来时身上的谷子已被水冲走，只留下尾巴上的几粒谷种。瑶人们得到了狗送来的种子，播种在田里，禾稻上结的稻子弯起时同狗尾巴一模一样，很快就得到了收成。为报答狗的恩德，每年农历六月初六，当田里的禾苗含胎抽穗，早稻开始灌浆之时，勾蓝瑶人要做新白米饭吃，杀鸡宰鸭，做糍粑，谓之尝新。尝新有先后次序，一为狗，报答狗带来谷种的大恩大德；二为天地，祈求天地众神保佑风调雨顺；三为祖先，期望祖先庇护五谷丰登；四为合家，憧憬全家幸福美满。

洗泥节：每年在辛苦的春耕忙种之后，瑶人会休整歇息一段时间，并在农历五月十三日举办农耕庆典活动。一是庆祝春耕生产结束，一家团圆；二是祈求所种粮食秋后获得丰收，正如有诗所述"插田上岸，功夫一半。牛补青食，人换新装。家人团聚，举族联欢"。"洗泥节"属于平地瑶民俗文化活动项目之一，在湘南边陲的勾蓝瑶古寨每年都会隆重庆祝。相传洗泥节起源于唐代，流传于湘桂粤交界的100多个平地瑶村寨。五月正是苦瓜成熟的时节，勾蓝瑶人摘下苦瓜，将其挖空，中间酿上糯米及佐料，而食之。由于这天会吃苦瓜，当地又称"苦瓜节"。

自唐至今，洗泥节已有上千年历史，经过时间的洗礼与不同文化的交流融合，尤其是二十世纪六七十年代，由于历史原因，许多寺庙被毁，洗泥节活动也遭到了批判和破除，很多地方的洗泥节都失传了，而勾蓝瑶人到了五月十三日这天，酿苦瓜、吃团圆饭的习俗从未间断。究其原因，这与勾蓝瑶厚重的文化积淀、稳定优越的自然交通设施、包容好客的民族特质与别具特色的生产生活方式密不可分。

　　勾蓝瑶古寨的瑶民在兰溪定居已逾千年，汉唐宋元明清各个时期，由于信奉以佛教为主的多神教信仰，先后建立了寺庙阁观68座，基本上每个寺庙一年一小祭，三年一大祭。勾蓝瑶几乎每月都有节日庙会，届时，星相卜卦、测字算命、中医伤科、各种摊贩、戏剧、杂耍、装故事等艺人云集此地，香客游人络绎不绝，热闹非凡。逛庙会成为勾蓝瑶人不可缺少的休闲内容。这些节日庙会大都具有极高的艺术价值和深厚的文化底蕴，不仅展示了勾蓝瑶的民族精神风貌，而且促进了勾蓝瑶人民族凝聚力的形成与发展，增强了勾蓝瑶人的民族意识，为洗泥节的文化传承注入了丰富的文化基因。

　　勾蓝瑶寨内有通向外界的青石拱桥6座，石板平桥近100座，有15条从九城十门通向外界的古驿道，均为一米左右宽的青石板道路，长约74千米。其中有7条通两广，有8条通外县各村，从永明至富川的"楚粤通衢"驿道从此经过。基于如此便利的交通环境，勾蓝瑶每次的庙会都会吸引大量的寨外其他民族前来，这种地缘优势将寨内外不同民族的文化联系起来，对促进勾蓝瑶与外界文化交流发挥了巨大的作用，极大地丰富和发展了勾蓝瑶洗泥节的文化内容。此外，自明洪武初年归化以后，勾蓝瑶以"镇守邑门户湘粤隘口"为己任，为抵御外侵，先后建造了近4公里的9座封隘城墙、10座城堡、20座守夜屋、30座关厢、10扇城门，构筑了坚固的四道防御工事……石城墙及石城门、守夜屋、关厢、门楼，易守难攻，从而使寨内得以长期保持着相对稳定的社会环境，这为洗泥节的传承与发展提供了稳固的文化土壤。

　　瑶族是一个勇敢、智慧、勤劳、包容的民族。长期以来，勾蓝瑶的原始部落文化不仅没有被外来文化消灭，而且在不断吸收外来优秀文化的同时，将本民族文化的精华溶于其中，不断形成新的文化风格。他们不仅沿袭了洗泥节的风俗，还将其与本土族人的节庆活动项目内容融合，吸收其他瑶族文化养分，将洗泥节发展成为祭拜、休闲、狂欢、联谊的盛大节日。同时瑶族也是一个善良、好客的民族。每逢周边民族前来参加庙会时，勾蓝瑶人都会视其同家人，安排食宿，用好酒好菜招待。这种"好客勾蓝瑶"形象让人体会到兰溪文化的大气，也吸引着周围百十里村寨的各族群众慕名前来，有的地方还带来了地方节目前来助兴，从而极大地推动了勾蓝瑶洗泥节的文化传播与内容的丰富。

　　勾蓝瑶人招安定居后，积极开疆拓土，向远至20里开外购置民田达数千余亩，形成了12处连片田园，建起了18座农耕"牛庄屋"。一到开春，所有男劳力都要整装离寨，长住到牛庄屋打理农活，直至春耕农活做完后才能回寨归家。同时，在家守寨的妇人女子，除了负责瑶寨的安全外，还要在家里敬老护幼、织布做女红、养禽畜、习武弄拳等。族人流传有诗："一年之计在于春，一日之计在于晨。春雷一声惊天地，莫把懒惰过时辰。男人春来倒扎裤，女人春来助夫君。不论多少娇娥女，少搽胭脂懒画眉。谷在家中分种类，起早贪黑为殷勤。男子殷勤家余庆，女子殷勤穿色新。春泥一身为耕种，皇天不负有心人。辛勤结就丰收果，洗泥庆祝好收成。"勾蓝瑶人这种独特的生产生活方式，催生了洗泥节的文化习俗，表达了他们对美好幸福生活的憧憬，对五谷丰登的期盼。

勾蓝瑶"洗泥节"于每年农历五月十三日举办，历时 3 ~ 7 天不等。每年的"洗泥节"及其他节庆活动，都要由瑶长牵头，组织各村瑶目在头年岁末作出安排和详细分工，要求每个牛庄屋都要表演一个节目，有时以自然村为单位出一个节目。这样下来，一场洗泥节要表演几十个节目，大家各显其能，自编自演，自娱自乐，形成人人参与的良好氛围，展示了勾蓝瑶人丰富多彩的文化生活。

洗泥节的主要过程：第一天，迎宾接客、组织族人开展各项联欢活动，晚上开始唱大戏。第二天开始，都是看大戏、款宾吃喝、攀亲叙故、交流交友等自由活动。大戏唱到哪一天，节庆活动就在哪一天结束。

洗泥节活动内容丰富，节日期间瑶寨上下"张灯结彩，旌旗飘扬；歌舞兴平，山欢水笑"，不亚于过大年和盘王节，整个瑶寨充满了节日的喜气。届时，整个勾蓝瑶寨可谓是人山人海，家家户户都宾朋满座。节日的重头戏都在第一天。从早上开始，组织大游行活动，游行内容主要是拜庙堂、拜门楼、拜有名望和长寿的老者，各门楼老者早早就摆上三牲果品等候游行队伍来临。

游行进行中，锣鼓开道，黄龙在前，龙鼓并进，随后是长鼓、短鼓、芦笙舞、装故事等表演队，狮子队扛着大刀、长矛、长棍、短棍、坦耙等各种武艺器具随后，民乐队敲响锣鼓，吹起号角，惊天动地的龙鼓声、狮鼓声、号角声、唢呐声、鞭炮声，再加上成千上万的围观人群，场面十分壮观。游行完毕后，下午要在布置好的广场上进行舞龙耍狮、耍男女棍、打拳、耍马刀、耍大刀、耍双刀、耍长矛、耍坦耙、起排楼、坐莲花、狮子穿门楼、过火圈等功夫竞技及吹笙踏鼓、歌舞联欢等各项技艺表演。

除了狂欢活动外，家家户户都杀鸡宰鸭备足美酒佳肴，款待宾客，宴席上必不可少的就是酿苦瓜，这是勾蓝瑶"洗泥节"又一风俗特征。苦瓜是避暑清凉的佳肴，一根苦瓜切成两节，酿入配好的肉丝、豆腐、糯米等佐料，甘甜可口，同时，家家户户还要制作许多糍粑、艾叶粑等点心，一是送给来客在观光活动中充饥，二是客人离去时，送几个粑粑给客人带回家去分享。勾蓝瑶人热情好客远近皆知，对进门的客人，主人均视为上宾，以美味佳肴招待。由于盘瓠龙犬是瑶族的图腾崇拜，凡是瑶族的民俗活动，都是忌食狗肉，因此，洗泥节再丰盛的宴席也没有狗肉上桌。

勾蓝瑶本实行"父母之命，媒妁之言"的包办婚姻，但自20世纪80年代以来，勾蓝瑶人吸收了其他民族自由恋爱的婚俗习惯，并将其融入了洗泥节。因此，现在的洗泥节又是勾蓝瑶人男女青年谈情说爱的最好时机，他们通过联欢、对歌、聚餐、看戏等活动，建立较为开放的情侣关系。自洗泥节活动举办后，勾蓝瑶人就打破了"族内婚"的部落婚俗。每年的洗泥节过后，一些青年人都会找到心仪的对象，"有情人终成眷属"不时发生。

洗泥节是勾蓝瑶人在长期农耕生活和稻作习俗中形成的以娱神、娱人为内容，以歌舞、祭祀活动为载体，包含了勾蓝瑶优秀的建筑、饮食、婚姻、生产、生活、节庆等传统文化内容的节目。她承载着勾蓝瑶人许多重大历史文化原始记忆，她以一种潜移默化、寓教于乐的形式，展示着勾蓝瑶人的精神世界，表达着勾蓝瑶人对美好的理想、智慧与伦理道德的追求和向往。

然而，随着时代变迁和外来强势文化的冲击，风靡上千年、流传湘桂粤的洗泥节活动正逐渐消逝，勾蓝瑶洗泥节活动一度被停办。令人欣喜的是，2000年，在族人的强烈要求下，黄家村干部召集健在的几位传承人，组织活动队伍，恢复了"洗泥节"活动，得到了周边村寨的热烈拥护，同时也引起了各级政府的高度关注和重视。江永县委、县政府已经将洗泥节列入了5年保护计划，于2008年成功申报了"永州市非物质文化遗产保护名录"。2012年，勾蓝瑶寨"洗泥节"习俗入选第三批"湖南省非物质文化遗产名录"。如今令人担忧的是，勾蓝瑶洗泥节活动项目的传承艺人相继作古，以欧阳绪珍老人为代表的几个传承人大都年逾古稀，学习传统文化的当地年轻人越来越少，原有的一树花、抱花炮、纸扎、龙扎、装故事、对歌等精湛文化技艺已基本消失；长鼓舞、短鼓舞、芦笙舞的古调、音律、舞姿等古老演艺因没有完整的传承而大打折扣。可见，勾蓝瑶洗泥节的传承面临着严峻的困境。

● 洗泥节祭祀供品

● 洗泥节传承人欧阳绪珍(右一)一家

● 欧阳绪珍老人主持洗泥节

● 洗泥节出巡队列

● 洗泥节师公祭祀

● 洗泥节长号手

● 洗泥节唢呐手

● 洗泥节狮子拜门楼

● 洗泥节游龙

● 洗泥节游龙拜门楼

洗泥节舞龙表演

● 洗泥节门楼准备祭祀

● 洗泥节门楼祭祀

● 洗泥节宾朋满座

勾蓝瑶的诛鸟节、牛王节、尝新节、洗泥节都是在每年的上半年，尽管各自内容不同，但都与生产劳动有关，以歌舞、祭祀为活动载体，是伴随着岁时和生产习俗所形成的。这些节日维系着勾蓝瑶人农业生产活动的正常运行，提醒人们不忘农时，关心耕作，关心收成，记载着勾蓝瑶人农业耕作的历史。

春节：勾蓝瑶人一年当中除了以上这些本民族的传统节日以外，他们同汉族一样，也享受着过春节的快乐。在春节期间，勾蓝瑶人也要举行各种活动以示庆祝，活动的主题与汉族无二，均以祭祀祖神、辞旧迎新、祈求丰年为主要题材。但是在长期同汉族的交流中，他们吸收了汉族春节的传统文化内容，并与自己民族进行融合，在庆祝节日的方法和内容上有所不同，带有浓郁的本民族特色。

春节意味着合家团圆的喜悦，意味着对来年的期盼，因此，勾蓝瑶如同汉族一样非常重视过春节。入冬以后，勾蓝瑶各家都要杀猪，筹备熏制腊肉与火焙鱼。腊月二十一以后，勾蓝瑶人在家中要搞清扫垃圾、擦门窗、整理物件等大扫除，并开始准备年货，如酿三角豆腐、炸果子、做粑粑、杀鸡、杀鸭、杀鱼等。勾蓝瑶以前几乎家家户户都有鱼塘，此时他们会将鱼捞出，剖开剁成几块，炸熟，放到厨房吊篮中备用。此时最开心的就是那些小孩子，他们将一串串鞭炮拆成一个个小鞭炮，逐个燃放。零碎的鞭炮声预示着春节即将来临，节日的味道越来越浓。

勾蓝瑶人过春节的时间较长：年三十，全家聚在一起吃年夜饭，守岁；从初一开始，人们互贺新年，开始拜年，互送礼物，族人聚在一起举办各种庆祝活动，至初十五方休。

除夕是瑶人最隆重的节日。除夕这天一早，各户在门口贴上春联等待三十夜晚的来临，并将屋内和房前屋后打扫干净。下午两三点钟，全家人就开始忙碌着准备年饭，家庭主妇淘米煮饭，男人杀鸡煮肉。这天晚上的餐桌上置备了丰盛的酒菜，有些家里太穷，也会千方百计地用鱼做一道菜，意为年年有余。勾蓝瑶人不善饮用白酒，酒一般为自酿的红薯酒或米酒。年饭开席前，摆好饭菜和碗筷，一切食物祭过祖先后才能享用。首先敬请祖宗和已故的长辈先"吃"，由家中辈分最高的年长者跪在堂屋香火台前，点香烧纸磕头，一边口念祭词和呼唤列祖列宗及已故长辈的名字，一边倒酒敬诸位祖先及长辈回来过年。接着，按辈分顺序由儿、儿媳、孙等后人相继到香火台前磕头，磕完头后，才开始燃放鞭炮，全家入席就餐。饭桌上，由小辈向长辈敬酒，按辈分顺序，逐一向长辈们轮流敬酒，受敬者用传统最好的语言，对敬酒者以表示新年的祝福。大年三十，对勾蓝瑶而言，是一个神圣的节日，晚餐后，全家人围在灶前"坐年"，即"守岁"。正如(光绪)《永明县志(卷十一)》中所记载："二十九日曰小年夜，三十日曰大年夜，长幼聚餐至宵分，谓之坐年。"

正月初一是农历的春节。天刚蒙蒙亮，家中辈分最高的长者就带领着家人聚集在堂屋神台前，敬拜先祖，随着神台旁的铃铛"叮铛"一声，大家就庄严和恭敬地行一次跪拜礼。在此过程中，不能说话，以示对先祖们的尊敬。礼毕，便打开大门，燃放爆竹。只要有一家鞭炮响了，整个村寨都会一呼百应，噼里啪啦地放起爆竹来。霎时，山谷震撼，群鸟惊飞。一大早，勾蓝瑶人都要去"买水"，去时带着香烛、纸钱，来到井边，将香烛点燃插在地上，烧纸钱，念咒语几句，然后挑回一担新年水，寓意新的一年里风调雨顺。早餐一般享用除夕年夜饭的残汤剩菜，不再另起灶台重做佳肴，以示连年有余之意。饭后，晚辈向长辈们祝贺新年快乐，讨压岁钱。大年初一是新的一年的开始，在勾蓝瑶也有一些禁忌的风俗。例如，这一天不能扫地，不能倒垃圾，这是怕新的一年里好运气被扫走；只能讲一些吉祥的话，不能说一些不吉利的语言，否则会被家人斥责等。

拜年是中国民间的传统习俗，人们相互走访祝贺春节，是辞旧迎新、梳理强化宗族邻里关系的重要方式之一。勾蓝瑶拜年的风俗与其他地方略有不同，初一要到外家拜年，初二到本家亲戚家拜年，一般晚辈给长辈拜年，先去五服至亲家再去旁系族亲家拜年，直至初十五方休。勾蓝瑶人拜年所带的礼品有三角豆腐、腊肉、炸果子、粑粑，用一个提篮装着，上面贴张红纸，以示喜庆。如果给平辈拜年且客家又没有年纪大的老人，就无须带腊肉、三角豆腐。在回礼上，若客家中没有长者，主家就回一些炸果子即可，如有，主家就要回同样的礼品。可见，拜年礼品与回礼的习俗充分展示了勾蓝瑶人尊敬老人的传统美德。

勾蓝瑶人非常好客，逢拜年客人来时，都要拿出炸果子和糖果，还需递烟、端一碗清茶，表示接风洗尘，随后请客人喝油茶。一阵吉祥祝福声之后，不管拜年客人多少，无论亲疏远近，勾蓝瑶人都会挽留客人，以丰盛的美味佳肴招待。席间，你来我往，觥筹交错，相互敬酒，相互祝福，好不热闹。

从正月初二开始，勾蓝瑶人就会聚在一起举办一些庆祝活动，主要有舞龙耍狮、耍春牛、唱大戏、装故事、游艺竞技等。舞龙耍狮初二就开始了，首先要在各个自然村出游，游至各宗族门楼前行三拜礼，之后在戏楼空旷的坪上表演技艺。在龙鼓声"咚咚"的伴奏下，巨大的龙身在烟火和爆竹声的包围之中，此起彼伏，左右腾舞，时而盘山绕路，有如金蛇行水，时而上岭下坡，活像蛟龙腾云；金狮眨巴着一双大眼睛，摇头摆尾，不停地腾转、搔痒、舔毛、打滚、抖毛、登高，煞是好看！金狮旁边有人扮的两只"小猴"、一个"小脸"、一个"大驼"，"小猴"与"小脸"不停地取笑与挑逗"大驼"，引来一阵阵欢笑声与喝彩声，场面热闹至极。龙狮队往往会拜谒一些在寨内较有名望的家庭，登门拜谒之前龙狮队要"下书"，"书"中写着类似"即刻神龙，恭贺新禧，某某村龙队叩拜"的字样。收到拜谒书的主人在家就要备好茶水、水果、点心、水酒及红包，恭候光临。游龙一进大门，主人便接着龙珠，向手持龙珠的头人敬酒、递红包，之后游龙头先进堂屋，龙身龙尾其后，在堂屋便作蛟龙盘曲状，绕行一圈，游龙出门后就是狮子进入堂屋向主家行三拜礼，拜谒完毕，主家燃放鞭炮送行。对于那些没有收到拜谒书的人家，为了祈求在新的一年里能消灾降福，也会燃放鞭炮，主动请龙。初五之后，为了增进四大瑶之间的友谊，勾蓝瑶瑶长要"下书"给清溪、古调、扶灵三瑶，派出龙狮队去拜谒，其他三瑶也会派龙狮队回访，体现了四瑶之间互相友好的关系、情同手足的感情。

耍春牛是勾蓝瑶寨春节期间一项主要的迎春活动。用木头作为框架，外面用红布包裹，红布上画牛毛，再装上牛角，即为春牛。耍春牛活动旨在提醒大家春天马上来了，新年耕作要准备开始了，同时也有祈求新年风调雨顺、五谷丰登之意。耍春牛时，锣鼓开道，男的戴着斗笠，女的戴着头巾，老妈妈一手扇着蒲扇，一手牵着春牛，老父亲扛着犁耙跟在春牛后，两个儿子扛着锄头站在春牛左边，两个女儿拿着镰刀站在春牛右边。在阵阵锣鼓声"叮局叮，叮局当，叮叮叮当，叮叮当……"的伴奏下，大家一边歌唱类似"春牛来得早，油麻豆子好；春牛来得晚（音同'暗'），油麻豆子坏"的祝福歌，老父亲在一边做起犁田的样子，儿子们在一边做起用锄头挖地的样子，女儿们也做起用镰刀割草的样子，一派生产劳作的情景。表演人诙谐的动作，不时引来一阵欢歌笑语声。待要到每族门楼前，瑶民都要放着鞭炮迎接春牛，整个瑶族一派热闹的景象。在勾蓝瑶，若要春牛、耍龙、舞狮相遇，神牛为大，游龙、金狮须向春牛行礼、让道。可见，春牛在勾蓝瑶人心目中的地位是何等神圣！

此外，在春节期间，勾蓝瑶人迎春庆祝活动还有装故事、到戏台唱大戏等民俗表演，以及装鬼客、鸡婆孵蛋等民间游艺竞技，在元宵节的时候达到最盛。①

---

① 江永县文化馆.湖南省非物质文化遗产名录项目——勾蓝瑶洗泥节申报材料［Z］.江永：江永县文化馆，2011：5－16.

第6章
勾蓝瑶的村落组织与治理

村落组织不仅涉及村落共同体的形成、乡村社会的有效运行等内部问题，还因为村落是构成传统国家的基石，对于国家的秩序与社会的稳定等都具有重要的意义，所以历代国家政权无不想尽办法来适应、改造乡村组织，以加强对乡村的控制，维持政权的长治久安。

　　根据瑶族的类型划分，勾蓝瑶应属于平地瑶，由于信奉盘王，因此是盘瑶的一支。也有另一种说法，费孝通先生于1988年到江永考察时看到，"那里瑶族大概可分为三类：高山瑶、平地瑶和已经和汉族混合了的瑶胞"①，费先生所说的"已经和汉族混合了的瑶胞"指的就是"民瑶"。

　　不论是"平地瑶"一说，还是"民瑶"的界定，勾蓝瑶由于较早迁入平地生产生活，并与汉族人民逐渐融合，所以勾蓝瑶不仅经济发展居于瑶族各支系领先地位，而且其村落组织及其制度也颇为完备，宗族文化在勾蓝瑶也盛行繁荣。

---

① 费孝通.费孝通文集(第十一卷)[M].北京：群言出版社,1999：449.

6.1 村落组织与治理

根据可考证的史料记载，勾蓝瑶的先民最早在汉魏时期迁居于此，直至明洪武年间这一千多年的漫长历史时期里，勾蓝瑶存在着"瑶老制"，一直处于封闭环境，因年代久远，无从考证这期间勾蓝瑶具体的村落组织结构与治理状况。明洪武年间勾蓝瑶受朝廷"招安"，入居平地，逐步形成了以瑶长为核心的"瑶长制"。清朝末年，统治阶级将瑶长制这一社会组织制度废除，在瑶区设立"瑶外委"，以瑶老代替瑶长。民国时期，勾蓝瑶实行的是保甲制。中华人民共和国成立初期直至勾蓝瑶所属的兰溪瑶族乡成立，人民公社制度在这里推行。兰溪瑶族乡成立后至今，实行"村两委"这一行政村管理制度。

6.1.1 村落组织

在漫长的历史时期，勾蓝瑶逐步形成了较为完善的民间村落管理机制，历史上勾蓝瑶是以姓为单位聚族而居，村寨规模大，多达百户，上千人，同村人有较近的血缘关系，并在此基础上，衍生出很强的村寨集体意识，形成了严格的村落社会管理制度——瑶长制。不同的历史时期，勾蓝瑶的这种"瑶长制"也在发生着变化。村落组织形态的变更也为勾蓝瑶的发展注入了新的活力。

1. 东汉初年至明洪武年间：瑶老制

明代以前，永州各地瑶族内部的组织形式，还是原始民主制度，勾蓝瑶的"瑶老制"就是其中的一种。"瑶老制"是勾蓝瑶古老的社会组织形式，有着悠久的历史，可以上溯到汉代。宋时称"瑶酋"。元、明时期出现"瑶老"的名称（此后多变化），"瑶老制"组织的头人，称"瑶老"。

因为缺乏足够的文字资料和时代的久远，现在对于勾蓝瑶在明洪武年间以前的若干世纪具体的村落组织与生产生活状况，我们知之甚少，仅仅是依靠勾蓝瑶村民的零星记忆。

据载，勾蓝瑶在汉魏时期就有瑶族先民在此居住。东汉建武初年，逯道侯蒋横遭谗害后，其九子避难四方，第四子临湖侯蒋曜乃迁入勾蓝，居于现在大兴村雷姓族人居住的地方，立寨而居，曰"上寨"，为勾蓝瑶寨最早的居民。后因该处为通往广西的交通要道，盗窃事件屡发，安全感不足，乃迁入"上村"。上寨故地的蒋家井，沿用至今。而李氏，则是东汉中期"长沙武陵蛮"的一支后裔，为避官祸而迁入李家寨。

有关于勾蓝瑶在明朝以前的资料就非常匮乏了。根据现有资料猜测，明以前的勾蓝瑶寨居民，应是处于封闭环境(封闭，包括自然地理和社会经济两方面)下的，与外界联系较少、受中央政权影响甚微的自我管理状态。

2. 明洪武年间至清代末年：瑶长制

早在六百年前，勾蓝瑶就开始有为朝廷为地方办事的村官，叫"瑶长"，意思是瑶民的首领，是瑶民的"父母官"，但是委任者没有品级没有官衔，也不拿朝廷俸禄。勾蓝瑶数百年一直奉行瑶长制度，直至清末被废除解体。随着时代的变迁更替，瑶长制已不复存在。

(1)瑶长制的起源

勾蓝瑶的瑶长制，其起源可以追溯到明洪武年间。

据可考证的文献记载，勾蓝瑶是在洪武二十九年(1396年)开始有瑶长的。有碑文记载："洪武九年(1376年)归化，封清溪、古调、扶灵、勾蓝为四大民瑶，其所居为邑门户者，镇守湘粤隘口，最为得力，为表彰其功，以示羁縻，每岁司犒花红牛酒，至朝恩尤厚。二十九年(1396年)，尤与编成册，安抚生息，给之廪饩，每瑶立瑶长总之，目以佐之……"①

据这块碑文记载，勾蓝瑶的先祖于明洪武年间接受朝廷"招安"下山，入居平地，编入户籍，"官给军械，扼守边隘"，形成了以瑶族首领——瑶长为核心的民族民间乡村治理的体制——瑶长制，瑶长主管全瑶事务，瑶目辅佐瑶长。

(2)瑶长制的组织结构

瑶长由各房轮流推选，主管全瑶大小事务，若该房确无能人，也可以跳房推选。选瑶长时，要配选村老数人，作为瑶长的监督人，重大问题议事、处理必须请村老到位。瑶长下设多名瑶目以分担其事务，各方推选出瑶目后，还要配选房老1~2名，房老也是支持、监督瑶目办事的。其中村老的推选范围是全村，而房老的推选范围则是本房。

勾蓝瑶实行的这种瑶长制，职务设有瑶长、瑶目、村老、房老。其组织结构如下图所示：

---

① 见当地同治十一年(1863年)碑刻，现存于古调村。

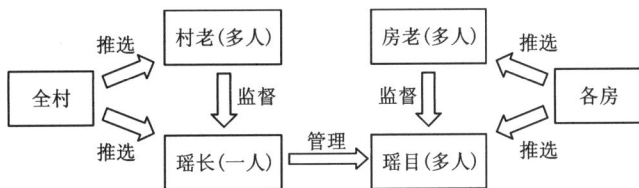

● 瑶长制的组织结构

这种"瑶长制"的主要特点是："瑶长"经民主选举产生，不论贫富，不论出身，只要是德高望重、富有社会经验的老人，均有被选举权；职务轮流，处理问题按惯例行事；无特权，处事不公可以罢免；不脱离生产。"瑶长制"组织设立瑶长、瑶目、村老、房老。瑶长是管理瑶族的最高地方首领，任职三年，由村民选举产生，不称职者由村民罢免。瑶长的任务是管理并把守地方关隘，排解内部纠纷，管理坝场森林、寺庙，主持民族的有关宗教事务、婚姻等事项。瑶目是瑶老的助手，是协助瑶长治理地方事务的武官，由瑶老与村老协商产生，受瑶老管制。村老是各村寨最有声望、熟知地方风情、办事公正、为人正直、为瑶民所尊重的长者，负责调解地方争讼，是瑶老的咨询人。房老与村老相同，但其威望只涉及同姓、同房族，负责处理族内财产继承、子女过继等事务。

首领与属员地位平等，不脱离生产，与群众一样，对于不称职者，可以随时罢免，瑶长制虽然有一定的组织形式，但不是政权机构，而是民间组织，各瑶瑶长之间互不统辖，各自为政，只是遇到关系整个瑶寨利益的事件，才共同行动。

（3）瑶长制的演变

明洪武年间至清末，勾蓝瑶一直沿袭村落社会组织制度"瑶长制"，这是勾蓝瑶瑶民自己管理自己的原始民主制度。明嘉靖年间（1522—1566），在江华设立府馆，这是统治者在江华开始专门统治瑶族的机构。

明朝隆庆年间的《扶灵瑶统记》也记载了"瑶长制"，这时期的瑶长也称作瑶目，实行三年任期制，任期满便换届，并鲜有连任两届者，时任瑶目一人，偶有二人共同担任。在清朝雍正年间，废除瑶目称谓，统称瑶长。根据《扶灵瑶统记》的记载："历来并无设立土司，只立瑶长约束地方，亦无改土归流。"由此可见，与南方其他少数民族聚居区最大的区别：只有瑶长，没有土司一职，更没有改土归流。

历史上还出现过瑶长因不理村事被革除罢免另委任他人的情况。

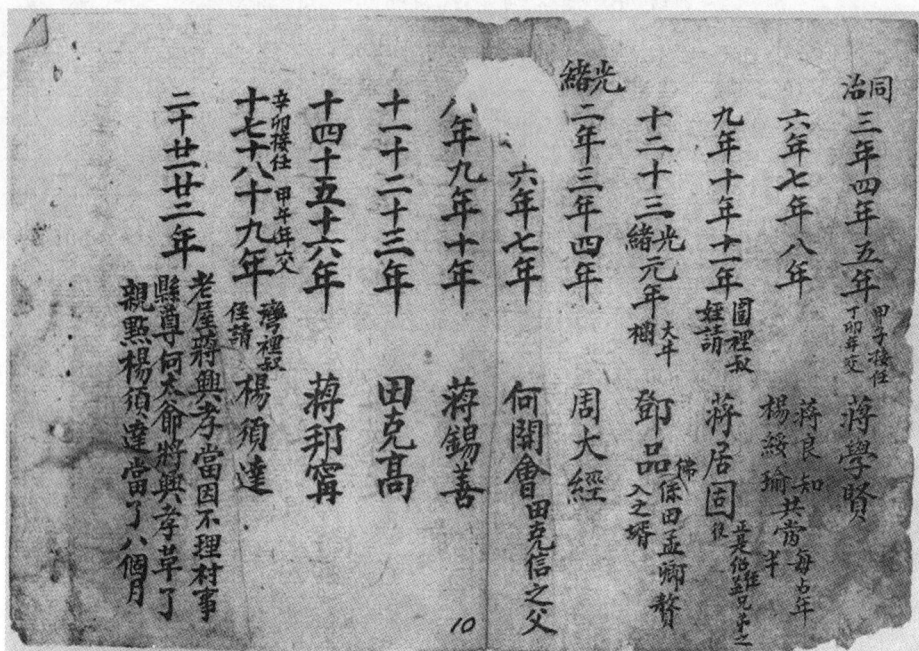

● 清溪瑶历任瑶长花名册

　　根据《扶灵瑶统记》记载："乾隆二十年正月，永明县正堂温奉上宪发印簿，到劝捐社谷扶灵源瑶长首德胜，禀为良法难遵呈缴印簿事，词禀瑶住居山僻崇林隙地播种杂粮即有拨给田，亩任土栽种书属，晚禾兼今生齿日繁不敷，瑶内饔飧。故雍正年间，经上宪檄令捐谷，前任俯念邀恩免捐在案，今蚁已向各户劝捐咸称杂粮户口，无人登簿，蚁恩光瑶长揆情度势，实难恪遵，为此冒昧呈缴印簿，伏乞仁恩太爷堂前赏准销簿感戴。鸿恩当世，世衔之矣透光上禀。"

　　这些负责各种事务的瑶长成为勾蓝瑶社会生活、生产劳动中的联系纽带，他们没有什么特权，本身都参加劳动，从事务的产生和职责范围看，带有朴素的原始民主的性质。随着瑶族社会阶级分化日益明显，"瑶长制"发生了变化。"瑶长制"的首领逐渐纳入国家的政治体制中。

　　（4）勾蓝瑶历任瑶长

　　勾蓝瑶黄家村老支书欧阳绪珍先生的父亲在 1981 年提供了一份勾蓝瑶历任瑶长名录：

　　田嘉谷：田中青伯公，田多寿太公（同治年间）。

欧阳文光：欧阳诙谟公公，欧阳延裕伯公，欧阳永标太公（道光年间）。

何如松：何祥碧公公，何绪进伯公，何少莫、何少保太公。

雷从霖：雷妙送父亲。

欧阳瑜：欧阳志嘉伯公，欧阳美娥、欧阳美姣太公。

何文彬：何已生公公，何爱莲伯公。

欧阳诙祥：欧阳绪就、欧阳绪洪公公。

何文彩：何益三父亲，何洪碧公公，何济林伯公。

这里记录的是黄家村三人、上村三人、大兴村二人，可见勾蓝瑶三村的瑶长轮流担任。民国年间为保长、甲长，不再存有瑶长。

欧阳氏族谱中记也载过其族人欧阳瑜担任瑶长的生平。族谱记载：

"云德公：名瑜，字克襄，号燕初，邑庠生，清团总，瑶长。

公七月丧母，全赖大母顾复，光君鞠育，得以长成。公生而聪颖，才思过人，奋志寒窗，通往史，善词章，有胆识，能雄辩，评古今兴亡得失，无不悉当。公出文若江河奔放，为赋则辞藻轩昂。公平生严以律己，甚为敬祖尊宗。公任清团总时，善恶区别，奖惩分明，维护地方治安，时社会动荡惶惶不安，溢贼蜂起，时有广西盗贼潜入我地，盗窃耕牛，公闻讯即遣人四处追寻，经查实，予以严惩。此后，名声大振，住地安定。

联云：忠心为民众，铁腕警顽愚

又联：社会稳定，治安要紧。

居住和平，警惕尤先。

欧阳瑜，字克襄，号燕初，道光二十六年丙午十一月初四日丑时生，民国十年辛酉正月二十三日时卒，寿七十四岁。葬黄路岗，黄龙开口形，有碑。"

由此可见勾蓝瑶的瑶长，需要德才兼备，为人信服。他们守护地方安全，维护地方稳定。

3. 清代末年：瑶外委

随着瑶族社会经济的发展，历代封建王朝对瑶族的统治也不断加强。这种统治的加强，一方面，表现为经济剥削程度的加深，另一方面，则表现为封建专制政治在瑶族地区的强化推行、瑶族原始社会组织形式的蜕化。

清代以后，"瑶长制"组织的性质逐步发生变化。清雍正年间，在江华设立"理瑶同知署"，并委派"瑶官"（汉族）。清朝道光二十六年（1846）的《永明县志》载："每瑶立长总之，目以佐之，小争则长与目听汀，大事则讼于官。"到了清末，"瑶长制"的社会组织形式逐步解体，在瑶山设立"瑶外委"，取而代之的是集官方民间使命于一身的瑶老，瑶长由瑶老充任，故"瑶长制"组织性质随之改变，成为统治瑶民的工具。

瑶老任职期限为三年一届，民主选举，不受年龄限制，因而瑶老的年龄较为年轻，从30岁至50岁不等。在瑶老之下，各房选举瑶目，管理各房事务。瑶老还配有助手叫"村老"，瑶目也有助手叫"房老"。瑶老虽由政府设立，实由民间选出，而从其职能来看，他对本民族事务具有相对独立的审判权，而不受官府的制约，仍可视为民间瑶长制头领的延续。瑶老可以代表全瑶的人处理各种事务，包括处理本瑶有关的内外纠纷，安排本瑶的守山、护林、修路、筑坝，代表瑶民到官府反映问题等。

勾蓝瑶地处崇山峻岭之中，统治者鞭长莫及。尽管明清统治者在瑶山设立了"瑶外委"，但瑶老、瑶目只是协助统治者催粮派款，且内部阶级分化不明显，因此原始民主制的道德规范，仍起很大的作用。

4.民国时期：保甲制度

民国时期，国民党政府又把"瑶外委"改为"瑶总""团总"，后又相继在瑶区设区、乡、村，建立保甲制度。

保甲制度是宋朝时期开始带有军事管理的户籍管理制度。保甲制度是中国封建王朝时代长期延续的一种社会统治手段，它的最本质特征是以"户"（家庭）为社会组织的基本单位。国民政府保甲制度的基本形式是10进位制（10户为甲，10甲为保，10保以上为乡镇），之后鉴于各地地理、交通、经济情况各异，在实行"新县制"时采取了有弹性的办法，规定"甲之编制以十户为原则，不得少于六户，多于十五户"，"保之编制以十甲为原则，不得少于六甲，多于十五甲"，"乡（镇）之划分以十保为原则，不得少于六保，多于十五保"。保设保办公处，有正副保长及民政、警卫、经济、文化干事各一人，保长兼任保国民兵队队长和保国民学校校长，与乡（镇）长一样，亦实行政、军、文"三位一体"，保长通常由当地地主、土豪、顽劣担任。国民党对保甲长人选极为重视，竭力通过保甲长牢牢控制民众，"使每一保甲长均能兼政治警察之任务"。

保甲组织的基本工作是实施"管、教、养、卫"。"管"包括清查户口、查验枪支、实行连坐切结等；"教"包括办理保学、训练壮丁等；"养"包括创立所谓合作社、测量土地等；"卫"包括设立地方团练、实行巡查、实行警戒等。

保甲制度的强行推行，使瑶长制变为统治瑶民的基层组织。瑶长由中央政府任命，担任瑶长的人同时担任村长，称"头户千长""团总""团练"等，拥有非常大的政治军事权力，而且他们对本村事务也有相当大的职权，可以私自处理本族内的事务。

民国二十七年（1938），勾蓝瑶划归属"嘉隆乡"管（驻石枧）。黄家村的何金林老人至今记忆尤深："勾蓝瑶老支书欧阳绪珍的父亲何克统曾经担任过3年保长。"黄家村老支书欧阳绪珍对勾蓝瑶的历史文化了解甚多："瑶长经各方同意选举之后送官府报备，下文后方产生，任三四年，连任两届，瑶长要有学历、本事、名望，大家相信他，如以前上村的欧阳瑜与欧阳文贵，都是进士出身。瑶长差不多在民国时消失，变成保长、甲长，父亲在民国三十年当了3年保长。"

5. 中华人民共和国成立初期至兰溪瑶族乡成立：人民公社制度

人民公社，是我国社会主义社会结构的、工农商学兵相结合的基层单位，同时又是社会主义组织的基层单位。我国人民公社运动是从1958年夏季开始的，很短时间内，全国农村就实现了公社化。人民公社是党的整风运动、社会主义建设总路线和1958年社会主义建设"大跃进"的产物。

人民公社是政社合一的组织。人民公社既是生产组织，也是基层政权。国家每年都会为每个公社下达生产任务指标，公社将指标逐层下达。社员参加集体生产劳动，除了可以分得口粮外，按照各人所得劳动工分取得劳动报酬。社员可种植少量自留地和经营少量的家庭副业。

1950年5月，兰溪乡建立，勾蓝瑶从属于兰溪乡的行政管理。

1958年2—5月，大干乡、上村乡、黄家乡、狮形乡、动遇乡、带下乡等六个小行政乡，撤乡划归属"夏层铺人民公社"，驻夏层铺。

1961年7月，建"大干人民公社"，驻大干村曹氏祠堂，管辖区域为：大干大队、上村大队、黄家大队、狮形大队、动遇大队、带下大队等六个生产大队，属"夏层铺区"管辖。

1965年，大干人民公社更名为"兰溪人民公社"。

1966年7月，冷水铺、兰溪两个人民公社合并为"冷水铺人民公社"，驻冷水铺。

1979年，大干大队改分为"大兴大队""新桥大队"两个行政生产大队。

1984年底，人民公社全部被乡或镇取代，而商业性质的供销合作社随着人民公社制度的取消而衰落，后来基本被个体或者私营的商业所取代。兰溪瑶族乡也在1984年这一年成立。

6. 兰溪瑶族乡成立至今：村"两委"制

村"两委"就是村中国共产党支部委员会和村民自治委员会的简称，习惯上前者简称为村支部，后者简称村委会。村支部的职能是宣传共产党政策、帮助党的路线方针政策在基层的落实、带领广大基层人民在党的领导下发家致富奔小康。村委会是村民民主选举的自治组织，带领广大村民致富，协助乡镇政府工作，它不属于国家机关。

1984 年 4 月，恢复"兰溪瑶族乡"。管辖区域包括大兴村、新桥村、有上村、黄家村、狮形村、动遇村、带下村等七个行政村。乡政府驻大兴村。

勾蓝瑶统一实行村一级的行政管理，有上村、黄家村（黄家村：原名"下村"，1956 年 5 月改名为"黄家村"）、大兴村三个行政村。

2016 年底，黄家、大兴、上村三村合并成勾蓝瑶村，现任村支书为欧阳明俊。

6.1.2 村落治理

根据史料记载，历史上勾蓝瑶的村落治理，集中体现在推行瑶长制的阶段。一方面勾蓝瑶实行村落自治，主要依靠瑶长制度，实现了刑事治安、婚丧嫁娶、生产保护、承接官府的治理，另一方面实行县所两相报纳的政策，受到官府的县所两相治理。

1. 村落自治

在中华人民共和国成立前的各个历史时期，勾蓝瑶这种以瑶长为核心的基层组织的管理权限相当宽泛，大到惩治刑事犯罪分子，小到民众的婚丧习俗均在他们的管理之下。瑶长管理着勾蓝瑶的整个生产生活，他们的管理权限主要体现在以下几个方面：

（1）刑事治安

勾蓝瑶以瑶长为核心的民间基层组织根据历史记录以及村民的要求制定了较为完备的刑事处罚规则（遗憾的是这些史料现已不复存在）。对杀人放火、偷窃、打架、奸淫、不尽孝等刑事案件，均有详细规定。

瑶人向来有"石碑大过天"之说，勾蓝瑶也不例外，因而这些条文的效力在瑶族内是最高的，成为勾蓝瑶头领处理族内问题的依据。从勾蓝瑶的老人那里听说，在很久以前，瑶寨里出现过偷盗事件，但偷盗者屡教不改，于是在再次被抓捕以后被瑶寨重罚，此后鲜有偷盗之事发生。虽只是耳闻之说，但这足以说明以瑶长为核心的管理组织对瑶寨管理的严格，以及关于刑事处罚的力度严苛，这也是保证勾蓝瑶长久发展的基本保障。

（2）婚丧嫁娶

以瑶长制为核心的勾蓝瑶民间基层组织还管理着瑶民们婚约的缔结与解除。婚前瑶民一般要邀请瑶长及双方家长签订契约，议定婚后夫妻恩爱、协力生产、尊老爱幼、继承遗产等事项，如一方违约，另一方可再行招娶。

勾蓝瑶的瑶民在瑶长的主持下，对婚姻的各种形式都有严格的规定，一旦违反将会受到处罚。其中有一项被严格遵守的规定，那就是"同姓不婚"。瑶长在维护本村妇女权益方面也有管理权力，如果本村女子嫁到他村而受到男方及其家庭虐待，瑶长将组织力量要求严惩虐待者，若经教育后仍不悔改的，被虐待者有权改嫁并带走家里的任何财物。

族长是瑶长的下属，主要传达瑶长命令，总祠堂则是族长实施权力的重要场所，勾蓝瑶村民十分敬重祖先，所以各个族长一般会定期带领家族全体人员到祠堂拜祭祖先。由于勾蓝瑶村民十分重视宗亲关系，由此衍生出一套严格的丧葬管理制度。亲人去世后，瑶民会在族长的带领下，替死者烧头香，为逝者剃头梳头、沐浴、穿寿衣、做道场等。

（3）生产保护

土地是生产活动的基础，因而勾蓝瑶民间基层组织对土地这一基本的生产资料也有较为完备的规定。勾蓝瑶在明清时期定居下来，聚族而居，有共同的山场、田地、水源、墓地、宗祠等，瑶长通常将土地分为私田和公田两种形式。公田则分为庙田、学田等几种形式。庙田属于同姓的房族、宗族人集体所有，平时由族长管理，由他出租给无田地的贫苦农民或本族人耕种，收入用于本族人的公共事宜。对于公田的取得方式，除了祖上遗留下来的以外，主要是通过购买取得。

勾蓝瑶先民很早就认识到生态平衡、环境保护的重要性，在勾蓝瑶首领的倡导之下制定了严禁乱砍滥伐的制度。勾蓝瑶首领们为了保护生态环境，防止族人过分砍伐树木，组织划定了一定区域作为本族的保护区。

总的来说，各个历史时期勾蓝瑶这种以瑶长为核心的民族乡村管理机制曾起到了维护民族秩序、促进勾蓝瑶的安定和发展的作用，尤其是在法律不健全的奴隶社会、封建社会，更成为勾蓝瑶地区基本的聚合力量和维护社会秩序常态运转的重要保障。

（4）承接官府

瑶长遵奉朝廷官府的职责对瑶寨进行管理。《扶灵瑶统记》记载：

"瑶长首德胜禀为遵奉，饬查赏文详覆事窃，惟圣王御宇中外一体，华夏无异。凡有血气者，莫不尊亲今奉查。湖南永明苗瑶从前是何苗裔部落，于何时归顺通贡，其苗瑶人于何时设立土司，有无改土归流及历代以来沿革缘由，并居处服食风俗物产，土宜早晚二稻。奉查瑶民扶灵瑶原系编民，各姓来各有，自土产宜早晚二稻，早少晚多，以及麻麦棉花黄铲二粟豆荞等类。历来并无设立土司，只立瑶长约束地方，亦无改土归流沿革缘由，盖志道据德，悉依圣训，与诗立礼，尽遵王制，理合登明伏乞。仁思太爷台前赏准，详覆备具来委姓名开具在左，存验据呈详覆。"

瑶长代表瑶民到官府反映问题、争取权益，是瑶长的重要职责之一，起到了对接官府的重要作用。

有一份记录在《扶灵瑶统记》里的标注为"永乐二年"的公文印照，摘录如下：

"县详两广承宣布政使司左参政姚扎付户部广字应印湖广道，承宣布政使司永州府道州准奉礼部准经历司，呈抄奉蒙钦钦差户部侍郎曹案内验一件抚安安边事。即行宁远卫，转行桃川生。着落当该官吏即将拨过绝民田土依各家抚化瑶民开垦养膳，把溢汗劳，勿令生变，瑶田五十一石五斗四升七合五勺，本色不派外，折色狸粮三十石三十石三斗二升一合六勺五抄，每石者银四钱五分二厘五毫四丝，该银十三两七钱五分六厘九毫七丝六忽九微七空九纤八渺。民粮二百二十七石三斗六升五合一勺九抄三摄，每石照前民米则例，共折银二百六十九两一钱四厘一毫六丝一忽就微九纤维，仍将拨过洞名项亩数目，一样五本缴来，以凭施行。奉此前事，为此合行天下。文书到日，速照帖内事理，即委官一员前去原招四源，唤集石午碑、唐喜孙、蒋佛佑、周宗顺等，将边山田土拨定领种，仍将拨过洞名项亩数目，委官不违，依准并原领状一样五本，速速呈来，以凭通缴施行。奉此前事，拟合就行。今照本所千户掌职，无官可委，可委百户黎太春，文书到日，不妨职事，即便前去扶灵、清溪、古调、富凌等源，唤集唐喜孙、石午碑蒋佛佑、周宗顺、何宗保等，将边山各洞土名四至拨与各源耕种，除将拨过是何洞名，取具各瑶领种给状，一样六本，以凭缴报施行，毋得违错。须至给者。

右给唐喜孙准此

永乐二年十一月初八日给

此印照存唐兴耀家"

由此可见，瑶长直接和朝廷官府打交道的是千户、百户之类的卫所官员。

据清溪乾隆年间的《田氏族谱》记载：桃川所"千百户送永乐皇帝登基有功，挟势强占福田"，记录屯军强占"夷田"的情况。

《扶灵瑶统记》中收录了清顺治年间的一份瑶人禀状，详细描述了明初屯军和瑶寨各自的居住空间："蚁等前朝洪武十一年（1378）向化招抚，设立三屯四隘，三屯名比村、刘村、葵家，屯军居住；四隘马涧白竹、董岭、梅母、毛东，瑶人居堵，屡御苗贼。"

《扶灵瑶统记》和清溪《田氏族谱》均记有："成化八年，添军补所，所欺瑶，瑶人飞摘告上，上给回贰百余石。"描述该年桃川所不知何故补充了大量军士，严重影响了瑶人的利益，经告状，瑶人讨回了两百余石的粮食。由此可见瑶长领导瑶人争取瑶寨权利。

在康熙六年编撰的《永明县志》里就记载了"瑶田"的田赋，体现了"免丈瑶田"：

"瑶田五十一石五斗四升七合五勺，本色不派外，折色猩粮三十石三斗二升一合六勺五抄，每石者银四钱五分二厘五毫四丝，该银十三两七钱五分六厘九毫七丝六忽九微七尘九纤八渺。民粮二百二十七石三斗六升五合一勺九抄三撮，每石照前民米则例，共折银二百六十九两一钱四厘一毫六丝一忽就微九纤维，每亩同前科夏税米，该八十一石六斗八升九合八勺八抄九撮一圭九粒。免丈瑶田三顷四十四亩六分散厘，每亩科瑶粮米五升三合五勺，该科瑶粮米一十八石四斗三升七合七勺五抄，每石折银前照瑶米则例，共银八两三钱四分三厘七毫九丝九忽二尘七渺，每亩科夏税米一升七勺，该米二石二斗一升四合五抄一撮五圭。"

但由于"免丈瑶田"进入了永明县的赋役系统，被纳入清丈范围，瑶长不得不全力争取免丈所有瑶田的权利：

"缘蚁瑶下山住居岭源，把守要隘，开立瑶籍，原有瑶田俱系坐落山冲岭谷，山高水险，历来免丈。今奉上文清丈民间田亩，俱系原领籽粒瑶粮，全书编载，原有免丈之例。蚁瑶自逐年自行完纳，不违抗欠，完粮免差，自祖额例到今无异。理合具并，伏乞仁恩太爷台前赏准，批照给示晓谕图正等役，循旧免丈，庶小瑶得以安心守隘，万古沾恩。"

随即得到了知县李月林的直接批示："免丈瑶田，原有旧历折免，遵照造册可也。"经过争取，这一权利得以继续享有。瑶长的重要职责之一就是对瑶人和瑶寨的权利进行争取和维护。

2. 官方治理

明朝定鼎以后，继续对瑶人实行招安，可见《扶灵瑶统记》①："洪武九年（1376年）四月初十日奉蒙张丁爷招安下山，给赏红袍玳瑁与瑶把守；奉蒙钦差户部侍郎曹踏拨边山物力表，瑶陆续开垦成熟……永乐二年（1404）董顺千户带瑶人石午碑赴京报立瑶籍，纳梁不差。"

洪武末年，明王朝在楚粤之交的永明县增设桃川、枇杷二千户所。卫所军屯在"抛荒绝户田"上进行，从而导致卫所与州县之间形成犬牙交错的状态。部分瑶人凭借"垦耕守隘"的承诺，由"生瑶"转化为"熟瑶"，并享受优免赋役的特权。

清溪《田氏族谱》中"本县报粮十九亩五分，所籽粒每源乙十三石"，已含"县所相报纳"之意，也就是说瑶人在卫所和州县两个系统中均承担有赋税责任。具体如何体现"两相报纳"，可见《扶灵瑶统记》记载：

"成化八年，石师贤报籽粒瑶粮五十二石，四瑶均分。石师贤扶灵瑶占粮二十石，均分六户；刘三七占粮三石，栋头源邓公胜占粮一十二石；清溪、古调、富凌共占粮米一十七石。逐年了纳。又恐里书作弊，各籍各册，不紊里递。上念边瑶议作藩篱，造之永明全书之内，逐年了纳国课。每年小赏瑶人把隘汗劳花红牛酒银四两，三年劳赏花红牛酒银一十二两。"

根据《扶灵瑶统记》记载，官府对包括勾蓝瑶在内的"四大民瑶"的治理主要体现在：

（1）隘口把守

"永乐二年钦差户部侍郎曹。拨给瑶人把守隘口岭场地段四界，凡冲潦等地土许令瑶人开掘报税纳粮，把截隘口，护民耕种，凡隘口内外地段任其耕种纳粮以便

---

① 《扶灵瑶统记》于1841年由首德胜编、何可训纂。

把截。"从此条记载可知,明代永乐二年(1404)朝廷命瑶人把守隘口,并把其隘口附近的地段也拨给他们耕种,在其范围之内,任他们开挖耕种,外人不得干涉。

（2）地方教化

"一所地方官取文理明通者一人,充为教读训督瑶童,其瑶童中有稍通文理者,听土司具申本县,转申提学收试以示鼓舞,入学名数提学凭文酌定,其教读每年给饩银八两,灯油纸笔银二十四两,地方官动用钱粮支给。"

古代朝廷历来重视地方上的教化,对于边界地区的瑶人也不例外。所以命地方官派遣文理明通的士人去教授当地的瑶童。对于其中的优秀者,由当地土司报到县里,允许其入县学,并且给予一定的伙食及学习用具费用,总共为三十二两,从地方钱粮上支出。

（3）《抚绥苗瑶条款》

据《扶灵瑶统记》记载,《抚绥苗瑶条款》共包括六条:

"第一条,防匪犯潜匿也。苗瑶所居峒寨多系深山邃谷易于藏奸,恐有外来匪徒及逃脱命盗重犯,窜匿其中,该苗瑶不察,或藉其手艺,或资其力作为之容留,难保其不煽诱滋事,各厅州县务须随时严密稽查,并传谕峒长寨总遍告各苗瑶,如有匪犯窜入,即通知总长擒送地方官惩办,不得徇隐容留,违者治罪。"

大概是苗瑶地区地形复杂,常有不少被朝廷缉捕的匪盗和重犯逃到此处隐匿起来,该条款要求当地百姓要识别清楚,不许因为外来之人因有一定的手艺,或贪图其他利益而对其收留。如有发现可疑之人,要及时通知总长,将其绑送官府,不能隐匿收留,违反者将治罪。

"第二条,禁兵役扰累也。旧有文武官按月出结之例,但恐约束稍宽稽查偶懈,该兵役等或因词讼需索,或藉缉匪骚扰,或假公事派累,苗瑶受其荼毒,殴差抗官之案每由此激成,州县营泛各官所当时刻严查,杜绝斯弊,遇有苗瑶讼事在官例应传讯者,只准一票两差协同峒长寨总唤齐两造证佐,迅速秉公审断,审毕仍令总长带回,如缉拿逃犯奸匪亦着该总长,各按所管峒寨踩缉拿送,不致扰累无辜党,查有官差私带白役,勒诈差费及汛兵藉端滋扰情事,立即研究重处。"

此条是为了防范地方衙役、兵役找各种借口对村民进行敲诈勒索而设。以往地方兵差借口缉拿盗匪、办理公事等事对百姓造成骚扰,从而引起的百姓与兵差的矛盾,甚至有对抗官府的行为。所以该条规定,遇到苗瑶讼事应该按照规定派两个差衙协同峒长寨总共同到案,互相作证,不能听一面之词,审问完毕,仍由总长带回,以免差衙在地方多生滋扰,如果发现官差有敲诈勒索等事,将对其严惩。

"第三条，禁民人盘剥也。苗瑶耕种为业，垦山凿石，贫窭者多，每有居民乘其困乏，以谷米银钱重利放债，苗瑶止顾目前称贷，迨后无力偿还，利上加利积少成多更难清楚，以致受民追迫凌辱，更有奸民希图附近田产，先以放债诱之，辗转盘算，知其力不能偿，然后抑勒准折，苗瑶悔悟，岂肯甘心，往往积成仇衅，应由地方官出示严禁，嗣后再有违例向苗瑶放债者，有借无还，如敢索讨，许该苗瑶禀究。"

此条禁止向苗瑶人放债取利。苗瑶以耕种为业，多贫困之人，有人就趁此向其放高利贷，而苗瑶人只看到眼前的利益，之后无力偿还，被追迫凌辱，借债人与放债人由此积怨成仇，对地方社会造成了极度的不稳定。为此，官府不得不出告示，不许向苗瑶人放债，如果违反，苗瑶一旦有借无还，放债人也不许追讨，如有追讨，可报告官府。

"第四条，禁民买产业也。苗瑶田地大都坐落峒寨，岂容民人买管，以致经界混淆，即买产而仍归佃耕，其收租取课亦纠缠滋事，况苗瑶生齿日繁，所有峒寨薄田尚不敷耕种养赡，何忍使民人再朘其生，各厅州县应即出示晓谕，凡苗瑶之产卖给民人者，令其速照原价赎回，并示禁民人以后不准擅买苗瑶田产，再有擅买者，许苗瑶首告将田产断还不追原价，仍将买产之人惩治，如苗瑶产多只准本峒寨穷户佃种，亦不得佃给民人，违者究处。"

该条是禁止买卖苗瑶田地。苗瑶在峒寨之内，买卖过多容易引起界限混乱，也不利于官府收取租税，会引起很多纠纷。所以官府规定，已经卖了苗瑶田产的人，须以原价赎回。而且，当地的田地，只允许出佃给本峒寨穷户。

"第五条，禁刁民唆讼也。苗瑶尚存古风，轻易不知构讼，后因隶属各厅州县，凡户婚田债及一切口角争殴等事，头人未能处息者，准赴该管地方官告理，乃有唆讼刁民，从中播弄或代作词状，或暗地扛帮把持怂恿，任其所为欺诈诓骗，不厌不止，苗瑶堕其术中，小则打降仇杀，大则聚众抗官，皆有刁民酿成祸变，亟宜查禁以遏浇风，各厅州县遇有苗瑶控案务，先究明何人主使何人作词，然后理其所控之事，如究出唆讼姓名，立即严拿通详，痛加惩治。"

儒家向来就有"无讼"的理想。此条禁止所谓的"刁民"兴讼，认为此地自古以来民风古朴，一般不会构讼，后来隶属于州县下，发生婚姻、田债、口角、斗殴等事情，如果当地头人不能调解处理，允许其到衙门去。除此之外，不许有人故意唆使兴讼，否则查出之后，对其严惩。

"第六条，禁总长扰累也。查苗瑶难别归官辖，而化导劝谕约束稽查官，惟责之峒长寨总，该总长未必皆秉公持正之人，恃势欺凌，假官派钦，在所不免，苗瑶既苦官役之诛，求而又受总长之苛剥，蚩蚩者其何以堪，各厅州县当传饬，各峒寨总长务须奉公守法，切勿扰累苗瑶，亦随时留心访查，如有不法总长即行详革究处，令举公正之人充当。"

该条是禁止当地总长欺压百姓。总长一般是当地的头人，官府为了管理的方便，一般会指定一人对该地进行管理。总长未必人品都好，做事情也不一定公正，如果苗瑶一方面受着官役的盘剥，另一方面又受总长的苛求，必定会扰累苗瑶。所以要求总长要奉公守法，不许借权欺凌百姓，如果发现不法行为，将革除其职，对其进行处罚，另选公正之人充当总长。

(4)《抚瑶增议条款》

根据《扶灵瑶统记》记载，《抚瑶增议条款》包括六条：

"第一条，编查瑶境流寓民之人以杜扰害也。各瑶寨向设瑶总、客总，与内地乡保无异，应慎遴诚实晓事者充当，责令随时确查，如有奸民扰害，瑶人即行禀官究，逐其现居瑶境，安分良民按户编查造册存案，嗣后只准民人迁出瑶境，不准再招客人民人入山居住，该瑶总、客总倘敢阳奉阴违，查出即行究办，并将招引容留客民立时驱逐。"

此条规定瑶区只允许有人迁出去，若有人进该区，则该地瑶总应该上报官府，瑶总负责该地的人口普查，不许引入外地人逗留。

"第二条，准赎顶当山场以复瑶业也。查瑶人地亩山场，除从前售卖与民人者，听其仍旧执业外，嗣后只准各瑶户互相买卖，不准与民人交产业奉，奏定章程出示在案，至从前民置瑶产有顶契当契及永批之契，并非售卖者可比，均准瑶人取赎，若瑶人无力备价，应各按年月之远近明定章程，凡契在十五年以外者酌减原价三分之一，二十年以外者准其半价赎回，若原主实系赤贫无力又无田土可种者，合典主酌分一半与原主佃种交租，俟有力时再照现在定章向赎，此后如再有私自交产者，将田产断归原主，不准追价，仍将两造，均照违例律令责惩治。"

为了保证当地的生产和地区的稳定，该条规定瑶人地亩山场不许卖给汉民，只允许瑶户互相买卖，之前卖给汉民的，要求瑶人赎回，如果瑶人不能按原价赎回，则按照以下规定赎回：契约在十五年内减少原价的三分之一赎回，二十年内减半价赎回。

"第三条，严束匪瑶使知敬畏也。查瑶人愿者固多而狡黠，匪瑶出山强占民地，以及欠债不偿，时凶斗殴逞习，与讼者亦往往有之，若不严加管束恐滋骄纵。且民人既不准典买瑶产，则瑶人亦不准擅置民人田地，其从前典批民地悉照前条所议，民置瑶产章程办理以昭平允，惟承佃田山场业经用力开垦成熟者，准其照旧耕种缴纳租课，无论民人瑶人均不许倚恃山主勒退加租，倘瑶人敢在民地逞凶讹赖，滋生事端，除应治重罪归地方官办理外，如罪止枷仗发落后押回瑶寨，交瑶总严加管束，不准出山滋事。"

此条认为瑶人中的狡黠之徒占民田地，欠债不还，逞凶斗殴、争讼，如果不严加管束，恐怕他们骄纵不服。如果瑶人出其瑶寨到处生事端，则将其治罪，并且将其发落回寨，交给瑶总严加管束，不准其出山滋事。

"第四条，严禁巧占树山以保山利也。查瑶山之不能开垦者，均系种植松杉桐茶等树，卖与民人抵偿贷债，议明年限砍伐乃至砍伐届期，旁有孳生小树名为脚树，向归买主管，瑶人不得过问，此脚树长成砍伐时，旁桥复生仍归买主管，孳生不已，藉以巧占山场，此狡诈之尤，该瑶民坐受其困，应令地方官出示晓谕，嗣后民人承买山树木至远之期以二十年为限。只准砍伐一次即将山场归还原主，并将契据涂销，以免瑶累，民佃瑶山所种树木，循照旧章，主三佃七均分，各不准强占。"

该条禁止民人买瑶山的数目以二十年为限，砍伐一次就将山场归还原主，并将契据销毁；如果佃种瑶山所种树木，则按照旧章办理，主人得三分，佃户得七分，不许强占。

"钦加监运使司术在任候选道　特授永州府正堂加五级廷

为申明定章示谕，遵守事照得民瑶例禁交产原所，以防准折而杜争端，光绪四年(1878)经前府查照旧章出示晓谕，在安分良瑶固知遵守，而一二狡猾之辈不免藉词复业觊觎生心，本年三月内，永明县大畔源民人何再邦遂有被过山瑶人邓石保等砍树占山之案，江华瑶人赵才良等复有强收黄廷相田谷等情，本府查道光十三年(1833)增议抚瑶条款，内编查瑶境流寓民人一条声明，现居瑶境安分良民按户查造册存案，原未尝一律勒令迁移，其准赎顶当山场一条亦声明，瑶人地亩山场从前售卖与民人者，听其仍旧执业。又严束匪瑶一条内开承佃山场业经用力开垦成熟者，准其照旧耕种交租纳课，无论民人瑶人均不许倚恃山主勒退□租等，因本极周详明借，且准赎顶当山场，亦必确系其人产业或系己身置买，或系父祖遗留后经当出方许债……夺民人现耕瑶产之理，诚恐瑶民等于条款未能通晓，误听奸民刁唆播弄因之争夺致积猜疑嫌合。再出示晓谕，为此示仰民瑶人等一体知悉，嗣后民人务须遵照定例，不准再入瑶山典买田宅，其典当瑶人产业如经瑶人备价赎回，亦不准掯勒刁难，至民人从前价买瑶产确有契据粮串可凭，亦不准瑶人藉词复业无端侵占，总之民瑶皆吾赤子，本府审理田山钱债一切案件但问理之曲直不问籍之，民瑶各宜安分守法慎勿倚恃诈强自蹈法网，其各凛遵毋违特示

右仰知悉

光绪五年十月初七日

告示 实贴源口村晓谕"

这则告示就是官府对瑶人砍树占山案作出的批示，同样要求瑶人禁止典卖田宅。

"第五条，劝种木棉以裕服用也。查瑶山地势高燥宜种木棉，而瑶人不知播种之利，并不谙纺织之法，所需布匹均由各处民人入山贩卖，价值昂贵数倍寻常，应令地方官教种木棉，各习纺织不惟被服有资，并可贸易获利。"

该条鼓励瑶人种植木棉，要求地方官教授瑶人种植木棉和纺织的技术，使他们不再依赖汉人，并且让他们可以织布去卖。

"第六条，劝置义仓义塾以赡贫乏而资教化也。查民瑶种山致富者颇不乏人，土瑶亦闻有小康之户，宜各敦任之谊，捐设义仓量力输谷，以备青黄不接时借给贫瑶。口粮籽粒，秋收之后加一还仓，仍举殷实瑶生与瑶总经管出纳，毋使冒滥，又每届岁科，新籍入学系民瑶，而土瑶及过山瑶中亦有读书识字者，亦宜捐置义学，延请塾师课读四书五经，指授文义兼令学习礼貌揖让，庶新籍益多有造之材，瑶俗且蒸蒸丕变矣。"

该条要求地方官员设置义仓、义塾，教化瑶民。瑶人有不少富户，地方官员应该劝导他们捐建义仓、义塾，并且推荐殷实瑶生与瑶总对义仓进行管理，以备青黄不接的时候接济贫苦人家。此外，还要延请塾师讲授四书五经，教化瑶民，以变其风俗。

以上条款细节说得很明确，最后官府长官以父母官的身份对其谆谆教诲，认为"民瑶皆吾赤子，本府皆视同仁"，对以上条款要遵守毋违：

"以上各条款切要简明，务宜永远遵守。抑本府因地制宜，更有为尔瑶民谆告者，蚕事与农功皆治生要务，前经本府示劝，并刊备览一书，由两厅八属转给绅民广为劝导在案，闻各瑶寨有素谙蠶（蚕）织者能将种桑饲蠶（蚕）制器缫丝之

法，尽心仿效实力遵行，获利较木棉尤厚。义仓、义塾诸善举亦次第，可与此有恒产而有恒心愿尔，瑶民共庆丰绥益敦仁让者也，无论民瑶讼案均应归地方官审理，如或审断未公，始准上控，违者治罪，定例甚严，嗣后遇有被控之案，勿误听谣言抗传逃匿，尤不得轻信讼棍越逞习，此警惕愚顽即以保全良善愿而，瑶民毋蹈刑章自贻后悔者也，民瑶皆吾赤子，本府皆视同仁，披沥悃忱，其各敬听之毋违。

　　特示 遵府印

　　光绪四年三月十六日 发扶灵瑶实贴

　　四月照刊刷 大告示誊抄并无一字错讹遗失 此告示颁发三张

　　翟万利存一张"

随着明中叶卫所军事功能的弱化和军屯的废弛，瑶人对承担屯田籽粒抑或州县赋役钱粮具体化比例的选择相应发生改变。募兵法改革使军队来源更加多元化，也促使瑶人脱离军事系统进入地方行政系统的进程加快。入清以后，卫所改制、土地清丈和单设学额等新制度的推行，深刻影响着勾蓝瑶乃至"四大民瑶"。

6.2　宗族组织与治理

传统中国在本质上属于宗族宗法社会，宗族是村落社会的基本构成单位。在明清时期，随着"宗族庶民化"的发展，传统村落的宗族制度已发展至极盛，宗族以祠堂、族谱、族田、族长为核心，在明代时期，发展成为综合性的基层社会组织。宗族通过组织祖先祭祀，编制族谱家规，管理族田、义学、山场等家族公产，实施一定程度的族内救济，调解族人间的纠纷，宣扬儒家伦理，教化子弟等活动，在以聚族而居为常态的乡村社会中发挥着重要的社会调控作用。

族谱、族田和祠堂是宗族文化的三大支柱。在勾蓝瑶，有些姓氏有自己的族谱，村民手中的族谱大多是近现代重新编纂的新谱；族田为宗族发展的物质基础，在土地改革后已经消失，只能从文献和村里老人的口述中去了解它的管理和用途；而祠堂每个姓氏都有，有些祠堂甚至历史悠久，保存完好。

在讲述本族群历史的时候，勾蓝瑶人倾向于认同"民籍"这一汉人身份。勾蓝瑶现存留一块雕刻于道光二十九年（1849）永明县"正堂示谕"的石碑，碑文前面有小序道：

"溯余兰溪大迳，僻处邑之西南隅，穷谷深山，水浅土薄，盖因宋末避难而侨居焉，元季各姓先后来此，遂致人烟稠密，原系民籍，明洪武二十九年(1396)因埠陵瑶离隘三十余里，不便把守，奉上以斯地易之，号勾蓝瑶，以守边粤石盘、斑鸠两隘，恩赐瑶产，承纳瑶粮，量水开垦，报税免丈，并蒙每年赏给红花牛酒以奖辛劳。"

实际上，勾蓝瑶各村各姓大都有族谱或口传祖先的来历，譬如勾蓝瑶欧阳姓自称与欧阳修同宗，邻近的古调村周姓自称与周敦颐同宗，还有扶灵瑶之唐、翟、陈、黄、张等均称从"山东青州府"迁来，其他还有从江西、浙江、广西等地迁来的说法。这些迁自中原的说法或许有不少附会和牵强的部分，但反映出勾蓝瑶受到汉族的影响和认同。

勾蓝瑶大力建宗祠、续族谱、办义学，无不与汉人相同。从勾蓝瑶的人居环境来看，许多修建于清代的老房屋，大多体现了汉族儒家文人式的精神追求，如门楣上"居仁由义""乐道""会心不远"等题字无不透露着儒雅的气息。在勾蓝瑶村落里，庙宇的数量远远超过周边汉族村，勾蓝瑶历史上共有寺、庵、观、宫等68处。这些数量庞大的庙宇与其说是宗教信仰的表达，不如说是经济实力和文化势力的象征。

● 书屋门楣：会心不远

勾蓝瑶的这些宗族制度，深受汉族封建宗法制度的影响，如祠堂组织的普遍、部分宗族有家谱等。其独特的地理环境、悠久的历史文化以及同其他兄弟民族的交往与融合，使勾蓝瑶的宗法制度在带有汉族色彩的基础上形成了完整独立的体系。尽管勾蓝瑶的宗法制度是在封建社会的大背景下形成的，即使在今天，仍不可避免地遗留着那个时代的痕迹，有落后消极的一面。但对于勾蓝瑶社会来说，这种习惯性的制度又极具影响力和控制力，有时甚至在某种程度上起着相当于法律的作用，因此在维持社会秩序、促进族团结方面发挥了一定的积极作用。

6.2.1 宗族制度

在中国传统乡土中，宗族制度是一种延续了几千年的基层管理模式，通俗地说，它是民众在基层社会中实行自我管理的一种低成本管理模式。它以同宗血缘关系为维系宗族的纽带，以父权、族权为宗族的权力核心，以封建礼法、族规家训来维护宗族的统治。勾蓝瑶以姓氏为单位聚居的格局，形成了明显的血缘边界，为宗族制度的形成和发育提供了良好的基础，从而形成了严密的宗族组织与权力系统以及规范族众关系的族规。

勾蓝瑶的家族体系类似汉族的家族体系。在具有共同的血缘祖先下，同一个姓的亲族，由于子孙增多，就分为好几支。同姓的血缘亲族称为"家族"，分支后称为"房"或"房族"。就其关系来说，"家族"的关系要疏远一些，"房"的关系要亲近一些。"房"的下面就是社会的基层单位"家"了。像汉族一样，大的家族都建有"祠堂"。

在勾蓝瑶，聚族而居，按照父系的姓氏，各大姓一般都有年代久远的宗祠，如黄族祠堂前的碑文记载着该宗祠的建立时间是明代万历年间。每个姓氏又有一座自己的门楼，每处门楼设有"守夜屋"加以把守，从前新娘出嫁上轿子的地方就是在本族姓氏门楼前面，上轿告别门楼也就意味着从形式上告别了她原来所属的家庭和家族。这种宗族活动具有一定的意义，它时刻提醒各姓氏都是同一始祖的亲人，因此族人间的亲情会无意间加深。

1. 族长制度

传统中国在本质上属于宗族宗法社会，宗族亦是勾蓝瑶社会的基本构成单位。在明清时期，随着"宗族庶民化"的发展，传统村落的宗族制度已发展至极盛，宗族以祠堂、族谱、族田、族长为核心，在明代时期，发展成为综合性的基层社会组织。宗以族长为核心，族通过组织祖先祭祀，编制族谱家规，管理族田、义学、山场等家族公产，实施一定程度的族内救济，调解族人间的纠纷，宣扬儒家伦理，教化子弟等活动，在以聚族而居为常态的乡村社会中发挥着重要的社会调控作用。传统中国社会中的宗族系统由五大支柱构成：宗祠、族谱、族产、族规、祭祖。由于宗族在传统中国村落社会的普遍性，其本身就是勾蓝瑶传统村落文化中的重要内容。

族内发生纠纷由族长全权处理，对违犯族规的人，族长有权根据宗规族约给予制裁。据碑文记载，位于上村的总管庙是三村各庙组织节日活动的总管处。每年正月初二，族长与庙观主持聚集在总管庙内，商定本年度由哪个庙举办节目、谁村宰杀神牛祭祖等。

2. 宗法制度

宗法制度是由氏族社会父系家长制演变而来的，是王族贵族按血缘关系分配国家权力，以便建立世袭统治的一种制度。其特点是宗族组织和国家组织合二为一，宗法等级和政治等级完全一致。

宗法制的目的在于保持奴隶主贵族的政治特权、爵位和财产权不致分散或受到削弱，同时也有利于维系统治阶级内部的秩序，加强对奴隶和平民的统治。宗法制对后世产生了极大的影响，核心是嫡长继承制，即正妻所生的长子为法定的王位继承人。中国夏朝时就已确立王位世袭制，但也有"父死子继"和"兄终弟及"的区别，商朝末年才完全确立了嫡长继承制。西周一开始就确立了"立嫡以长不以贤，立子以贵不以长"的嫡长继承制，从而进一步完善了宗法制。

勾蓝瑶的宗法制度除了为宗族凝聚提供物质保证以外，还从思想上以强制性和非强制性的方式增强族人团结的意识，并对损害宗族整体性的人进行管理和惩戒。这主要是通过族规、族谱和宗法教育来实现。勾蓝瑶族谱的结构、体例甚至内容都仿汉族族谱。受汉文化的影响，其族谱有家训家规，并有"朱子家训"之类的治家格言。家族成员的行为举止，在家训家规中有严格的规定，每个人都必须遵守，否则会受到一定的惩罚。

我们可以看到，从小到个人的日常行为、品德操行，大到族中事务、家事国法，族规中都有明确规定。这些规定条例的实现主要是通过宗法教育渗透到勾蓝瑶民的思想中去的。每年的清明节既是联合祭祖的盛会，也是宣扬家法族规的时机，这些活动主要在宗祠中进行。在各个家庭中，由年长者传授给自己的子孙辈，通过规范中非强制性的日常礼仪、家训、家谱、家规等对家族成员进行劝诫、警示、教育。

族规、族谱和宗族教育把凝聚和团结宗族的思想以及本族应遵循的行为规范灌输到每个成员头脑中，无论自愿还是非自愿，都无法避免它的影响，从而为勾蓝瑶的宗族团结以致社会稳定提供思想意识方面的保证。

3. 祠堂组织

祠堂也称为宗祠，是宗族成员祭祀祖先、进行族宴、续谱、订立乡规民约和执行家法族规、奖惩族众的神圣空间，被视为宗族的精神象征。各代朝廷对于家庙礼制都有严格的规定。一般来说，只有品官才能建立家庙祭祀祖先，庶人阶层只能在居室中祭祀祖先。南宋朱熹在《家礼》中指出："君子将营宫室，先立祠堂于正寝之东，为四龛，以奉先世神主。"四龛所奉为高、曾、祖、考四代。朱熹所说的祠堂就是"家祠"，还不是宗族共建的"宗祠"。到了明代中期，大学士夏言建议允许民间联宗立庙，自此之后，兴建宗祠便成为一种社会风气。宗族通过大建祠堂以宣传宗族观念、加强宗族组织，许多规模宏伟的宗族祠堂在这一时期拔地而起。祠堂是宗族意识的集中体现，对聚族而居的族人来说修祠是宗族最神圣的大事。明代程一枝在《程典·本宗列传》中说："举宗大事，莫最于祠，无祠则无宗，无宗则无祖，是尚得为大家乎哉？"

祠堂本是一组建筑，是族人祭祀祖先的地方，到明清时期，成为宗族的代称，是族人集体活动、族长施政的地方。到了近现代，宗祠观念不断被改造，在其传统功能被不断弱化的同时，又被赋予了许多新的社会功能。

（1）宗祠是宗族的标志

最能体现勾蓝瑶宗族组织治理的便是"祠堂"组织。例如，黄族祠堂修建于明代，是黄氏家族集会、祭祀、办酒席、处理家族重大事件的场所。通过在宗祠内的活动，分享祖宗余福，联络族内情感，加深族人同宗同族、团结互助的信念。

从这一点来讲，宗族活动必然会促进宗族的团结，防止宗族的分裂。从某种程度上说，宗祠象征着宗族内的一体化，是以血缘关系聚集宗族的重要物质形式。

例如《黄族祠堂碑》载：

"盖谓尧舜之道，孝悌而先，尊祖敬宗，莫大于厦族。盖宗人涣散，亦无祠宇聚之，其间礼别尊卑长幼无序。祠堂者，无论婚媾宴会所不可也，鱼□且昭穆□由别白肴也。吾族居其地，历数百年，而子孙繁衍将近数千口，且称豪庶。以

黄族祠堂

误吞祠堂，以训诲之。乃族老黄福和、户长都首黄福。卿叙节持薄迁立，劝首黄祖保、永护、福旺、文善、文登、文道、永达、永南及永寿、永新、文志、孔隅、孔三、孔添、永盛。诸首倡率，叔侄捐金，达立祠堂一座，并手偕□纪日成，乃创造□容鱼，记以示其人，而尊宗敬祖乃子孙万代守之，无负创业之意。明万历四十五年岁次丁巳十二月十一日寅时起造。"

此碑为黄姓族人刻于明代万历四十五年。碑文内容为倡导儒家的孝悌之道，阐述祠堂的建设于宗族的重要性。至明代万历四十五年，黄氏族人已经在该地居住数百年，人口已经有几千人，为了铭记先祖的开创之功、凝聚族人、提倡儒家孝悌之道，祠堂的建设显得至关重要。

（2）宗祠的作用

勾蓝瑶宗族祠堂所发挥的族内控制功能举足轻重。族中所有事务，如选族长、修祠堂、修路建桥、惩戒族人的讨论等都在祠堂内进行，宣讲族规、家训也都在祠堂中进行。宗祠的作用主要体现在：第一，通过祠堂祭祀仪式的举行及相关祭祀制度的执行，以融洽宗族、收拢人心、增强宗族凝聚力，进而实现尊祖敬宗、合族收族、控制族人的目的；第二，通过祠堂进行族内教化和普法宣传活动，实现宗族内部管理；第三，通过祠堂执法实施对族人的硬性控制；第四，调解族内纠纷、统一族人意志以按时缴纳赋税、族内赈济等其他控制功能的实施也多以祠堂为中心，在祠堂内进行；第五，围绕宗族祠堂管理进行族内治理。

（3）新时期勾蓝瑶祠堂的管理

目前，在勾蓝瑶，祠堂依旧起到了举足轻重的作用，各家各户的红白大事都在各族的祠堂举办。

新时期勾蓝瑶的祠堂管理，多以公约的形式公示于族人。

如永兴祠堂的公约如下：

"永兴祠堂，新建于2007年，是住居在此地的66户不同姓氏心血的结晶，是民族大团结的新祠，新祠的建成，有效地解决了当地村民操办红白大事的后顾之忧，也给节庆、商讨与决策发展地方公益事业带来诸多方便，其功德无量。为保护祠堂长久有效运作，经理事会商定通过订立如下公约：

理事会成员：何仁俭、何少清、何甲新、何俊清、欧阳绪春、何少雄、杨叶珍、何俊德、杨加保、杨加吉等十人（此十人是发动并牵头建造新祠的首事，永兴祠堂立碑有□者）。何仁俭任祠堂管理员，杨加吉负责账务，欧阳绪珍顾问。

从2013年农历正月起，凡用祠办事的农户，每次交费100元，其中50元为管理员的劳务费，另50元作祠堂今后的补置、换坏和维修等备用。每次用祠的电费由用祠户负责。

加强财产管理：用祠者与管理员清点后的公共财产，凡有损坏和遗失，用祠者都要负责赔偿补损（自然损耗除外）。也希望来客共同参与保护祠堂的公共财产，减轻亲戚家的赔偿负担。

讲究卫生，保持清洁：卫生清洁很重要，是防病的基础，要求用户用祠后都必须将所有餐具、用具清洗干净，桌凳洗刷干净后有序摆好，祠内外及周边打扫干净，清杂除□□。

提高保护意识，珍惜美化环境，保护环境设施，保护花木健康成长，保护祠堂内外面貌不受污染，祠内外不准私放杂物，祠坪晒东西后要打扫干净不留残迹，否则受罚。

红白事同期相遇的处理：遵循死者为大的原则。如果真遇着红白喜事同期，白事优先，红事应让丧事，但红事不能改期的情况下，另觅别祠的租费白事者应承担50%，双方不得争议。

理事会和管理员的职责：理事会是群众的代表，是决策和执行者的顶梁柱，是遵守公约的带头人，又是肩负重担的牵头人，每年年初必须召开一次会议进行评议，听取意见，解决问题，立足长远；管理员的担子很重，一个祠堂各方面管理的好坏基本在他手中，这就需要有高水平、高□情而且有很大责任心的人才，更重要的是要有不怕得罪人的表现才能，有一心为公的道德品格，才能管理祠堂的□用无差错。为此，凡因管理失误所造成的损失，管理员应负责赔偿所出现损失的全部责任，分清自然损失和人为损失。人为损失、人为赔损、自然损失报理事会。用户必须服从管理员查点和处理，否则报理事会严肃处理。管理员每年终公布账目一次，给大家一个明白。

特此公约，希望大家共同遵守。"

● 永兴祠堂

● 永兴祠堂神龛

值得一提的是，通常认为祠堂是一姓氏族一祠堂，而勾蓝瑶的永兴祠堂是一个多姓共用的祠堂。

永兴祠堂为杨、黄、何、欧阳四个姓氏共用。由此可见，在勾蓝瑶，祠堂经历了单姓到多姓的发展演变。

4. 族田制度

族田，是宗族共有的田地，是族产的重要组成部分。有祭田、社地、义庄田、祠堂田、公田等名目。有的由族长经管，有的由族里委托专人经管。所收地租用于祭祀、助学、救济等。经管人常侵吞地租之一部分或大部分，侵吞全部以至祭祀不举者则较少见。

族田一般掌握在族长和族中有财势的人手中。佃户有族众，也有外族人。租给族众耕作的地租较一般民田低。族田地租收入作祭祀和赡养族众之用。如宋代范氏设义田宗旨是：使族之人日有食，岁有衣，嫁娶凶葬皆有赡。明代广东增城县湛文简义田规定：族人冠婚丧葬者、读书者给谷有差。清代安徽庐江章氏义田规定：存谷以周族之穷者，老废疾者，幼不能生者，寡不嫁者；余谷出钱以佐族之女长不能嫁者，鳏不能娶妻者，学无养者，丧不能葬者。尽管族田、义庄是地主阶级控制、压迫、剥削农民阶级的手段，但它对缓和阶级矛盾、维持封建制度的作用还是不可低估的。

族田，在勾蓝瑶，通常被称为"清明田"。族田是族产的重要组成部分，也是宗族共同体祭祀祖先、维护祠堂、编修族谱以及赡养和教育族人的经济基础。中华人民共和国成立前，在勾蓝瑶，各姓氏都有自己的族田，这些族田包括山场、鱼塘等。

家族有时也占有财产，这种财产是祖辈遗留下来的，属于全族共有，任何人都不得私自盗卖或侵吞。这种财产有的是山场，有的是水田，一般都租给别人耕种，租谷变现作为清明扫墓祭祖的经费。此外还有"清明田"，同样是公有的财产，其收入用于扫墓及清明时族人聚餐。可能是受汉族封建礼教的影响，以前妇女不准进祠堂，但是现在勾蓝瑶男女已经被同等对待。

每年清明节的祭祀都在宗祠内进行，红白喜事也是在祠堂主持。祠堂还是家族议事、聚会的场所，每逢族内遇到重大问题，都要召集族人到宗祠商议。和汉族不同是，勾蓝瑶祠堂不供奉祖宗的牌位。此外，勾蓝瑶还有一些公共性的祠堂组织，因这里经济文化相对稳定，所以他们在明清时代为了供奉祖先和纪念当地的一些社会名流，建筑了不少砖瓦结构的华丽庙宇和祠堂，其中有盘王庙、水龙祠等。

5. 议事制度

据碑文记载，位于上村的总管庙是三村各庙组织节日活动的总管处。每年正月初二，族长与庙观主持聚集在总管庙内，商定本年度由哪个庙举办节目、谁村宰杀神牛祭祖等。议事制度在勾蓝瑶的各个历史时期都起到很重要的作用，族长都通过议事制度来解决族内的大事小情。

6.2.2 宗族与村落治理

《尔雅·释亲》云："父之党为宗族。"即宗族是指由父系血缘关系联结而成的群体。它发源于父系氏族社会，经过西周之后的社会政治结构化，宋以后由贵族阶层逐渐下移到寻常百姓家，明清时期的宗族达到鼎盛。宗族共同体大体上包括三个部分：以孝悌伦理为主导思想的意识形态结构；为了实现宗族活动

（如设置族房长、建祠修谱、制定族规、祭祀祖先等）正常运转的组织机构；为聚合族众、追宗祭祖而设置的祭田以及其他宗族公产。作为中国传统乡村社会最普遍的组织，宗族在政治、经济、伦理观念方面发挥着重要作用。

在传统社会中，宗族文化在勾蓝瑶的村寨治理中的功能涉及村民生活的方方面面，如调动宗族力量完成各种宗族活动或者村落公共基础建设；协调族内、村内或者村外村民纠纷；教育族人，包括伦理道德、文化知识、生产技能等方面；组织和传承宗族活动，唤起族内历史感、道德感和归属感。时下，祠堂成为文化功能发挥作用的主要载体，除了举行传统的宗族文化活动以外，还传承着民俗文化的传统仪式，以提高村落的凝聚力和向心力。

传统社会中，以血缘为纽带的宗族，由于传统习俗的力量，加之以某些物质、经济力量的链接，如祠堂、族谱、族规家训、族产、族田等，使得它具有多种作用，并在勾蓝瑶村寨中广泛发挥作用。

1. 村落组织功能

宗族的组织作用是指，以血缘为纽带、以宗族为载体、以广大族众为基础，在族内动员社会力量、组织互动协作和各种活动的功能。费孝通认为：中国乡土社会采取了差序格局，利用亲属的伦常去组合社群，经营各种事业。[①] 在个人为主的小农经济中，宗族利用血缘纽带形成的组织功能，一是能极大提高生产力，使宗族成员间在生产活动中互相协助，共同建立大型公共设施，促进经济发展；二是在族内互助方面显示巨大优越性，宗族成员间不仅经济联系密切，在生活中也同样关系紧密；三是稳固的宗族群体能为族人提供安全保障。在传统社会中，农村宗族一般都要负担村落安全的责任，勾蓝瑶为了保护村民族人的安全，修建了缜密的防御工事，因此勾蓝瑶有"城堡式"的瑶寨之称。

2. 村落协调功能

宗族文化的协调功能是一种以宗族为权威、以族规家训为基础，协调宗族内部的关系、调解族内纠纷的功能。勾蓝瑶宗族文化的协调功能主要表现在：一是宗族内部各房乃至各族人之间的协调，村与村、房与房、族人之间发生纠纷时，族长或者房长作为宗族权威出面调解。二是宗族文化主动谋求与政权的合作以及基层的相互协调。传统社会里，瑶长制与宗族文化的结合，赋予了族、房

---

① 费孝通. 乡土中国 [M]. 上海：生活·读书·新知三联书店，1985：39.

长来自国家的政治权力，使他们在发挥宗族的协调功能时更能得心应手。

3.村落教育功能

宗族文化的教育功能以家庭教育为主、族群教育为辅，以族规家训等为基础，以道德人伦为核心，对广大族人进行诸如道德伦理、文化知识、生产技能等多方面的教育培养。强化对宗族成员的道德教育、培养宗族子弟的良好品行以及宣扬封建等级观念，可以有效维护传统社会的基本秩序。加强对宗族成员的文化知识教育，培养宗族子弟，可以达到光宗耀祖、提高宗族社会地位的目的。勾蓝瑶宗族还专门为本宗族族人设立私塾学校。另外，宗族为了维持族人的基本生活，还会特别注意加强对族人进行生产技能的教育。在传统社会中，这些技术和生产经验的传授只能通过宗族族人的言传身教才能完成。

4.村落文化功能

这是一种以宗教活动为载体，以传承乡间民族礼俗的功能，目的是唤起广大族人对宗族的历史归属感和道德感。在传统社会中，宗族活动是传承村落宗族文化的有效形式，如祭祖、修谱、建祠堂、婚丧嫁娶等。在过去文化活动匮乏的年代，种类繁多的宗族活动，让族人在满足文化娱乐和精神需求的同时，还受到了传统礼俗的熏陶，增强了族内的凝聚力。通过祭祖仪式，不仅可以表达对先祖的缅怀，还可以加强血缘关系、联系族人感情。

6.3　乡绅乡贤与村落治理

"乡绅"这个名称在宋代已经出现，但在明代文献中经常用的是"缙绅"，"缙绅"又作"搢绅"。《说文解字》："搢，插也。""绅，大带也。""缙绅"指插笏于绅带间，这一般是官宦才有的装束。到了明清时期，"缙绅"多用来指称"乡宦之家居者"。[①] 与缙绅相近的称呼还有绅士、绅衿等，但若从广义上说，可把他们视为同一类士人。"乡绅"指的是"在乡之缙绅"。缙绅在中国传统社会是指仕宦之人，到了明清时期，则多指有做过官的士人，他们有很多住在城里。而乡绅则多居住在乡村，是居乡的缙绅。他们一般在乡村拥有土地、财产。中国的乡绅是传统社会时期遍布于广大乡村的一个特殊社会群体，一方面，他们一般在

---

① 梁章钜.称谓录[M].哈尔滨：黑龙江人民出版社，1990：483.

科举制、学校制和捐纳制中产生，朝廷赋予他们各种政治、经济、司法方面的特权，具有一定的官方背景；另一方面，他们与乡土社会联系比较紧密，是一个社区中的领导者。在中国传统社会，乡绅是一个特殊的阶级，在乡村社会的治理中发挥着重要的作用。

6.3.1 乡绅与乡贤

中国传统社会的乡绅是一个特殊的社会阶层，虽然与春秋以来的笼统称呼"士"有很密切的关系，但其形成却在明朝中叶以后。中国乡绅的形成有以下几个原因：

一是历史上的大迁徙至明代时已基本完成，到明代时流寓之风渐息，乡土观念渐渐为世人所看重。元末战乱，社会动荡不安，人民逃亡，荒田很多。朱元璋建立大明王朝后，为了保证国家赋税徭役的供应和社会的安定，诏令天下，各地流亡人民还乡生产，还乡者皆免交税三年，并且鼓励开垦土地。为了防止百姓迁徙，明朝政府编造黄册，将百姓的田宅资产登记其上，并且编制里甲，实行严格的户籍控制。如有人户逃亡，则"必须穷究所逃去处，移文勾取赴官，依律问罪，仍令复业"。① 元末明初的动乱结束，很多乡民返回故里，久已淡漠的乡土观念重新建立起来。

二是科举、户籍制度的完善。两汉用人，本重乡举里选。自从隋唐科举制实行以来，士子报考，必须经过所在州县。宋代法令规定："凡诸州长吏举送，必先稽其版籍，察其行为，乡里所推，每十人相保，内有缺行，则连坐不得举。"② 到了明朝，各州县普遍建立了学校，"科举必由学校，而学校起家可不由科举"。③ 明代只有府州县学的生员才有资格参加科举考试中的乡试，而生员除非违反学规、受处分剥夺学籍，实际上拥有终生的身份。他们即使参加乡试没有中举，也依然保留生员的身份，可以享受朝廷赋予他们的种种特权。当时科举考试需要填报户籍，科举制度的完善与户籍制度配套实行，作为乡绅的最重要部分的生员大多属于本地人，而且生员的绝大部分终身无缘当官。这样未做官而有功名身份的士人随着长期的科举考试而不断扩大队伍，于是渐渐形成了

---

① （明）申时行等修，赵用贤等纂.明会典·黄册(卷二十)[M].上海：上海古籍出版社，1995：338.
② （元)元脱脱等撰.宋史·选举一(卷一百五十五)[M].北京：中华书局，2000：3605.
③ 张廷玉.明史·选举志(卷六十九)[M].北京：中华书局，1974：1675.

乡绅阶层。

三是退休后官员多返回本籍。两汉至唐代，朝廷并没有严格的退休规定，大多数朝廷官员多老死于任上。宋代虽有退休的规定，但当时迁徙的风气未衰，官员多寄养在宫观。到了明代，朝廷规定官员辞官或退休一律给驿还乡。致仕官不得留住京师和任所地，借此防止致仕官与现任内外官相联合勾结。为了奖励官员致仕后还乡，允许用官家专车送返。而且规定，凡南京、北京大臣乞休，经批准后可致仕，如尚年富力强，可令其回原籍调理，等病好以后再度起用。由此可知，明代朝廷对官员致仕后返乡有一定的强制，而且对返乡的官员予以优待。这些都促使了乡绅阶层的形成。

传统社会中的乡绅大致可以包括两类人：一类是告老还乡或者在家守孝的官员，还包括一部分官员的亲戚和子弟；另一类是府州县学的生员，以及在乡试、会试中及第的举人和进士。前者是曾经做过官的人，后者则是将要做官或者很有可能要做官的人。

乡绅在民间拥有一定的特权，一方面传达官府的命令政策，是朝廷在民间的代理人，另一方面又代表地方的利益，是民间社会的领导者。在地方利益受到官府侵害时，由于涉及他们自身或者亲属的利益，乡绅可以充当乡民的代言人和保护伞。一是因为乡绅在当地社区具有较高的社会声望，同时也有与官府打交道的能力和经验；二是由于乡绅具有优免待遇等特权，具有与官府打交道的资格，乡民在受到官府侵害时可以寻求乡绅的庇护。正所谓"官与民疏，士与民近。民之信官，不若信士"，乡绅亦以地方的表率自居，"凡郡县有一善政及一切禁令，士夫皆当率先遵行，以为百姓之望"。① 为此不少乡绅利用自己的身份地位和经济实力为地方做了不少义举。

6.3.2　勾蓝瑶乡绅乡贤

勾蓝瑶历史上有许多名人、乡绅乡贤。勾蓝瑶人喜欢修建寺庙，除开为各类神佛修建寺庙之外，他们还拥有自己的英雄崇拜，为这些英雄修建寺庙、刻碑写诗，将他们的传说与故事一代代的流传至今。这些英雄们出生在勾蓝瑶这个小瑶寨，却为国家为当地的百姓做出过贡献，这些英雄既有巾帼不让须眉的女

---

① 何良俊撰，李剑雄校点. 四友斋丛说(卷十六)［M］. 上海：上海古籍出版社，2012：104.

英雄李三(仙)娘，又有英勇善战的黄庭龙将军、李正当将军。

在勾蓝瑶，人们以自己宗族曾出现过进士而感到荣耀，这种荣耀延续至今。虽随着时间的流逝，这些引以为傲的先祖事迹无法得以详尽了解，但这种对贤能智者的敬仰，在勾蓝瑶人的精神里烙下了深深的印记。

淳朴的勾蓝瑶人这么定义他们自己的乡绅乡贤：读书之人，有文化的人，有能力的人，德高望重有威信者，修身齐家的能者。在勾蓝瑶，这样的人始终受到瑶寨的敬重与推崇。

勾蓝瑶的欧阳氏"黑门楼"也称"黑凉亭"，建于明嘉靖二十一年(1542)，至今400多年，一层为直角屋檐，二层为三重翘角屋檐，远远看去，有凌空展翅的气派。门额上曾经挂匾"进士及第"，讲的是道光年间的欧阳瑜和欧阳恢祥两进士，可惜匾额现已不存在。这些足以显示勾蓝瑶对于其贤者能人的敬重。

1. 历史人物

据有关统计资料记载，勾蓝瑶历史上出现的历史人物有：

①布政司：何学纯、李正忠、李正顺、李正显、李国济、李国松、李正濂、蒋玉喜、李国海、雷富诗、雷富谦、雷赞忠、雷礼康、何有言、曹国祯、田之品、黄贞潼、欧阳廷春、杨盛臣、何元达等20人。

②州司：欧阳谨。

③监生：吴先前、何进胜、李正伟、李正芳、李文泰、李正吉、李正和等7人。

以上布政司、州司、监生等名人现有古碑(重修虎銎碑)文记在。

④秀才：雷妙送、田嘉穀、蒋视畤、曹仪一等4人。

2. 贤能志士

在勾蓝瑶，老人口耳相传、印象犹在的乡贤者如述：

①何少阳：黄家村人，为嘉庆年间进士。

②欧阳书：传闻清朝时担任江永县粮房一职，相传会两只手打算盘，是一位远近闻名的地理先生，勾蓝瑶龙岩庵的碑文正是他所写。

③欧阳春庚：又名欧阳云祥，传闻清朝进士，官居五品。

④欧阳书：师范业生。重建的龙岩庵题名碑记正是他所撰写。

重建龙岩、亳佛殿凉亭乐捐题名碑记：

"尝观通都大邑多名山，僻壤穷山有美景。山何以名，形胜故也。景奚以美，幽雅宜焉。骚客诗人常吟咏，文才博士籍悠扬。如谢灵运之游山，眉公之巡野。良有以周茂叔之月嵗，商傅说之服筑，岂其诬呼，吾村龙岩山，挺然超跋，为兰溪最秀之峰，若登绝顶，桃洞诸小山似兵之朝将。龙虎关俨然在目，恭城平乐依稀可见，山内藏庵，名曰龙岩，极幽雅，其嵗洞如龙之张口，岩前松菊青芳，林壑优美，佳气葱笼，鸣声上下，坐茂林以终日，濯清泉以自洁。采于山，美可茹，钓于水，鲜可食。透迹韬光，得之何求。自昔相传，清水庵僧徒樵采于此，忽羽化而登仙，数日，该师访觅，始见其徒岩内张坐成佛，不食不言，面貌如生。嗣后祈祷响应，游人蜂拥，为永明南乡名胜之一。非所谓人藉山而灵，山得人而更彰者乎。惟因代远年湮，庵宇风霜蚀剥，榱崩栋折，前徽将没，良可惜也。村人欧阳月、何人英、何文彩等目击，伤心不忍废坠，惠然提昌修整，选举欧阳亮、曹敦杰、黄其甫等为首董其事。只因当今上令煌煌，破除迷信，恐无人应募捐而渐止。待民国庚午(1930)春，阅国府有保存名胜，准其修筑之通令，故敢出名募捐以谋重建。果蒙乐善，诸公解囊相助，乃得共襄美举，恢复前规，乘兹告竣，谨勒芳名，际此落成，题将片石其昭垂于百世，自巩于千秋矣。

师范业生：欧阳书(紫乐民撰书)(上村欧阳家欧阳绪珍叔公)。

民国二十年岁次辛未(1931)蜡月中旬谷旦立。"

3.技艺匠人

(1)瑶拳医术

黄正森：黄正森是瑶拳的传承人，其父亲就是专门教打拳的武馆先生，因此黄正森受其父亲的影响和传授，对治疗跌打损伤十分擅长，是勾蓝瑶的赤脚医生，传闻其有家传的药方。据村里的老人回忆："在明朝最鼎盛时期，我们这里有两万多人，清道光年间发生一场瘟疫死了许多人。以前村里没有医院，都是在村里看草医，治疗跌打损伤很有效，但其他的不太行，最后治不好只能病死。教拳的黄正森会治些跌打外伤。直到20世纪60年代江永县城才开了一家中西合作所，大家开始吃西药。"

(2)木匠

①何继宝：何继宝家中四代木匠，他于1979年跟在岳父周芳喜身边学了一年多，没有拜师，参与了相公庙、培元桥的修建，木工、泥工都会。他回忆说："搞集体时没时间学习木雕手艺，现在只会雕一些简单的。"

②何鸿固：何鸿固称自己是在十七八岁时开始学木工，师从姨夫周方喜。他听祖辈口耳相传："盘王庙是叔公和叔公兄长完成重建的，但其中的雕花是广西一个姓龙的师傅完成的。"现在的相公庙戏台由他、周永财(周方喜的外甥)、

何继宝完成修缮，于 2013 年他还参与了上村的戏台修缮。

（3）石匠

蒋明礼：蒋明礼的石匠手艺是从 20 世纪 70 年代开始跟父亲学的，现在只刻字、打烂石头、修路、砌沟，不会雕刻图案，以前去山上打好初胚，主人家自己抬下来，搬回来后再细致雕刻，现在很少有人请做石雕了。蒋先生说，父亲是哑巴，耳朵也聋，但是识字，是去夜校学的。父亲的石匠手艺是跟大舅公学的，很厉害，只要别人讲的理解了就能做出来，汉江源水库那的一对石狮就是他刻的。他回忆："石匠用的工具多是自己打造，去哪带的工具都有一百多斤，现在好多工具都不用了，年轻时能挑两百多斤。"

（4）舞龙舞狮

黄正珠：1937 年生，耍狮子、耍龙是于 1957 年跟大伯学的。十五岁开始学一些医术，师从黄其吉。黄正珠老人说："要练基本功，打拳、马步、棍、刀，从十一月开始练两个月，每天晚上八点去练习，大伯很严，练习时脚很痛，所以许多人学不来，耍狮子很累，狮头有四五斤重。1957、1958、1959 年耍了三届，何敬新、何益礼耍了第一、二届，黄正森耍了第三届，1959 年后就不耍了。"

4. 近现代乡绅乡贤

到了近现代，勾蓝瑶涌现了一批仁人志士、乡绅乡贤，对勾蓝瑶的发展建设起到了不可磨灭的作用，择其有代表性的人物记述于下：

①雷应川（1957—1979），瑶族，高中文化，出生于江永县兰溪瑶族乡新桥村。在对越自卫反击战中英勇牺牲后，中央军委授予他"一级战斗英雄"称号。

②欧阳锡盛，男，瑶族，勾蓝瑶人，江永县原县长、顾问。

③欧阳绪珍，男，瑶族，兰溪村人，1944 年生，被称为"勾蓝瑶活的历史书"。曾任黄家村村支书。在申报"省级文物保护单位"，黄兴村"湖南省少数民族特色村寨"，"省级历史文化名村"，洗泥节"永州市非物质文化遗产代表作名录""湖南省非物质文化遗产名录"等过程中，欧阳绪珍起到了举足轻重的作用。为挖掘整理勾蓝瑶的文化遗产，他搜集整理了文献、编纂了资料，促成了这些文化遗产的成功申报。这些文献资料，有关于勾蓝瑶发展历史的文字资料，也有老人对勾蓝瑶目前发展的担忧。这些材料，作为兰溪申请湖南省非物质文化保护遗产关键材料加以使用，也为一些研究勾蓝瑶的学者提供了诸多便利。他一直无偿地尽最大的努力保护这座千年瑶寨。

④杨仁里，男，1942 出生于勾蓝瑶寨。1962 年道具师范（中专）毕业。历任

中、小学教师，小学校长，文教科副科长，公社管委主任、党委书记，县委党校教务主任。1984年起任江永县民委主任至20世纪末，热心做些民族历史和民俗调查研究工作。2001年退休后，潜心研究地方文化和瑶祖盘王文化。现为中国民间文艺家协会会员，湖南省作家协会会员，永州市历史文化研究会常务理事，湖南省民俗学会、大梅山文化研究会副会长，广西瑶学研究会理事，柳宗元研究学会常务理事，永明诗词协会常务副会长。现受聘为湖南科技学院地方文化研究所研究员、客座教授。主攻方向：地方民俗和瑶族历史文化。出版著作《永明女书》《零陵文化研究·都庞撷英》《永明文化探奇》《瑶族古籍〈千家峒〉〈盘王歌〉选编》《为盘护正名》，担任中国民间文艺家协会推介非遗丛书之《闺中奇迹江永女书》副主编，担任永州市政协文化和文史资料委员会组织编写的《女书专辑》编委，论著被28部文集收录。在各级刊物发表诗文300余篇。《零陵文化研究都庞撷英》荣获湖南省第八届哲学社会科学优秀成果二等奖，《为盘护正名》获广东省文学艺术界联合会、民间文艺家协会优秀著作奖，关于女书的论文获教育部素质教育优秀论文一等奖。

⑤李成贵，自称是李正当将军的第五代之子，外号李半仙，生于1958年，瑶族，湖南省江永县兰溪瑶族乡李家村人。1976年8月至1985年2月教书，1985年2月至今在农村合作社工作。其父亲李胜益是"兰溪乡"的第一届乡长。李成贵受兰溪瑶族乡政府和四大民瑶村干部的邀请，参与编纂《兰溪瑶族志》和《四大民瑶志》。其业余时间还在网络上兴建博客，自称兰溪木子，发表博文二十余篇，对勾蓝瑶历史文化、民俗风情进行介绍，为推广勾蓝瑶贡献自己的力量，彰显了勾蓝瑶长盛不衰的人文情怀。

6.3.3 勾蓝瑶乡绅乡贤与村落治理

"所谓绅衿者，其中贤愚优劣，固有不齐，但系一邑一乡之望。"①这句话对乡绅阶层做了比较客观的评价。在中国封建社会，乡村的公共事业除了靠官府外，就待靠地方乡绅了。而且自明清以后，乡村社会的公共事业基本由官府主持办理倾向为由民间自办。从史料的记载来看，有关乡绅在地方上举办公共事业的例子俯拾皆是，地方上的各种公务几乎都有他们的参与或主持。他们参与

---

① 南炳文，白新良.清史纪事本末(第五卷)[M].上海：上海大学出版社，2006：1513.

和主持地方的各种公益活动，部分地承担了社会救济的责任，做出了许多义举。按类分之，大致有以下几项：

1. 地方教育

科举制度是中国传统时期的一项重要制度，乡绅阶层是这一制度的受益者，因此，他们特别重视教育事业的发展。在地方兴办学务、修建书院、创办社学和义学，对于他们来说义不容辞。勾蓝瑶一直很重视教育，明清时期修建了大量私塾。

2. 地方工程

清人叶镇在《牧令书》中说道："邑有兴建，非公正绅士不能筹办。"这句话很清楚地表达了乡绅在地方公共建设方面所起的重要作用。从正史及方志等文献中，可以看到乡绅所办的地方公共工程主要有开河筑堤、修路建桥、兴修水利和修建祠庙等。

勾蓝瑶历史上有许多名人，如封建时期有李三娘、黄庭龙将军、李正当将军。

李三娘是勾蓝瑶寨中的一位有名的女将军，关于她的传说也有不同的版本，相传李三娘是清朝时期的一位将军，机缘巧合下学到了不少本领，并运用这些本事为保卫勾蓝瑶寨和其他地方做出了不少贡献，有不少的勾蓝瑶村民由于十分崇拜李三娘和黄将军，所以认为这两位将军是夫妻关系，夫妻二人携手保卫勾蓝瑶寨也确实是一段令人敬仰的故事。李三娘虽是女儿身，但是作为备受崇拜的女中豪杰，受到村民们的膜拜，村民为她所建造的庙宇为兴隆庙，《鼎建兴隆庙》这块石碑便是康熙二十三年（1684）勾蓝瑶寨村民们建造兴隆庙时所竖碑文，碑文上有当时的信士所编写诗文，表达了时人对于李三娘将军的崇敬之情：

"崇建兴隆好庙堂，家家处处得平安。自此起造坊坊盛，曾此装修户户昌。所叩咸灵黄大圣，祈求感应李三娘。入兵出将时时让，盘古开天降圣王。题云岁前。术示周祥宗题赠。"

"新主新兴高庙堂，风调雨顺得平安。良年建造人丁盛，吉日装修财帛昌。乡境皎提黄大将，村坊专靠李三娘。千兵拥护时时乐，万物扶持降福祥。善氏周君德赠。"

总管庙是为了纪念黄将军而修建的庙宇，黄将军的传说故事有两个版本，一说黄将军是元朝时期的瑶军将领，带领瑶族百姓与当时的官兵进行争斗；另一说则称黄将军与李三娘是夫妻，两人是清朝康熙年间的将军。黄将军门楼传说就是黄将军凭一己之力在一夜之间修建起来的。为了纪念黄将军为勾蓝瑶做出的贡献，勾蓝瑶的民众们为他修建了总管庙以示尊崇，还兴建了高两丈的牌楼，但可惜的是，目前这些都只存有遗址。总管庙前有三块石碑，上面记载了当时人们对黄将军的尊崇，在康熙五十五年（1716）的永锡三多碑上写有"三圣武烈将军显镇兰溪，灵现非常，坊坊开化，处处彰形"的字样。上面还有诗曰："竖立牌坊在圣前，雕装故事异新鲜。武将威灵护本境，神王显赫镇兰溪。弟子祈求多感应，信员祷叩足平安，圣贤照顾诸民乐，特保坊团处处惟。"

李正当将军是清代时期将领、湖广总督、广西巡抚，勾蓝瑶大兴村人。他故后，在水龙祠被奉为龙王神。他生于道光癸卯年（1843）七月廿十日子时；终于光绪壬寅年（1902）十月十五日巳时，享寿六十春冬。李正当出身于一个以耕读为生的家庭。父亲李文升，母亲黄保云，家中共有三兄妹，子李正当，长妹李彩音、次妹李彩云。他从小就长得强壮高大，好学词文，也很喜欢骑射和习拳练武。他幼年时就跟随父亲习文，能读写很多词文。同时也跟随叔叔身边骑射和习拳练武，学会了很多民间狮子武术。他年满六周岁（1849）时，就童考录取（附生），在永州童子学府习读诗书；1854 年，中试考取（贡生），在永州学府学习；1857 年，高试考取（举人），在长沙学府读书；1860 年，大试考中（进士）。

李正当在 1861 年加入曾国藩湘军后，与李鸿章结拜为兄弟，因他两人的父亲都是同姓氏、同辈分而且又是以耕读为生的家庭出身。李鸿章的父亲李文安是"进士"，李正当的父亲李文升是"贡生"。李正当跟随曾国藩和李鸿章攻克天津的西大门安庆时，因在作战中机智勇敢、年轻力壮、血气方刚、杀敌多、功绩较大，在短短的两年时间里很快就从一名普通的士兵晋升为将领，年仅 20 岁。

由于李正当跟随曾国藩和李鸿章两位大臣率兵有功而官运亨通，太平天国起义平息后，他担任过湖广总督、广西巡抚。

这虽为传说，也并非为李当正将军生前修祠，但确实是因为他才有了水龙祠这样的村落公共建筑，没有他们，这些工程也难以实现。

3. 地方慈善

在勾蓝瑶，捐款的碑刻有很多。其中，"让泉巷""黑门楼"的故事至今存留，无不彰显了勾蓝瑶乡绅乡贤的文化礼教气息。让泉巷，又称何氏进士坊。兰溪虽是瑶族村寨，但并不拒绝汉族文明，曾设立过书院、书屋、文昌阁等教化场所，文风昌盛，人才辈出。据族谱记载，兰溪村曾出过 8 名进士。现存一座让泉巷牌坊，坊前有"碧涧鱼龙"之照壁。"让泉巷"距桥头凉亭 10 米远，坊内出了何文彬、何文彩两位进士，他们既在外面为过官，又在村内做过瑶长。让泉巷前凿有甘泉井眼，其泉水甘甜清冽，过往行人可取水饮用。这一慈善之举弘扬了勾蓝瑶的文化和精神。

通过对勾蓝瑶的考察走访，得知勾蓝瑶历来乡绅乡贤者甚多，但得知姓名者不多。据口述历史，听闻之而记述之。

在勾蓝瑶传统社会，乡绅的权威来源于宗族和政府的认可，他们自小受儒家伦理的指引，遵从儒家礼教，以"仁政"为理想的境界，深信"君子之德风"，除了少数的劣绅，一般的乡绅都特别注重自己的品行，而且相信儒家思想可施之于现实，所以乡绅往往能成功地充当官和民的中介，既能够传达国家的政令，又能够代表勾蓝瑶乡民的利益。

第7章
勾蓝瑶的文化教育与道德教化

回溯历史长河，美丽的勾蓝瑶寨不仅拥有独特的建筑体系、繁盛的商贸往来、完善的治理制度等，更是一个文教兴盛、重视教化之地。一方面，归服后的民瑶在明清时期在税收和岁科考试等方面，受到国家政策的优待；另一方面，作为一个较为封闭和偏僻的瑶寨，在长期的生产生活中，积极有为的勾蓝瑶人也始终不忘进行自我教育，从私塾教育、宗族教育、伦理教化、族规家法等方面对子孙进行教诲，又由于受朝廷招安，文化教育上深受汉文化影响，使得汉文化与瑶文化不断融合。这既体现在如今依稀可见的文化遗存之中，更直观地表现在从勾蓝瑶培育出的一大批秀才、进士等文化人身上。

7.1 官方化育

7.1.1 引导瑶人向化

官方对勾蓝瑶的化育首先要从四瑶被招安说起，据《扶灵瑶统记》记载：

"洪武九年(1376)四月初十日，奉蒙张丁爷招安下山，给赏红袍、玳瑁，与瑶把守。奉蒙钦差户部侍郎曹踏拨边山五里，俵瑶陆续开垦成熟。洪武二十九年(1396)十二月二十日设立桃川所，召留一千八百八十名军，概占民瑶田五百八十一顷。永乐二年董顺千户带瑶人石午碑赴京报立瑶籍，纳粮不差。"

可见政府对于归化后的四瑶给予宽松而照顾的政策，定居平地的四大民瑶，不仅成为国家授权扼守边隘的军事力量，还享受免丈量税收的优待，历朝皆遵循旧章，使政策得以一以贯之。

同时，旧时封建王朝的统治者，除加强对政治、经济的控制外，无一例外地对思想文化领域十分重视，典籍、史志中对于励学、劝学、为学之道的记载也不在少数，国家在文化教育及人才培养方面自有其一套体系。(光绪)《永明县志》中记载："世祖皇帝顺治九年颁训士卧碑在明伦堂左，其文曰，朝廷建立学校，选取生员，免其丁粮，厚以廪膳，设学院、学道、学管以教之，各衙门以礼相待，全要养成贤才，以供朝廷之用，诸生皆当上报国恩下立人品。"

顺治皇帝钦颁训士卧碑之举显示出，明清之际，朝廷在政策上表现出对于贤才的渴求，也希望能培养出朝廷可用之才，为国家社稷献计献策。而且，从文献记载中可以发现，朝廷对教育的重视和对贤才的需求同样适用于少数民族归化之地。据康熙年间《永州府志》记载："三代以前永处荒服，汉以后稍被声教，唐宋犹以处谪迁，岂非徼峒暮错，叛服不常，文告阻隔乎？考其制驭之法，惟宋为详，而明加以抚绥，革面从风，猺人亦吾人矣。倘渐摩日深，并其名可不必存，要之德礼政刑兼施并举，世固无不可化之人也。忧乐同民者能无意乎？"[①]此段文字表现出朝廷有意以"德礼政刑兼施并举"来引导瑶人向化，使之汉化，且认为"世固无不可化之人"，使瑶人懂汉理、知汉俗并非难事。

---

① 江苏古籍出版社编选.中国地方志集成·湖南府县志辑 42 康熙永州府志[M] 南京：江苏古籍出版社.2002：691.

"迩者天子方右偃武，开东阁，命儒臣网罗百代以光文治而秉节，诸大臣又复宣扬教化，惠养群黎，予将以是书进之采风者之侧，使知荒服之地为都会要冲，政教之余抚循尤急，他日优渥雅化，吾知必有人焉出而光赞皇献者以为斯郡倡，是予之所深愿也夫。"①引自康熙年间《永州府志》的这段则表明，因为四大民瑶拥有特殊而重要的地理位置，所以唯有施行文教，使之明礼知节，才能真正实现朝廷统治下要塞的长治久安。

且《扶灵瑶统记》记载，清朝开国时就有提出："圣天子御极文教覃敷恩便边隅，泽流海甸，崇文重道以德化民，凡夷狄之人虽愚鲁顽硬，俱向善良，苗蛮徭僮皆读诗书，咸沾盛典，乃皇上做人之雅化。"

统治者让民瑶读诗书、受教化，推行当时主流的儒家文化，这对身处其中的勾蓝瑶自身文化的变迁也产生了一定影响。

7.1.2　学额规定

学额在此指的是科举时代每次考试录取的府县学生的名额。颁给学额，也意味着四瑶被正式纳入朝廷的科举体系之中。清初，永明县考取入学人数无定额，顺治十六年（1659）规定岁科各考取附生 12 名、廪膳生员 20 名、增广生员 20 名。根据现有文献资料，能够确切追溯到朝廷在民瑶中间推行儒家教育、颁给学额的历史，应该是在清朝。《扶灵瑶统记》中关于开考事例有如下记载：

"顺治十五年（1658），题准土司子弟有向化愿学者，令立学一所，地方官取文理明通者一人充为教读，训督瑶童。其瑶童中有稍通文理者，听土司具申本县转申提学收试以示鼓舞，入学名额，提学凭文酌定其教读。每年给讫银两八两，灯油纸笔银二十四两，地方官动用钱粮支给。

康熙五十四年（1715）题准四十三年议准湖南各府州县熟苗童生，许同民籍应试，其取进名数即入该县定额。

康熙五十四年，题准湖南衡、永、宝、辰、郴、靖六府州属苗瑶另编字号，于正额外酌进取一二名。

乾隆十年（1745），议准湖南苗瑶生员应岁科两试，弥封后另后卷面填注苗瑶字样，以便学政阅卷时与民籍生员相较，酌量位置（于上载土苗事例）。

---

① 　江苏古籍出版社编选.中国地方志集成·湖南府县志辑 42 康熙永州府志［M］南京：江苏古籍出版社.2002：3 - 4.

乾隆二十一年（1756），议准湖南所属苗童应试者改为新童，其瑶人土人二种亦应照准其一体改正。

乾隆三十六年（1771），议准湖南衡、永、宝、辰、郴、靖等府所属瑶童向倒编字号，于正额外各量取一二名。嗣于雍正三年（1725），因额少人多，议增为三名。今永州所属之东安、永明二县瑶童不过数人，而宁远则百余名不等，多寡县殊均属取三名，未免无所区别，应将东安、永明瑶童进额各减二名定为一名。如无佳卷，仍照宁缺无滥之例办理。至宁远应试瑶童既多，应于东安永明二县所减四名内酌拨二名作为定额五名。"

(光绪)《永明县志》中也有关于民瑶学额的记载：

"以瑶人归化，永明瑶童等科试准考取附生三人，学政因瑶童应试考少，虑滥取滋弊，将三名继续陆拨归宁远、新田各一名，此旧例也。

国朝嘉道而还，则阜陵、膏泽、雄川、唐王、大凤、古泽、冻青、大掩、大溪诸处皆有罐居之。若前此未停岁科考试时，例准瑶生一人附堂籍，则唯有清溪四瑶得与考耳。"

从上述记载可以看出，朝廷对于瑶童参加科考有如下照顾：

一是选取老师为愿学者教学，而后应试凭文定读县学者，每年资助白银8两，另加供灯油纸笔银24两，这是一笔不小的数目，全由地方支出。

二是在康熙五十四年（1715）准许熟苗童生同民籍应试，这是科考政策上准许瑶童参与科考的开端。

三是康熙五十四年的苗瑶另编字号，于正额外增取一二名生员，这样不与民籍生员相混杂，便于选拔苗瑶中的优秀人才。

四是在乾隆十年（1745）允许瑶生岁科两考弥封后卷面填注"苗""瑶"字样，使学政阅卷时与民籍生员区别开、相比较，凭文章加以照顾和选优。

同时也要看到因永明县应试瑶童人数太少，而宁远人数较多，所以将原本划归永明的三名学额拨出两名，如此，永明只有一名瑶童可附学，瑶生求学机会较小，但相比其他很多没有附学机会的瑶居之地，永明四大民瑶已经享受到了朝廷不少优待政策。科举取士以儒家文化为内容，瑶童接触儒学就是在接受汉文化教育，而勾蓝瑶寨也在潜移默化地受到影响，也因此造就了今日灿烂多彩的勾蓝瑶文化。

7.1.3 县学

县学，即旧时供生员读书的学校。科举制度规定，童试录取后准入县学读书，以备参加高一级之考试，谓之"进学""入学"，士子称"庠生""生员"，俗称秀才。

永明县学创建于唐朝，设在县城学宫（文庙）。初建时规模不大，经明、清时期多次修葺扩建后日臻完备，格局宏伟，蔚为壮观。20世纪50年代初为永明县初级中学校舍。

清顺治十六年（1659）后，县学每届童试录取附生12名，恩科年份加取附生1名。四大民瑶招安后，每届录瑶童生3名，后减为1名。生员中设廪生20名，分别由岁科三年两试的增生、附生考列等第依次递补。

生员主要学习儒家经典及时文，参加三年两试的岁科（科试），成绩优秀者可参加乡试，廪生还可考贡。生员以自学为主，辅以讲授，学年无限定。经费来源于学田。明洪武三年（1370）赐膳田六百石，县学生可免其丁粮，充其廪膳。[①]

7.1.4 书院与学田

书院，开始只是地方教育组织，出现于唐朝，分官办和私立两类，经过宋元明的发展，至清代，多使之官学化。书院的功能主要是教书、藏书、祭祀和学田。光绪二十七年（1901），诏令各书院改学堂，书院退出历史舞台。

据记载，自宋以来，县内较有名的书院有桃溪、顾尚书、濂溪、允山等四所。

桃溪书院在今江永二中校址，唐初由当地人士捐资建造。唐元和年间（806—820），柳宗元曾为之撰文作记，因而名声大震。北宋天圣年间（1023—1032），太常博士、县人周尧卿首倡募谷捐资，扩建馆舍，桃川书馆改为桃溪书院，有学田两百余亩。光绪三十二年（1906）改为桃溪高等小学堂。

顾尚书书院在夏层铺宝胜寺西，宋政和年间（1111—1118）进士、尚书顾涛所建，后废书院建寺院。

濂溪书院在潇江南岸三元宫左侧，明嘉靖二十五年（1546）建，后改名宗元书院。清康熙十四年（1675），知县侯绥重建。王学光、廖光熙、蒋祥南、王启源

---

① 吴多禄，江永县志[M]. 北京：方志出版社，1995：539.

先后任山长，周绍义、周兆龙、周日昭、王明良先后任讲习。光绪三十一年（1905）停科举后，改设永明师范馆。

允山书院在今允山乡政府所在地，废科举后改为允山高等小学堂。

书院由山长（院长）主持，有讲习若干人，首士、书斗各一人，分管院务。书院招收生童，发给膏火钱，成绩前列者，酌给奖金，主要讲习"四书"、"五经"、《性理》、《史鉴》、《古文》等。①

因书院衍生出的学田是我国封建社会学校教育的经济来源之一。设学田以赡学的制度，创建于宋代，此后一直延续。（光绪）《永明县志》中对于学田有如下记载："自宋天圣中赐茅山书院田以赡诸生，而学田渐成风气……永明学官二人俸入微薄势难自赡，乃取给于生童二百余年，官既告乏无门，而生童亦坐此交困。光绪初年乃由邑绅倡议合十七里四瑶按粮捐输，复纠富户粮捐外量力多助缗钱一万四五千，买田若干亩，名曰学田，永供学官用度，而免生童应付之苦。"②

通过县志可以看出，四大民瑶亦在捐助钱粮、为书院购买学田之列。因此可以推测，四大民瑶在当时不仅积极参与周边治理活动，而且有瑶童在永明县书院读书。但因年代久远，又无文字记载，故无法确切追溯。

7.1.5　社学与义学

社学和义学是在朝廷推广下各乡村启蒙教学的一种形式，通常由私人集资或用地方公共资金，朝廷有津贴补助，对象多为贫寒子弟，以教化为主要任务，始创于元代，至清末而终结。（康熙）《永明县志》记载了清朝时国家对社学的重视："国朝定鼎之初督学试，补社师考校而进退之，康熙二十二年（1683）停，五十二年（1713）令各省府州县多立义学、社学，延请名师聚集孤寒生童励志读书，免其差役，由地方官量给廪饩，仍报学政查核，不独重视书院已也。"③

且根据康熙年间《永州府志》记载："古者家有塾、党有庠、州有序，社学之

---

① 吴多禄. 江永县志[M]. 北京：方志出版社，1995：539.

② 江苏古籍出版社编选. 中国地方志集成·湖南府县志辑49 康熙永明县志·光绪永明县志[M]. 南京：江苏古籍出版社，2002：387.

③ 江苏古籍出版社编选. 中国地方志集成·湖南府县志辑49 康熙永明县志·光绪永明县志[M]. 南京：江苏古籍出版社，2002：389.

义盖仿诸此，今国家重儒术，命天下建立社学，俾穷乡下邑瑶侗童菁首习经艺以文教先吏治，于是魏公承命择地于濂溪书院之左建立社学，择民间俊秀延师以教之弦诵之音偏于阛阓。"①

朝廷于濂溪书院之左建立社学，让穷苦瑶童学习文化，使瑶童增加了受教育的机会。清康熙四十八（1709）年，朝廷还曾在清溪、古调设置两所义学，每年拨给义学饶银子十六两，聘请通达术的生员、秀才、贡生担任教习。

这一点，在《扶灵瑶统记》中也可以找到依据，光绪四年（1878），永州府正堂颁行《抚瑶增议条款》，其中一条称："劝置义仓义塾以赡贫乏而资教化也。查民瑶种山致富者颇不乏人，土瑶亦闻有小康之户，宜各敦任之谊，捐设义仓量力输谷，以备青黄不接时借给贫瑶。口粮籽粒，秋收之后加一还仓，仍举殷实瑶生与瑶总经管出纳，毋使冒滥，又每届岁科，新籍入学多系民瑶，而土瑶及过山瑶中亦有读书识字者，亦宜捐置义学，延请塾师课读四书五经，指授文义兼令学习礼貌揖让，庶新籍益多有造之材，瑶俗且蒸蒸丕变矣。"②

光绪四年（1878）永州府颁发的《抚瑶增议条款》中显示，民瑶因无赋税压力，其中不乏富户，因此鼓励民瑶开设义仓、义塾，由瑶长统管，延请塾师，令瑶童向学。并且推荐殷实瑶生与瑶总对义仓进行管理，以备青黄不接的时候接济贫苦人家。此外，还要延请塾师讲授四书五经，教化瑶民，以变其风俗。当然，这个主张在民瑶中也得到了响应，勾蓝瑶于背后深山的幽僻之处、龙岩庵的一侧开办了学堂，即龙岩学校，后文还会提及。

7.1.6　近现代教育

民国二十二年（1933），永明县政府根据中华民国教育行署（教育部）的指令，出示布告，明令取缔私塾。同年，永明县设立简易师范为全县培养农村初级小学教员，毕业后分配到各乡镇任教。

民国实施教育改革，国家兴办国民重点学府、中事院校，各省创办高等学院，在行署兴办国民高中、县立初中、乡镇办国民中心校，人口集中的村庄设立保校。

---

① 江苏古籍出版社编选.中国地方志集成·湖南府县志辑 42 康熙永州府志［M］南京：江苏古籍出版社.2002：380.

② （清）首德胜编，何可训纂.扶灵瑶统记.道光廿一年仲冬（1841）：65.

民国三十一年（1942），在清溪、松柏设立中心国民学校，继而在瑶区设置保国民学校13所，少数民族学校教育有所发展。

中华人民共和国成立初期，原先的私塾等改为初等小学校。教学设国语、算术、常识、音乐、体育、图画等课程。学制初小4年、高小2年（亦称四二学制），学校设在宗祠和庙里，由政府进行适当补贴。

"文化大革命"时期，学校停课闹革命，教学秩序被打乱，教育质量严重下降。

中共十一届三中全会以后，为了满足社会各类人才的需求，江永县在上级政府的支持和指导下，创办了江永卫校、江永职中和江永进修学校等专科院校，为江永培养了一大批实用人才。

国家开展"冬学""扫盲"，发展学校教育、职业教育和专业教育，江永县委、县政府也大力扶持瑶族地区教育事业。一是发放少数民族教育事业补助费。1985—1990年，江永县财政每年拨给每个瑶族乡教育事业补助费1万元。二是扶持瑶族子弟入学。根据瑶族地区居住分散、住地偏远的特点，扩大办学点，增设瑶区村小。三是充实稳定瑶区师资队伍。江永县人民政府就地取材，培养本民族教师；选送高、初中毕业的瑶族学生参加短期师资培训，分配回乡担任公办或民办教师；动员瑶族学生报考师范学校，毕业分配回乡任教；给在瑶乡任教的教师每月增发津贴费5元，其中兰溪瑶族乡10元，在少数民族地区连续工作15年以上的外县教师优先解决其家属子女户口农转非。①

在距离勾蓝瑶寨500米左右的地方，有一所兰溪瑶族乡学校，其前身为冷水铺黄家完小；1984年，成立瑶族乡后正式命名为兰溪中心校；1989年，内设初中部；1992年，中小学校合并为兰溪学校，是全县六所九年义务教育一贯制学校之一。学校现有教学班11个，学校占地23580平方米。如今，勾蓝瑶中的适龄儿童大多会前往兰溪瑶族乡学校就读小学和初中。至于高中，则需要到江永县城里的江永一中、江永二中等地就读。

值得注意的是，在现代化和城市化进程加快的今天，勾蓝瑶虽有古代繁盛的教育传统，但仍然无法避免如今乡村教育所普遍出现的一些问题。由于城乡二元结构的存在和村里人谋生致富的需求，不少村民会选择外出打工，这就相

---

① 唐早君.江永县志(1991－2004)［M］.北京：方志出版社，2008：441－456.

应地带来两个方面的影响：一是村中出现了留守儿童。据兰溪瑶族乡学校校长田多艺介绍，2015 年，兰溪瑶族乡学校共有 510 名学生，其中 269 名学生为留守儿童，由于家长不能时刻督促孩子的学习，且祖父母大多只顾着监护安全等问题，对于督促学习方面也是力不从心，因此对于留守儿童进行教育的责任只能落到学校肩上，使得儿童缺少良好的教育环境。二是关于升学方面。对于求发展的村民们来说，读书并不一定是当下他们获得致富前景的唯一出路，会有一部分学生在面临升学阶段时选择外出打工。从校长处得知，50 人的初三班级中，有 1/4 的学生选择了外出打工，而不是继续学业，可见现在的勾蓝瑶，如众多乡村一样，对于孩子的要求多是能读书求学就支持，无兴趣也不强求。而且乡村教育水平毕竟有限，师资教学力量不足或者说教学条件有限，也制约了学生在受教育方面的发展。

7.2　勾蓝瑶人的自我教育

7.2.1　崇学重教氛围浓厚

古代的勾蓝瑶曾是一个不服王化、不隶版籍、巢居深山的原始部落，不受封建王朝的统治，不纳皇粮，不供租赋。勾蓝瑶人虽无自己的文字，但有自己的语言，以汉字作为文化传承的载体。虽是一个较封闭的民族，但自古以来瑶族对文化的追求从不松懈。勾蓝瑶作为一支定居平地的瑶族，与外界交往不多而独立自治，内部有一套行之有效的治理方式，为维护整个族群的团结稳定与长治久安，也需要宗族和家族的力量来教化内部成员。同时，归化后的勾蓝瑶人正式接受儒学文化的影响，纳入科考体系之中的儒学向来重视教化与礼义，这也深深影响了勾蓝瑶人对教育的态度。自古以来，勾蓝瑶人就有崇学重教的传统，从留存的历史遗迹和各种典故中就可窥探一二。

①文昌阁。文昌阁是古代祭祀文昌帝君的传统建筑，其位于黄家村黄家湾守夜屋城墙进约 200 米的石路左下方，位于宝塔寺下，建于明代，阁高四层，建筑面积 47 平方米，美观大方，但由于年代久远，今已不复存在，无法确切考证其内部结构、格局等，只在欧阳绪珍的《勾蓝瑶志》中有记载。文昌阁算是勾蓝

瑶人发展文化、尊重文化的标志性建筑。①

②清溪文峰塔。文峰塔并不是勾蓝瑶寨的建筑，而是位于清溪瑶，但四瑶同时归化，连成一片，相互影响，政策措施俱为一体，也反映出四瑶某些共同的特质。清溪瑶的这座文峰塔共七层，落成于乾隆四十六年（1781）。该塔全部用青砖建成，没有用一块木头，当地人称"宝塔"。根据老者的描述，塔内画有孔子像，又有观音像。据说是因为清溪几百年来没出一个举人，于是建这座塔以振兴当地文化风气。可见当时的民瑶对于读书做官十分重视。

● 清溪文峰塔

③石鼓登亭。石鼓登亭始建于宋朝，道光八年重建（1828），位于上村的兰溪八景第一景处。其为三层十六柱全木结构建筑，高九米，至瓦顶超十米，底层面积70平方米。楼檐为三层飞檐翘角，好似一顶高高的官帽，勾蓝瑶人建这一标志性建筑，希望能出一个大官以光耀族人。从其地理位置和建筑结构上看，九米高的亭楼，能放眼观望兰溪的上村和黄家村全景，凡有战争因素的蛛丝马迹，都能一目了然，是防患于未然的瞭望台，用于军事防卫再恰当不过。此地也是总览兰溪全貌最佳的楼台，可用于风景观光。至道光年间，亭内居住的欧阳族出了两个进士——欧阳瑜和欧阳文光两兄弟。族人为地方出此文化较高的人才且享有进士及第的光彩称号而骄傲，共同集资将已经老朽的古亭重建，就是如今规模更大的石鼓登亭建筑群，其有宽敞石阶，有桅柱竖旗，有挡视兆墙，也

---

① 根据勾蓝瑶当地人欧阳绪珍的手稿整理。

因此石鼓登亭后来也叫作"进士"亭。石鼓登亭向外方石阶之下的前兆墙上，横批写"凤翥鸾翔"。两边留对联墙写："杏苑探春敢跨家世源流芳远，花开及第惟沐圣朝雨露新"。此联展示出欧阳一族渊远的家世和人才辈出的历史，借此也激励后世要认真学文化、学知识，不要错过最佳年华。① 族人因此地出了光耀门楣的进士便出资整修古亭，一方面说明当时的欧阳氏族有一定财力，另一方面更说明了族人对于教育的看中和读书有成的希冀。因此，石鼓登亭又名"进士亭"，既表达出欧阳一族对于进士的纪念，也表达出让子孙后代铭记这一家族荣光，并以此为榜样，继续努力，多出人才的希望。

● 石鼓登亭兆墙

● 让泉巷

④让泉巷。让泉巷因门口的"让泉"而得名，就是将泉水让给路人饮用之意，是勾蓝瑶文明礼让的象征，巷前的牌坊上有"碧涧鱼龙"之照壁。让泉巷又称何氏进士坊，距黄家村桥头凉亭10米远，因坊内出了何文彬、何文彩两位进士，他们既在外面为过官，又在村内做过瑶长，是颇受村民尊敬之人。以"进士"为坊称，如石鼓登亭一般，有尊敬纪念之意，也有激励后辈之用。②

以上种种皆可反映出勾蓝瑶人自古以来就拥有崇学重教之风气，且对于文化人相当尊重。当然，勾蓝瑶对于文教的重视见诸各个方面，上述也只是冰山一角，如勾蓝瑶曾拥有众多书屋，众多碑刻也多出自有文化的秀才之手。

---

① 根据勾蓝瑶当地人欧阳绪珍的手稿整理。
② 根据勾蓝瑶当地人欧阳绪珍的手稿整理。

7.2.2 私塾教育

勾蓝瑶在汉代以来就有了私塾，这些私塾的存在一直持续到民国末期。

私塾分有门馆和家塾两种形式。门馆又分蒙馆和经馆二个等级。私塾就是私家办的学校，每所私塾的塾师通常为一人，学生一二十人不等，聚散无常，学年不定。勾蓝瑶由古以来就有很多的地主庄园，私塾就是设在他们的庄园里。一般生活无着落的贫苦人家是没有财力和精力入私塾读书的，只有贵富家族人员才能享受私塾教学的待遇，可以想见，教育是建立在经济条件的基础上的。勾蓝瑶在明清两代享受很多朝廷给予的优惠政策，如免税或减税。这样，民瑶就有机会拥有比汉人更多的田地和收成，获得更多可支配财富。民瑶中富户众多，他们有条件和能力办学和聘请塾师。

家族中所设的蒙馆主要是招收幼童，以识字为主，教学《三字经》《百家姓》《千字书》等启蒙读物；经馆是招收读过蒙馆的生童，教习"三纲"、"五常"、《仪礼》、《左传》等儒家经典，并且开始作文、作诗、作对联，灌输"忠君尊孔"的封建伦理道德。

尤其是明清以来，勾蓝瑶人修建了大量私塾作为教育场所，当地人通常称之为书屋。这些私塾在漫长的封建社会中对勾蓝瑶的人才培养起到了重要的作用。勾蓝瑶历史上虽然没出过大的文官，但擅长文墨的乡秀才却不少。他们留下了大量优美诗文和珍贵的历史文献资料，这在很大程度上得益于当地人重视子孙读书的传统。勾蓝瑶人之所以在读书育人上如此重视，一方面是他们认为读书可以让村民懂得做人的道理，分清是非曲直，更好地在社会上立足；另一方面，受儒家文化影响及朝廷政策照顾，瑶生有机会参加科举考试，不断融入外界的瑶民也希望家中能够培养出光耀门楣的人才。

勾蓝瑶历史上存在过的书屋大大小小大概有五十座，三个村子现存书屋有一二十座，繁盛之时，只要条件允许，几乎每家都建有书屋，这样的规模和数量甚至是许多汉族村落都不曾有的。在书屋开设的私塾，既有面向全村的，也有面向本氏族的，还有只是用来教育自家子弟的，或请本村有文化的先生，或是从外地邀请文人，一般自己家中的学堂其他人家只要交纳束脩都可以入学就读，旧时通常用几担谷子作为束脩，用来支付老师的薪水。寻访中可知的书屋分布大概是：位于上村的欧阳家"华雅轩"、周氏书屋、改做烤烟房的欧阳家书屋等；大兴村的曹氏书屋；黄家村的何家书屋、梯云书屋、欧阳家书屋等。下面着重介绍几个保存较完好的书屋。

1. 曹氏书屋

曹氏书屋位于大兴村曹氏宗祠右侧，与宗祠同处一排，据说是先做的书屋，后来变成了商铺。建筑主体大约一个开间，虽只有一层，但内部进深超过开间长度，这一点从侧墙外观就可大概看出。屋内有四间房，屋后有一方鱼塘，进门右转的天井对应着水池，可用来养鱼等，雕花窗户、侧墙上隐约可见的诗词，依稀可以反映出当年文教兴盛的情景。整个书屋整体占地面积较大，可供全村人读书。据说以前在这里读书的学生不听话时，会惩罚他们跪在天井看鱼。现在这座房子已无人居住，屋内更多的是一片片绿草，仿佛在诉说着历史的故事。

● 曹氏书屋

2. 其他书屋

其他书屋还有如位于石鼓登亭附近的周氏书屋，门额上书有"会心不远"四个字。这四字出自乾隆皇帝一枚闲章的印文，更显文人雅趣。书屋不是很大，两边空间较小，面朝兰溪八景的第一景，空间开阔，风光怡人。再有黄家村欧阳氏的梯云书屋，其位于黄家村的石头古街上，两层楼木质结构，坐南朝北，右侧为商铺(豫顺号)。通过窗户可见，书屋内有一天井，采光很好，内可容纳6~8名学生。书屋和商铺不用来居住，主人居住在书屋后的正屋中，但现在这两栋房屋都已废弃，主人搬至镇里。

● 周氏书屋

● 梯云书屋

7.2.3 族学教育

勾蓝瑶历史上有十三个姓氏,各个姓氏聚族而居,十分重视对族中子弟的教育。如每个村的各个姓氏都有自己的祠堂,祠堂不仅具有祭祀、议事、办理红白喜事等功能,还在一定程度上承担了教育本族子弟的作用。祠堂是劝学励学的场所,有时还会成为宗族中办学的场合。许多宗族的祠堂因各种原因都承担过教学的任务,比如上村的欧阳家、周家,黄家村的黄家、欧阳家,大兴村的田家、李家、何家都曾在祠堂教学,不少年纪较大的村民表示自己小时候曾在祠堂读过书。在大兴村,基本上每个氏族都建有一个学堂,用作族学,一般教的都是本族人,甚至不接收外族人,毕竟各姓氏之间也存在较量和竞争。但在调研中暂未发现上村和黄家村有类似情况,他们表示虽在祠堂办学,但所有人都可以来读。当然,有些私塾也具有族学的性质,聚集起来共同请老师教书,为自家子弟提供读书的机会和场所。族学的兴盛是勾蓝瑶人重视教育的表现,也是其内部自我管理、凝聚宗族力量的一种形式。

7.2.4 公共教育

此处所指的公共教育,主要是指在勾蓝瑶面向全村人的、在公共建筑或空间里展开的教育活动。勾蓝瑶的公共建筑众多，有各种寺、庙、阁、观、戏台、凉亭等，其中与教育相关的也不在少数，为整个勾蓝瑶营造了良好的文化氛围。

1. 相公庙

黄家村相公庙现为黄家村乃至整个勾蓝瑶民族文化活动最主要的中心场地，最早于唐贞观年间修建。现在的相公庙已是继雍正三年（1725）重修后的再次重建。重修后的相公庙场地的建筑面积800多平方米，前方是大殿，对面是戏台，中间一块大空坪是看戏坪，两边是厢房，厢房两边各由八间组成，厢房为两层式建筑，楼上楼下能避风雨日晒看戏。大殿是三层式建筑，高达10米，宽为20米。庙貌宏伟壮观，中堂三间开三扇大门，全木结构的庙前排楼给人一种大方神怡之感。①

● 重修后的相公庙

鼎建于唐贞观年间的相公庙，是皇封御赐的庙宇，有碑记曰："盖闻天地玄黄之初，宇宙洪荒，立如庇狱，凑山川足亦而立三才，育生万物之明也。夫为人

---

① 根据勾蓝瑶当地人欧阳绪珍的手稿整理。

者，效神之祀，而宗庙为神，神之格思而祭之诚也。自祖以来，钦奉李圣大王，周灵御使相公都寓中丞，莅临境土，永锡兰溪，祭之则显赫威灵，叩之则昭彰感应，古灵祠曰，相公庙也。"据欧阳绪珍支书的《勾蓝瑶志》记载，唐王安定天下后，为奖励苏一士，派御史相公周灵到勾蓝瑶境土辅国安民，于苏家住地敕建一祠。

自从唐王敕建后，相公庙就是勾蓝瑶人学习文化之地，在历史上，这座位于黄家村中心位置的庙宇多次成为勾蓝瑶人的学堂，并一直延续到 20 世纪 80 年代。黄家村的相公庙在办学堂时，庙的两边厢房是教室，村里各姓的人都可以来读书，大兴村的人也会前来，教授内容如《三字经》等汉文化的内容。民国四年（1915），这里办过国民小学。中华人民共和国成立后，相公庙也曾办学，设有小学 1~5 年级及初中两年，办学历史持续到 1984 年。后来村里的适龄儿童统一到兰溪瑶族乡学校上学，相公庙则成为村中举办大型活动的场所。无论名称怎样变换，相公庙自古以来都是勾蓝瑶学习文化的摇篮，是勾蓝瑶人的儒学教化之地。

2. 龙岩学校

龙岩学校，建于龙岩山上的龙岩庵附近，是瑶寨响应朝廷劝学政策而设的一所义学，具体成立时间不可知。学校共两层、五间，提供读书和住宿地方。学校以大块石灰岩质石为基，很是坚固，砖墙是在山下烧一窑火砖，一个一个用人工挑上去的，材料和瓦也是一片片从山下聚集而搬上龙岩山，再由技师们砌成美观、大方的读书学堂。龙岩学校建成后，每年到盛夏有五六十个男女学生到那里避暑攻读，吃住在山上，由父母承担生活补给，龙岩山上古木参天、空气清新、风景如画，犹如世外桃源，人间仙境，是读书避暑的绝佳之处。何家的进士何文彬曾在这里教过书，龙岩学校的教学至民国三十年（1941）中断，在"文革"时被毁，如今只留下断壁残垣的遗迹。

3. 大兴村小学

大兴村小学于 1975 年左右由村中的人民公社集资建立，教学活动延续到 1998 年左右，有一、二两个年级。学校为一排平房，共四间校舍，砖瓦结构，大兴村有不少村民在这里接受过教育。如今学校已不再使用，但依然保存完好。

勤劳智慧的勾蓝瑶人用私塾、族学、公共教育等方式教育自己的子孙后代，使瑶人从小就生活在浓厚的文化氛围之中。勾蓝瑶人用行动说明了他们对教育的重视，一座座书屋既诉说着历史的故事，又见证着勾蓝瑶对文化教育的孜孜追求。

● 龙岩学校遗址

● 大兴村小学

7.3　勾蓝瑶人的德育教化

在漫长的历史中，勾蓝瑶人不仅建设出了完备的教学场地、各种供子女读书的书屋，更从道德上对本寨的民瑶进行了教化和管理：通过各姓氏严格的族规家法进行宗族和家庭教育，通过本族特有的风俗节日进行社会教育，也通过文化遗存产生潜移默化的影响……书屋会被搁置、会因历史久远和时代变迁而废弃，但这种世代相传的德育教化不会因为其他因素而中断，且对于村民的影响更加深远长久，它存在于人们的生活中、存在于代代相传的观念中、存在于民瑶长期形成的社会氛围中。

归服后的勾蓝瑶日益受到外来文化的影响，加之清朝时期准许瑶生附学，瑶人能更加广泛地接触到儒学思想，因此，如今追溯勾蓝瑶的道德教化内容，更多可见的是遵循儒家的伦理观念，注重长幼、尊卑、孝悌，主张尊老爱幼、孝亲敬长。当然，勾蓝瑶自身的瑶文化也在流传，儒家文化与瑶文化多彩共存、共生共息，造就了如今灿烂的勾蓝瑶文化。

7.3.1　族规家法

所谓"族有族规，家有家法"，宗族和家庭的维系本身就是教化其成员的过程。用族规和家法来教化族人一方面可以巩固本家或本族的传统，另一方面也可以增强向心力，有利于宗族的繁荣发展。勾蓝瑶虽曾有过严格的族规家法，但却没能留下多少历史资料，但四大民瑶俱为一体，在扶灵瑶现存的《张氏家谱》也可为研究旧时勾蓝瑶的族规家法提供参考。在《张氏家谱》中有谈及"孝心"内容如下：

"如若在家无事，不肯亲临叩拜，试问自身从何而出，各人自思，修整祖坟及祭扫田产乃有人，自有土照成家丁火炉凑钱凑工，议清明节祭扫祖坟将以申其孝敬也，食清明联……所以会宗亲也，然一族中不无少长之别，但有一切事，老者知而少者未谙，故于清明节会可以教示后辈。若如张姓祭祖食清明每因使用不敷而致老者临而少者不到，虽有老者知而少辈未晓，或则少者集而老者不来，虽有少者若听而无人示甚至忘本失业者有之，似此不成体统自今之后凡有添丁者于后凑祭祖清明钱文交于清明头人，登簿收放贫富一样并不增减，庶几使用可敷，则父子兄弟少长贤集矣。如若有抗违不肯凑祭扫清明钱人仍不得来食清明。"

此段文字显示，对于清明节祭拜祖先之事，一族之人，家家都要出钱、出力并出席，以表孝心，且清明之会，更是族人相聚、长辈教导后辈的机会，所以各家更要珍惜。在《张氏家谱》中，还有八则家训，分别是孝、悌、忠、信、礼、义、廉、耻，如忠训的内容是："为国为民一志凝神鞠躬尽瘁，是臣是君，道存勿二义，在惟寅代庖而治，是谋为人视人犹已。以己度人心有不尽，虽对厥身伐善施，劳必损其真示而子孙忠字可行。"

关于"耻"的内容是："羞恶之心人皆有之，发之为耻诫之于思，坏行败节大德终亏，幽独难测暗室谁规，心思有作神色相随，诚中行外胆露肝披皼颜厚面悔愧，何迟示而子孙耻贵当知。"

可见民瑶在族规家训方面已经深受儒家文化影响，在宗族观念上已与儒家所强调的内容别无二致，儒家擅长用宗法之礼维护秩序，而民瑶采用儒家的忠孝思想教化族人，使其宗族发展更加稳固。

又如道光年间的《蒋氏宗祠捐金碑记》所言：

"吾族之有祠堂，由来久矣，始祖创造自明至清，历有年厢，迄今砖瓦凋残，援题额坏，凡我子姓辈莫不欲及时茸修，癸巳合族老举保后嗣孙侄等绍箕、绍恩、□□、□□首倡其事，通力合作而重修之，今而后入门而知爱敬之仪，登堂而申孝弟之义，庶几长幼尊卑同得以永言孝思，是为序。大清道光丙申岁（1836）孟秋月竖立。"

从这些族谱的表述中，我们可以看出，维护长幼、尊卑、孝悌等儒家伦理秩序是修建祠堂和族谱的目的所在。

在勾蓝瑶中流传着这样一首《四字女经·娘教女》：

"四字女经，教了聪明，娘边做女，不出关门。行不露脚，坐不摇身，笑不露齿，食必慢咽。轻言细语，漫步游行，红叶树上，树下自清，往来君子，话完穷心，剪刀麻线，时用不停。叔娘伯母，相见如宾。一家和顺，四方传名。"

在这首歌谣，母亲教女儿在仪表仪态、待人接物上该如何做，勾勒出了一个有教养、懂规矩的女子形象。

如今，从勾蓝瑶人的行为和言语中依然可以感受到宗族教化的力量。居住在黄家村的何金林老人每天都会向祖先烧香、奉茶，每逢初一、十五还会奉肉，对祖先能如此尊重皆是家庭教化的结果。再如，村中老人认为不要损坏他人的东西、做坏事的人出去会见不得人，且如果盗窃被抓到会严格处罚，村中就有过把盗贼吊起来打的情形。同时要尊敬老人，按年龄来称呼长辈。

在家庭教育中，家长还要教育小孩学习瑶族语言、风俗等，其中教授女孩女子拳的传统至今仍有留存。

7.3.2　伦理道德教化

勾蓝瑶人忠实厚道，为人淳朴善良。讲过的话、答应过的事情，都会信守诺言；坑蒙拐骗、欺骗他人的事，在这里极少发生。偶尔这种事情发生，人人都嗤之以鼻，当事人会被村里人看不起，自然无法立足。如果有客人来访，勾蓝瑶人一定会出门迎接；客人入室后，先递茶烟；客人要走，主人必送。遇到困难，需要借钱借粮，借多少，几时归还，被借人都会解囊相助，借还人会言而有信。行途中遇到路人，无论认识与否，都会主动打招呼、互相问候。这些都是勾蓝瑶人一直恪守的道德准则，表现出高尚的道德情操。

在伦理教化方面，勾蓝瑶人也表现出深深的孝义，如（光绪）《永明县志》"孝义篇"记载了勾蓝瑶人黄贞已以身救母的故事："黄贞已，勾蓝瑶籍人也，咸丰五年粤贼扰瑶境，贞已方十岁，贼并其母与弟掠去，弟在襁褓勒，令其母弃之，母不允将儿杀，贞已伏地痛哭自愿随行乞，舍其母以全其弟，哀嚎不已，贼竟为心动，挥母抱幼子速去，贞已随贼至广东，无日不念其母与弟，后七年，竟获逃归，则母老弟亦长大不相识，叙昔日分散情事符乃抱母大哭，人谓孝义所感云。"[1]

黄贞已用自己的自由换取母亲和弟弟的安全，逃出相认之时想必十分感人。这在当时也是传为佳话，勾蓝瑶人用自己的行动践行出真正的孝义。

7.3.3　社会教育

所谓"一方水土养育一方人"，勾蓝瑶人在兰溪这个美丽的地方既耕耘出了自己的天地，又深受瑶文化和汉文化的交汇影响。在瑶族社会中，自有其独特的社会风俗和节日，这其中蕴含的文化也会镌刻在瑶民心中。

勾蓝瑶的瑶民和其他瑶族人一样，能歌善舞。瑶寨里的妇女爱唱瑶歌，如今搜集整理到的瑶家妇女歌词已达数百首。在众多歌谱之中，有一类歌称为训

---

[1] 江苏古籍出版社编选.中国地方志集成·湖南府县志辑 49 康熙永明县志·光绪永明县志[M].南京：江苏古籍出版社，2002：553－554.

导歌，也是勾蓝瑶的道德歌。由于勾蓝瑶居深山之中，远离文明社会，国家法律常鞭长莫及，勾蓝瑶人为了自身的发展，采用道德伦理作为准绳来规范人们的行为和心态。此时道德的规范往往比成文法令更有效，训导歌在这里就扮演了这样的角色。它"推崇积极的、善良的言行，批判贬斥消极的、丑恶的言行，起到扬善惩恶的作用"。[①] 例如，全文共1316字的《传家训》，既是家庭教育也是社会教育的表现，全面展示了勾蓝瑶人在各个方面对子女的教导，勤俭主家、耕读保家、和睦团结、公平待人、戒嫖戒赌、考取功名是在社会上立身的基本之道：

"勤俭立家之本，耕读保家之基。大富皆有天命，小富也必殷勤。一年只望一春，一日只望一晨。有事莫推明早，今日就想就行。明日恐防下知，岂止后日天晴。天晴又有别事，此事都做不成。夏天又怕暑热，冬寒又怕出门。为人怕寒怕热，如何发达成人。请年天上明月，尽被不得停留。臣为朝君起早，君为治国操心。寒窗读书君子，五更雪寒萤灯。官商盐埠当铺，千山万水路程。大街小巷铺店，还要自己操心。若做小本生意，必要早起五更。分家春耕下种，一年全靠收成。男人耕读买卖，女人纺织殷勤。勤俭先贫后富，懒惰先富后贫。用物体惜检点，破烂另卖费神。纵有房屋田地，乱用不久必贫。每日门开两扇，更要用度人情。日食盐油柴米，总要自己操心。一家同心合意，何愁万事不兴。若是你刁我扰，家屋一事无成。近来年轻子弟，为何不做营生。总想空闲逛耍，不思结果收成。少年力壮不做，老来想做不能。别人那样发达，我怎这等身贫。别人妻财子禄，我今一事无成。别人一双能手，我有一双眼睛。又不瞎眼跛脚，为何不如别人。自己想来想去，只为赌博奸淫。还要回头转意，发愤做个好人。为人忠厚老实，到底不得长贫。忍让和气者富，争强好胜必贫。粗茶淡饭长久，衣衫洁净遮身。不论居家在外，总要省用殷勤。若要出门求利，总要积攒回程。银钱勤人寄付，空囊也要常行。父母免得悬挂，妻儿也免扰心。若是赌博乱用，一世不能成人。赌钱不是正业，本来又输又赢。赢钱个个问借，输钱不见一人。即刻脱身押当，无人来帮分文。回家寻箱倒柜，想去再赌再赢。谁知赢不收手，再赌又输与人。输多无本生意，耕读手艺无心。输久欠下日账，田地当买别人。父母妻儿丢贱，自己被人看轻。嫖赌从今尽戒，读书买卖当勤。

每日清晨早起，夜坐必要更深。伙计同心协力，商量斟酌方行。银钱交点

---

① 陈幼君.兰溪——勾蓝瑶历史文化研究[M].长沙：湖南地图出版社，2008：162.

清白，裁称斤两看明。算盘不可错乱，账簿不差毫分。开店公平交易，主顾贵客常临。弟兄忍让和睦，外人不敢欺凌。夫妻更要和顺，吵闹家也不宁。亲朋不可轻慢，姐妹切莫断情。贫富需要来往，免被别人看轻。奴婢分宜恩德，必有垂怜之心。切莫使气刻薄，忍耐三思而行。村坊和睦为贵，不可凌害村邻。瞒心后来莫做，斗称总要公平。钱粮不可拖欠，关税更要报明。安分守己为贵，奸猾造次莫行。亲戚朋友识破，谁肯赊借分文。必然饥寒受饿，必起盗贼狼心。偷盗有日犯事，吊打必不容情。先捆逛街示众，然后送进衙门。板子夹棍难免，枷锁怎能脱身。自身监牢受苦，父母妻儿忧惊。劝君回心转意，耕读买卖为生。宁可砍柴度日，做贼有损六亲。贼盗千万莫做，嫖奸更不可行。去钱还叫丧命，几多胆战心惊。怕他亲夫拿着，利刃必不容情。纵然不能砍杀，拳打也自伤身。先行脱身剪发，然后捆送衙门。官坐法堂审问，招认强奸真情。枷号当街示众，脸面难见六亲。男人羞见子侄，女人一世臭名。丈夫当堂休出，外家无脸见人。奸淫第一损德，报应妻儿子女。我嫖别人妻儿，家有姐妹妻女。倘若别人嫖戏，我知岂肯容情。妻子定然休戚，姐妹我必断情。想来人人如此，为何又去奸淫。善恶终须有报，不可毁坏良心。嫖赌若能谨戒，天涯海角可行。功名连升高中，买卖财发万金。差距虽无平止，贫富都可合心。恶人化为善良，懒人听了必勤。听了这些言语，教训子侄外甥。口教恐他不信，此乃有书为凭。若能有心熟读，定结良果收成。"①

又如训导歌《懒春耕》提醒人们一年之计在于春："春来懒惰无收获，冬受饥寒不怨天。""一家大小勤耕种，不愁黄土变黄金。"还有训导歌倡导："古言一句说的好，家和才能万事兴。父母在堂要供养，何必烧香拜观音。孝顺还生孝顺子，天地自然来佑君。兄友弟恭传家宝，妻贤子孝有名声……人生在世不勤俭，就是一世枉来人"。这些训导歌鼓励勤耕、孝顺、和睦、节俭等积极善良的行为，贬斥懒惰、赌淫、偷盗、奸猾等不良行为，培育了勾蓝瑶良好的社会风气。

勾蓝瑶人举行婚礼时有请男方家的"花筵"、女方"坐歌堂"的风俗，所唱诗歌都是符合韵律，且表现出汉文化熏陶的成分。比如《请衣诗》有云："儒冠一顶信佳裁，出自良工妙手来。今日新郎头上方，明年鏖战夺高魁。"其意是劝勉新郎早日考取功名。整个瑶寨对于科举考试有较高的认可度，可见儒家文化对勾

---

① 根据勾蓝瑶当地人欧阳绪珍的手稿整理。

蓝瑶寨影响之深。

此外，勾蓝瑶还拥有各种各样的节日，如盘王节、洗泥节等。这些节日有自己的传说、特殊的传统仪式和习俗，都蕴含着不同的文化内涵。每逢盛大节日，村民们载歌载舞，表演各类节目。勾蓝瑶的历史、文化通过这些特殊的节日、仪式、表演一代代传承下来。例如，在洗泥节来临之时，勾蓝瑶会举办丰富多彩的节日活动，舞狮耍龙、吹笙踏鼓、唱大戏、酿苦瓜、比武弄枪、歌舞联欢等。这些活动的形式和内容，聚集了流行于瑶族民间的几乎所有门类的表演艺术，充分展示了勾蓝瑶深厚的文化积淀。

7.3.4　观物起兴

对社会成员进行道德教化还有一种独特而普遍的方式——实物教育，以"观物起兴"，达到彰德扬善的目的，如图像、建庙、题名等。比如，古人为一些有义行或品节卓著的人立庙塑像是常有的事，如关公庙、张飞庙等。而其背后的寓意，诚如朱熹所说是为"表劝节义"，客观上这也树立了一种价值楷模，起着诱导和激励的作用。[①]

首先，从勾蓝瑶寨老房子中随处可见的门额、照壁中可发现，此地受儒家文化影响颇深，房屋所表达的意蕴体现出了儒家文人式的精神追求。例如，槐树下守夜屋内外门额上分别书有"礼门义路""履蹈中和"，这实际上成了勾蓝瑶人日常行为的无形规范。再如一些门楣上"居仁由义""箕裘范衍""乐道"等题字无不透露着儒雅的气息，还有照壁上的"德润圭璋""忠信""崇德"等字样也都表达出对美好德行的向往。由此可见，一直以来，中国传统道德中的忠孝节义、礼义廉耻同样是勾蓝瑶人的道德圭臬，也正是这样一种道德自省和思想自修，形成了至今依旧淳朴的民风。

其次，各类庙宇的教化作用。勾蓝瑶曾有大大小小庙宇寺观68座，类型与功能各异，有些表达了人们的美好愿望，有些是为了纪念功勋之人，有些则可用来教化民众。位于黄家村的迴龙阁就是这样一所建筑，如今只剩下遗址。据欧阳绪珍老支书回忆，迴龙阁为两进式建筑，前殿可休闲娱乐，后殿有数百尊大小神像。"殿中阎罗睁慧眼，判官小鬼两旁待。诸恶者受刑被折磨，忠奸善恶凭君

---

① 胡发贵. 试论中国古代道德教化的特点[J]. 江苏大学学报(社会科学版)，2009(2)：1-5.

爱。"迥龙阁的启事阁，教育人们要为善、莫为恶。正所谓"举头三尺有神明，阴曹对簿方自知，善恶到头终有报，只争来早与来迟"。而在鬼子庵，这里塑造了一个在生时作恶多端、模样丑陋的人，死后让阎王手下给打入十八层地狱、下油锅、上锯床、五马分尸、虫噬虎啖等。这就告诫人们在生做恶事，死后会有因果报应。千百年来，勾蓝瑶民风淳朴，路不拾遗，夜不闭户，修桥修路都一呼百应。

再次，勾蓝瑶存在独特的"福"文化，体现在其福字独特的表现形式上，欧阳绪珍老支书对此的阐述是"左边为兽通寿，右边为仙鹤也通寿，下方为田，合意为有寿又有田即为福气"，表达出勾蓝瑶人独特的福文化观念。

"福"字

最后，勾蓝瑶对教育的重视为其培养了大量识字通文的秀才，我们可以从康熙时代勾蓝瑶文人吟江永兰溪神庙佳景的诗作中窥见其深厚的汉语功底："古道通湘粤，民因永富流。四周清嶂合，一路绿荫稠。过客幽情畅，前人善念周。凉风生六月，炎暑似新秋。"①也因为这些人才，瑶寨才得以将这些富有意蕴的对联等文字流传下来，形成了意蕴丰富的对联文化。时至今日，随处可见的公共建筑和民居上的各种对联，这些对联在内容上要么表现当下的美好生活，要么是对未来的期望，要么赞颂某一事物⋯⋯而且，此地的对联多为村里人自己编写。例如，黄家村的聚福祠堂曾是黄家的学堂，后因族人搬迁改为祠堂，在祠门有一副对联，写着："聚福祠吉祥如意千载盛，三门街人杰地灵万代昌"，祠堂外墙写一大"福"字与三门街凉亭相接。又有《书房》联："栋宇凌霄霞彩丽锦江春色，楼台映月桂花分蟾窟秋香。圣贤关请从此入，仁义路无惑他岐。宜有风花为点缀，自然树树亦萧疏""一篇花影云垂地，半夜书声水在天。惟君子能由是路，而初学入德之门"。这一方面说明勾蓝瑶人才辈出，另一方面也是对后生晚辈的激励。而且勾蓝瑶中的文化

① 谭晓平.江永勉语与汉语的接触和演变[D].武汉：华中科技大学博士论文，2008.

人还会在新人结婚时送上亲手写的对联，如黄族祠堂门口曾贴的这幅婚联"比目喜愿和鸣鸾凤于共飞，鸳鸯情浓全凭合意将婚配"。

● 祠堂对联

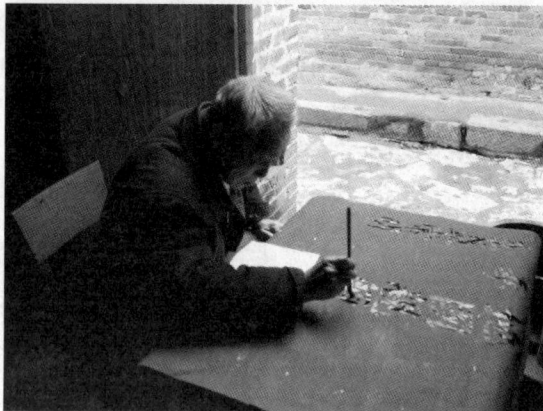

● 欧阳志良老人写对联

在勾蓝瑶，尤其令人称道的是其拥有的无数碑刻，这些碑刻所记载的内容反映出勾蓝瑶悠久的历史与独特的文化，更是教育子孙后代的无穷遗产，这在下面的章节里会专门介绍。

文化教育与道德教化在勾蓝瑶占有重要地位，正是它们塑造了勾蓝瑶人淳朴、善良、忠厚的民族性格，也是它们造就了此地灿烂多彩的民族文化。勾蓝瑶的文化教育尤以书屋众多且独树一帜为特点，一方面整体上受外来儒家文化的潜移默化，另一方面又独立保持着自身的民族文化，并在岁月的打磨中融合形成了今天独特的勾蓝瑶文化面貌。勾蓝瑶崇文重教的风气为其培养了大量人才，现存的碑文中也可以发现勾蓝瑶文化教育之繁盛。在光绪二十三年（1897）的《鼎建培元桥路题名碑记》上，列有解囊襄事者芳名400人。其中有监生欧阳辉、周列光、周集勋、雷振声、杨月光、吴光前、李得春、田九畴等8人；有庠生何文彩、何文彬、何其秀、欧阳和、曹仪一、何震山、何玉山、欧阳瑜等8人；有职员何楚棵、黄从炎、何定国、何楚拓、欧阳栋、欧阳熏、周如春、黄子铎等8人。在光绪十九年（1893）的《重修守夜屋路及锦桥并井题名记》、乾隆年间的《重建天帝庙碑记》《迁建相公庙乐捐芳名记》等碑刻中都有这些文化人的身影（具体可见表7-1）。由此可见，勾蓝瑶在清代中后期出过大量人才，此时也是勾蓝瑶文化教育发展的最高峰。

勤奋好学的勾蓝瑶人在中华人民共和国成立之后，依然是人才辈出：有任贵州省民族事务委员会任副主任的黄成贵和武汉大学毕业后在吉首市任法院院长和检察院院长的黄中琬，有20世纪70年代两任江永县县长和一任零陵地区民族事务委员会主任的欧阳锡盛，有在80年代任江永县第一届民族事务委员会主任20余年的杨仁里等，他们都是勾蓝瑶培育出来的成为国家栋梁的人才，为勾蓝瑶人增添了无限光彩。

表 7-1　勾蓝瑶古代举人统计①

姓名	朝代纪年	学历
何如松	清嘉庆年间	进士
欧阳恢祥	清道光年间	贡生
雷从霖	清道光年间	进士
欧阳文光	清道光年间	进士
欧阳云祥	清道光年间	进士
蒋云官	清朝	进士出身，翰林院庶吉士
欧阳辉	清朝	监生
周列光	清朝	监生
周集勋	清朝	监生
雷振声	清朝	监生
杨月光	清朝	监生
吴光前	清朝	监生
李得春	清朝	监生
田九畴	清朝	监生
何文彩	清朝	庠生
何文彬	清朝	庠生
何其秀	清朝	庠生
欧阳和	清朝	庠生

① 数据整理来源于勾蓝瑶当地人欧阳绪珍的手稿。

姓名	朝代纪年	学历
曹仪一	清朝	庠生
何震山	清朝	庠生
何玉山	清朝	庠生
欧阳瑜	清朝	庠生
杨炳辉	清朝	庠生
欧阳燦	清朝	庠生
周向道	清朝	庠生
黄金品	清朝	庠生
黄居中	清朝	庠生
欧阳时	清朝	庠生
黄世温	清朝	庠生
杨位东	清朝	庠生
黄钟瑞	清朝	庠生
曹起山	清朝	庠生

表 7 – 2　勾蓝瑶近现代中专(及以上)学历人员统计①

姓名	学历	学校
黄立延	专科	民国大学生
黄立志	专科	民国大学生
欧阳恢德	本科	湖南师范大学(民国)
何洪福	专科	黄埔军校
欧阳志良	中专	零陵师范学校
杨仁里	中专	道县师范学校
欧阳林军	研究生	不详
黄钧韬	本科	湖南大学

---

① 数据由勾蓝瑶欧阳绪珍老人于 2016 年 4 月统计。由于人员流动较大，数据不完整。

姓名	学历	学校
何凤春	本科	上海理工大学
何学东	本科	上海理工大学
黄慧美	本科	吉首大学
何丽玲	本科	吉首大学
杨加益	本科	湖南邮电职业技术学院
黄大洋	本科	长沙理工大学
何素英	中专	零陵师范学校
何玉	中专	湖南第一师范学院

7.4 关于勾蓝瑶文化教育现存的问题及对策

7.4.1 存在的问题

1. 村民文化教育程度不高，对教育重视不够

虽然勾蓝瑶曾经是文教兴盛、人才辈出之地，但现如今，历史的辉煌并没能阻挡现实环境下乡村文化教育没落与尴尬的现状。表7-2中也可以看出，近现代以来，勾蓝瑶人中大学本科及以上学历的人才并不多，缺乏受教育程度较高的人才。通过三个村的人口资料统计可以发现表7-2中统计的大学生几乎没有出现在现有的人口资料中，这也说明了学有所成的学生纷纷迁出，而没有选择反哺家乡；且在调研中也发现，当下的村中父母对于孩子是否一定要读到大学甚至高中，都没有特别在意，而更多的是看孩子的想法，并不排斥他们放弃学业外出打工，对教育的重视程度也不够。

究其原因，是缓慢发展的乡村在逐渐开放和与外界接触过程中受到城市快速发展的触动，在谋求快速发财致富的愿望下，教育被置于其次甚至被认为是无用的，素质提升的目标逐步被物质化利益所取代。面对城市对劳动力的强烈需求，村民们认为不依靠高教育水平也能获得收入。因此，在当下，较高的受教育程度不再是人人想要追逐达成的。毕竟，在保证最根本的物质需求之后，才能去思考下一步的精神文化需要，这也是当下传统村落文化流失的原因之一。

更为严峻的是，长此以往，对教育重视不够，会带来以下后果：首先，是随着社会的发展，村民外出务工的企业对劳动力的文化水平和工作能力也提出了更高的要求，可能不再仅仅需要纯粹的劳动，还需要一定的文化水平和知识储备，那么，在这个时候，对于文化程度不高的村民来说，其依然会处于不利地位；其次，文化水平不高的村民在面对外部不良文化侵袭时，缺乏辨识能力，极易受到影响，沾染不良习气，如黄赌毒等；再次，教育的缺乏同样会影响村民对自身民族传统文化的保护和继承，教育不仅是给予知识，而且还教授如何立身、做人，注重素质和内在的提升以及学习能力的培养，这些都是继承和发展传统民族文化所需要的。

2. 村民对勾蓝瑶传统德育文化认识和传承不深入

走在村子里，如果向年轻人甚至中年人询问一些有关勾蓝瑶寨的历史或传统文化习俗，很多时候都不能够得到明确的答复，得到更多的是"不清楚""不了解""记不得"或者是建议询问村中的老支书等人。诸如此类的情况表明现在在勾蓝瑶，真正对村子里的历史、文化、习俗等有所了解的人已经不多了，对于勾蓝瑶的传统德育文化更是知之甚少，大部分村民的生活与普通乡村村民别无二致，对于本民族、本村落的传统文化缺乏深入了解，在德育文化方面也都表示不再有如明清时期明确的祖规、家训。

现如今，经常谈要对村落文化进行"活态保护"，即在生产生活中体现村落文化，但前提是村民对本村文化有所了解，是浸染其中的，而不是缺少认知、缺少参与的状态。勾蓝瑶原本十分值得推崇的道德教化也仿佛成为历史的尘埃，在时间中逐渐流逝，无人追溯也无从追溯，如今很难再成为潜移默化的育人方式。再者，村落中有越来越多的人走出去，还没有机会接受太多本民族德育文化的浇灌，反而输入更多与古老、淳朴的村落文化不同的城市文化，这对于传统的村落文化也是一种冲击。而且，如果一个村落的文化最主要的是靠上级推动和少数老人搜集整理，那么其处境将是比较艰难的。

3. 传统村落文化受到现代教育及文化的冲击

传统与现代这两种不同走向的格局虽然可以共生共存、相得益彰，但一些时候，当传统村落的村民们逐步走入外界，毫无疑问会面临现代文明对于传统文化的冲击。这个冲击表现在教育和德育两个方面。

一方面，不得不承认的是，乡村教育吸纳城市文化、学习城市教育是社会发展的必然选择，是统筹教育城乡发展的时代需要，其科学内涵应该是让乡村教育共享社会发展的优质资源和成果，提升乡村教育教学的理念、水平和质量。①但是究其本质，如今的学校教育以升学、逃离本土社会、进入社会的主流作为强势价值渲染，使得本土文化不足以给个人生存提供价值的基础与精神的支持，直接导致村民尤其是乡村少年产生生存焦虑与精神迷失。② 以"逃离乡村"为要义的教育理念会把原本可以滋养村民的村落文化挤到狭窄的空间中，越来越难以为继，甚至会使村民对其所处的村落环境和文化产生自卑感和厌恶感。另一方面，勾蓝瑶寨原本是德育文化涵养之地，有着基于民族、家族积淀的优良传统，如尊老爱幼、互帮互助、质朴和谐、勤劳勇敢等，这些优良传统会在日常生活中潜移默化地影响村民。但是，随着越来越多的村民走向城市，城市的事物不断涌入村落，人们的生活方式、生活观念都在逐渐产生变化，村民会受到更多外来城市文化的影响。城市文化多元而充满吸引力，乡村文化则相对保守封闭。这样一来，很容易造成村落里的人对城市身份的追逐和对乡村身份的背离，或者是在这两种身份间游离。村落原本重义轻利的传统逐渐出现利益至上的倾向，简单的人际交往开始变得复杂和疏离，电视文化、网络文化等外来文化入侵乡村，生活获得丰富的同时，也带来了思想沉迷和价值观念的改变。现代文化对传统村落教育和德育的冲击，其普遍存在于当下许多传统村落之中，是村落发展过程中时常会面对的问题。

4. 传统村落教育教化场所的功能难以为继

在勾蓝瑶的历史上，曾经有过不少专门用于或临时开辟用于教育教化的场所。比如村中存在过的各种大大小小的书屋，专门供各族子弟学习文化，从留下的建筑和陈设依稀可见当年的繁盛，再比如村中的各类祠堂、庙宇，不仅起到拜祭、议事、集会等作用，还是勾蓝瑶中重要的社会教育场所，起着道德教化的作用，为整个村提供精神支持的力量。

但是随着时间的流逝、现代教育的兴起、保护意识的不够以及传统生活方式的消逝，从保存状况看，这些教育教化场所大多处于门庭深锁、无人问津的状态；从利用状况看，现存的书屋已无琅琅书声，各家祠堂主要用来举办红白喜事、村中聚会等，在道德教化方面不再发挥原有的功能，除相公庙已成为村落举

---

① 刘伟. 论乡村文化变迁中的留守儿童教育[J]. 宜宾学院学报, 2015(7): 17-25.

② 刘铁芳. 乡村的终结与乡村教育的文化缺失[J], 书屋, 2006(10): 45-49.

办文化活动的场所外,其他各类庙宇大多都只是碑文记载和口耳相传的记忆了。原本发挥重要作用的村落教育教化场所,由于种种原因渐渐失去了原有功能。

5. 了解当地文化的乡贤日渐减少

一般地说,"生于其地而德业、学行著于世者,谓之乡贤"①,我国自古推崇乡贤,古时候各地通过修建乡贤祠、祭祀乡贤及将乡贤列入地方类传等形式来颂扬乡贤,从而形成了独特的乡贤文化传统。② 乡贤是一村宝贵的精神财富,历史上的乡贤,或在本地,或在全国范围内,在传统社会中有所作为。他们或以学问文章,或以吏治清明,或以道德品行而闻名。③ 他们对地方经济、社会、文化、教育事业的发展都具有十分重要的意义,尤其是在德育方面。乡贤能够在一定程度上起到维系村落感情、增强村民凝聚力、提高地方认同感的作用。

在勾蓝瑶,也同样出现和存在着许多乡贤。碑文记载、建筑遗迹和故事传说中为勾蓝瑶做出贡献的各种历史人物、取得功名后为村落建设出钱出力的各类进士秀才等,还有如今以欧阳绪珍老人为主要代表的、对勾蓝瑶的文化悉心整理呵护的村中老人。在今天,正因为有这些老人的存在,我们还能够从他们的讲述中得知许多不为人知的事情,从他们的整理中看到勾蓝瑶的前世今生、体会到这个村里悠久绵长的意蕴。但是,老人们毕竟已经年迈,在不久的将来,这些熟知勾蓝瑶文化的、受人尊敬的乡贤会日渐减少,这对于勾蓝瑶来说将是无比巨大的损失。

7.4.2 解决对策

1. 提高村民受教育水平和接受教育的意识

首先,要让村民意识到接受文化教育的重要性。在现代社会,读书并非无用,相反的,村民可能无法通过读书直接获得物质回报,但却能够获得长久的精神力量,这是将来从事任何事情都需要的。其次,政府在这方面应该加大力度宣传教育的重要性,积极鼓励村民接受教育,比如对考上大学的村民进行奖励、对于贫困学生给予资助等。再次,学校等教育机构也应该积极接纳乡村的留守儿童,为他们提供良好的教育环境和更多的教育机会。

---

① 赵克生,谢光荣.端州风物[M],桂林:广西师范大学出版社,2015:42.
② 谢颖.乡贤文化的学校德育价值及其实现路径[J].宁波教育学院学报,2015(5):106-109.
③ 龙军.村落文化重建,乡贤不能缺席[N],光明日报,2014-07-21(004).

2. 利用各种手段普及村落文化

鉴于村民对自身文化不了解，那么，政府就要鼓励村民尽可能多地去了解和挖掘本姓、本族和本村的文化。例如，通过开展本村文化相关的活动吸引村民积极参与，多去感知和介绍自身文化，让其逐渐了解并产生认同感。此外，利用重要节庆让村民相互交流，展示民俗风情，在村落里定期普及和宣传本村文化，不断对村民进行村史教育，让村民更加了解勾蓝瑶的历史文化。

3. 增强对村落文化的认同

面对现代文化和教育方式给勾蓝瑶带来的冲击，只有通过坚持发扬村落文化才能彰显出传统文化的力量。一是要加强本土文化的涵养功能，让村民认识到本土文化所蕴含的真善美，认识到自己的家乡并不是一片文化荒漠，其中所饱含的村落文化才是他们的文化根脉；二是在学校教育中要积极吸纳和体现村落文化的积极因素。首先，需要一批能够真正能理解村落、扎根村落的教师，不仅能够开拓乡村少年的知识视界，还能利用村落的教育资源，引导学生理解身处的乡村世界，让学生既能够生活在当下，又能够对未来充满希望。其次，将传统民俗、技艺等纳入教学范围，让学生有更多的接触机会，激发认同感；最后，树立有选择地接受外来文化的观念。对于现代文化，并不能全盘接受，不能认为现代的就是文明的、先进的，传统的就是退步的、落后的，现代中也有糟粕，传统中也有文明。因此，政府和村民委员会（简称村委会）等组织都应该组织人员积极宣传勾蓝瑶寨传统文化的积极因素，防止外来文化之黄赌毒等不良习气的侵袭。

4. 重新发挥传统教化场所的功能

传统的教育教化场所是进行村落德育教育的重要组成部分，在当下，就更应该重新利用。从场所本身看，要对荒废的旧书屋、祠堂、庙宇等重新进行修葺，尽量恢复和保留原貌，使之成为村落新的文化场所。从场所自身的用途看，可以使传统教化场所承担新的教化任务，如祠堂在发挥原本作用的同时，还可以改造成村落文化教育基地，在其中进行乡贤事迹和村史教育、传统技艺传授，让村民多去了解本村历史文化，不断变为向外界进行展示传统文化的一个窗口。同时，传统书屋可以改造成现代农家书屋，继续发挥传播知识的作用。总之，要利用各种方式以期重新发挥传统教化场所的德育作用。

5. 培育新乡贤

培育新乡贤对于勾蓝瑶来说是刻不容缓的事情。要尽快让村中老人把自己的所知所感传授给年轻人，将对勾蓝瑶的热爱影响到更多的人，努力发掘和培育新一代的乡贤，让他们带领勾蓝瑶面对未来、迎接新的挑战。在新乡贤的培育上，可以重点发掘和培育村中的村委会成员、热心村中事务的人员、学有所成愿意心系家乡的文化精英等。这些新乡贤可以在改善村容村貌、维护基层秩序、加强文化教育、改良村落风气等方面发挥更好的作用。

我们看到的勾蓝瑶既有淳朴的民风、曾经的教育成果，也有现代城市文明冲击下若隐若现的不可避免的矛盾，这也是我国许多村落都面临的共性问题。时代在前进，许多传统在消逝，只是希望能尽最大的努力去保留和传承最该值得珍视的文化，为我们的灵魂留一片净土、心灵留一个栖息的家园。

第 8 章
勾蓝瑶的精神信仰

勾蓝瑶精神信仰的形成和发展是建立在族人"万物有灵"的观念之上，一系列精神生活中的神秘力量，成为支配着族人生活的精神因素。从勾蓝瑶众多的庙宇和神祇、诸多的祭祀活动等与宗教信仰有关的社会现象来看，勾蓝瑶精神信仰主要有自然崇拜、祖先崇拜、宗教信仰三个方面。

8.1 自然崇拜

在我国古代，生产力水平普遍不高，原始瑶民对大自然认识水平低下，无法做出科学的解释，只好归结为不可知的神灵。他们相信有一种神的意志在主宰着大自然，是神的意志赋予了大自然万事万物神秘与能量，于是，便出现了自然崇拜现象。他们认为大自然界中的万事万物，包括有生命的和无生命的，都是有灵魂的，即所谓的"万物有灵"。正如《礼记·祭法》所说："山林川谷丘陵能出云，为风雨，见怪物，皆曰神。"兰溪瑶胞相信万物皆有灵，从天上的风雨雷电到地上的山川河流、树木丛林、飞禽走兽、五谷杂粮等都有神灵。为祈求每年风调雨顺，瑶胞们祭祀风神、雨神、雷神；为保佑小孩出入平安，要祭拜桥神、水神；为庄稼收成好，要祭拜五谷神、仓储神、地神；上山捕猎要祭拜山神；防止火患要祭拜火神等。

8.1.1 石神崇拜

早在《淮南子·览冥训》中记载的创世神话女娲补天中，就传达出古人对神石的崇拜。永州南部地区主要包括江永、江华、道县、宁远四个县区，这里昔为南蛮之地，自古以来，盛行原始巫教。这里的人们认为，石神常年为他们镇守着村寨，看护着家门，保佑着全村人的平安幸福。石神崇拜在他们的生活习俗当中自然具有举足轻重的地位。

勾蓝瑶于明洪武年间建造了崩山庙。据说，瑶族祖先开始入住此地时，这里林深人稀，昼夜常有石头从山上滚下，令人胆战心惊。从山上滚下石头，本是风化、塌方等自然现象，然而古人无法做出科学解释，疑是鬼神所为。因此，决定要修筑崩山庙，祭祀石神，以便镇住妖邪，遏止石头下落，确保民房无损，人畜太平。后来勾蓝瑶又陆续修建了好几座崩山庙，其中，大神崩山庙中有一巨石，被当作石神加以供奉。每年农历9月，他们敬献牛头、手击长鼓以祭石神，热闹无比。此后，据说再也没有石头从山上滚下来了，人们出入平安，逢凶化吉。如今崩山庙已完全废弃。

8.1.2 龙神信仰

在瑶民的宗教信仰中，龙神掌管雨水。每有风雨失调，当地民众都会到龙王庙烧香祈愿，请求龙王治水，以保佑风调雨顺。所以水龙祠壁画中屡次出现"风调雨顺"和"五谷丰登"等文字，表达了勾蓝瑶族民众最为朴实的祝愿。在瑶族先民看来，龙神的职责不只限于管理雨水，同时也护佑民众生活的其他方面。在瑶族民众信仰的神灵体系中，龙神是极为重要的一员，在瑶民心中地位极高。瑶民在遇到治病、出煞、添丁、招财等大事时，无不向龙神祈福。生者患病，需要巫师请出龙神；死者安葬，要寻找龙脉旺地，需要叩拜龙神；搬进新居，要求得龙神逐煞以保平安；开挖水井，要请巫师念诵请龙神的经文；等等。

在勾蓝瑶寨发现的水龙祠壁画中多次出现"敕封水龙祠"的文字。因为龙神被塑造成一个管理雨水的形象，而雨水关系到整个国家的收成，所以历代统治者都十分重视祭祀龙神。从唐代开始，祭祀龙神就已经成为国家祀典，《唐会要》载："开元闰二月诏令祠龙池……十六年，诏置坛及祠堂。"宋代不仅延续了唐代的祭祀制度，而且正式赐封天下龙神，其地位有了进一步的提高。龙神信仰遂遍及全国，道教吸收其为神，有四海龙王、五方龙王等，主司一方水土丰歉。在我国各地民间，供奉龙王非常普遍，对其祭祀也不曾统一，而勾蓝瑶奉祀龙王的庙特别多。

8.1.3　井神信仰

水井作为饮用水源，它的卫生，特别是它的安全，无疑是至关重要的事。井神是水井的人格化或神格化。溥仪《我的前半生》记载，太监给住在宫里的孩子们讲神龟故事："照他们说来，宫里任何一件物件，如铜鹤、金缸、水兽、树木、水井、石头，等等，无一未成过精，显过灵"。这里讲到了井的精灵。

自然，造出井之神，礼奉井神，也是为了役使井神，就像让门神保居家平安、让龙王旱时行雨一样。井泉之神，是何"出身"？古人说：忠、孝、贞、廉之士。宋代方腊揭竿而起，黄行之不屈于方腊，丢了性命。方腊被平，黄行之的哥哥自言，梦见黄行之来告："我因骂方腊而死，上帝见赏，已补仙职。"这见于宋代笔记《春渚纪闻》。书中写道："凡世人至忠至孝及贞廉之士，与夫有一善可录者，死有所补授。如花木之神，井泉之监，不可不知也。"仙班的仙职，依照民间的传说，包括井泉之监，这是司井神灵。生前做好人，不离纲常伦理，死后会有好的归宿，做个"花木之神，井泉之监"什么的。

井神，民间称为井神童子。井神童子的形象，在南宋许棐《责井文》中有绝妙的描写。在作者的笔下，井神童子恪尽职守，任劳任怨，很是可爱。近年出版的《全像中国三百神》刊有井神图，骑龙的井神，神态和蔼。

井神童子，民间又称为井泉童子。清代袁枚《子不语》中也有讲到井泉童子。井泉童子不仅负责井的水量，还以保护水质为己任。有个顽劣少年往井里撒尿，井泉童子向城隍控告，城隍判为责打二十板。井泉童子认为量刑过轻，出于守井有责的责任心，他不肯罢休，又向司路神控告。这次从重罚处，"污人食井，罪与蛊毒同科，应取其命"，判了死刑。

在勾蓝瑶龙岩庵内有一口水井，名叫龙岩井。龙岩井水深不可测。井水冬暖夏凉，一年四季不干涸，且水质清澈透明，十分干净，入口甘甜，食之透心凉。勾蓝瑶人传说此井水既能用于生活或解渴，又能治病，并认为有井神在护佑，因而视之为神水、佛水；同时也告诉世人这远离村庄的井水是特别珍贵的，告诫大家都要诚心保护，不要污染和浪费。

在清水庵内也有一口水井，井水由三个部分组成。第一层是泉眼，泉眼的水从石缝里跻流而出，井沿以青石砌就，三面井边上古木参天，井边由一块大石铺成，供人们在这里挑水、提水、喝水。井水清澈可口，是清水庵僧尼饮水之源，这里也叫尼姑井。第二道的井水为洗菜井，人们在这里洗菜。洗菜井经宽广的石板路穿出到第三层就是洗衣物而用的井水，井际围砌均匀，洗刷十分方便。清水凉爽宜人，特别在夏天，只要进入这里，就会感到一身爽快，置身于此，使人久久不想离去。井头上路边，有一井神小庙，人们因此井的甘甜和长年不断供人饮用，而非常恭敬井神，每值初一、十五，都要烧香化纸恭敬，求其万古泉清。平时走过者，给予恭叩虔诚。相传此井之水，食之能长寿，能祛病疾，是为神井，许多来者，捧水尝喝，称赞不已。

8.1.4　牛神崇拜

民间崇拜的家畜类动物在驯化之前都属于原始的兽类崇拜范围。如牛崇拜，在各族民间分别有天牛、牛王等称呼，在西北各地多有公牛崇拜，南方多水牛崇拜。《山海经》的记载中有各种牛形怪兽，如牦牛是背膝皆生长毛的牛；又有吃人的四角白牛、三足青牛、大眼苍牛、一足夔牛等。史书记载，战国时代的秦国已设有怒特祠专祀神牛，这是古代最早记录的耕牛崇拜。牛作为古代最早驯化的畜类之一，受到农牧民的普遍崇拜。

勾蓝瑶属喀斯特地貌，种田要到十里外，远的可达二十多里。为方便生产，建设有十八座农耕"牛庄屋"。楼上住人，楼下关牛。每年开春，一到三月，每座牛庄屋的耕牛在规定好的时间内统一集中到牛庄屋去，开始轮班放养，大大提高了劳动生产率。农历四月初八这天，是牛王的节日，耕牛在这一天，放假不耕田。牛王节的主要目的在于表达对于耕牛终年辛勤耕耘的感谢。在这一天，每座牛庄屋的农户，即男劳动力都会到牛庄屋过牛王节，大会餐，很是热闹。会餐期间，大家共同商量今后要做哪些事，如修坝、塞坝、修路等公益事业，并定出规章制度。

8.2 祖先崇拜

8.2.1 始祖崇拜

瑶族把犬崇拜与祖源联系起来。作为氏族始祖神话或救世神话，神犬盘瓠一直被湖南、广西、广东的瑶族"勉"支系各氏族尊奉为氏族祖先，并敬称为"盘王"和"盘护王"。《山海经》中有关于天犬、天狗可以御凶的记载，《后汉书·南蛮传》中记述了古代瑶族始祖神话，即神犬盘瓠助帝喾高辛氏杀吴将军得天下，帝喾高辛氏之女嫁给盘瓠，繁衍瑶族子孙的故事。在当地，流传着一首瑶歌，反映了当地的盘王信仰："我的始祖是平王，平王手下出盘王，盘王进出高山岭生，下子女十二双，吾祖住到兰溪地，秦汉传世不一般，勾蓝古村名气大，宅址山好水又清，汉时求佛龙岩山，唐代修建龙凤庵，天佑两年盘王庙，洪武封瑶受招安……"嗣后，每年的这天，瑶民们都举行集会，祭祀盘王，是为"盘王节"。祭祀中以还愿为中心的歌舞便逐渐演变为湖南瑶族的一种最重要的习俗。

瑶族信仰盘瓠已有几千年的历史，他们认为盘瓠的灵魂具有莫大的神力，能够保佑子孙平安吉祥。瑶人每逢过山迁徙必带盘瓠的像，每落一处，必立盘王庙，定期祭祀，履行祖先对盘王立下的誓愿与义务，俗称"还盘王愿""调盘王"，是瑶族最为隆重、最具民族特色的节日。因为在整个活动的全过程中都伴随着众人歌舞，所以"调盘王"是一种以祭祀盘瓠为目的的集体歌舞娱神活动。瑶族认为"调盘王"可以保证五谷丰登，人定平安，牲畜兴旺。在许盘王愿后，如遇丰收，须择一吉日，一般多在每年农历十月十六日还盘王愿，除了纪念祖先，感谢神灵外，还有庆贺丰收之意。

8.2.2 祖先崇拜

"先民对于鬼魂的观念是敬畏掺杂，但在繁杂的神灵中，祖先崇拜有其特殊的地位。因为原始社会里，经验常识往往成为领导者的必备条件之一，而祖先长辈生前与子孙密切地生活在一起，以经验、权威指导子孙如何自卫与谋生，因此当部落长者死后，经过时间及语言口传的渲染，祖先逐被神秘化。并且经过一次又一次的这种神化过程，祖先俨然赋有一股神秘的能力，能于冥冥中视察子孙的行为，加以护卫或惩罚。子孙们亦深信经由祭祀的仪式及祭品的供奉，可保卫后世的子孙及家族免于灾祸，祖先崇拜由此而生。"这种祖先崇拜的观念，其本质是一种以血缘关系为基础，受血缘观念支配的宗教行为，其核心就是灵魂不灭说。

勾蓝瑶崇敬祖先，民居的堂屋用于举行祭祀、议事和存放祖先牌位，是供神、祭祖的神圣之地。整个民居承袭了汉族中轴线风格的建筑模式，中轴线上放置着祖先的"神龛"，体现出了祖先如此重要的地位，即使在过世以后仍然保持着该有的长辈式的尊严、一家之主的地位。欧阳绪珍

● 神龛

老支书家的神龛位于大厅的正中间，前面摆着香案，墙壁陷入大概20厘米做出了一个方形空间，上面用红色的纸张"装饰"张贴，并且写了很多内容，中间写着"欧阳、何门中历代先祖之神位"，左边写着"欧阳、何氏宗亲"，右边写着"诸神祀典"。香案上面摆着香炉。这里家家户户都有神龛，每家每户都有区别。由于村子里面特殊的婚姻形式，也造成了神龛上面的内容不尽相同，有的会同时供奉两种或者两种以上的姓氏，但是一般来说三种以上算是很少见的。除了初一、十五要祭拜，大型节日或者结婚的时候都要来祖先面前诚心跪拜。

勾蓝瑶每姓都有祠堂，原有古代祠堂15座，中华人民共和国成立后，毛氏祠堂被拆除，杨氏祠堂拆建成仓库，黄氏祠堂被分割拆除，何氏祠堂因年久失修已倒塌，因此古祠之中已有4座不存在了，如今只存黄族祠堂等11座古祠。20

● 永兴祠堂

世纪90年代，勾蓝瑶人开始对祠堂进行保护和修整，而且重新建造和改良集体仓库和礼堂作祠堂，如今重建的祠堂有7座。

祠堂是宗族的圣殿，它的功能有：

一是祭祀。祭祖是祠堂的主要功能。

二是商议处理本族大事，如祭祖扫墓、修谱、处理纠纷、维系宗族内部稳定等。

三是教化功能，如劝学、助学、学礼仪、讲道义等。

四是执法纠偏，严肃"出轨"行为、究治不孝处分等。

五是娱神娱祖又服务于人，供族人办理红白喜事和开会，举行节日娱乐活动等。

勾蓝瑶寨的祠堂大都建于明代。中国古代封建社会"刑不上大夫，礼不下庶人"，有一套非常严格的封建礼制条规，只有天子和一定品级的臣子才有资格设祠祭祀祖先。明代以前，祭祀以高祖为限，血缘纽带不出五服（子辈为一服、孙辈为二服、曾孙辈为三服、玄孙辈为四服、玄孙之子为五服）。明嘉靖十五年

（1536），礼部尚书夏言上《令臣民得祭始祖立家庙疏》，提出变革民间祭祖礼仪，允许百姓祭祀始祖。奏请获准后，各地宗族大兴土木，建造祠堂。勾蓝瑶各姓也在这一时期陆续建起了祠堂。勾蓝瑶属多姓族，因各姓人口少的关系，它的祠堂没有外地的主姓村所建的那么豪华，但建筑简洁、大方，祠内有大厅和天井，天井是装饰诗画的地方。祠旁是煮食的地方，如今每个祠堂都有置办锅、碗、瓢、盆、桌、椅、板凳等全部用具，很是方便。

8.3 宗教信仰

瑶族除了对祖先和自然有崇拜之外，供奉和信仰的神灵还有很多，主要有佛教中的菩萨，如观音、如来；有道教中的神仙，如太上老君、玉皇大帝；有历史中的英雄人物，如关公、黄将军；还有对死去亲人的供奉等。瑶胞们认为敬奉的神灵越多，获得的保护就越多。勾蓝瑶胞相信神灵无所不在，神灵统治阳界，而庙宇是神灵的载体，于是建庙祭神成为勾蓝瑶的一大特色。勾蓝瑶庙宇众多，根据欧阳绪珍先生的统计，共有庙、庵、观、宫等各类庙宇68座。

其中有48座庙，包括：黄家村的盘王庙（天帝庙）、秦王庙、苏家相公庙、车尾相公庙、总管庙、朱公庙、源头湾水川庙、山驳水川庙、白塘水川庙、风王庙、婆神庙、神下城隍庙、雷公庙、棋盘山水川庙、车尾崩山庙、回龙庙、关帝庙共17座；上村的兴隆庙、神不动崩山庙、大神崩山庙、铁水山川庙、新坝庙、财洞水川庙、冷母神庙、南神庙、长奉水川庙、旗山庙共10座；大兴村的北川老虎庙、水龙庙、龙归庙、新桥庙、清神庙、灵川庙、水川庙、带下庙、婆神庙、大迳城隍庙、白云庙、枇杷神庙、马蹄庙、东元庙、鸡颈神庙、白马庙、龙兴庙、小仁庙、白沙庙、东江庙、云达庙共21座。

有9座庵，分别为清水庵、龙岩庵、清泉庵、唐朝龙凤庵、明洪武龙凤庵、丰登庵、隆平庵、涅盘庵、丰登庵；又有宝塔寺、迎福寺、青龙寺、茅寺（眠寺）、大迳寺等5座寺庙；还有观音阁、迴龙阁、文昌阁3阁及龙泉观、石平观2座道观，另有顶天宫1座。

从这些宗教活动场所的名称中，我们大致可以看出以庙和庵居多。民瑶把各类宗教场所中敬奉的神祇一律称作菩萨，而在"庙"这类宗教场所中，所供奉的菩萨最为多样。在这些庙和庵当中，有不少属于家庙和家庵，如勾蓝瑶的龙凤庵便是最初定居勾蓝瑶的蒋姓氏族所建。事实上，在如此繁多的庙中，真正兴盛的庙并不多，有些庙只是一座简陋低矮的小屋，由个人为了积功德而出资或集资而建。

● 正在修缮中的盘王庙

8.3.1　勾蓝瑶的主要宗教建筑

这里仅简单介绍勾蓝瑶寨中现存的和影响比较大的宗教建筑，如盘王庙、水龙祠、总管庙、兴隆庙、关帝庙、苏家相公庙、迴龙阁、龙泉观等。

1. 盘王庙

盘王庙鼎建唐天祐二年（905），后经历代重建，扩建而成此规模。有碑记：“勾蓝瑶源之奉祀盘王也，犹来旧矣，其间从始创而重建不知凡几更矣……”庙长48米，宽20米，面积960平方米。庙里有三尊伏羲、神农和盘王巨形神像。庙内后殿是大雄宝殿，前面是戏台，中间是一大看戏空坪，两边厢房各七间，里面式样与相公庙同，但比相公庙宽大，大门是宏伟的牌楼建筑，两个青石大鼓门单户对，牌楼下马奴牵马、守马于木栏中。大雄宝殿为五间式台楼建筑，高大宏伟，歇山屋顶封砖，飞檐翘角，庙柱高大，台楼厚实，古香古色，宽敞明亮。盘王庙戏台，是整个勾蓝瑶寨建筑最有功底特色的戏台，戏坪、两厢、大殿宽800余平方米，能容纳2000多人看戏，是三个古村共同的公共性娱乐场所，届时四方云集，热闹非凡。其情如清代蔡云诗所云："宝炬千家风不寒，香尘十里雨还干，落灯便演春台戏，又引千人野外看。"每年大型的节日在此唱戏，其间过盘王节、砍神牛、放花炮、一树花、装故事、歌舞瑶笙等，常常吸引广西富川、恭城、兴安等瑶民来此参加庆祝活动。

2. 总管庙(黄将军庙)

总管庙建于清朝康熙二十九年(1690)，每年元宵后，勾蓝瑶三村的庙祝、总管都要齐集此庙商定当年各庙的庆典活动，安排日期以及各项事宜，故名总管庙。总管庙也称作黄将军庙，而将军庙的庙貌都有一个共同特征，就是庙内都有以士兵将领为主要人物的壁画，画面的内容是出兵和收兵。总管庙塑兰溪武烈将军黄庭龙将军神像。黄将军是兰溪历史上的一位杰出勇敢的军事将领，也是兰溪的民族英雄。在抗元的战争中，黄将军统领的瑶兵瑶壮在古城的前端——大城门的外围杀退元兵的多次攻击，与元兵绞杀多日。机智勇敢、武艺高强的黄将军，使敌人陷入恐惧之中，而被黄将军带领的瑶兵瑶壮将敌人打得落花流水，使元兵闻风丧胆而撤退不再来，有效地保护了勾蓝瑶人的生命财产。因此族人修建此庙来纪念他。

总管庙美观大方，两边庙墙绘千军万马，左厢为议事之用，右厢为食膳间。庙前建有青石牌坊。现庙毁坏严重，难现当年风采。过庙会时，兰溪会在此庙举行盛大的"砍神牛"仪式。"砍神牛"也是瑶族的一种传统的祭祀庆典活动。砍牛当日，族人身穿鲜艳的盛装，抬铜鼓、放烟火、跳芦笙舞，并往饲养数月肥壮无比的牛身上挂满红绸，由预先定好的操刀手砍"神牛"，以此来祭祀神灵。

3. 兴隆庙(李三娘庙)

据传，瑶族女英雄李三娘(原名李月娥)是勾蓝瑶大径村(如今的大兴村)李家一家养育的排行第三的瑶女。一家人都精通武艺，犹以三娘最强，后配夫于黄庭龙。据欧阳绪珍老人讲述，勾蓝瑶寨中流传着三将军的传说，三将军分别是黄将军、李将军和吴将军。"黄将军和李将军是瑶人的头领，吴将军是汉族将军。当年元兵来侵犯兰溪，三将军带领人马一道保护我们。李将军是个女的，叫李三娘，她蛮狠。我们瑶人中女人地位很高，只要你有才能，就能做头领。当时元兵要攻打进来，黄将军、李将军和吴将军分别把守三个路口。李将军远远看到元兵一队人马过来了，就起身站在马鞍上，左手提刀，右手一甩马鞭，马鞭就搭在山上一块石头上，飞身跳上山，一挥旗子全村人就都看到了，黄将军和吴将军就赶过来，打退了元兵。李将军不光保护我们瑶寨，也保护周围的村子。她有一队人马，应该也是女兵。过去有座将军庙，中间也供奉着李将军。因为保护瑶寨有功，所以朝廷册封他们三个为武烈将军。"

在抗元战争中，李三娘的丈夫拒敌于前门之外与元兵展开厮杀，而李三娘带领的女兵重创元兵，上村得以保护。李三娘的英雄事迹，700 余年来永远牢记在勾蓝瑶人的心里。上村人为牢记李三娘的丰功伟绩，在兰溪上村与黄家村通道的中间山边路旁修建了一座纪念李三娘为"兴隆庙"，将其作为上村敬神祭祀的首要庙宇，是三村砍牛、用牛头祭祖、抬着佛像游遍三村的神庙之一。有《鼎建兴隆庙记》碑志诗记载：

诗一："崇建兴隆好庙堂，家家处处得平安，自从起造坊坊盛，曾此装修户户昌。所叩威灵黄大圣，祈求感应李三娘，入兵出将时时让，盘古开天降圣王。"

诗二："新立新兴高庙堂，风调雨顺得平安，良年建造人丁盛，吉日装修财帛昌。乡境皎提黄大将，村坊专靠李三娘，千兵拥护时时乐，万将扶持降福祥。"

兴隆庙内塑三尊民族英雄神像，左塑黄将军（黄庭龙），居中李三娘，居右吴将军。

4.水龙祠（老虎庙）

兴隆庙、总管庙和水龙祠这三座庙宇的菩萨塑像都是黄将军、李将军和吴将军三位民族英雄的神像。水龙祠的砍牛仪式曾是大兴村最隆重的。水龙祠又名"水龙庙""老虎庙""虎婆神"。相传很久以前，有一只老虎下山偷猪，村民发现后，将老虎围赶至庙内打死，后来村人将此庙顺口叫作"老虎庙""虎婆神"。年久月深，水龙祠、水龙庙已无人再叫，故知道水龙祠与水龙庙的人寥寥无几，而代替水龙祠和水龙庙的"虎婆神"却响亮至今。水龙祠是大兴村集祭祀庆典功能的最大场地，面积 900 平方米，能容纳几千人。古时，瑶民在这座祠里祭祀诸神。在祠大门内的第一间塑有两条威猛的神虎，再进第二间里塑有李将军、李仙娘、黄将军等三人的神像，再进入第三间中塑有关帝爷的神像，再进到最后第四间的大殿正堂中塑有玉皇大帝、王母娘娘二人神像。如今整个庙年久失修，2012 年，村人集资修好一截大殿，其余戏台两边的厢房却已破旧不堪，损坏严重，随时有倒塌的风险。

在明代洪武年间，画家用了三年多的时间，在水龙祠祠内墙壁上描绘了精美的

● 水龙祠

壁画,题材皆为三军仪仗队。全幅画高3米,长116米,总面积348平方米(现只保存有162平方米)。

　　水龙祠壁画中,人物主体是大量身着戎装的士兵与将军,但其本质仍旧属于宗教绘画范畴。画面所呈现的场景,与瑶族宗教信仰关系紧密,且富有浓厚的巫傩文化背景。水龙祠壁画中的军傩形象,在勾蓝瑶其他残存的宗教建筑中也有所见。例如,黄家村境内的总管庙遗址中残存的壁画,其形象也属于以军人面貌出现进行祭祀的军傩。这反映出勾蓝瑶有一个不同于外界其他壁画的独特体系。水龙祠壁画表明,首先这是一场祭祀活动,包含了勾蓝瑶族"傩"文化的成分,其次祭祀的主体是"瑶""民""军"三位一体的勾蓝瑶民众,其主题形象是以军人面貌出现的,所以,包含了"军"的内容。正是因为它既有"军"又有"傩",所以我们进一步认为,它反射出了古代的军傩内容。军傩活动的展开,离不开尚武民众装扮的军人形象(或者活动主体就是军人本身),也离不开活动的参与者的巫傩文化的背景。以军队为主体举行傩仪活动的历史非常早。《魏书》记载:"高宗和平三年十二月,因岁除大傩之礼,逐耀兵示武。"傩仪本是一种驱鬼逐疫的仪式,表演者必须使用面具,其最初的内涵是"巫+面具+驱疫"。壁画也体现出勾蓝瑶信仰中的巫教成分。

● 水龙祠壁画局部

水龙祠壁画中诸人的动作神态表现、勾画填彩充分依据人物身份和心情作艺术表现。人物类型有文臣、武将、侍从、俘虏、僧侣、平民、将士，各色形态，各样装束，无一雷同。例如，壁画中一成年将军，头戴兜鍪，身披锁甲，右手持钺，左手扶护心镜，面庞红润，浓眉微扬，身拔挺直，精神昂扬，迈步前行，显得老成持重。身旁的士兵则侧身前倾，脚步急切。身后一排将士步履整齐，士气高扬。在画面高潮部分的三军仪仗图上，主要描述了众文武大臣和平民百姓祭祀的场景：着绯色公服的文臣，正襟而立，神采奕奕；身旁的老师则须发皆白，慈眉善目，俨然没了久经沙场的豪气；左前方的将军在主持砍牛祭祀仪式，右手持短刀，左手牵鼻环，面对桀骜不驯的公牛双眉紧蹙，怒目圆睁；右前方的僧侣则方头大耳，头戴八角毗卢帽，身披大红百袖衣，面对即将到来的血腥场面低眉颔首，修持有度。还有一处展现军乐队仪仗的情景，乐手佩剑跨马，腮帮紧鼓，手持长号，身后三角形的"三军号令"旌旗高高飘扬。

5. 关帝庙

勾蓝瑶寨村子入口处有一座千年古庙，名曰"关帝庙"，是供奉汉寿亭侯关羽关云长的庙宇，面积 1000 多平方米。大殿供奉关公坐看春秋的英姿神像，两旁是周仓和关平提枪持刀之像。大殿两旁有作膳房和商讨房。大殿前是一开阔草坪，草坪对面是供祭庙活动演戏的戏台。戏台一侧有供水房，供瑶人取水解渴。每年的农历五月十三日，瑶胞结束了开春以来的各项生产耕作，脱去泥衣，换上新服，家家杀鸡宰鸭，跳长鼓、芦笙舞，舞狮，举行盛大的洗泥节，并在关帝庙唱七天七夜大戏，欢度节日。关王是武将，勾蓝瑶人把关王庙建在城墙边，意味着关公也在帮助镇守城墙。有新建关帝庙题名碑记："盖闻天开地劈，尧舜其宗，汉主尊贤，新建关王宝殿，基塞坊团境土，普照万民安太，天生正道，地产英豪，圣力威灵昌感应，勇镇乾坤护村坊。"康熙二十九年（1690）有诗一首："圣寿无疆万古今，轩昂灵显镇长春。关塞兰溪保境土，坊团宁清永和平。人丁豪旺聪从后，资财茂盛爵加增。家家吉庆进田项，户户兴隆事事兴。"

6. 顶天宫

顶天宫建于康熙年间，是天下少有的男人庙，是 8 月兰溪男人庆祝活动最隆重的庙，届时放一树花，跳长鼓舞、短鼓舞、芦笙舞，抢花炮。现在顶天宫的水沟边有一块于乾隆二十七年（1762）信士黄天碧妻欧阳秀珍、女兰淑、兰蕾所献的专门放花炮的雕刻石鼓。另有香炉一盏记成化十八年（1482）。

在顶天宫前，展现在眼前的是一片古韵清奇的世界，两条古石板的宽坦石路，一片天然开阔石坪，一截玉石道路，多座石板桥，一股清泉于中间穿流而过，形成了天生美景，神奇世界。再加上三门街的灵秀建筑，真是个人间仙境。

7. 清水庵

清水庵，又称尼姑庵，由六个部分组成，面积约 2 亩。

一是大殿，由规模宏伟的三间房构成，里面塑南海观音和释迦牟尼神像，一片高雅严肃之象。进香者极尽虔诚跪叩，信女们用情专注，有声无声地倾注和相求各自喜怒哀乐。僧尼们敲着木鱼，口念"弥勒陀佛"，神情肃穆，深情奥秘。

二是前殿，是信女求叩前准备之殿，人们在这里可以自由交谈，放置东西，进行交流，是休闲观光之大殿，是随从人员的安身之处。

三是僧尼们的住房，进去的右边是僧尼住宿房，也是祷告信女的换装房。

四是僧尼们的厨房，也是远道来人的进食房。

五是天井和走廊，天井在上、下殿的中间，2 米多深、2 米多宽，中间有石板过路，两边厢房有走廊，从前殿休闲房到后大殿，可行走中间天井，也可从两边走廊穿行。

六是大门与碑坪，整座大庵由大门进入后，就是一块宽坪，内里坪中用砖石铺成，中间向外是兆墙，兆墙两头是竖碑的地方，人们可在这里观赏领略碑文，参详历史年代和以往内容。清水庵的碑很多，相传建于唐代或以前，有词与诗，"伏以，古立山庵，号为清水，太平之地，水山绵延"。

庵碑有二十余块，抬到村加工酒厂就有九块，因铲酒槽铲平，字迹无全，破碎三块，一保家门口一块，抬至碑林的两块，架桥修路不知用多少块。

这座大庵曾做过放粮仓库，做粮仓前，于民国时期办过学校。公社化后，村里建加工厂，庵被全部拆掉因而绝迹。悠久的历史文化已被一小小的加工厂埋葬。当年的一片繁华情景，一去不返矣！

8. 宝塔寺

宝塔寺，分上下两进式大殿与前殿，旁有住持住房，寺前有一活动寺坪，两株松柏高大青翠，后边是大木脑山边和将军庙山两面相围，茂林修竹，花草宜人。前坪宽坦围栏石条可供多人休息娱乐。宝塔寺是一个很古老的寺院。相传唐代以前，苏一士就出家在这个寺院。苏一士又名苏伽裟，曾于武当山学道回后，于宝塔寺为僧，后帮秦王李世民打天下，建立了许多功勋。后来秦王为感谢他的功劳，派周灵御使大夫到勾蓝瑶敕建相公庙，永锡兰溪。所以宝塔寺在兰溪也是当时最大最繁荣的寺院。有古碑记：

"盖吾村有寺庙，不知创自何代，起于何人，名曰'宝塔寺'。

古立寺场，称作宝塔益振坊团以安乐也。历年久失修，今者营惑星焚，木料砖瓦坏乎，民之不堪祈也，前乾隆二十四年己卯岁（1759）仲冬立碑。"

9. 相公庙

兰溪建有两座相公庙，即苏家相公庙和车尾相公庙。苏家相公庙，相传始建于唐代，后于宋、元、明清多次修复。面积约800平方米。

苏家相公庙鼎建于唐贞观年间，是皇封御赐的庙宇，有古碑记曰："盖闻天地玄黄之初，宇宙洪荒，立如庇岳，凑山川蹄而立三才，育生万物之明也。夫为人者，效神之祀，而宗庙为神，神之格思而祭之诚也。自祖以来，钦奉李圣大王，周灵御使相公都寓中丞，莅临境土，永锡兰溪，祭之则显赫威灵，叩之则昭彰感应，古灵祠曰，相公庙也。"

1905年，苏家相公庙改为学校，拜庙烧香、祷叩等活动与学生上课有冲突，当时西方文化也开始传入勾蓝瑶，在这样的背景之下，勾蓝瑶人停止了苏家相公庙的拜庙活动，另择车尾山的秦王庙边建一座规模宏大的相公庙（即车尾相公庙），将原庙神迁至在这里，从而苏家相公庙成了学堂，直至中华人民共和国成立，村内新建学校，才停止使用。车尾相公庙是兰溪文化传播中心，庙内有一座古戏台供诸多节日庆典使用，因年代久远，日久失修，旧貌虽存，但已破烂不堪，难现昔日之光景。

● 苏家相公庙

● 迴龙阁

相公庙是勾蓝瑶人的儒学教化之地，仁、义、礼、智、信等儒家文化在勾蓝蔚然成风，忠孝廉洁贯通于勾蓝瑶民族文化的内涵之中，处处呈现出浓郁的儒家特色文化，实现了地方民族文化和汉文化的融合与升华。民族文化的进步，一是外来先进文化的潜移默化，二是儒家文化加剧了与本地瑶文化的融合，并在岁月的流逝中形成了今天独特的勾蓝瑶文化面貌。它处处体现在瑶堡民居的阴阳和合、天然会一的自然认识和忠孝节义、礼义廉耻的道德自省，祈求福禄、向往美好未来的追求等方面，丰富了民族文化的实践，赋予了古瑶浓厚的文化意蕴和生命活力。

10. 迴龙阁

迴龙阁位于黄家村，与盘王庙、关帝庙遥相呼应，相距仅数百米，始建年代不详，于明朝崇祯八年（1635）重修，分前后两进，前殿为休闲娱乐空间，后殿为正殿，塑有数百尊大小神像，多为阎罗判官、大小鬼王。迴龙阁是启事阁，旨在教育族人多为善，莫为恶。因为兰溪瑶胞相信举头三尺有神明，相信善恶到头终有报。在这种朴素的道德观念指导下，瑶人一直保持着尊老爱幼、乐于助人等许多优良传统。时至今日，迴龙阁庙前殿已拆，后殿虽存，但因年久失修也已残破不堪。

11. 龙泉观

龙泉观位于黄家村，始建于明弘治十一年（1488），两进一厢房结构。整座建筑美观大方,如今除厢房倒塌、内部朽漏较多之外,主体部分仍保存完好。庙内存有道光年间重要的碑记"正堂示谕",此碑记载了勾蓝瑶的来龙去脉、封建时期朝廷对瑶政策及其变革等,具有极高的历史价值。

12. 龙岩庵

据龙岩庵碑记载:"余村南东隅,履步而登有一庵焉,名龙岩,汉时崇奉佛像,可攀嶙山五层,岩净空秀,突如鹜岭湘山。"此碑记载汉朝时,勾蓝瑶人就翻山五层到龙岩庵崇奉佛像,已有2000多年历史。

汉时龙岩洞是奉佛的地方,岩洞精光焕彩,很是优美,而后自朱明洪武年间,清水庵僧徒玉花僧尼樵采慕名到此坐化成佛,隐身于此。信士们从白鸠洞寻找到一尊石佛(与玉花相似)供奉在那里,常年烟香不断,日夜灯火辉煌,由住在龙岩洞里食宿的住持和各师徒们打点料理。

龙岩庵位于龙岩洞对面,供奉玉花神像,常年香客络绎不绝。旧时每年的二月初一至二月十五是龙岩庵的"上香节",相传在此期间上香是最灵验的。每逢此时,人满为患。

13. 戏台

古戏台,一般都附属于某座庙,但对体现民族风情起着非常重要的地位,因此单独介绍。勾蓝瑶人能歌善舞,这里的节日繁多,除春节以外,还有元宵节(舞龙下灯节)、二月奉佛节、诛鸟节、牛王节、洗泥节、尝新节、中元节、重阳节和众多庙、庵、寺、阁、宫等的庙会,每节每会必演必舞。而戏台,就是勾蓝瑶人节日庆典庙会的场地。

戏台对于庙会活动的重要性,在位于勾蓝瑶北川老虎庙内的戏台的《鼎建云台题名记》中可以看出:"予村内有一庙焉,名曰北川,神威赫赫,圣德泽泽……予等……劝勉众姓,秉笔募化,第见欢欣,踊跃乐捐……是固庙貌惟新,而前无戏台,不显以神功之浩荡也。爰是再发忧心,命鸠工凿栋雕梁……庶几报赛酬答,而梨园子弟以便霓裳歌舞,永报神庥而功果完全……"

兰溪现存4座古戏台,分别是盘王庙戏台、关帝庙戏台、车尾相公庙戏台、旗山庙戏台。戏台建筑是中国广大农村不可缺少的公共建筑,在兰溪尤为突出。在祭礼和过年过节时,村中总要出几场乐舞、戏曲,以增添喜庆热闹气氛。古老的勾蓝瑶不仅以庙多、庙会多而出名,还以每年跳长鼓芦笙舞、砍牛节过庙会著称。(光绪)《永明县志》记载:"土人俗多淫祀,远招瑶壮,孚鼓笙笛,绕行罗拜,忽前忽后,忽左忽右,忽跳跃,忽佝偻,跳鼓者唱瑶歌声"。

20世纪50年代前，各村的庙会活动仍按期举行。戏台上演的多是湖南地方剧目祁剧或花鼓戏，请祁阳、邵阳等地的汉族剧团前来表演，除了诸如《刘海砍樵》之类的地方传统剧目之外，还有《目连救母》等佛教故事。20世纪60年代，清溪瑶人在时任支书的田树生先生带领下，成立了自己的剧团，他们曾将《智取威虎山》等京剧样板戏改为祁剧，同期勾蓝瑶人在欧阳绪珍的组织下也成立了剧团，他们经常应邀到周边各村巡演。

旗山庙戏台

总之，从汉族与民瑶的宗教节日习俗上来看，人们在实践中已经几乎没有什么差别——汉族的剧目一样在民瑶中表演，瑶族的砍牛、跳长鼓舞等习俗也一样为汉人所接受。

现今这些庙宇大多已不存在，婚丧嫁娶等风俗也与以前有较大区别。

8.3.2　勾蓝瑶宗教信仰中的道、佛、巫成分

作为我国早期封建社会形成的宗教，道教在其发展过程中，融汇了丰富的宗教内涵，形成了自己独特的宗教体系，在道法科仪上逐渐分化为上层化的神学道教和世俗化的符箓派道教。符箓派道教是各族下层人民普遍信仰的教派，以驱鬼捉邪为特点。封建社会时期，瑶族尤信鬼神，认为万物皆有灵魂，鬼有恶鬼和善鬼之分，但不论哪一种鬼魂都会作祟，得罪了各种神灵都会带来灾难。瑶族原始宗教的这些特征与世俗的符箓派道教的相似性，以及瑶族社会政治经济的发展使原有的鬼魂观念已远远不能满足社会信仰之需要，而道教的仙境、人间、地府的观念，以及符箓禁咒、修斋作醮等法术，正迎合了这一需要，因而道教的符箓派在封建社会时期传入瑶族社会成为必然。

封建社会时期瑶族尊奉的神祇非常庞杂繁多。有人对红河州瑶族信奉的神灵做了统计，其中属道教系统的有146个、佛教系10个、儒家系统4个、本民族祖先和杰出人物30个。这些统计也许并不精确全面，却大体反映了红河州瑶

族神灵系统的构成情况。在这个系统中，来自汉族道教的神祇就占了 3/4 以上，说明道教在其宗教体系中占据主导地位；其次是本民族的祖先、英雄人物和其他自然神灵，只占了约 1/6；至于佛教和儒家系统的菩萨和圣贤则更少。有人认为瑶族不信佛教，儒学的影响也有限，这些菩萨和圣贤应是随道教一起引入的附属物。

勾蓝瑶宗教信仰的神祇，大致可分为四类，第一类属于道教系统，如三清、太白星君、玉皇大帝、王母娘娘等；第二类是本民族的祖先、英雄人物，如盘王、黄将军、李将军、吴将军；第三类属于佛教系统，释迦牟尼、观音娘娘、本民族的玉花佛以及阎罗判官、大小鬼王等；第四类是体现忠孝节义儒家文化色彩的英雄人物，如关帝、魏征、孔子。这一方面反映出勾蓝瑶宗教信仰具有强大的兼容性，符合一般瑶族宗教信仰的总体特点，另一方面也体现了本民族的个性特点。一般认为的瑶族宗教就是道教，佛教、儒学的影响有限，而从清水庵、龙岩庵等往日烧香拜佛的盛况，以及苏家相公庙作为勾蓝瑶人的儒学教化之地，儒家文化在勾蓝蔚然成风，可以看出佛教、儒学在勾蓝瑶人的信仰体系中也占有不容小觑的地位。

过去，勾蓝瑶的精神信仰中，还包括明显的巫教成分。瑶山生态独特，生产方式滞后，滋生了鬼神观念。鬼神要作祟人间，于是作为人与鬼神沟通中介的巫师出现了。师公是瑶族社会的高级巫师，他们在生产生活、疾病生育、婚丧嫁娶及各种节日如洗泥节的拜门楼中扮演着重要的角色。

8.4　勾蓝瑶民间信仰特征

8.4.1　佛、道、巫相互渗透

瑶族的民间宗教，首先是在本民族的文化土壤中产生的，后来随着民族融合的加强，也不可避免地会受到外来道教和佛教的影响，尤以前者为甚。例如，1949 年后，学术界从广东、广西、湖南等地先后搜集的数十篇过山牒文中，"三清""圣僧和尚""太白星君""王瑶师道""十殿阎王""十道轮回""紫微府"等之类与道教、佛教相关的名词随处可见。瑶族民间宗教所信奉的神灵包括了道教的三清、老君、玉帝等，也包括了本民族原始巫教的盘王以及山石植物、日月星辰等自然神；其宗教活动有道教的符箓禁咒和斋醮科仪，也有本民族原始巫教中的跳盘王、做洪门等。

瑶族民间宗教的特征，正如学者所述："它虽然也受汉族宗教文化的影响，但也保留了自身独特的宗教思想、神兵系统、法师、庙宇、法器和法事传统等。不仅如此，法师文化体系也影响了汉族宗教。汉族地区民间法师道坛及其客家先民的'法号'和'郎号'就是受法师仪式传统影响的历史产物和痕迹。"

在水龙祠壁画中，出现了众多的形象，包含原始巫教的师公、五猖神，道教的护法元帅、雷公，以及瑶族信仰的图腾神犬，加上水龙祠中原来供奉的玉皇大帝、王母娘娘、关羽、李将军、黄将军、李三娘、老虎等塑像，更是体现了勾蓝瑶民间宗教的兼容性。

8.4.2　功利性、实用性突出

瑶族的宗教行为常常与日常生活相结合，在某些区域甚至形成了全民性的宗教活动。过去，在瑶族人的日常生活中，包括生育、生病、建屋、驱害、求雨、祈福、丧葬、嫁娶、灭火、避风等，都可以见到宗教的踪影。他们凡事皆问鬼神，遇到大事则更是要举行大型的宗教仪式，如"耍歌堂""打道箓"等。活动过程中也使用道鞭、铜铃等法器，悬挂三清四御等神像。村寨的头人既是世俗社会的领袖，也是当地宗教信仰活动的管理者，兼道教法师和巫教师公等多重身份。

民众信奉佛教多是以"自我"为中心，每逢遇见疾病、灾难、贫困等难题，祭拜活动便成为广大民众寻求心灵慰藉的主要方式之一。即使是敬拜神佛也是讲究实用的，像庙之类的只是在庙会的日子才去拜，平常有事则拜之，无事则免去。因此，勾蓝瑶的民间信仰动机都很原始，即出于一种自我保护的意识。正如顾颉刚先生曾说："除了佛像外，有关帝，有雷神，有华佗，有王通、圣母。此甚有趣，盖乡人所需求，不过这几样。有了这几样，可以抢去城中香火也。这种寺，算他道教呢？还是佛教呢？所以，我想，中国人只有拜神观念，并无信教的观念。"

第9章

勾蓝瑶的非物质文化遗产和物质文化遗产遗存

9.1 非物质文化遗产

勾蓝瑶在长期的历史发展过程中形成了丰富多彩的非物质文化遗产,包括民族节庆、民间舞蹈、民间武术等多种类型,其中洗泥节被列入省级非物质文化遗产保护名录(2012 年)。

9.1.1 勾蓝瑶服饰文化

瑶族支系众多,服饰也多有当地的特点,勾蓝瑶的传统服饰在基本样式方面与传统的瑶族服饰类似,但同时也有细微的不同之处。

勾蓝瑶寨的主要经济来源为当地的种植业,水稻的耕种与果类的采摘需要较大的工作量,这也使得勾蓝瑶寨的服饰特点体现为它的便于劳动性。勾蓝瑶女性服饰在年长女性与年轻女性之间有细微差别。年长女性的服饰的上衣普遍较长,在侧面开盘扣,一般为布扣,偶有银扣,袖子较为宽阔,颜色以蓝色为主,多为深蓝色;裙子为黑布或者蓝布,长度过膝,在腰部位置多有手织的纹路;方围裙大多为妇女手工纺织而成的布锦,做农活时可以将围裙掀起来盛棉花或者其他农作物,下面两角可以扎在腰间,形成一个布兜方便做活;头巾两头有丝须,颜色以黑或蓝为主,出门做客较为讲究,会将其包成三角形状。

● 勾蓝瑶女装

● 勾蓝瑶男装

年轻女性的着装与年长女性的服装样式基本一致，差别多在于颜色和剪裁。与年长女性服饰统一的黑色或者蓝色不同，年轻女性的颜色较为浅亮，在袖口和襟口有鲜亮的花纹，同时与直筒形状的年长女性服饰不同的是，年轻女性的上衣和裙子的剪裁比较贴合身材，较为修身。

男性的着装较为简单，上衣一般在正中开扣，头巾较长，除绑在头上外，可在做工时用作擦汗巾或腰带，也可将它作为布兜盛放采摘的蔬果等物品，男性裤子的裤腰和裤脚都较大，有脚帕，类似于绑腿，可以从脚踝起将裤脚缠紧。

勾蓝瑶寨的妇女习惯将幼童背在背上以便腾出双手做事情，用来包裹幼童的围裙一般为妇女手工纺织而成的织锦，两侧有较长的布带可以绑在身上以作稳定。

9.1.2 勾蓝瑶音乐文化

从古至今，勾蓝瑶寨的妇女大多能歌善舞，在生活中兴之所至时便用瑶语进行歌唱，村寨中的男性也同样能歌善舞，并且将唱歌作为抒发内心情感的方式。据（光绪）《永明县志》记载："明洪武二十九年归化者四，曰清溪古调扶灵勾蓝，扶灵最繁盛，清溪次之，古调勾蓝又次之。男女衣服饮食与编氓无异，妇女精于织一巾一带，斓斑如古锦，且多能踏歌。"[①]

不论是在节庆时节或者是繁重的劳动过程中，村民们都会通过放声歌唱来表达感情。村中流传下来的歌曲，可以分为嫁娶类、节庆类、习俗类以及儿歌类等，这些曲谱目前由黄家村老支书欧阳绪珍进行汇总与整理，共从村中 12 名年长的村民那里搜集汇总了 116 首歌曲。

1. 嫁娶类

在勾蓝瑶寨的嫁娶习俗中，在姑娘出嫁前，有三天时间举行坐歌堂，姑娘拥有女性亲朋们的陪伴，她们在一起唱歌一起等待出门的时辰。在她们所唱的歌曲中，表达的大多是对于未知的夫家生活的忐忑，以及对于娘家亲人的不舍，这些少女的感情随着歌声而抒发，这一习俗也称哭嫁。婚姻是一个女人生命中较为重要的转折点，意味着少女将离开自小长大的家庭，去往一个并不熟悉的家庭，从此相夫教子完成身份的转变。在出嫁前夕，这些紧张、不舍的情绪都通过

---

① 江苏古籍出版社编选.中国地方志集成·湖南府县志辑 49 康熙永明县志·光绪永明县志[M].南京：江苏古籍出版社，2002：304.

歌唱的方式表达出来。

（1）嫁歌

在坐歌堂的过程中，新娘与女伴们一边哭泣一边唱着瑶歌。这些哭嫁歌内容丰富，既有表达感恩父母亲人养育之恩的哭嫁歌，如《哭父歌》《哭母歌》《哭舅歌》等；也有表达不舍姐妹、不愿离家之情的，如《哭女伴》《哭妹》等传统瑶歌；还有包含着对即将嫁入的家庭的复杂情感的瑶歌，如《哭亲家母》《哭新郎》等。这些歌谣如泣如诉，传达的感情真挚感人，是勾蓝瑶音乐文化中的瑰宝。

哭父歌

辇上烘禾错烘糯，男人错度女人身。渡过男人在爷屋，一齐服侍侬爷亲，寒天叫齐爷都灶堂，热天请出井清前，不给冷茶淘饭吃，不给冷酒解爷心，冷茶逃犯是不孝，冷酒解心病上身。

哭母歌

月月红，早早垂进母娘蓬，母娘有女朝朝叫。海场无女喊谁人？喊谁三身谁不言，要想女时女过他，行到他家埧头站。是想他人出接亲，他不接亲哥不进，拍返马头就回家，转回归家依母说，不给使贫人笑侬。

哭舅歌

铜盆倒水等洗脚，舅爷洗脚穿礼鞋，舅穿礼鞋请上座，待女上请问舅爷，问舅礼钱来多少？问舅礼猪来几多？

哭姨

进国种麻麻根深，一爱爷母二爱亲，一爱姨处搓纱线，二爱姨处补良针。补良针姨家坐，坐坐不知侬分离。人的门楼女玩笑，人的屋街好吹凉。门楼好玩女常念，屋街吹凉记在心。火尽力柴夹尽炭，灯斟绿油纺斤纱，纺斤云纱无货住，纺斤粗纱没手巾，货住姨鞋姨没双，货位手巾姨没条。

哭叔爷

富贵银门两手开，银门脚下两条石。两条油石透滑街。官员过路秀才屋，七条壶凳金雕花，壶凳雕花朵对朵。叔养弟侬双对双，一双金底送入学，一双金妹在楼中，金弟书房把小笔，金妹楼上把小针。九条猫虫团团转，十条金狗守禾宅。金狗守宅宅为贵，金妹染衣衣抵钱。

哭妹

竹子皮青皮子油，不曾哭妹妹先愁。问妹先哭愁哪路，愁姐明朝去送她。

哭女伴

人好没侬两伴好，无侬两伴共条心，两伴双双桥上站，慢行慢站慢商量。裙脚不伸侬不去，衣袖不伸侬不行。来时裙脚轻搓乐，伴的衣袖扎铜星。铜扎铜心无人解，是侬两伴人解人。九本诗书十本全，好本文章读不完。文章不完有日读，两伴不忘百气消。几时共天又共地，如今共日不共天。

哭亲家母

正月种林全种籽，牵线引针过方街，二月南风全信到，一起播撒待亲娘，三月百种梅花树，百种梅花树树齐，四月白忙离上轿，一双竹鸡树上啼。五月登天棋子响，登天棋子难为人。六月贵雨多落席，落席贵雨越加凉。七月七香多舀酒，楼中饮酒桂花香。房房楼中吹玉笛，一齐打酒待亲娘。见字妆，宝座妆。见字亲娘宝座妆，亲娘会妆妆宝字，九分当过十分用。

唱新郎

辣子发花白了黄，黄珠发红黄六黄，三个金盏茶盘上，鸳鸯下盏劝新郎。今日新郎为第一，站倒清前高一般，路上逢人低唱社，回家抄手拜爷娘。

(2)《天光歌》

《天光歌》是勾蓝瑶寨中女子出嫁所唱的歌曲，歌曲描述了在嫁人的前夜，女子被母亲唤醒开始与女伴一起梳妆打扮、整理妆奁的过程，其中包含了女子在嫁娶前夕的紧张忐忑心情，既舍不得离开母亲与哥嫂，同时又对陌生未来充满担心。

一更光

母娘叫女起梳妆，问母梳妆过哪去？问母梳妆过哪行？进逢金站拜五关，拜天拜地拜家神，今拜五关下霜雪，今拜六观下雪霜，大霜小霜女不怕。只怕他人仁义多，他人仁义是古礼，不是管挡不是欢，断粮又来碾禾头，筛糠又来碾谷头，谷头米子随他碾，不可展女箱凳头，展女箱凳女不肯，小撒罗裙连夜归，连夜归时告诉母，连夜归时就母知。

二更光

母娘叫女起梳妆，问母梳妆过哪去？问母梳妆过哪行？叫齐姐妹起梳妆，姐妹梳妆共出行。

三更光

叫齐同伴起梳妆，同伴梳妆出送女，幼女梳妆去送她。

四更光

嫂锁房门女锁箱，嫂锁房门出送女，女锁红箱去送她。

五更光

点燃油烛照红箱，一照红烛箱箱不满，二照红箱不满箱。

六更眠

处处人眠女不眠，人的眠时箱凳满，幼女不眠不满箱。

七更光

喊哥上楼起红箱，托起红箱知轻重，看女妆奁是几多，若是多时哥拿去，若是少时哥得妆，问哥有妆没得妆，不等鸡鸣大天光，鸡啼天光女起脚，日头豹牙女起身，等下背门木叶落，等下面前日晒街，日不晒街女不去，霜雪不融女不行。

八更愁

孔子送书放床头，叔爷洗手开书展，一面开书两面愁。

九更愁

好处石榴垂屋头，两边两面垂屋角，中心有篇出行游。

十更愁

海场无人上母楼，海场无人楼中坐，问母心中愁不愁，同伴过路常叫女，一母厅前出分梳，一母分梳出玩耍，不说分梳去送她。

（3）《新娘出嫁至上轿歌》

《新娘出嫁至上轿歌》是在目前所整理的歌曲中歌词最多的歌曲，这首出嫁歌曲共一千余字，描述了姑娘即将出嫁的系列场景，在勾蓝瑶寨的建筑格局中，未出嫁的女儿大多居住在房屋的阁楼上。出嫁时姑娘要从阁楼上逐步下楼梯到轿子上，然后嫁到夫家，在这系列的场景中还体现了出嫁姑娘内心既激动又彷徨的心情。全文如下：

日头出山爱出岭，女爱一楼不下厅，一爱面前好照影，二爱背底好梳妆，三爱床头花小垫，四爱凳头花皂香，五爱五州我母好，六爱六州日子长，七爱七州七色钱，八爱凳头同伴娘，九爱楼头常伴月，十爱花楼今日收。竹叶青，木叶青，女在楼中听歌声，听歌声声句句一，一女下楼过他家，一女过他女不去，一女爽行女得行，凉伞靠门花脚起，女在楼中就起身，问母起身爱不爱，女无妆奁愁不愁，油油哭，油油愁，油油哭下母楼头，哭下楼头第一步，第一步梯母不留，楼头有把金胶椅，看见诗书摆两行，诗书选日未登记，我爷开口是今年，我爷开脱金玉口，石落千金世不移，谁人移开千斤石，轻薄妆奁两半分，轻薄妆奁女不得，豆子手巾分均匀。

油油哭，油油愁，油油好下妹楼头，好下楼头第二步，第二步梯妹不留，当初妹娘留下女，留出散行成一双，留出散行成一对，方女独自不成双。日头豹芽邀妹行，日落岭时伴月归，海场没人邀妹去，问妹心中愁不愁。

油油好，油油愁，油油好下哥楼头，哭下楼头第三步，第三步梯哥不留。当初捆芽留下一，当初捆柴留下基，留下长茅盖哥屋，留下节柴进嫂都。油油哭，油油愁，油油哭下伴楼头，哭下伴楼第四步，第四步梯伴不留，油油哭，油油哭，油油哭进嫂都头，嫂是留得三朝客，不曾留女过他人。女依都头起眼看，看见红火都上游，织女渡过都香火，朝朝同嫂进都头，红火游游千年在，幼女游游他家留，扫楼扫出金花子，扫屋扫出女旧鞋，扫出花金描壁上，扫出旧鞋放凳头，一母长心给放好，好女归时找来用，今后归家常有数，不比楼中做女时。日头出早热阴阴，金打锁匙挂壁心，金打锁匙挂壁上，等女十一开房门，开开房门等女进，等女进来叠鞋床，叠谢龙床睡大女，叠谢衣架摊衣裳，床头花垫由哥要，凳头皂香跟女行。石榴叶子溜溜尖，今日清前客到边，旧年请客客不到，今年不请客自来，一娘移凳待客坐，得女游游慢出乡，开开龙门待女出，闪开佛门拜观音。

一拜观音二拜佛，三拜公婆惜大花，惜大红花不得力，过他得力不忘恩，香请香，请出哥来烧起香，烧起香时唤起水，烧香换水女离香，壁上神，请下你来拜家神，林林接来沥下地，条条落地湿衣襟，一张白纸四方裁，方知我爷会安排，方知我爷安排好，安排嫂侬来补杯，斟下三杯青绿酒，见妹自愁嫂有心，有心不依嫂补盏，一齐都是出乡人。反手关门出送女，转归进屋剩空清，剩得上桌灯盏火，剩得下桌两盏灯，上桌灯火千年在，下桌烛花一时光，手把门拜游游去，脚踏屋街令斯行，脚踏屋街游游去，我母不留真不留，不留金鸡啼贵宅，不留幼女在娘边，离壁墙边依母说，长不交女出娘房，十八年前做娇女，今朝被嫁出娘房，梅子爱住梅双误，女侬爱住爷娘边，住在娘边不过世，一时离开刀割心，一人四边不养女，心砌城墙多种花，多种红花原闹热，多养女侬母操心，少时操心不曾大，大了忙忙去送他。

愁自愁，待女步行出门楼，行出门楼起眼看，门楼燕鸟戏排楼，早知女是人家客，不如上传随水流。龙不吐珠谁知宝？女不说言人不知，今日说出将情听，不愿过他去男人。面前有口锁娥矿，鸬鹚飞来站得久，村人来看女妆奁，看女妆蚕女没得,十指不齐人不齐,十指不齐有长短,人间富贵有高低,人有浮杂人有本,女不浮杂母没妆,女别想来今没本,不想连累我爷娘。白竹无叶春自发,幼女没妆已过时。蜂子成线天头云,惊动邻村来看人,惊动童伴齐来看,齐齐看女过他人,吩咐四边红把伴,去归不笑女方家贫。竹篙打水绿油油,借问四边留不留,四方的人不留女,女哭一声泪双流。风吹轿门等女上,见得红线踢草球,右脚踢菀菀不动,左脚踢菀菀不移,菀不移时又得去,菀不动时上轿行。

2. 儿歌

在勾蓝瑶寨的歌谣中,儿歌的数量不多,但这些儿歌充满着童趣,从平凡的农业生活中取材,描写了日常生产生活中的平凡景象。歌词朗朗上口,语调轻松,充满幻想。

萤火虫

眨光眨熄穿黄裙,薄起黄裙过下路,大山大岭去采茶,什么茶?鸡冠茶。什么花?鸡冠花。插进背门寄木屿,黄牛吹山角,水牛吹木屿,木屿不想大官家,抖把锄头上山屿,锄出两朵木棉花,姐插朵,妹插朵,提头插,提头柳,借你牛,犁地头,借你马,上扬州。扬州大洞有口井,邀起姐娘去照影,照起影子亮亮光,头刹鸡啼天不光,行到门前狗子吠,行到屋街鸡子啼,鸡子啼起嘭嘭普,狗子啼起泥你拿,面前狗吠卖禾客,背低狗吠做官归。

少年歌

小小人子肚皮湾,将来几年大后生。走过车头吹口哨,车尾客姑再来争。车头找个油油滑,车尾找个滑油油。中心找个瓜籽面,一事欢喜到白头。

儿歌

洗鱼长,做新郎,鲫鱼母,做媳妇,大脚虾公来抬杠,抬到哪?抬到桥头石里湾,蚤婆啄刹讨得人,讨得一个容易得,讨得两个没本钱。

3. 习俗歌

在勾蓝瑶寨的习俗中,歌唱是村民们表达内心情感的方式,不论是喜庆的婚礼现场,或者是哀悼逝去的亲人,都会唱歌抒发情感。《上祠》和《上祠堂歌》这两首歌曲大意讲述的是给逝去的亲人上清(即祭拜与扫墓)。《上祠》歌词中的"油油哭,油油愁,油油哭出爷清前"表达的是女儿内心的忧愁,"油油"是语气词。

上祠

三丈高楼从地起,万丈门楼女忧愁,黄木枝头女乌发,石榴引发影心红,引发石榴正五月，引发影心三面红，油油哭，油油愁，油油哭出爷清前，清前有个琉璃管，一妹十一扫净清，一日扫来同伴坐，今日扫来女上清，女上清，葱布换裙穿不清，裙脚旅油粗地步，衣袖旅就粗漆台，漆台背上批书字，字字叫女来上清，女上清，三百鸬鹚撒大江，鸬鹚只望天头水，女侬只望六亲留，六亲齐叫留下女，侬母心粗叫不留，哪节火都失就意，两扇门腰送上清，送上上村客坐住，送下下村佛坐堂，佛子坐堂月月坐，幼女上清是一时，昨夜移台借问爷，借问己爷是因何，己爷答女因何事，己爷答女接官来，昨夜接官官不到，今日不接官自来，就大女，理不当，隔丈秀才待县官，秀才待官正顶顶，我母待女不敢当，母不待女女不贵，变过壶凳起翅飞，壶凳起翅飞天上，不依母屋哭愁声，移前步，探前金，移前两步进将军，进足将军当正站，当正站倒叠六亲，叠谢四边田庄女，叠谢六亲妆手巾，六亲手巾长七寸，给过他家没嫌贫。

上祠堂歌

踏进清前先哭偶，先哭偶光心不忙，一哭偶光齐扶助，二哭偶光扶助清，扶助女侬来出客，扶助女侬来上清。向乐鼓人唱:《金六曲》，敲鼓敲得古时腔，敲锣打钹盖荒声，鼓偶三身待贵客，慢声油油待六亲。五人富贵请坐下，借杯绿酒待你叠，五人偶官不直挂，我爷家贫尽色函。

4. 生产歌

勾蓝瑶寨的村民十分勤劳，从年头一直忙活到年尾，根据不同的时节来种植庄稼，《十二月歌之一》描述的就是在村民的一年生活中所需要劳作的事情，包含了种植稻谷所需要的除草和收摘琐事，同时还有酿酒和过年喝酒的习俗。《十二月歌之二》则详细生动地介绍了十二月份中村民们最喜食用的果蔬，充满农趣味;《采茶歌》是根据一年中与采茶相关的月份来对采茶这一生产活动进行描写。

十二月歌之一

正月雷鼓响叮叮，二月锄田种子姜，三月去时人下谷，四月归家人插田，五月去时人扯稗，六月归家稗草完，七月去时禾飘箭，八月归家满洞黄，九月去时人收摘，十月归家收摘完，十一月去时人酿酒，十二月归家人吃年。

十二月歌之二

正月麻斋当果子，二月羊乳正是时，三月白竹冬心笋，四月枇杷满树黄，五月黄瓜长五寸，六月葡萄透骨酸，七月秋风梨子就，八月田中挖藕尝，九月开园打板果，十月柿子树树黄，十一月岗头豹雏熟，十二月虾公对草鱼。

采茶歌

正月采茶过新年，手拿金钗点茶园。人点茶园十三对，当日写契并交钱。二月采茶茶发芽，姐妹双双采茶芽，姐采多时妹采少，不论多少早回乡。三月采茶茶叶青，姐妹家中绣花仙，西边绣出茶花朵，中心绣出采茶郎。四月采茶茶叶长，茶蔸底下有蛇盘，多买银钱谢土地，龙神土地保平安。五月采茶茶叶黄，田中湾角用牛羊，用的牛羊秧又老，采的茶来麦又黄。六月采茶热洋洋，多种杨柳少种桑，多种寒桑无人采，多种杨柳好吹凉。七月采茶秋风凉，上架下庵栽衣裳，人栽衣裳郎穿起，女栽衣裳放进箱。八月采茶茶花开，风吹茶花满园香，大姐归来报小姐，头插盒载卖茶香。九月采茶到重阳，爷爷烧酒桂花香，金壶进门人补盏，杯杯是权采茶郎。十月采茶过大江，搭上船头万思量，女依船头万思想，卖完小茶早回乡。十一月采茶雪飘扬，小雪飘湿郎衣裳，妹在家中烤炭火，亏郎路上受雪寒。十二月采茶已到年，扛伞上街收茶钱，娘有茶钱交手上，今年过了有来年，转过来年二三月，茶蔸底下再相逢。

5.情歌

勾蓝瑶寨民风淳朴，村民们大多性情直爽，质朴天然，少男少女们在日常的生产生活中多有接触，难免暗生情愫，这些情感也可通过歌声来表达抒发。在(康熙)《永明县志》上也有关于这一习俗的记载：其生女及笄者，朝出耕，薄暮归，栉沐与少年子水亭淮，坐讴歌心许而日岁则倚歌和之，携手同归，几至无别，父母知之弗禁也，逮嫁作歌诀别。① 本书摘录的四首情歌表达的都是瑶族少女们对于心上人的爱慕之情，既有《情歌一》中的"烧成骨灰尽共郎"的少女烈性，也有如《情歌四》中"你请人工我出钱，日头晒黑侬还爱"的缠绵情谊。

情歌一

爱吃辣子不怕辣，爱插红花不怕高。爱朋少年不怕死，不怕爷娘磨利刀，磨利长刀杀死女，烧成骨灰尽共郎。烧成骨灰共同泼，泼进田中共水行。

情歌二

井边有蔸倒水莲，倒垂莲花人爱插，可惜花嫩不开园，张张老成十三岁，不曾轮到讲芳留。辞别你郎别处去，辞别你郎别处求，别处求花花大朵，别处求情理相应。

---

① 江苏古籍出版社编选.中国地方志集成·湖南府县志辑49 康熙永明县志·光绪永明县志[M].南京：江苏古籍出版社，2002：26～27.

情歌三

路边青草发黄花，全想少年不想家，全想少年得欢乐。不想成家立宅场，成家立宅今不想，爷娘交代不自由，交代完了爷娘事，哪有交代不讲芳，夫妻不挡芳流事，一路夫妻一路情。

情歌四

隔江看见少插田，看见少年一身水。不好高声喊少年，不给日头晒黑少。你请人工我出钱，日头晒黑侬还爱，大风吹倒没人腾，守你到边啃两口，去归三天不吃饭，守你三天气三天，去归四天气成痨，一来气成相思病，二来气成绞肠痧。全靠爷娘惊知早，衣襟布来去问仙，仙娘上桥全没鬼，全是少年扰乱心，搞乱心情不好读，用尽笔墨费爷心，用尽笔墨爷的本，费爷劳心真可怜，可怜了，真可怜，世上错生侬两人。

9.1.3　勾蓝瑶舞蹈文化

在过庙会以及祭祀的过程中，勾蓝瑶寨的村民热衷于用歌舞等表演来表达他们内心对神灵和祖先的尊敬。长鼓舞在勾蓝瑶的历史里延续了百年。长鼓是由村民自行制作而成，两头较大，从两端逐渐变小，中间最细。长鼓的制作工艺也在不断变化，长鼓的长度也在不断变小，最早的长鼓长度为109厘米，鼓面的直径为12厘米，中间最细处直径为5厘米，材质由水桐木制成，鼓面由羊皮鞣制而成，两端有黑红两色的弯曲花纹，目前勾蓝瑶寨普遍使用的长鼓长度缩短为75厘米，鼓面和中间的直径都缩短了1厘米，颜色较之前鲜艳多彩。

长鼓两端有布带，可以将其固定在表演者的腰部，跳舞时手拍鼓面发出声音，手之舞之足之蹈之，跟着节奏进行旋转跳跃，在舞动中不断变换队形，模拟出勾蓝瑶人在日常生活和生产中的场景，舞姿跟随着节奏随性而动，充满粗犷和野性的天然之美。

除长鼓舞之外，勾蓝瑶寨还有许多流传下来的由村民自创的舞蹈，这些舞蹈大多取材于生活生产之中。比如在生产中的耕作、犁田，村民们拿着农作的工具绑上红带，挥舞着这些工具，模拟着劳动时的动作，体现出农业生活中独有的勃勃生机。这些舞蹈可以表达他对丰收的喜悦。同时还有模仿在山上进行围猎的场景，由一名村民披上简单的装饰，模仿山上的野兽，其他村民带着号角、锣鼓以及棍棒，一边通过敲打以及吼叫发出声响，一边围成人墙将野兽围困，通过一系列的舞蹈动作对整个狩猎的过程进行描写。

勾蓝瑶寨的舞蹈动作和配乐都较为简单，古朴的动作配上简单重复的音乐节奏，整体所表现出的是一种积极向上的自然生机。这些灵感源于日常生产生活，却又显然高于生活，村民们通过在不同场合表演这些舞蹈来表现他们不同的心情，在祭祀场合进行的表演体现的是对神灵的感恩，在节日上的舞蹈表演体现的是对生活的热爱。

● 勾蓝瑶寨村民跳起长鼓舞 　　　　　● 勾蓝瑶长鼓在历史发展中的变化

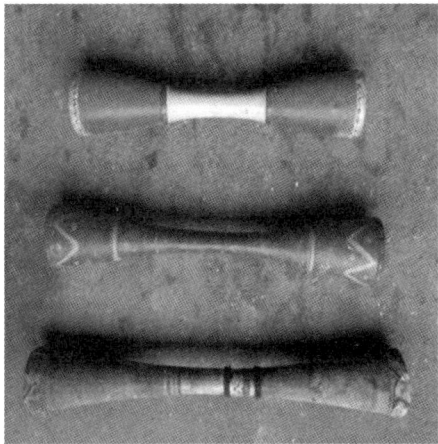

9.1.4　勾蓝瑶语言文化

勾蓝瑶自洪武二十九年(1396)归化开始，便一直与外界进行交流，汉族文化与瑶族文化不断进行交流与融合，到目前为止，勾蓝瑶寨中已经基本没有会说瑶话的人了，即使是在当地的其他瑶寨中，也只有居住在扶灵瑶的旧址处的一些老人还会用瑶话进行交流。在勾蓝瑶，目前较为通用的是两种方言，一是土话，二是官话。当地的土话在勾蓝瑶居住地附近较为通用，清溪、古调、扶灵等其他三大瑶寨所用的土话与勾蓝瑶的土话基本一致，只有个别字的音调有所不同，同时这种土话与桃川镇以及广西富川等地的汉族人所讲的土话也是一致的。勾蓝瑶所用的官话即桂林官话，音调以及发音与普通话类似，在江永县整体范围内，桂林官话的使用较为普遍。

勾蓝瑶寨的方言使用情况与它自身的地理环境很有关系，勾蓝瑶在地理位置上，东南方向毗邻广西，所属的兰溪瑶族乡在西边靠近桃川镇、北连夏层铺镇。这些地域之间的交流十分密切，因此勾蓝瑶寨中最为通用的两种方言都与这些邻居们较为一致。由此可见，在千年的归化历史中，随着瑶寨与外界汉族人的交流不断加深，即使有如城墙、关隘等这一类的防御建筑的阻挡，也无法阻拦文化和语言的交流。

在勾蓝瑶寨范围内的三个行政村黄家村、上村和大兴村所通用的语言完全一致。此外，在牛庄屋附近的新桥村是中华人民共和国成立后从勾蓝瑶寨中迁出的小组构成的行政村，所使用的方言也与勾蓝瑶完全一致。勾蓝瑶寨目前的方言使用情况是土话与官话并用，日常情况中使用土话居多，并能根据不同情况自由地转换为官话。土话是目前村寨中使用人数最多的语言，村民们在寨里和附近乡镇进行沟通交流大多采用的是土话，只有在前往政府办事或者是去学校求学等较为正式的情况下，村民们才会使用官话与人进行沟通和交流。

随着时代的发展，普通话也逐渐在村寨中普及，不过一般只有年轻一辈能够较为熟练地使用普通话，在村寨当中仍然还是以使用方言为主，但普通话也在潜移默化中影响着这些方言的使用。村寨中年轻一辈与年长一辈所使用的土话在个别字词的音调上也出现了差异，许多地道的词语用法也逐渐与普通话的读音进行贴合。不论是土话、官话、普通话或者是已经逐步消失的瑶话，在勾蓝瑶寨的语言文化中都有其独特的意义。语言用于沟通与交流，任何一种语言如果能够为人们的沟通服务，就会一直存续下去。

9.1.5　勾蓝瑶武术文化

1. 瑶家男拳

勾蓝瑶寨的武术传承百年。目前执教的拳师是黄正森老人，他少年时期师从自己的继爷何义桓，从他手中学习到了拳法和器械武术。黄正森在数十年间，也一直在将这些拳法传授给村中的青壮年们。何义桓曾经在少林寺老禅师那里学习武术，他的武术造诣让人叹服，他在欧菜空手击退十几个人的故事直到今天还在被人们传论着。据说在欧菜云头湾，当时有十几个其他村的人为了争抢土地和水资源而对勾蓝瑶的村民进行挑衅，当时何义桓正好就在附近，他用手巾作为武器将对方手上的扁担等武器打落在地。自从这次名声大振之后，其他村的村民再也不敢轻视勾蓝瑶的村民了，勾蓝瑶武术的名声也逐渐被外人所熟知。自1960年何义桓去世之后，黄正森从他手中接过衣钵，进一步发展勾蓝瑶武术。

勾蓝瑶武术发展到现在，一共有15套拳法和4套棍法以及坦耙。这些武术大部分与村民的日常生产生活息息相关，从农用工具中选择武器，从做农活的行为中进行创造。拳法包含有四门铁拳、猛虎下山、将军比武、雁鹰展翅、翘手戳喉、美女插花、观音坐莲、猴王甩手、二虎拔牙、双手摇铃、猴王捧西瓜、猫仔洗脸、金鸡踢脚、青蛙跳间、青龙滚地等十五套拳法；打棍则包括流水棍、四门棍、回马枪、公鸡啄米这四种棍法；坦耙中包括四门坦、护头旋扫坦、护腰搅棍坦。这些武术源于生活用于生活，勾蓝瑶的武术向来不传外人，村民们学习武术主要是为了强身健体，目前则偏向于向外人进行武术表演。

2. 瑶家女拳

勾蓝瑶处于崇山峻岭之中，成片的可供耕种的田地距离村寨有数十里。为了免于奔波，在农忙时节，勾蓝瑶寨中的男子都会居住到田地附近的牛庄屋，白天做农活，晚上结伴看管牛，妇女们则需要留在村寨中照顾家中的老人与幼童。勾蓝瑶地处两省交界，且又处于山中，地理位置较为偏远。历史上常有来自广西等邻省的匪盗前来骚扰，勾蓝瑶寨的防御式建筑起到了很好的防卫作用。但在农忙时节，村寨中的大部分成年男性不得不出村去做农活，村寨中只留下了老弱妇孺。为了照顾家中老人，同时也为了防匪，勾蓝瑶的妇女大多学习拳术护身，这也就是勾蓝瑶女拳盛行的原因。

● 勾蓝瑶村民表演男拳

● 勾蓝瑶的女性表演女拳

女拳的拳法与男拳相似,招式基本相同,只是在力气方面有所不及,也大多使用棍、坦耙等常见的工具。女拳在勾蓝瑶的学习过程较为简单,只要有村中的女童对拳法感兴趣,并想学习,就能够在村中年长妇女的教导下习拳。目前勾蓝瑶的女拳教学一般集中在暑假或者寒假,年龄层次集中在 10~14 岁。通过利用假期的空闲时间,学龄期的儿童不断学习女拳,进而使瑶家女拳得到传承。

9.2　物质文化遗产遗存

勾蓝瑶保存有自明朝以来的多种类型的建筑文化遗产,具有独特的建筑风格特色。第 3 章已专门阐述,在此不再赘述。

勾蓝瑶在千年间的发展过程中,经济较为富庶,民众乐于捐钱修缮庙宇道路。每每发生这类大事的时候,人们习惯于刻碑以记事。随着岁月的变迁,勾蓝瑶的碑刻大多没有得到妥善的保存,大部分石碑被毁,现存的石碑有部分被用作修路、修水渠以及修建房屋的建筑材料,还有部分石碑成为水井上用来洗衣的石板,在风吹雨打的过程中,这些石碑上面的字迹大多模糊不清,且多已经损坏。目前勾蓝瑶保存尚好的石碑大多存放于三处,一处是位于黄家村总管庙遗址的碑林,一处位于上村旗山戏台,还有一处位于龙岩庵旧址,除开这三处相对集中的石碑聚集之外,还零星有些石碑位于其他地点。这些石碑可以分为以下五类:

● 村民在石碑上洗菜

● 总管庙前石碑群

● 上村旗山戏台石碑

● 龙岩庵旧址前石碑

1. 官府批文类

《正堂示谕》碑全文如下：

溯余兰溪、大迳，僻处邑之西南隅，穷谷深山，水浅土薄，盖因宋末避寇难而侨居焉，元季各姓先后来此，遂致人烟稠密。原系民籍，明洪武二十九年，因埠陵徭（瑶）离隘三十余里，不便把守，奉上以斯地易之，号勾蓝徭（瑶），以守边粤石盘、斑鸠两隘。量水开垦，报税免丈，并蒙每年赏给花红牛酒，以奖辛劳。迨及万历间，加恩准买民业，钱粮只纳正供，蠲免一概杂差。际我盛朝，恩泽尤厚，顺治十五年，奉抚部袁告示，许令徭（瑶）民自行当印官，完纳正供钱粮，印官亲给油票，不许外加分厘火耗，不许衙役、里排拦阻，把持需索一毫陋规，不许重派一毫，使两百年间遵行无异，不意事大弊生，迩来微书，浮索裸钱成册等费，赴柜完纳钱粮之后，措留串票不发，弊端百出，层剥难堪，是以勾蓝三村生民备呈禀县宪徐，荷蒙政治廉明，批革除弊，并给印照为据，兹阖众公议，当将朱批印照勒石以记，宪德悠久云。

批：据禀，该徭（瑶）应完钱粮于按拒投的掣串后，每届成册之年，由买户各出钱二百文津贴，经书纸笔之需，此外亦无另费等情。查该徭（瑶）钱粮既历按上下两完纳，经书纸笔，亦照成册之年捐给办理，岂容经书外加需索，所有已完上□钱粮串票，候随堂查发，并候禁革新书，毋许另加需索以示体恤可也。乙酉年闰四月二十八日县。

批：查钱粮攸关，正供固不容庄户拖欠，不许经书需索，今该猺（瑶）应完上□钱粮，既经赴柜投纳清楚，其串票自应随时发给，岂容经书籍、端指留，候即查发，归家安业，至成同等费钱文是否旧有为津贴经书之需，抑得经书平（凭）空勒索，亦候查究也。

复批：查该猺（瑶）完纳钱粮，所有襍费业已如禀，禁革其成册钱文，前据禀称每届成册之年由各买主户出钱二百文以为津贴，经书纸张笔墨之需，今已如禀饬遵在案，今该生民自应遵照加理，何得复请？批议饬遵惟既据渎呈，姑查发串票时随时谕饬。署湖南

● 正堂示谕

永州府永明县正堂加五级记录六次徐为准照事据。勾蓝猺（瑶）生民周明俊等恳赏给照永垂德泽等情，称该猺（瑶）僻处穷乡而妇子盈宁，系蒙本朝格外发拨粮抚恤，亦由历来。县主分外悯怜，征收正供之外，一切襍役免其当差，何况钱粮之外索，且永邑向分四猺（瑶）村，号扶灵、清溪、古调、勾蓝，原同一体，猺（瑶）粮完纳无异，近被粮书欺藐，勾蓝另派成册襍费等弊生祸乱，询查三猺（瑶）并无此费，不甘受索，备情叩呈蒙批襍费革免其成册钱文，每届由各买户出钱二百文以为津贴经书纸笔之需，然恐事久弊生成为故纸，际仁思德教之主，钱粮平价一体，民猺（瑶）均沾渥泽，理合叩恳准照以作甘棠清荫，为此照例准，给永以为据。滇（须）至印照者。道光二十九年五月二十八日给。案发承发家，印照存文光家。己酉岁南吕月拾陆日立。

这块碑包含两个部分，第一部分为勾蓝村民的自述及事情的缘由，第二部分是官府的批文。第一部分追溯了勾蓝瑶的渊源：从宋代开始有人迁居于兰溪、大迳，那时候人还较少。自元代末年以来，各姓迁居于此，人口逐渐多了起来。明代洪武二十九年（1396），奉官府命令把守关隘，此时才被称为勾蓝瑶。明代国家对其优待，"钱粮只纳正供，蠲免一概杂差"。清代顺治十五年（1658）以来，官府准许瑶民自当印官，不准许衙役对瑶民进行敲诈勒索，这些优免政策在两百多年间一直得到妥善遵行。但到了道光年间，弊端百出。官府衙役等人对

瑶民进行层层盘剥，勾蓝瑶三个村子的村民便上报给当时的徐姓县令，此事方得到妥善解决。瑶民们只需要按期缴纳钱粮，并出每届造册费用即可，不需要再多缴纳税银或者徭役。第二部分是由县令作的批文。当地村民之所以将事情缘由及官府的批文立碑，是因为此碑的批文是由官方所发，以后若是再有盘剥的情况，村民可以据此反抗。

2. 修建类

(1)《重建龙泉观劝像拾财题名记》[明弘治十三年（1500）立]：

本观，古之灵境也，三清是为一坊，烂劫年久，栋宇倾斜，若不建造，室堪祭拜，仰瞻丝故新，其费不细，诚是独力难为，如无众，轻易举。所以众缘自发心善捐资帛，得擅越施主乐助钱银若以胜事，福有所归，得所其言，同心协力，今匠鸠工凭术针作丙午山壬子向栋月，弘治十一年十二月二十日巳时重新起造，幸获完成，自兹天赐而谷丰登，从此山水宜而人华盛。弘治十三年庚申年无射月吉旦立。

(2)《重建龙凤庵劝缘舍财题名记》[明嘉靖二十六年立（1547）]

本庵自唐立焉，绍承相继，□经葺理，岁月深矣。今见倾颓，不堪伫立，集发诚心善缘，资财力□作。原艮寅山坤，由何栋用，是年二月初日。嘉靖二十六年岁次丁未四月吉日立碑。

本块石碑位于勾蓝瑶上村周家背后山的一处树林当中，该地曾经是龙凤庵的旧址，但已经基本没有任何遗存，只有这块石碑存在。在勾蓝瑶的所有石碑中，本块石碑是目前所发现的最早的记载勾蓝瑶历史的石碑，刻于明代嘉靖二十六年（1547）。根据碑文记载，龙凤庵建立于唐代，中间也曾修葺过，但由于年代久远，到明代的时候，庵已经倾颓衰败，于是该处人们捐钱重修，此碑就是为了纪念此事而刻的。

(3)《竖砌石耸屹题名记》[明嘉靖四十年（1561）立]

竖砌石耸屹题名，大明嘉靖四十年辛酉二月二十四日功课完成，竖砌石路化缘序：兹因古路一条，地名石井屹，此咱通透桃川、枇杷、富川等处，先用丽石主砌，不料近代以来，崩毁严峻、崎岖，往来难以运济，一步难行，谁不嗟痛，合众等谪让。命匠用石板尽待修砌于嘉靖四十年辛酉二月二十四日功课完成，勒碑永记。

(4)《黄族祠堂碑》[明万历四十五年（1617）立]

盖谓尧舜之道，孝悌而已，尊祖敬宗，莫大于厦族。盖宗人涣散，亦无祠宇聚之，其间礼别尊卑长幼无序。祠堂者，无论婚媾宴会所不可也，□鱼□且昭穆

□由别白肴也。吾族居其地，历数百年，而子孙繁衍将近数千口，且称豪庶。以误吞祠堂，以训诲之。乃族老黄福和、户长都首黄福卿叙节持薄迁立，劝首黄祖保、永护、福旺、文喜、文登、文道、永达、永南及永寿、永新、文志、孔隅、孔三、孔添、永盛。诸首倡率，叔侄捐金，达立祠堂一座，并手偕□纪日成，乃创造□容鱼，记以示其人，而尊宗敬祖乃子孙万代守之，无负创业之意。明万历四十五年岁次丁巳十二月十一日寅时起造。昝天启元年正月二十五日立石，本族教谦生黄福明撰并书。

此碑为黄姓族人刻于明代万历四十五年（1617）。碑文内容首先是倡导儒家的孝悌之道，阐述祠堂的建设于宗族的重要性。至明代万历四十五年（1617），黄氏族人已经在该地居住数百年，人口已经有几千人，为了铭记先祖的开创之功、凝聚族人以及提倡儒家孝悌之道，祠堂的建设显得至关重要。

（5）《鼎建天帝庙题名记》［清康熙八年（1669）立］

盖谓天开地辟，山峙川流开始，混沌之初，盘古开天，伏羲神农置乾坤，日月分明，历历阳春，置五谷养活凡间。直至丙子年，粤西大云岭中有皇王出现，本坊弟子各发诚心，各办香案至粤西山中迎接，亲降童身，插立宝殿，命术针作西山山卯向栋用丙子年良利起造宏塑绘保佑本坊人民安乐，物富兴生，果蒙保庇，不其上载以来，风雨损坏，不堪祭拜，三村举保都督劝，首黄庭学金典三村头首，督率祀户各舍资财，买办木料，择用丙申年七月初六日辰时大利重新起造，功果完成，上祈风调雨顺，下保国泰民安，坊团宁静，五谷丰登，竖立碑记，题名为志，永垂云耳（劝首黄庭学妻蒋氏弟姑舍银壹拾陆两正）。

（6）《新建关帝庙题名碑记》［清康熙二十九年（1690）立］

盖闻天开地劈，尧舜其宗，汉主尊贤，新建关王宝殿，关塞坊团境土，普照万民安泰。天生正道，地户莫豪，圣力威灵感应，勇镇乾坤第一人。圣土无疆万古今，轩昂灵显镇长春。关塞兰溪保境土，坊团宁清永和平。人丁豪旺聪□□，资财茇盛爵加增。家家吉庆进田顷，户户兴隆事事称。

勾蓝瑶人将关帝庙建在古城墙边，敬奉这位汉人将军，以祈求将军的神灵来镇卫村寨。相传寺庙的正殿中就有关公的神像，左右是周仓和关平护法之像，大殿两旁的厢房用作厨房和休息之处。勾蓝瑶寨的村民们受汉文化熏陶十分浓厚，在保护村寨的城墙边建起侍奉关公的寺庙，也是受到汉族百姓影响，认为关公是"勇镇乾坤第一人"，希望能够借助他的威灵使得"坊团宁清永和平"。

（7）《鼎造秦王庙志》[清康熙二十九年（1690）立]

盖谓混沌之初，天地未分之年，太极降其中，名号盘王出世，熙众无形，神农天下□生圣人□□□，既成天地，遂有阴阳，唐尧出世，虞舜禹继，秦始开基，通满三千世界，贵显一方。永镇兰溪古境，卜用于乙巳年四月十一日辰时，阴阳两利，重新建造金銮宝殿，石砌四周，幸获完成，灵祠对北斗，关锁胜西湖。敬其神洋洋如奎癸其矣，赫赫威灵，叩祈风调雨顺，永保五谷丰登，坊团宁清，境土和平，特祈户户于繁昌，家家降祯祥，人安物利，万古千秋，刻碑题名，永远晋祀。鼎造金銮大吉昌，关兰泉水护村坊。前朝北斗人兴旺，后倚南辰物兴隆。川主匡扶生富贵，三王保佑□延长。从今竖立千秋记，感应灵通万古扬。

据此碑文记载，盘王始祖出世后，才有秦王开基贵显一方，因而庙名秦王庙。此处的秦王是指李世民。修建此庙是希望秦王保佑该处风调雨顺、五谷丰登、地方安宁、家户平安。

（8）《鼎建总管庙题名记》[清康熙二十九年（1690）立]

兰溪之境地，自历治正元年，敕封武烈将军出现，传物天下，理出空中之影……现童身而安天下之民……于乙巳年四月十一日辰时金华大利，从（重）新起造金銮宝殿，周围齐备，幸获园成……康熙二十九年立。

（9）《重建相公庙万代流芳记》[清雍正三年（1725）立]

盖闻天地玄黄之初，宇宙洪荒，立如庇狱，凑山川之跻而立三才，育万物之明也。夫为人者，效神之祀，而宗庙为神，神之格恩，而祭之诚也。自祖以来，钦奉李圣大王，周灵御使相公都宝中丞，辅国安民，莅临境土，永锡兰溪，敕建一宫，祭之则显赫威灵，叩之则昭彰感应，古灵祠曰，相公庙也。特请良工命术拣用，戌甲年四月十四日丑时金华大利。

该碑文刻于清雍正三年（1725），是为纪念相公庙翻修并修建戏台一事，碑文中祈求通过拜祭具有辅国安民大才的人物，保佑兰溪这个地方风调雨顺、永葆安宁。碑文上有诗曰：

庙宇祠新重遇修，财发兴胜久悠。圣德昭彰人民乐，风水和而谷亦收。年历月利召财宝，日吉辰良进税田。特保一坊多禧庆，坊团宁清古千秋。

起造庙堂景色新，天开地辟尽相临。皎迎福地千年旺，损护兰溪万代兴。利物匡人清若水，招财进宝积如今。勒石题名存后矣，神有威灵岁有知。

（10）《从（重）建天帝庙碑福记》[清雍正九年（1731）立]

夏禹始来，通神四海，周识幽明之义，周公首民地，祖庙万戈笃祭祀之处，盖籍土户以答登表千年之庆，既无庙宇小楼神依矣口格刊岭之灵。吾勾蓝源之奉祀，天帝也，犹来旧矣，其间从始创而重建不知凡几更矣。雍正九年辛亥岁，庙宇将毁，牌楼秃圯，福堂破碎，通村咸让予为首以更新之，予思天帝之祀吾村也，有事凡祷，有祈凡应，人安物阜，户户繁昌，庇护吾村福讵浅鲜或予于是不敢辞瘁，倡有捐资订簿登名，莫不踊跃恐后，俨若嘿有便之者，请匠鸠工画栋雕梁，自于九月二十二日告凌，而神宇像赫赫有威也，牌楼井圳，巍巍大焕也，左右福堂整齐有光也，吾知自今而后，神之赐福万年，阴庇无疆，较前更精灵时著也，是为记。

(11)《饮水思源》[清乾隆二年(1737)立]

盖谓首口吾欧阳公祖坟穴地一所，土名石喉塘，上下两口原口安葬坟茔数塚，竖立碑记，四至分明，历传世守排扫，至今无晏，不料于乾隆元年内，却被土豪强占，反光诬告本县前任戴太爷台前，彼时叔任修词县诉，蒙思踏堪坟穴地碑记，一暨分明，蒙太爷吩咐吾等修坟，即勒一新，所以垂永久之矣。

拾七区兰溪坊，远故欧阳大公讳房宝成即之墓，阳公宅辉阳厅政户，两户子孙合立。乾隆二年岁在丁巳九月三日时。

(12)《重修福堂鼎建云台题名碑记》[清乾隆十二年(1747)立]

闻之语云，莫为之前，虽美弗彰，莫为之后，虽盛弗传。予村内有一庙焉，名北川，神威赫人，圣德口人，听祈口甚非妥神灵而壮观瞻也。予等目击心思，劝勉众姓，秉笔募化，第见欢欣，踊跃乐捐，资财者不胜仆数。爰是金看，是固庙貌惟新而前无戏台，不足显以神功之浩荡也，爰是再发忧心，命鸠工画栋雕梁，栋用丙寅年十一月初八，然有可观焉。庶几报赛酬答而梨园子弟，以便霓裳歌舞，永报神麻，既而功课完全，子愧无文，据口无书，曰诸者色像恢弘(宏)，继美瑞有赖于后之所为也，故志永垂不朽云。

(13)《清水庵阿弥陀佛》[清乾隆二十五年(1760)立]

盖闻释迦教著袈裟、持钵盂日乞食乞还乃食，洗足敷坐而后之出家学道者，粮不宿而自瞻，然教一而行异，吾邑凡寺院庵堂，名捐四亩以上奉，佛祖下以活持，僧无有行，沿门之乞者今戒。僧通植号洪深上人卓锡。清水庵即布金买田，山场为庵中永业以资慧命，以盗色身，又不没(灭)一片佛心。碑之廊间，此系不图自利之事，佛唯谨之心也。昔如本禅师之沙门释子，一瓶一盏，云行鸟飞，非有冻馁之难。子女玉帛之恋，师独布全置业，得毋有戾于法？即是殆不然，盖佛法不可以色见声求还在人心，以心印心。何在是法？何在非法。矧佛光普照必籍灰灯以明。诚沙门即空势难枵腹而淡诵。获四亩山林之利则供奉人无琉璃常明不灭。且师以传徒，徒复称师，息利缘以结善缘，耕业田而种心田可宽然面壁悟道不出山而自瞻，何拘沿门之矢哉？而斯庵之远，以无凭借之以爱以其请书以兴焉，俟自列四亩于左。油田邑羊稟膳何振铎撰。

（14）《重修崩山庙碑记》[清乾隆三十七年（1772）立]

"……创自洪武年间崇祀……"乾隆三十七年岁次壬辰正月十一丁未日任寅时大利，羹金首鸠工具村计功没故北而更新焉，而又为之命工俟画圣各庙貌焕呼政观……中间绿水萦回，村舍为之环列，林树为之阴翳……增庙貌之庄严，壮神威之赫濯……是为记。率生周向凤撰。

（15）《重建天帝庙题名碑记》[清嘉庆二年（1797）立]

稽古记典，法施于民及能御灾捍患，奉祀皆有功烈于民者，然祀未必尽有庙，庙未必尽有象，汉魏以来，象教浸兴，不独寺宇招提，凡村落山神率劳上术之功，黄金宝之浠，此陆□蒙□以碑野庙也。嘉庆二年，恭膺简命来训，术士周竺笃祐诣余，称三村下关前代以来，历有古庙，号曰天帝，前朝江水浚坐马山，每届秋中牲酒祭奠，鼓□喧鸣。至乾隆戊申年间，何光培等人倡首捐化，纠集十一户依旧址重建新庙，则头门创建厢房，左右□□，前殿主则，崇奉神农，夫神农创法利民，祀天称帝宜矣。民祀光农，祭于野亦可矣，建头门添厢房何为，或曰亦可御灾除患，则今庙貌堂皇，神威灿烂，匪徒报食货之利也，而惟神有灵，自能奉上帝命为民驱除灾害，将百姓戴神麻，奉神血食未艾矣。因碑以记之。

该碑文应该刻于嘉庆二年（1797）之后。碑文认为，根据文献记载，能够抵御灾害而有功于百姓的神都应该得到祭祀。但是，祭祀之神未必有庙，有庙也未必有神像。清嘉庆二年（1797），有一位姓周的术士告诉三村村民。下关自古以来就有一个古庙——天帝庙。在之前的乾隆年间，有何光培等村民倡议捐钱重修庙宇，奉祀神农。据此可知，这里所指的天帝就是神农帝。修建后的庙宇富丽堂皇，村民祈祷神农能够保佑村民驱除灾害。此外，在天帝庙处发现一块修葺前的阶梯碑《结砌天井国阶志》，其碑文大致如下：

盖闻粤自伏羲氏王黄帝治天下，唐氏帝尧三代之时，乃命羲和钦若昊天，借日月敬授人，而圣贤要旨破俗说之，代号曰天帝庙，□复追之传世趁择之书，拾新而惜于奋也，治下弟子见得宝殿□日起造，四周砲砌周完，今见天井国阶不堪祭拜，众等命匠出石结砌，连做凉伞器械，献上帝主殿前，万古千秋而不昧，百世数载以无疆，□有其诚则有其神，□□冥冥之中□□为志，福有所归永□□耳。时周四年丁巳岁五月贰拾日吉旦立。

天帝庙旧址前残碑

(16)《重修水龙祠碑记》[清嘉庆十年(1805)立]

尝谓圣王之制，祀也。法施于民则祀之，以死勤事则祀之，以劳定国则祀之，能御大灾则祀之，能扫大患则祀之。而禘郊宗社，报五者之外，如山川之神，皆有功德于民者也。斯庙号水龙，威镇山川，赫声濯灵，固有凭依，以吾方者也。其自创建以来，风雨侵颓，不无将崩之至，而前有武祠栏杆拥护，风雨浸过湿尘，金身不堪，而众舒悃诚，不惜囊金。鸠工斲整，围修于是栋用。辛酉年十二月十六日，竖正龙柱，则修大堂而围武祠，塑金身而采愈辉。福田共种，是长庇其村也哉，故书以云。祠下沐恩信生田登庸撰书。

(17)《重建婆神庙题名碑记》[清道光五年(1825)立]

盖闻(谓)吾境居住兰溪，自始祖以来，立有店堂一座，临吾村五、六余里之外，地名婆被，鼎建有天圣庙地。自康熙年间重建造一层，如今一百余年。始历明来，每年夏祭冬守，于前年夏祭祀庙，众首观望本店将毁，可宜修整，有四人黄福嗣士作，庆瑞玉显同心殿前叩圣，启发诚心，倡保会首，邀集众户捐金扶协,命匠鸠造原针格定辛山乙向兼代辰分全课用,道光四年正月二十一日午时,大利竖柱上梁洗装图像答愿安周,望圣灵耀,上保众户方团宁靖,下佑田地和平,天时地利人安物阜,行雨应浸,添水长流,茂结全收,日鬼神之为德其盛矣乎,为神麻者,感则必应,而如之斯耳,愧不能文理录源委,勒碑以永久云。大清道光五年乙酉岁七月初十日。

(18)《兰溪建居始祖周公碑》[清咸丰四年(1854)立]

祖考讳多孙字伯八,其先世都祖讳仁,系山东青州益都县,仕隋大业间任襄阳节度使,卒于任奉,莫于城南卧龙岗下,后嗣因而隶籍焉,五传之……公生于元大德元年……大清咸丰四年岁次甲寅清明。

(19)《重建龙凤庵碑记》[清光绪元年(1875)立]

今之龙凤庵即古刹之日旧基地,而名亦仍之□。古之或求祷告或吉利以名,无求不应,第岭祇园诸胜,莫不幽,迅隔断红尘而□,居谨数则尘缘之气候无。乃近□故前人飞□之踪于铜鼓山,殆由是也,然前□筑之□□□也。则峰峦叠翠,下则水抱风回,而且结构规模也如是。耆望何光瑞、周嘉禄诸前辈复仍旧址,鸠工龙村原艮山昆向兼戌向戌甲分金,不数日而精□□,佛像维新宝气与祥轮永驻,从此天龙证措,普照□沐龙堂,凤集梧桐,庆凤毛济□行见,佛归福随。龙胜凤蕃,人文丕振,可为后勤之。碑放用于进仓库出入。大清光绪元年岁次乙亥□月七日谷旦。

(20)《重修守夜屋路及锦桥并井题名记》[清光绪十九年(1893)立]

盖闻唐公居第门前置鼓吹之楼,仲母称贤宅之下有甘泉之颂,我村历来于门间外建有守夜屋及锦桥猪楼井,相距廿余丈,老幼男女皆所共由,朝夕爨炊,胥资挹注,是诚我村之要领也。然而历年久远,不无颓圮朽坏之虞,是以谪(商)同众姓户老大,解金囊共襄美举,补修三处,焕然一新,不独无负前人创业之功,而且与唐公鼓吹之楼,仲母甘泉之颂,有后先辉映者矣。是为序。大清光绪拾九年岁次癸巳仲秋穀旦立。

这块石碑位于黄家村石头街守夜屋的右侧石墙之上,由于守夜屋保存较好,所以这块石碑避开了风吹雨淋,保存相对较好,字迹也较为清晰。此碑刻于清光绪十九年(1893),碑文介绍了村门外的守夜屋的道路、门前的锦桥与猪笼井,前后相距二十多丈①，是村里人都要经过的地方，同时还是村民们聚集在一起进食集会的公共场所，位置很重要。由于年代久远，这几处都有破损，于是各姓老大商议捐钱补修。补修后的三处焕然一新，碑文认为此举继承了先人的事业，可以与唐公与仲母的美行相媲美。

（21）《鼎建培元桥路题名碑记》[清光绪二十三年（1897）立]

邑西南四十里许名勾蓝者，聚族而处，棋布倚交，村落密如也，友人何蔚然雅堂居与黄、杨、毛、周、欧阳诸姓相比屋，号勾蓝下村，为乡望族，莫钟灵诞，代有闻人而占形势，相同水者，辄以地脉元注流缺憾焉，因倡议于青溪之上，曲径无旁建古桥而异以飞亭，名曰培元，属余作记，藕以九层之台，需篑土方垒，其绩千里之行，必跬而致其用，不土而芽，其木温不及运于阳春，无雄而卯，其雌巧要难施。诸造化将欲缉其颓，纲必洗完，其景气此石桥之所由建，柳培元之所由命厥名与共郁乏之下自流洪辉，重奥之中，知能积宝甄铸忠孝，嵩岳先郁其大观月丕月台性情培楼实峦乎。嘉荫橘移，故种知化积之弥，良蓬苍寒，心斯折麻而亦直，谁云傲僻俗修中于冯生，因识菁华地实呈其灵异，岂无骨之月而能运其精神，薄秉之人而能皇其韵采乎？兼以地近村家，风临潮汐，石冲白露，年年水涨，桃花板折红歌，岁岁信忙，瓜蔓径从斯地，往往临河驾返，观水神驰又于往来出入问，所邑然伤恫也。江流可折，皇鞭石之无神，锁匙能关，识囊沙之有智，仲见天根，常见蟛栋并作奇观，蔗地运钟祥，日月常为灵物矣，蒙也。不才属兹书事，愧乏造接锦制小文，难寿珉逢题题柱高才大驾，再邀车马董斯事者，何君其秀、文彬、立海、安邦，黄君贞建、开荣、从章，杨君烟辉，欧阳君鹏完，毛君思清凡十人并交解囊囊事多君芳名列左，时光绪二十三年岁次丁酉夏六月也。

（22）《廻龙庙碑记》[清光绪二十四年（1898）立]

吾居福乡之地，名石盘，距"乡"数里许。其间峰峦叠秀，洞水清流，山势琬延更饶胜。至前于明季吾鼻祖自管道来，爱其幽僻，曾居家焉，至明末，始徙居兰溪乡。今居民善信余孝洗、钟才辉、吴立柏等勤修善果，倡捐囊金，所增建廻龙庙者，亦余等鼻祖之故奉也。前人崇奉诸神，只岩内并未建创庙门神亭。今钟才辉等诸善信同心共济，集腋成裘，鸠工庄村增建庙门亭，重装圣像。不数日，而功告靖，绘画光彩，焕然一新，询一方之壮观也。顾我之祭神以诚，神必

---

① 1 丈 = 3.33 米。

锡我以福，诸君发此诚意，以妥神灵，则神灵之冥冥默佑，竟如山龙之廻顾护卫有必然者矣是为记。

这块石碑是余孝洸、钟才辉等 39 户集资于光绪二十四年（1898）十月立。余、钟、吴等姓是明末清初移居到勾蓝瑶兰溪的宝庆客人。此处原是黄家村（原名下村）何姓人的地方，许多祖坟在苦竹田。廻龙阁是兰溪人创建的庙宇，后来客人移居此地后在庙门前建设了一座亭，他们也在此祭神。

（23）《重建观音阁题名碑记》[清光绪三十年（1904）立]

……吾村定居于此，后山如燕旧巢，前川如虹贯日，左右林壑尤美……聚族经居，实足以应山川之王气。惟村后，北有门，每值朔风当之者，不寒而栗，前人以为伤损，因逐建阁于此以御之。楼高三层，佛奉三教，因锡名为观音阁……至光绪甲辰元旦，且因奉佛者众，香火不谨，致使数百年之福地如齐之申池，固之宜庙一旦而付诸祝融氏之宫矣……

此碑立于清光绪甲辰年（1904）。观音阁是兰溪阁类中最宏伟的一座，一对石狮守门，左右香炉分别为明正德元年（1506）和正德四年（1510）建造，是供奉观音菩萨最为隆重的高阁，楼高三层，造型优美。此碑庞大，放在通车进仓之门的路上，但在 20 世纪 60 年代族人将其拆迁至仓库的过程中被损坏。

（24）《建田氏宗祠碑记》[中华民国十二年（1923）立]

祠堂碑记，记祠堂之事也。祠堂建议于清之季岁，告成于民国初，年费金不满二千。历年三十余载，皆因款项不足，经费困难。至民国成立之初，各省独立，盗贼蜂起，征战不息，筹饷连年。田之新、之饶、之木、丰盈等效其法案，地丁银三税派捐后，新即逝。金以其责推予，予即承众尊长之命，任其责。今已落成，此后跪拜有地，饮福有所，蒸尝勿替，俎豆常新，左昭右穆，宗功祖德，水源木本，春花秋霜，孝思罔斁，五典克敦。行将绳绳之盛，振振之繁，□□□起，□翼蝉联。□于此卜之，是为记。民国十二年岁次□□□□□立。

田氏宗祠建得比较晚。在清末的时候，田氏族人开始商议建祠，但是由于经费不足而罢，直到民国初年（1912），才得以建立，从商议到建成，中间经历了三十多年。最初建祠之事应该是由田之新主持，但民国后，连年战争，田之新大概为了应付外部的摊派，积累成疾而去世。于是，这件事就落到了写该碑记的田氏族人身上。可惜，由于字迹汗漫难识，已经辨别不出该田氏族人的姓名了。

（25）《重修北川庙并戏台捐金题名碑记》[中华民国十七年（1928）立]

盖闻北隅有北川庙焉，创自明朝，由来久矣。前人安奉唐尧虞舜二帝圣像，灵爽凭依，保障一方人寿年丰。春祈秋报，诚修祀事。孔明乃年远月深，风雨飘摇，榱题寥落，砖瓦凋零。同治年□□□率众修营，仅行后建，焕然一新。岁序迁流，约有五十余载，于今庙宇栋梁□卷，下为蠹蚀，□□□□倾斜，是以曹田、周丰、秦盈、雷□雨、雷庭苍、曹季、从国、品祥、何曾、□□、觉科等为首提倡，复行重建，合村善士，咸乐□捐，于民国丁卯年十二月谷旦，命匠修筑，鸠工庀材，成之不日，从今易旧，革故鼎新，金香翠玉，□□玲珑，神楼巩固，圣宫安宁。形势巍峨，恰似人间居玉宇，规模壮丽，犹如天上住瑶台。川□绣，饶胜神宫犹玉带，峰峦磅礴，围环圣阙似藩屏。地灵人杰无□□□，紫府名区，虎踞龙盘，真是人间胜境，瞻玉像之庄严，如见重华协帝，仰金容之赫濯，犹睹放勋伊人，运际中天乃一元，文明中道隆五帝，为千古圣□□宗祠，神恩浩荡，千秋福德庇生民□□□□□□□□□……

由以上碑文可知，北川庙最早建于明朝，乾隆十二年（1747）重修大殿，并增建戏台，后于同治年间有所修缮，民国十六年（1927）进行了较大规模的修复，现存建筑结构比较完整。这是一座合祀唐尧虞舜二帝的庙宇，碑文中的"重华"二字，即指虞舜，《书·舜典》："曰若稽古帝舜，曰重华，协于帝。""放勋"二字，即指唐尧，姓伊祁，名放勋。这种信仰应该是与舜帝南巡、死葬九嶷的传说有关。

（26）《重建三门街凉亭碑记》[中华民国十九年（1930）立]

清溪一曲，雅洁幽浓，碧涧九廻，潺浮势急，柳暗花明，饶富佳趣，欧阳闻鸟戏，情怀山乡。逸乐千金之价，谁售仁里美留，百两之庶难买矣，故古之鸿图胜境，何地无之，如吾境中凉亭是也。虽不录举，但于培障风水大有可凤也。因年久月深，风雨飘摇，墙墉颓败，佥谋重修整顿换新规模，使古迹长留而障风水，庶几族之兴达仁者可待矣。兹幸工程告靖，美无可录，聊书数句，但言以留不朽云是为记。首事黄河茂、黄学海等10人，54户。中华民国十九年岁次庚午初夏吉立。

（27）《重建关帝庙乐捐题名碑记》（时间不详）

永邑西南五十余里地曰勾蓝，人烟凑集，俗颇淳厚。圣朝文治光华，海江山隔无远弗属在边疆，皆设以学生其间者，颇多习礼仪崇师道，光华比列。有黄生道移者名列庠，不时来谒言及其乡归，有关圣帝君桐基址未宏，规模未大，且多历年所不无摧残剥落之虞。岁戊子，约里人各捐于其事，庀村以壮其观，地则恢而拓之店则鼎而新之奥阼，足以居尊，歌台足以奏乐，其工告竣，故此为吾乡勤民致福乐善急，公不可碣以志，使师为之耳，笔也，子曰善。

关圣也，其知所尚矣哉，圣王之制祀典也，有功德于民则祀崇。观永邑村团庙宇，雕神塑像，问有可指名匪借则滥，又或朵拉不偷，无当于御灾捍患之意者。

夫关帝，则自通都大邑以至僻壤遐方，无地而不尸祝之，自王人类君公以至庶民隶无，本朝时出卒兴师征讨不清，暗助战功以故春秋，亲祀牲以太牢，屡次加封，尊无与上，勤以聪明正直，忠义神武，足以参天地，贯古今，生而其英凛凛，殁而为最灵神。以为此荒裔之区，至德尊神，未心于兹显应是大不为然。

圣帝之言曰：人之有必如天之有日，夫其心如日之在天，即其神如水之在地，日在天，无人在地，无掘之而不泉，诚涤思虑以告度即灵爽式，凭阴扶默相冠，则为之荡崇，则为之万物无夭折将，见力农务稿者时和而年丰，牵车服贾者，人安而物阜，风俗醇美，士民光天化日之宇焉，是则关圣之大，有造于斯民，而斯民所为欢欣鼓舞以事之者，非虚荣也，有不照明德馨香之。临者哉，爱国黄生所请略纪颠末以列捐皆者之姓焉。殊授湖南永州府永明县教谕巫江兰园氏彭宗启敬撰，青云书屋主人敬书。

(28)《重建天圣庙碑记》(20世纪80年代立)

吾村天圣庙溯自正德四年创建以来，迄今已有数百载。村民每年春祈秋报相沿成习，果能诚心祈祷，有求必应，退迹咸钦。今有信氏欧阳元、黄立加二人启发诚心，发动全村人民踊跃输捐，集腋成裘，始庙宇重新建立，一则神明有依托，二则维护村坊福利，斯诚美举。欧阳元撰。

(29)龙岩庵碑刻

龙岩庵位于勾蓝瑶寨北处的深山中，约于明朝洪武年间修建，曾有无数的信徒翻山越岭来此进香，从山脚有石板路通向山顶，在民国时期曾被用作私塾，但目前只剩断壁残垣，遗址上还剩下十数块石碑竖立着，其中较有代表性的石碑为《鼎造龙岩庵亭碑记》《鼎建龙岩庵凉亭乐捐题名记》《重造龙岩庵佛殿凉亭乐捐题名碑记》《龙岩山修路碑》等。在《鼎造龙岩庵亭碑记》的碑文中，记载了龙岩庵于明代洪武之前就已存在，由于信众们相信有佛祖隐身在此庵，于是前往龙岩庵进香的信徒络绎不绝。但由于山路遥远，在山雨来袭时，信徒们没有地方可躲避风雨，于是在通往龙岩庵的半山腰处修建了一个亭子以供休息。这处半山亭在20世纪60年代被毁。

①《龙岩庵善舍雕刻记》[明万历三十六年(1608)立]。

尝谓古有龙岩庵，是当境之处，异赖佛恩，年年瞻仰，岁岁皈依，祈者有应，叩者有灵，并无全相，不堪祭拜，是募缘善信何真祥、黄性净、毛福仪等发心，万历三十年十月二十日前往白鸠洞取到宝石，设立缘簿，沿门劝化，上下四方，佛有所归……昔万历三十六年十一月初一立富美王通钱一百文。兰山卯荣甫刊。

②《鼎建龙岩庵凉亭乐捐题名记》[清嘉庆二十一年（1816）立]。

龙岩居群峰之上，云蒸霞蔚，洞右烟深，开一石岩，精光涣彩，盖自洪武年间，而佛祖隐身于此，因号为龙岩庵久矣。但天功虽就，人力未加，未有尺椽，并无瓦逮，嘉庆丙子，众发诚心，一唱百和，踊跃捐全，远近募化，集腋成裘，共襄美事，遂鼎建一亭与庵相接，其功告竣，更于白石壁下铲除荆棘，又砌以盘石而建一小亭。既就一路皆成胜境矣。夫龙岩庵其势最高，其峰极秀，其地幽间而寂静，当其中，则皎皎岩廊天然石室，崇奉玉花尊佛于其上，窥其左，有穴窈，然夏寒而冬温，其深究不知其几许，其右宽平，计为数亩，可以栽花果，可以曝衣钵，可以说法讲经与千二百五十人。俱其皆茂林修竹，石径烟踨。尝闻鹫岭抵国而持清奇特出，岂必所见不及所闻耶。故佛之合掌低眉于此，亦圆其所然，而岩庵天造莫可创修，而进香献烛者甚众，若遇阻雨，则叩拜者无已容身。是以新亭翼翼然，洽进献者得安。其所拜跪者克尽其诚，即山腰小亭亦足以为升降者之所以避风雨也，美哉斯举，谁曰不然，首事诸君乃嘱予为记曰：斯山斯地，斯庵斯亭，光景莫殚，气象万千。予学荒陋，不能作祀于斯也，诸君弗讲因书是以为记云。卒生毛瑞亭，周廷珍书，邵阳石匠孟宗祥共捐六百文。

③《龙岩山修路碑》[清嘉庆三年（1798）立]

孟氏云，山径蹊间，今然成路，未有不资夫。天工，凭人力而成者也。余村东南隅，履步而登山，有一庵焉，名曰龙岩。汉时，崇奉佛像，攀岭翻山五层，岩静空秀，实如鹫岭湘山。历自明初，玉花已登紫府，自此祈求士女纷纷藉藉，屈指难数，无求不应，叛叩则灵，惜邑志未能与其比美，俾来游者，徒美空名，然此亦无系佛教之门，但虞拔萝登险，胜于蜀山嵯峨崎岖，倍于虎尾登步者，每每叹其艰辛，僧广戎，徒绩印，主持于斯，恒缘修其山，奈又苦于难支，计而邀同诸主，四方檀越诸君，于丁巳年九月兴工修砌，劝捐些囊，远祈近施，或一两，或五钱，不日而付，立请匠工将蹊径作成坦径，庶登斯刹者，不至前此艰辛，且佛经有云："收如是顾力作，如是功德，又云种菩提树，菩提心，可为诸君期矣"。功课完，给勒碑刻铭，永垂不朽云尔。

这块石碑刻于清嘉庆三年（1798）秋月，记录的是在当时由于龙岩山地势陡峭，信客百姓们难以上山拜佛，于是龙岩庵的主持僧徒号召各地的檀越们共同出资修建道路，将原本的小径拓宽，以方便更多的人来敬奉佛祖。碑文中所提到的"历自明初，玉花已登紫府"是指在明初清水庵的僧侣玉花坐化的故事，玉花因樵采到龙岩山的龙岩洞数日未回，其师傅寻访后发现徒弟倚靠石壁已经坐化，面貌如生，当时的人们认为是玉花已经坐化登天了，因此龙岩山上的信徒越来越多。

④《重建龙岩庵佛殿凉亭乐捐提名碑记》[民国二十年（1931）立]

尝观通都大邑多名山，避壤穷山有美景。山何以名，形胜故也，景溪以美，幽雅宜焉，骚客诗人常吟咏，文才博士藉悠扬，如谢灵运之游山，眉公之巡野，良有以也。周茂书之月严，商傅说之版筑，岂其诬乎？吾村龙岩山挺然超拔，为兰溪最秀之峯，若登绝顶，桃川洞诸山似兵之朝将，龙虎关俨然在目，恭城平乐依稀可见。山内藏庵，名曰龙岩，极幽雅，其岩洞如龙之张口，岩前松菊青芳，林壑尤美，佳气葱茏，鸣声上下，坐茂林以终日，濯清泉以自洁，采于山，美可茹，钓于水，鲜可食，遁迹韬光，得以何求！自昔相传有清水庵僧徒樵采于此，忽羽化而登仙，数日，该师访觅，见其徒岩口张坐，不食不言，面貌如生，嗣后，祈祷响应，游人蜂拥，为永邑南方名胜之一，非所谓人藉山而益灵，山得人而更彰者乎？惟因代远年湮，庵宇风霜蚀剥，衰崩栋折，前徽将没，良可惜也，村人欧阳月、何人英、何文彩等目击，心伤不忍废坠，惠然提倡修整，佥举欧阳亮、曹敲杰、黄其甫等首董其事，祗因当今上令煌煌破除迷信，恐无人应募而暂止。待民国庚午春，阅国府有保存名胜，准其修筑之通令，才敢出名募捐，以谋重建，果蒙乐善诸公解囊相助，乃将共裹美举，恢复前规，乘兹告靖，谨勒芳名，际此落成，题将片石共昭垂百世，自巩于千秋矣。

师范毕业生欧阳书紫乐氏撰书。

民国二十年岁次辛未腊月中旬毂（谷）旦立。

此碑记载了龙岩庵所在之处的美景。前部分介绍了在龙岩山上的隽秀风光，但是，到民国年间，因年代久远，龙岩庵在年复一年的风吹日晒中，庙宇不复往日辉煌，逐渐衰颓。民国早期，村民欧阳月、何人英、何文彩等倡议补修，村民举荐欧阳亮、曹敲杰、黄其甫等主其事，但是当时受到全国提倡破除迷信活动的影响，最终作罢。直到民国二十年（1931），当时的政府提倡保护名胜，村民才募捐将龙岩庵的佛殿与凉亭进行重造，重修落成之际，刻碑以作纪念，并将捐建、参与之人的名字附上。

3.舍物类

(1)清水庵门展石

在勾蓝瑶黄家村的相公庙门前有多块作为门柱基石的石墩，这些石墩大多是从清水庵遗址处搬运过来的，这些石墩上有花纹与文字，是当时的信士为乞求清水庵神灵的保佑所捐献的石展台，在展台的正面上刻有"福""宁"等表示吉祥如意的字，侧面有雕饰的纹饰以及文字，这些展台大多是明朝嘉靖与崇祯年间所竖，也有康熙年间信士所奉，这足以体现出当时勾蓝瑶村民们对于神灵的敬仰和祈求经济富足的愿望。例如，下面两位姓欧阳的信士为保家人平安清吉而刻：

本坛信士欧阳端，妻蕉氏，男子阳调女秀珍秀锦，玄男宗敬玄男妇何氏，玄孙孙富，舍门展石一座，献上清水庵供养，特为男阳调长俊成人。嘉靖甲午年正月二十九日立，匠人陈润祥刊。

本坛信士欧阳宗里同妻周氏，男子绍珍，吾父佛扶，堂母周氏，舍门展石一座，献上本庵佛前供奉，特祈一家清吉，福有归者。嘉靖甲午年正月十九日竖。

(2)龙岩庵福田

在龙岩山上的数块捐献碑上有许多当时的信士们为龙岩庵捐献的记载，这些捐献种类与之前在村寨当中的石碑上的捐献种类不同，村寨中的石碑中所记载的捐献的东西大多是钱银，而在《建造维新善种福田题名碑记》这块石碑当中，所记载的信士捐赠事物有钱银，但大多是为龙岩庵所捐的田亩和山场，还有当时的主持僧广成自己所购置的茶田和僧房上山一面。在这些捐献者中既有当时文人出身的"进士出身翰林院庶吉士蒋云官"和"候补布政司经历王绍俨"，也有来自广西富川(目前为广西富川瑶族自治县)和附近桃川镇的普通信士，当然其中更多的是勾蓝瑶寨中的村民。在捐献的田亩中，一工田为半亩，有些所捐的田亩含上税一词是因当时的瑶田无税，但民田有税需要上缴。

捐献者所捐：

进士出身翰林院庶吉士蒋云官捐钱一千六百文。

槐木下杨兆九义子捐田一工半。

富川九都龙塘村唐万鳌与子世统、世纲父子捐田三工共一丘，上税一亩五分。

桃川下圩村周康德捐田二工，上税一亩。

桃川里村何从廉捐田一工半。

十九区古调村刘舜英信士捐田一工。

本庵主持僧广成置茶田一工半。

本村信士周英玉捐碑前山一面，四周倒水为界。

僧广成所买僧房上山一面，价银一千六百文。

下村沙土岩信士何世仟捐龙岩山一面。

候补布政司经历王绍俨捐钱一千六百文。

其余数百人捐钱二千四百文，周兆鹄捐二百文不等。

（3）宝塔寺捐物

宝塔寺是曾经勾蓝瑶寨中香火旺盛的庙宇之一，但可惜在历史的变迁已经只剩遗址，曾经的繁华也无处可寻。宝塔寺原本有碑刻留名，但可惜大多不知所踪。据传曾有碑上记载"盖吾村有寺庙，不知创自何代，起于何人，名曰宝塔寺"，目前保存下来有关于当时信士们所捐宝像和香炉的故事记载在碑刻和石柱上：

宝塔寺塑佛题名记

香炉：宝塔寺塑佥俊殿观音宝像三尊，天花并香炉一面献上，像前永昌供养，福有所归，劝首杨贵现、黄廷教、毛用全、何守真、黄怡会等18人，康熙丙子年正月十六日立。

宝塔寺杨福进等19人捐佥像陵武长老金相三尊，天花枝一面，香炉一面永垂晋记，都劝首杨德春、黄绍太、杨尚代、杨贵产，曰：天降祯祥戊午年三月初八吉旦。康熙十七年。

宝塔寺石柱石一个献上佛前供奉晋记：何仲谓、仲庭、仲成、仲定、何廷秀、何廷朝、廷马、廷益八人献。康熙四年八月十二立。

喜舍柱石一个献上佛殿晋记。十二都油田信士蒋万谈妻庞氏男蒋大云、大风，皇上乙巳年八月十二日吉旦（康熙）。

4.其他

（1）《鼎建戏台题名碑记》[清乾隆二十二年（1683）立]

在勾蓝瑶上村的旗山戏台处有一块《鼎建戏台题名碑记》的残碑，是修建蒲鲤深井处戏台时竖立的碑文，但可惜碑文在搬迁的过程中被破坏成两段，其中一段掩盖在其他石碑的背后。据村民介绍，在这上段碑文上有提到关于勾蓝瑶寨的名称由来："予族昔居万山中，山勾联透，溪水伏流，色蓝於靛，因名勾蓝，是溪至村左旗山侧，始汇为潭，横仅十尺，径丈有尺，其深不可测记，旧号蒲鲤井或曰井际户九节蒲，中多赤鲤，理或然也。"

(2)《重修牛巷上下大路题名碑记》[中华民国十九年(1930)立]

易云履坦占贞吉于幽人，诗曰：周行歌砥知之大道，诚以路政之克修者，固有此履坦周行元颂也。若此地大面山一路，虽车马辏辐之孔道，实为往来之要冲。南通富邑粤山与楚水想辉，西望雄关虎踞与龙蟠并峙，牛塘浩瀚，扩捧天浴日之奇，山面玲珑，具层峦叠嶂之势，路径兰溪，香编王朝水国，途径大地素称武郡文乡。况又云山耸翠，落霞与禽鸟齐飞，杂花与卉木竞秀，然而景地虽佳，率由倍苦，途为鸟道，已修者大半，欹斜径类羊肠，未修者愈多险阻。逢春泥之滑，软跰步趑趄，遇冬雪之飘扬，高低莫辨，农人荷占人携，螺系井胡堪憩息往者，过来者续山门口，哪便驰驱，登斯山者，莫不望修理之有人者久矣。今幸倡导者导其先路赞力勤，步其后尘化坎坷为康庄，不惜五丁力士易嶔崟为坦荡，奚庸六甲，阳宫惟是东施，君子解扲头之间，操无形悭客，好善仁人倾囊内之余，积共乐捐输皆欲宏，其规模弥兹缺陷，爰命工师而功渐渐之石，大兴斯投以修荡荡之途险者平之曲者直之，真如砥而如矢，残者修之，缺者补之，亦无侧而无陂，庶几拨云寻径，免啼滑滑于鹧鸪，载月登途，可颂平平之王道，爰如笔而为之引。毕业生邹碧峰撰，宝庆刘金声刊。中华民国十九年岁次庚午仲夏谷旦立。

勾蓝瑶是古代永明县(江永)通往两广的必经之道，古称"楚粤通衢"，不少往来的客商都带着货物从此地经过。民国十九年(1930)，村人们纷纷集资，共同修缮了这条连通湖南与两广的主要通道。

(3)《本地主人重修大路碑记》[中华民国二十年(1931)立]

事之有益于民生，利于来往者，原贵提倡之有人，尤贵赞囊之得侣相辅相助，集腋成裘，一德一心，汇流成海，虽事至难功，至钜皆易，著其功，呈其效也。牛卷一道，诚达三湘，通两粤之要径，高车驰马往来不知几许，山珍海错之经过，何止千般，虽曲径也，何殊孔道哉。今而后入此境者，莫欣步履之平策肥，过者悉皆庆王道之荡荡，将见重事增华，后先辉映，水色山光助游人之逸兴，花香鸟语，快过客之豪怀，夫宣同昔日之崎岖险势，羊肠仄厄跰步维难哉，还期好善君子，吾等同胞，一切要俱热心，庶几华夏民邦，不难称强于地球之上，岂徒修路区区一事哉。毕业生何知游撰。中华民国二十年岁次辛未菊月谷旦立。

(4)永兴祠堂碑(2007年立)

水有源来树有根，龙吟虎啸雁留声。问道宗□在何处，永兴祠内记犹新。

诗曰：自从盘古开天地，伏羲神农镇乾坤。尧舜门基三千世，阳春五谷养人间。山环水抱兰溪境，市井繁华茂人烟，槐木树下福泽不亚桃园瀛洲仙余村。槐木下居有杨、何、欧阳、黄族姓人，自汉魏以来始祖创立，山庄各有宗祠，供村民探办大事，为护村维安发挥过灿烂光辉的一页。然而世事沧桑，此地万历二年和万历四十年的杨、黄二祠在公社集体化、文化大革命的浩劫中已被拆毁消失，使槐木下众姓四十余年无场地操办大事，诸多不便，如今上级政府鼓励我村，提出恢复古村、保护文物、发展旅游的号召，我村许多文化遗产在搜集整理维修的建设中，槐木下新祠的崛起亦因此应运而生，在离休村干部欧阳绪珍的倡导鼓励下，以何仁俭、何少清等为首的十人精心组织，住地村民打破姓界，以自愿参加投资投劳，现达□十多户的股份原则，在原杨氏祠旁另斥万元，买下何德才房产地盘，集良工购木料，于二〇〇七年八月十三日屹立于世，实现了村民多年梦寐以求的愿望。此祠名曰永兴祠，巍然载，永远兴旺，本祠为今解囊集资建设者所有，立碑为志，嗣后子孙代□承碑，无名者不能享受，为不负创业之辛劳，表齐心之行善，其功德名传千古，特勒碑题名永远晋记，是为序。

欧阳绪珍刊

神州十亿江山固，华厦万里日月明，千古勾蓝独占秀，万载兰溪桃花□。

公元二〇〇七年十一月十五日立

在黄家村的槐木树下，有一处新建的祠堂叫作永兴祠堂，这座祠堂兴建于2007年，打破了一姓一祠的传统规矩，是由杨、何、欧阳、黄姓四家族共同集资修建了这处祠堂。勾蓝瑶寨在做成大事之后喜爱刻碑的习俗延续至今，这块石碑记录永兴祠堂的建立过程，并在碑上详细记录了为修建祠堂付出了资金投入、体力劳动者的名字，指出刻碑的意义在于是为使"其功德名传千古"。

(5)《大地坪新村筑路捐款碑记》(2012年立)

学人力者，发扬祖德，乃上雍天心，下合民意，天惟昭彰。有善作者，必有善报。书曰：作善降祥。易曰：和善余庆，适福子孙，此天道德福之常理也。吾大地坪新村，原系兰溪瑶族乡黄家村瑶民，有水田在杨柳、新田石机、马畔，其周围一带，因先祖为便于耕种，在唐朝时期已在此地立牛庄屋暂住，每年秋收后仍回黄家，此情此景，历经千余年之久。解放后仍为耕种，于一九五二年冬，故址搬迁在此安居，初建者以土墙屋为合，乃取名大地坪新村，且观人丁迁来兴旺，景色宜人，出现楼房，俨俨居舍峥峥，建立壮美之村庄。自公元二〇〇二年冬，黄成贵归家探亲，目击道泥骨不整，寸步难行，顿发善心，鼓励全村村民捐款修筑此路，改为康庄大道，此举功不可没芳名，万载永存千秋，特为以记之。欧阳元撰，黄钧明抄。

黄族祠堂记

（6）《亘□显志》

2016 年 1 月，勾蓝瑶重新修缮大兴村水龙祠的过程中发现了两块断碑，其中一块断碑上标题为《亘□显志》，上有勾蓝瑶寨大兴村雷姓、何姓等村民的捐款，同时还有来自江西南昌府南昌县桃川司、贵州省贵阳府桃川司、东安、永明等地的捐。最值得注意的是，在碑文的左侧上写有"昔皇上周三季丙辰岁黄钟月望三谷旦竖立"，虽不清楚具体的竖立年份，但从碑文上的贵州省等描述，或许可推断此碑是在民国时期建立，"皇上周三季"的具体含义不清，或许是民国时期在勾蓝瑶附近地域曾有割据势力的存在，但从走访中并没有听村民们提到有关说法，碑文中隐含的意思还有待考证。这块石碑避开了风吹雨淋，目前保存相对较好，字迹也较为清晰。

水龙祠旧址前残碑

(7)《兰溪八景列志·碑》(1993年立)

第一景：蒲鲤生井

厥井犹来古，天然景致幽，水深蒲掩映，浪细鲤沉浮。树老浓阴久，人多报吸稠，天光云弄影，山色翠欲流。

第二景：山窟藏庵

佛地厌繁华，清幽境足跨，岩深庵雅静，路遥树零参。入座花香满，前山鸟语哗，骚人常至此，忘却日西斜。

第三景：犀牛望月

骨角形弥肖，犀牛号不差，仰窥天上月，逆旁水之崖。倒影吞溪柳，翻溺吸浪花，名梁桥上望，不觉晚霞遮。

第四景：天马扫槽

诱首诺华骝，超漾廻不体，峰高千丈壁，水漾一溪流。骏足跨双岸，虹腰系两头，夕阳频返照，形迹似月留。

第五景：石窦泉清

雅境饶佳越，清泉石窦流，水深鱼性乐，林密鸟声柔。地健禅心寂，霞生井沉浮，闻堪悟道法，何必步瀛洲。

第六景：古塔钟远

寺古钟龙古，峰高送远音，山鸣僧人洞，谷响鸟投林。竹径通花径，禅心契道心，碧潭空映月，任我浣尘襟。

第七景：亭通永富

古道通湘粤，名因永富留，四合青障碧，一路绿阴稠。过客幽情畅，前人善念周，凉风生六月，炎暑似新秋。

第八景：岩号平安

岩以平安著，名归实不虚，就渊真脱纲，得所赋爱居。贼盗凭猖獗，烟云任卷舒，尘氛如有警，财帛尽归储。

5. 残碑类

勾蓝瑶寨相传拥有400余块石碑，但由于历史等原因，目前遗留下来的石碑并不多，而且由于缺乏保护措施，许多石碑在露天的环境中日晒雨淋，石碑上的文字已经无法辨认，只能勉强从只字片语中大概推测出碑刻所建的日期，或者大概了解碑文所记的事件。

第10章
勾蓝瑶寨保护和发展的对策建议

　　　　勾蓝瑶寨是一个保存较完好的千年瑶寨，自然风光优美，山与水交织成一幅绝妙的奇山秀水画卷。红砖墙，小青瓦，亭台楼阁，飞檐翘角，小桥流水人家。勾蓝瑶寨至今保存大量明清古民居和防御式建筑，保留着独特的"洗泥节"民俗风情，是一个充满文化魅力的世外桃源。近年来，在政府的重视与村民的积极努力下，勾蓝瑶这颗隐藏在深山里的明珠，逐渐掀开神秘的面纱，散发出耀眼的光彩：先后成功申报了湖南省少数民族特色村寨、湖南省摄影创作基地、国家第六批历史文化名村等多项荣誉，勾蓝瑶寨古建筑群被列为第八批全国重点文物保护单位，洗泥节成功申报为湖南省非物质文化遗产名录。但是，在其发展的过程中仍存在着保护范围不全、保护资金与力度不够、村落空心化问题严重、村落旅游开发处于初级阶段、村民参与度不高等诸多问题。

10.1　勾蓝瑶寨的保护成效

10.1.1　建筑遗存数量多，保存情况较好

勾蓝瑶寨地处湘南深山峻岭之中，地理位置偏僻，瑶人千百年来过着自给自足的生活，受外界的影响较小，由于经济条件不发达，现代化与新农村建设开展进程缓慢，加上勾蓝瑶人爱护祖宗基业，整个村落基本保持着明清以来的传统风貌，为村中大量的明清古建筑提供了一个较为安全的环境。瑶寨内的古建筑星罗棋布，勾蓝瑶人有瑶歌唱到：

勾蓝自古山水秀，九城十门住中央。六十八庙神灵佑，一十八栋好农庄。五座戏台节闹热，百里石路通八方。二十凉亭风景好，十四祠堂子孙昌。门楼多达二十四，拱桥平桥百路畅。四百块古碑唱瑶情，两千年历史记沧桑。①

村中保存完好的明清古民居有上百栋，庙宇、祠堂、门楼、凉亭、戏台、风雨桥、碑刻数不胜数，村寨四周各处山路隘口至今仍保存有九道古城墙，寨门、石墙门、守夜屋、关厢、门楼、巷道门组成一道道防御阵线，构筑起一座坚固的城堡式瑶寨，守卫着勾蓝瑶人走过了无数岁月。在古代，勾蓝瑶人对祖先、天地、神灵都非常崇敬，崇信万物有灵，盛行自然崇拜、祖先崇拜、鬼神崇拜、图腾崇拜，信仰多元而虔诚，于是为先祖、神灵以及先烈修建了众多祠堂、庙宇。同时，为方便生产生活，村民们又同心协力营建了桥、亭、路、井等公共设施。明清两朝多代人的不断积累，为如今的勾蓝瑶人留下了丰厚的遗产，凭借保存完好的大批明清古建筑群落，2011 年，勾蓝瑶古建筑群成功申报为湖南省省级文物保护单位。2019 年，又成功申报为第八批全国重点文物保护单位。

10.1.2　建筑类型丰富多样，民族特色鲜明

勾蓝瑶古建筑不仅遗存数量多，而且类型丰富多样，除大量的明清古民居外，勾蓝瑶人还兴建了独具特色的防御性建筑、各种类型的公共建筑和宗教建筑。勾蓝瑶的古建筑可归纳为 11 大类：①古城堡的四道防御工事；②风雨古凉

---

① 根据勾蓝瑶当地欧阳志良老人个人手稿整理。

桥；③舒适古凉亭；④秀美古民居；⑤古韵牛庄屋；⑥古戏台；⑦文香书屋；⑧祠堂；⑨古瑶路；⑩庙宇；⑪古石碑。[①] 这11种类型基本上将勾蓝瑶的村落建筑都包括了进来。古城堡的四道防御工事包括石城墙、守夜屋、关箱和门楼。众多的民居建筑、庙宇祠堂等公共建筑，以及为方便生活起居营建的路、桥、井、亭与用途各异的多种建筑构成了一个生动直观的建筑博物馆。尤其是早期建在农田附近的牛庄屋，是"村"和"邑"早期分离的活态见证。

勾蓝瑶寨的建筑文化极富地域特色，其建筑选址与布局上既体现出汉族的传统人文精神，又具有浓郁的瑶族文化气息。其以"天人合一"思想为核心，以崇尚自然、合理利用自然的态度进行村落选址与营建，在科学的基础上注重物质和精神上的双重满足。勾蓝瑶寨山环水绕，村落布局灵活多样，不讲究中轴对称，依地势而合理营造建筑，与周边的地形、山貌、河流等自然环境融为一体，符合瑶族热爱自然并追求安全性的特点。建筑中的装饰往往是承载一个地域以及民族历史文化与风尚审美的重要物质载体，勾蓝瑶人通过就地取材，利用高超的工艺和技术手段结合瑶族文化理念，营造出在建筑中既功能实用，又具有丰富文化内涵的装饰效果。勾蓝瑶的建筑装饰淳朴自然，以飞禽走兽、花鸟鱼虫、自然山水等自然形象为主，极具生活情趣，是其独特文化观念的物化与表现，呈现出了勾蓝瑶人对自然万物的热爱，表达了勾蓝瑶人对安宁美好生活的向往。

10.1.3　政府高度重视，旅游扶贫模式初见成效

近年来，江永县委、县政府高度重视文化旅游，从投资、招商、规划、开发和管理等各个方面主导勾蓝瑶寨的旅游发展。2012年江永县《勾蓝瑶寨旅游开发总体规划》通过至今，政府"整合资金对勾蓝瑶寨风雨桥、石鼓登亭、古民居、盘王庙等26座古建筑进行了保护性修缮，修建了古寨门和停车场，成立了龙狮队、瑶家女子拳表演队，恢复创新了长鼓舞、要大刀、坦耙、女子拳等传统习俗，'瑶家拳术'作为本土教材进入了中小学课堂"。[②]这一系列基础设施的建设和非遗的保护极大地改变了勾蓝瑶寨的整体面貌，之前显得有些破败的古瑶寨变得生机勃勃。

---

①　陈幼君.湘南古村落遗踪——体味勾蓝瑶古村坚固的防御式城堡[J].热带地理,2007(3):279.
②　唐德荣.江永勾蓝瑶寨特色旅游开发的调查研究[N].永州日报,2015 – 08 – 03(005).

2015 年，勾蓝瑶寨成功申报为国家 3A 级旅游景区，接待游客 5 万余人次，村民收入得到较大提高。2019 年，勾蓝瑶寨入选全国乡村旅游重点村名录。勾蓝瑶寨的旅游开发虽然尚未全部完成，但前期对于勾蓝瑶寨基础设施的建设修缮，以及建立长鼓舞队等恢复传统民俗的举措有助于物质文化遗产的保护和非物质文化遗产的传承。

10.2　勾蓝瑶寨保护与发展中存在的问题

10.2.1　保护范围不全，勾蓝瑶整体风貌受损

20 世纪 50 年代，毁山大炼钢铁，瑶寨后山树林损毁严重，造成溪断井枯，使兰溪八景之一的"石窦泉清"就此消失，许多庙宇、祠堂被拆毁。改革开放后，随着现代化与新农村建设的推进，为改善基础设施、方便村民生活往来，许多守夜屋、关厢、门楼在拓宽村内道路过程中被拆毁。随着生活水平的提高，村民们不断拆旧建新，在原址上建起水泥砖房，其形制、大小与装修都与传统瑶族民居不统一，破坏了村落氛围的和谐统一。面对大规模快节奏的旅游开发与新农村建设，传统村落整体风貌的保护与经济发展的矛盾日趋尖锐，从山体、水体、植被等自然环境，到传统建筑、街巷等人工环境，再到民俗文化、生活习惯等社会环境，旅游开发给传统村落带来了一系列的干扰与破坏。①

2011 年，勾蓝瑶古建筑群成功申报为湖南省省级文物保护单位，然而编写的保护规划以及下拨的维修资金，都没有涉及大兴村。相比黄家村与上村，大兴村的村落建筑破坏情况严重，许多村民拆旧建新，修建的水泥房在风格、样式上与原来传统的民居不同，破坏了村落古朴的传统风貌。然而大兴村仍保留有大量的清代民居、祠堂、庙宇、城墙、古井等古建筑，特别值得一提的是中南大学中国村落文化研究中心团队于 2016 年 1 月在大兴村水龙祠内发现的大规模明代壁画。水龙祠壁画具有独特的历史价值、学术价值与艺术价值，然而其所在的水龙祠已残破不堪，急需制订整体保护方案。三个村落构成勾蓝瑶这一整体，只有三个村子紧密合作，整合一切人力、财力与物力资源共同进行保护开发，

---

① 尹航，金奇泓.旅游开发中传统村落风貌整治规划探析.山西建筑，2013（4）：18.

"勾蓝瑶"这块文化品牌才能走上可持续的健康发展道路。

10.2.2　保护资金与力度不够，文化遗产保护情况不容乐观

勾蓝瑶保留的古建筑数量众多，保存完好的明清古民居便有上百栋，庙宇、祠堂、门楼、戏台、凉亭、风雨桥更是遍布瑶寨各处，建筑墙体都采用红砖砌筑而成，内里大多采用穿斗与抬梁相结合的木构架，屋檐处绘有精致彩绘，人字形屋面铺设小青瓦，两侧还设有飞檐翘角的封火山墙，门窗与梁枋雕刻精致图案，木柱下垫有雕刻各种花纹图案的石柱础。这些瑶族建筑形制多样，造型精美，工艺精湛，极具湘南建筑特色以及深厚的瑶族文化内涵，是融会汉族与瑶族建筑技术与文化观念的结晶。勾蓝瑶的古建筑在中华人民共和国成立后的"破四旧"运动中损毁严重，许多庙宇佛像被拆除砸毁，64 座庙宇如今只余不到 10 座，遗留下来的现状也不容乐观。勾蓝瑶的建筑以砖木结构为主，历经百余年的风雨侵蚀，加上缺乏维护看管，建筑的大木构件及墙体、地基等存在着不同程度的残损，木构件腐朽、虫蛀、变形、缺失普遍，屋面瓦面破损漏雨现象严重，状况不容乐观。

勾蓝瑶寨中所存留的物质文化遗产大多为寨中的石碑、庙宇、民居等建筑，随着年月的变迁，许多建筑已经不复存在，曾经被用来祭祀和举办庙会的庙宇大多已经变成村民们自用的菜地，只剩下些许残砖和残碑证明着曾经的辉煌。而村中的石碑分布在勾蓝瑶寨的不同村子里，曾经的 400 块石碑现在也仅保留了百余块，那些不复存在的石碑被用作了修路的石板和修房的建材，所剩下的这些石碑部分散落在各处的祠堂和寺庙遗址中，大部分都被村民们自发地收集在了黄家村、上村以及龙岩山上，但这些聚集起来的石碑也并没有得到良好的保护，只是简单地摆放在室外，其中不少石碑上的文字因日晒雨淋已经无法辨识。勾蓝瑶寨除去数量巨大的庙宇和石碑之外，还有许多修建于明清时代的古民居和旧书屋，这些建筑有一部分成为村民日常起居的居所，也有一部分已经无人居住，变成荒废的弃屋。

通过多次调研，笔者发现，勾蓝瑶已经着手古建筑的修缮改造，通过村民自发捐资以及政府拨款，黄家村的培元桥、相公庙、盘王庙，上村的旗山庙戏台、石鼓登亭等都已修缮一新，然而瑶寨中仍有很多的民居、祠堂、门楼都摇摇欲坠，急需进行修缮保护。由于保护资金与力度不够，黄家村城门口的关帝庙在风雨中坍塌，大兴村绘有精美壁画的水龙祠也几近倾颓。对于村内遗存的众多

古建筑而言，政府投入的人力、财力、物力仍然是"僧多肉少"的局面，加上村民保护意识与自主性的缺乏，勾蓝瑶寨古建筑群落的保护还有很长的路要走。

10.2.3 村落空心化问题严重，古建筑闲置率高

当今中国城市与农村二元分离，两者之间的经济、文化、居民生活水平等许多方面在发展上严重不平衡，城市在经济、文化、教育、医疗等各方面条件都比农村优越，农村青壮年为赚取更多的工资，纷纷外出打工，成为城市中的"农民工"，外出的农民中有许多选择留在城市，从农村走出的高学历人才也很少有回到农村的，于是农村只剩下老幼病残与少量青壮年人口。据统计，勾蓝瑶黄家村、上村、大兴村三个村总共有 2168 人，然而笔者在多次走访调查中，见到的大多是 50 岁以上的老人以及读小学与初中的小孩，外出打工的人非常多。2015年 8 月，湖南省民政厅扶贫小组来勾蓝瑶关爱留守儿童时，仅黄家村就有 15 名留守儿童。大量村民外出导致勾蓝瑶出现了严重的空心化问题，这不仅影响村落的农业经济发展、村落建筑的日常维护，而且导致村落文化无人传承。

村落空心化问题的出现，一方面是因为为求学与赚取更多的经济收入以改变贫困的生活，大量青壮劳力外出前往城市，另一方面是因为勾蓝瑶寨的老房子十分拥挤，基础设施缺乏，政府为保护古建筑、维持村落原始风貌，不允许村民拆旧建新，于是许多有条件的村民在乡镇里买了地基修建了新房，离开了勾蓝瑶。大量古民居常年大门紧锁，因为无人居住、看管和维护，勾蓝瑶部分古民居已出现严重破损，有的房屋上的瓦片破损脱落，漏雨打湿了楼板与梁柱，进一步加重了破坏。房屋空置既不利于保护，民居中丰富的勾蓝瑶民俗文化内涵也无法转换成供游客参观体验的旅游资源，空有宝山而不知道利用，游客仍停留在村落"外部"走马观花，无法领略到勾蓝瑶厚重的文化底蕴。

10.2.4 村落旅游开发处于初级阶段，村民参与度和积极性不高

目前村落旅游开发一方面对村落文化遗产起到一定的保护作用，另一方面也能通过吸引游客获取一定的经济利益，形成一个良性循环的保护模式，这种模式对于像勾蓝瑶这类地处偏远、经济落后且拥有文化资源的地区，极易起到立竿见影的效果。但同时需要注意的是，目前勾蓝瑶寨在进行旅游开发的过程中，为了能快速地吸引游客的注意力，只是将村落的古建筑等进行简单的维护，并且从外地购进成批的民族服饰，让村民在专业老师的教导下跳着异化的民族

舞蹈。虽然这种旅游开发模式确实能够吸引游客的注意，但它仍处于初级阶段，缺乏对村落中深层次文化的挖掘，只是将包装好的民族文化进行成批售卖，标榜的是对村落文化进行保护和开发，但实际上却是对村落中祖祖辈辈传承下来的极具生活气息的民俗文化的一种破坏。

目前勾蓝瑶寨非物质文化遗产传承人的待遇津贴较低，并且普通村民参与民俗文化传习和表演的报酬也很低。比如为勾蓝瑶寨的文化遗产保护和挖掘作出较大贡献的老支书欧阳绪珍老先生，常年奔波在保护勾蓝瑶文化遗产的一线，对于勾蓝瑶历史文化的了解是最深入的，他作为勾蓝瑶洗泥节等习俗的传承人，每个月所获得的津贴只有百元左右。又如在每年农历五月十三的洗泥节庆典活动中，村民参与表演所获得的报酬较低，小孩十元一场，成人五十元一场，并且参与歌舞创作的村民们也没有获得报酬。对于经济条件并不好的勾蓝瑶寨来说，物质上的鼓励是促使村民们积极投身于民族文化传承中最直接也是最有效的方式，如果不能保障物质利益的满足，那么也就无法吸引青壮年村民回流，文化传承断层的现象只会加剧。

10.3　勾蓝瑶寨保护与发展的建议

10.3.1　政府积极引导

1. 统筹规划管理，维护勾蓝瑶整体风貌

从历史上来看，黄家村、上村、大兴村联系非常紧密，"勾蓝瑶"是三个村落的统称。明洪武二十九年（1396），勾蓝瑶被朝廷招安入籍编册。勾蓝瑶历任"瑶长"轮流在三个村落中选举产生，每三年砍神牛祭盘王活动也是轮流在黄家村的盘王庙、上村的李三娘庙、大兴的水龙祠举行。勾蓝瑶有"好女不出石墙门"的传统，因此，三个村落13个姓氏大都是姻亲关系。历史上三个村落共同抵御外匪侵略，远的如抗击元兵，近的如1943年共同抵御日寇侵略。正是因为三个村落团结互助，勾蓝瑶才在湖南与广西交界的这片社会治安相对混乱的环境中生存下来。因此，政府应将勾蓝瑶村的三个组成部分作为一个整体进行统筹规划与管理，集中人力与物力，团结互助共同推进勾蓝瑶古建筑的保护和旅游发展，走上共同富裕的道路。

凭借其深厚的历史渊源、纯朴的民俗民风与自然和谐统一的人文景观，传

统村落风貌蕴含着独特的地域文化与民族追求，是村落精神生动、直观的体现，更是一种整体性、发展性的文化传承。勾蓝瑶是一个美丽古朴的城堡式瑶寨，瑶寨群山环抱，中间绿水萦回，红砖青瓦，飞檐翘角，是一幅小桥流水人家的绝美画卷。因此，政府应遵循"保护为主，发展为辅"的指导方针，加强对瑶寨四周山林的保护，维护勾蓝瑶青山绿水的自然景观，杜绝拆旧建新、毁坏古建筑的现象发生，对于新建的民居与复建的历史建筑，必须采用传统工艺、材料以及建筑式样，旅游开发不能破坏勾蓝瑶古朴、自然的整体风貌。

2. 吸引外来资本与人才回流，对建筑资源进行活态的保护与利用

勾蓝瑶寨古建筑群作为省级文物保护单位，保护范围广，建筑数量多，需要投入庞大的保护资金。目前，政府已陆续投入了上千万元，主要用于修缮相公庙、盘王庙、旗山庙戏台、石鼓登亭、下关城墙以及改善村内基础设施。但村内仍有大批的古民居、祠堂、庙宇等建筑没有修缮，目前第一期修缮工程还没有完成。当前勾蓝瑶古建筑的保存现状不容乐观，修缮工作刻不容缓，资金与人力都存在巨大缺口。

村落当前建筑保护方式比较单一，并且存在大量古建筑闲置且无人看管的情况，这既造成资源浪费，也不利于保护管理工作的开展。一方面，政府应多渠道引入外来企业资本或通过乡贤公益基金会捐资，加强勾蓝瑶的建筑资源分类保护，由村集体对常年闲置的古民居统一租赁回收，并鼓励村民自筹资金或以房产入股，将古民居统一改造为民宿或农家乐；将麻寨圩的古商铺进行统一维护，恢复为古商业街，为游客提供打油茶等传统美食服务；将书屋、牛庄屋等古建筑改造为民俗博物馆，展示勾蓝瑶的历史文物和生产生活设施；将水龙祠等重要的宗教建筑尽快列为省级文物保护单位。另一方面，政府应尽快出台扶持农民工返乡创业的优惠政策。从加大信贷倾斜、减免税收、开展技术培训等多个方面入手，为勾蓝瑶农民工的返乡创业提供全方位的保障，保证古民居有人居住，古商铺有人经营，让古村落焕发勃勃生机。

3. 实施文化旅游扶贫策略，推进跨区域旅游合作

贫困农村存在的文化贫困根源，是导致贫困的深层次原因，所以扶贫也应该从文化扶贫入手。文化扶贫要通过提高贫困农民的整体素质，以提高其挑战贫困、抵制贫困的能力。① 首先，要发挥村民积极主动性，加强勾蓝瑶历史文化资料的整理，帮助勾蓝瑶人树立文化自信心与自豪感，自觉保护与传承勾蓝瑶文化。其次，通过组织多种学习培训，提高村民素质。例如，邀请专业旅游顾问，为村民开设旅游发展培训班，培养解说、服务以及旅游产品开发者，通过提高旅游服务水平以及开发特色旅游产品，促进勾蓝瑶旅游业的健康发展。最后，发动社会各界力量向外界宣传推介勾蓝瑶，吸引专家学者、媒体、游客等前来勾蓝瑶寨采访探索，提高勾蓝瑶的知名度与影响力。

永州地区拥有丰富的自然旅游资源和人文景观，可以将勾蓝瑶寨作为周边地区旅游资源的补充，充分利用周边成熟的自然景观和人文景观带动勾蓝瑶寨的旅游业发展。② 把江永县以及永州市的旅游整合起来，打造规模优势，通过连片互动，形成资源优势互补，加强区域合作，建设区域联动机制。首先，政府对勾蓝瑶进行旅游开发要根据地方实际制订出切实可行的近期、中期和长期旅游开发规划，从而保证村落保护路线的正确和实施的顺利。其次，旅游开发要依托当地特色资源，对于勾蓝瑶来说，其拥有独具特色的古民居，极具观赏性；四层防御体系也相当独特，可以在修缮保护的基础上进行开放；优美的自然风光、田园风景更是给都市之人一种不染世俗、质朴安宁之感，也是勾蓝瑶的特色所在；最能够吸引游客的要数勾蓝瑶丰富的民俗文化，如勾蓝瑶婚礼、盘王节、洗泥节等活动，长鼓舞、武术等民间技艺，这些民俗历史渊源久远，文化内涵厚重，最能吸引游客，是以，要进行重点宣传推广、发掘和传承。最后，进行旅游开发时，政府还要协调好与开发商及其当地村民之间的关系，确保各方利益的平衡，尤其不能损害村民的利益。

4. 注重挖掘和保护勾蓝瑶的传统文化

美丽多姿的勾蓝瑶曾经有过辉煌的过去，众多人文建筑、特色民俗、故事传说等，到今日，留存已然不多。古代遗址毁损、破坏的程度很大，特别是一些古建筑。68座庙宇大多只剩遗址，400多块石碑大多被用于铺路、架桥、建房，90多幢明清古民居大多已破烂，杂草丛生，岌岌可危。加之许多现代建筑突兀出现在一片古民居之中，显得格格不入。更令人担忧的是，现在村子里真正了解勾蓝瑶历史文化的人越来越少，年轻人更是知之甚少，十分不利于勾蓝瑶文化

---

① 辛秋水. 文化扶贫的发展过程和历史价值[J]. 福建论坛·人文社会科学版, 2010(3): 137-140.
② 李敏. 湘南地区瑶族传统民居群落的研究[D]. 长沙: 中南林业科技大学, 2013.

的传承。要想使勾蓝瑶整体得到发展，就要保护好这些文化遗存，尽力扭转这种令人痛心的局面。因此，对于原本拥有特色文化的勾蓝瑶来说，应保护和挖掘勾蓝瑶的传统文化，留住瑶寨的文化根脉，利用文化资源去谋求更好的发展。在这一点上，政府应该起引领和带头的作用。具体的保护包括两个方面，一是对建筑等物质文化的保护，如古民居、宗祠、寺庙、桥亭碑廊等。传统村落中的古建筑都是在长期的社会生产中自然形成的，它们是传统社会中的生活方式、历史文化的凝结物，是物质文化遗产。如果没有古建筑这个物质载体，就没有传统村落的民俗民情的非物质文化。二是对古村落民俗民情等非物质文化的保护。非物质文化是活态文化。对古村落文化的抢救和保护的重点是民间活态文化。如果离开了活态文化，离开了民俗民情，那古村落只是一个历史的废墟，毫无生命可言。保护"活态文化"这一概念的核心在于使民俗民情延续存活。① 首先，在政策上，要出台相关政策对勾蓝瑶的历史文化资源予以保护，将保护工作列入重要工作议程，纳入文化发展纲要，及时研究制订保护规划，加快法律法规建设。其次，要加大保护工作的经费投入，积极引导和鼓励个人、企业和社会团体对文化遗产保护工作进行资助。再次，要加强保护工作队伍建设，通过有计划的教育培训，提高现有人员的工作能力和业务水平，充分利用科研院所、高等院校的人才优势和科研优势，大力培养专门人才。最后，发挥政府的主导作用，广泛吸纳社会各方面力量共同开展保护工作，建立协调有效的保护工作领导机制，积极发挥专家的作用，建立非物质文化遗产保护的专家咨询机制和检查监督制度。

5. 加强基础设施建设，改善村落环境

目前勾蓝瑶在环境方面的优势其实是自然环境优美、青山绿水，使人有犹如画中之感。但进行旅游开发，仅仅拥有优美的自然环境是不够的，还要提供较好的旅游环境，这些就需要政府以不破坏村落自身的系统运转为前提，通过加强基础设施建设，提供尽量周到的服务。因此，政府着力点应该主要在基础设施建设上，创造优越的旅游便利与便捷条件，这既是对村落和村民的助益，也是发展旅游业的必然要求，主要有道路交通建设、新农村住房建设、水电设备建设、通信网络建设等，尤其是互联网的建设，将会给传统村落与外界联通提供一

---

① 陈幼君.古村落民俗风情文化内涵的挖掘与保护——以江永勾蓝瑶古村民俗为例[J].民族论坛，2012(7)：84－86.

把钥匙。

此外，在国家大力倡导"互联网＋"的背景下，传统村落的基础设施建设更应该注重互联网建设，让网络在衣食住行等诸多方面对村民和游客的生产生活带来新的、有益的改变。令人欣喜的是，在勾蓝瑶寨附近的镇上已经看到了农村淘宝的网点，这是互联网在农村所带来的线上线下融合的一种体现。

6. 上下联动，建立完善的村民参与机制

政府虽然是村落治理开发的推进者和主导者，但生活于其中的村民才应该是真正的主体，村落的保护和开发也主要依靠村民的力量，因此，要积极鼓励和引导村民多方参与，让村民有收获感和认同感。

在这点上，一方面是政府须制定各项政策进行引导，另一方面是要提高村民的各项素质。具体来说：一是在政府领导下，逐步实现经济和产业结构调整，鼓励村民举办各种民俗风情表演，开办商贸服务业，开发和加强传统工艺制作，开发生态农业观光旅游（采农家菜、吃农家饭、住农家屋）。[①] 村落的各项开发同时也应该多方听取村民的意见，而不能拍脑袋决策，须时刻考虑和照顾村民利益。二是帮助村民树立新的观念、接受新的事物，从事旅游开发既要盈利又不能过于逐利、过度商业化，要结合地方实际，努力探索出适合自身的经营模式，树立科学合理的旅游开发观念。同时要对有意向从事村落旅游开发的村民进行培训，提升其文化素质和旅游服务基本技能，如旅游景点的介绍、旅游产品的推销、应急事件的处理方法等。

7. 走可持续发展道路，加强对传承人和当地生态环境保护

处于旅游发展初期的勾蓝瑶在发展与保护上还有很长的路要走，但是在发展初期就应该树立可持续发展的理念。自然资源是有限的，民俗资源虽可以传承但也需要有存续的环境。发展旅游业不应该是单纯的经济发展，而应该是经济、生态、社会整体的可持续发展。在充分保护勾蓝瑶的历史文化资源基础上进行旅游开发，要充分尊重当地的历史事实和文化传统。

此外，要对传承人进行保护与发展。对于勾蓝瑶来说，这些传承人其实更类似于乡贤的角色，他们了解村中的历史文化、神话传说，热心村内的各项事务，受到村民的尊敬和尊重，同时也熟知某些民族技艺。比如欧阳绪珍老人，他

---

① 陈幼君. 乡土旅游人才的调查与思考——以永州市楼田村、兰溪村、李家大院为例[J]. 民族论坛，2009(7)：39－40.

多年来对勾蓝瑶文化资源进行整理和收集，非常了解勾蓝瑶传统文化，简直是勾蓝瑶文化的"活字典"。然而，随着时代的变迁，像欧阳绪珍老人这样默默坚守本民族文化的人正在相继老去，如何找到适合的传承者，延续他们对勾蓝瑶文化的珍视和保护以及对勾蓝瑶文化资源的内化与理解，是摆在我们传承勾蓝瑶文化的当前困境之一。这需要政府及社会各界力量积极参与勾蓝瑶文化传承人的文化生态环境建设，改善传承人的生存与生活环境，制订激励举措吸引年轻人研习传统文化。

10.3.2 村民广泛参与

1. 提高文化认同

村落文化不仅是以村落为载体，还要关注传播和承载文化的人，更要注重的是文化的活态保护，在生产生活中让村民们认识到自身文化的独特性，增强其对文化的认同感，而不是疏离感。

改革开放以来，许多有着数千年历史的古村落不断地消失在人们的视野中，有些即使没有完全消失，也已经被破坏得"七零八落"，传统民居的雕花门窗换上了玻璃窗，原先的厅堂成了堆放杂物的仓库，村落中的公共设施如水碓、祠堂被拆毁了，五花八门的窗花被千篇一律的印刷画所取代，丰富热闹的民间文艺活动不再演出了……①很大一部分原因是村民对自己村落的传统文化失去了认同感，缺乏了解，认识不到它们的价值。无论是勾蓝瑶还是其他传统少数民族村落，都存在类似的问题，尤其是年轻人，接受现代文化较多，加之村里的传承人日渐减少，对自身民族文化的了解就更加少了，日常生活基本与汉族无异。面对这种情况，可通过普及本民族传统文化知识，明确传统村落文化所包含的科学精神及其价值，如在重要的节庆普及勾蓝瑶寨的文化，让村民不断提高对本民族文化的认同能力，进而提升本民族文化的自觉性。

2. 积极参与村落治理和旅游开发

村民作为村落的主体，要积极参与村落的治理和开发。毕竟，村落的发展与村民自身利益和生存发展也都息息相关。目前，许多村落的空心化现象十分严重，村里的青年劳动力纷纷外出打工或者搬离村落，留守下来的是老人、孩子

---

① 郑土有."自郥"、"自珍"与"自毁"——关于古村落文化遗产保护的思考[J].云南社会科学，2007（2）：135－137.

和空空的房子，这种情况十分不利于村落的发展，只会使村落丧失生机。因此，旅游开发可以成为留住村落人力的一种方式和途径。

首先，积极鼓励与引导村民参与事关村落发展的重要规划或决策，让村落的发展符合村民的意愿。其次，在旅游开发中，当地村民可以积极参与其中，开展农家乐、农庄采摘、特色经营等，举办民族歌舞、传统习俗、传统饮食等特色体验活动，让村民依托民族文化资源来获利。同时，勾蓝瑶人热情好客、淳朴善良的品质也一定会深深打动来到此地的游客，让游客体验到勾蓝瑶的独特文化，产生喜爱和依恋之情。

3. 发挥地域优势，推广特色农产品

在勾蓝瑶，几乎每家每户都会栽种一些农产品和果树，如香芋、香柚、橙子等，热情好客的村民们都会拿出自家特产招待客人。勾蓝瑶自然资源得天独厚，山清水秀，环境优美，土地肥沃，雨量充沛，土壤中富含硒等多种能促进作物产品芳香物形成的微量元素，因而此地盛产香柚、香芋等作物，且江永县被国家命名为"中国香柚之乡""中国香芋之乡""全国生态示范区"，在推广发展特色农产品方面大有可为。

勾蓝瑶寨应该有效利用这一地域优势，将其与旅游业相结合，谋求更好的发展。比如有条件的村民可以建设特色农庄，以此开展各类体验活动；再比如发展电子商务，通过线下的物流渠道和线上的电子平台，把勾蓝瑶的特色农产品销往全国各地，广泛开拓市场。这样，一方面可以为勾蓝瑶的农产品打开销路，提高村民收益，另一方面可以提高勾蓝瑶寨自身品牌的知名度和美誉度。

10.3.3 社会积极响应

1. 专家学者、科研工作者应对勾蓝瑶作更多的关注和了解

勾蓝瑶寨虽有秀美的风光、独特的民族文化，但是文化发掘研究还不算深入，与徽州古民居、西塘等江南小镇相比，知名度不高。这不仅要靠政府、村民去努力宣传和打造，还需要社会各界的帮助，其中有一点就是要呼吁相关方面的专家学者对勾蓝瑶进行调研，从专业角度去解读勾蓝瑶的历史文化资源和文化现象，帮助村落和村民寻找它们自己的文化根脉，认识当地的文化价值，树立对自身文化的信心。同时，通过调查研究，整理和梳理相关资料，这也是对勾蓝瑶文化的重新挖掘与保存，对于已经或将要遗失的文化来说尤其具有重大意义，在将来，或许会成为重要的参考资料。而且，勾蓝瑶传统文化的调查研究如果能够在业界引起一定反响，势必能够引发更多人对勾蓝瑶的兴趣，为勾蓝瑶的保护和开发共同出谋划策。此外，通过专家学者的调研，不断发掘这个不太为人所知的瑶寨的魅力，也是呼吁倡导社会各界关注勾蓝瑶的方式之一。

2. 获取各种社会资本和基金等的帮扶

勾蓝瑶的保护和开发要改变政府单一投资模式，要与市场接轨、听取各方意见。其不仅需要政府部门资金的支持、村民的参与，还可以借助各类社会资本以及各种基金，为村落开发带来新的思路和活力。随着信息技术与互联网技术的快速发展，还可以借鉴时下流行的众筹方式，充分发挥众筹的低门槛、多样性、大众性、创意性等优势，在实地了解勾蓝瑶的情况后，提出有创意、有想法的保护与开发文案。这种自下而上的改变或许会带来别样的效果。

10.3.4　勾蓝瑶寨保护与发展的未来规划——积极打造智慧村落

据中国互联网络信息中心（CNNIC）发布的第 43 次《中国互联网络发展状况统计报告》显示：截至 2018 年 12 月，我国网民规模达 8.29 亿，互联网普及率达 59.6%，全年新增网民 5653 万。我国手机网民规模达 8.17 亿，网民通过手机接入互联网的比例高达 98.6%。① 由此可见，以智能手机为终端的移动互联网在人们的生产生活中扮演着越来越重要的角色。与此同时，传统村落作为拥有大量文化遗存又亟待保护和发展的存在，在现代文明不断借助技术手段以谋求更大进步的今天，也有必要将移动互联网的优势与村落实际相结合，尽快打造出指尖上的智慧村落。

运用移动互联网打造指尖上的村落，其实质就是充分发挥互联网的渗透覆盖作用，以手机端为载体，利用物联网、云计算、大数据等手段，以村落为中心，把涉及村落的各个方面，如村落治理、服务、沟通、贸易、医疗、文化、教育等全面整合起来，建立一个既可以服务村民，又可以服务游客的现代化智能体系。

利用移动互联网打造智慧村落，首先，应顺应时代发展要求。2015 年 3 月，李克强总理在政府工作报告中首次提出"互联网＋"行动计划，即利用信息通信技术以及互联网平台，将互联网与传统行业进行深度融合，创造新的发展生态。互联网可以为人们提供信息、分享机会、催生商机、聚合沟通，无论从技术还是

---

① 中国互联网络信息中心. 第 43 次《中国互联网络发展状况统计报告》[EB/OL]［2019 – 02 – 28］. http://cnnic. cn/gywm/xwzx/rdxw/20172017_7056/201902/t20190228_70643. htm.

发展态势上说，利用互联网进行转型和发展已经是大势所趋。而且，相比较需要宽带网络支持的电脑等终端，能为广大村民所接触的移动互联网其实更能带来无限机遇，且对于村落中的村民来说，虽不能人人拥有电脑，但智能手机的普及却并非难事，用移动互联网的手机为载体服务于生产生活也是时代发展的要求。其次，要符合村落发展新路径。互联网可以将新的信息和渠道引进村落，也能为村落提供展示的舞台。移动互联网可以在村落治理、邻里联系、文化教育、旅游服务、商业贸易、医疗卫生等领域全面布局，打造一个传统文化与现代技术相融合的智慧村落。而且，指尖村落的打造还可以搜集到大量村里村外的相关大数据，更好地为村落转型服务。以网络为媒介，推动村落数字化转型，是未来村落发展的可行之路。再者，还有利于缩小数字鸿沟。通过移动互联网打造指尖村落，提高村民文化素养，使他们在见识和思维等方面尽快减少与城市人之间的差距，改变落后观念，让村落及村民有更多机会参与现代发展的进程。最后，由于互联网的大众性与普及性，智慧村落的营造可以满足游客多样化的需求，从而不断提升勾蓝瑶品牌的影响力。

在具体操作的可能性上，一方面是政策支撑。2015 年 5 月 4 日，国务院发布《关于大力发展电子商务加快培育经济新动力的意见》，提出要推动转型升级，创新服务民生方式，推动传统商贸流通企业发展电子商务，积极发展农村电子商务，创新工业生产组织方式。可见国家在政策层面上大力支持用互联网发展电子商务，而农村电子商务也是指尖村落的一个重要组成部分。不仅如此，在倡导建设"智慧城市"的背景下，在村落的智慧化建设方面，不少地方进行了有益的尝试。例如，2012 年 5 月 19 日，贵州省旅游局全新开发的"醉美贵州"手机 APP 应用正式上线，智能手机用户都可以免费下载使用，轻松查询贵州旅游景区、酒店、商品、线路、交通、娱乐等 15 大类海量旅游信息，以及旅游产品在线订购和虚拟旅游快捷体验等。[①] 另一方面是技术支持。在当下，随着 4G 网络的成熟和普及，人们可以利用智能手机随时上网，享受到 4G 时代快捷网速带来的便利。同时技术条件也允许越来越多的地区能够实现无线覆盖。这些普及性的技术都是催生村落移动化的基础。此外，指尖村落的打造还涉及物联网、云计算等新一代信息技术的运用，要用这些技术把整个村落的各个方面覆盖和连

---

① 顾佳琪. 贵州少数民族村寨智慧旅游发展研究 [D]. 贵阳：贵州大学，2014.

接起来，把村落与外界联结起来。

如何打造智慧村落，需要技术层、管理层和应用层的协同合作，涉及运营商、政府、企业、村民和游客等多个主体，在布局过程中还要坚持各方共同出力、共同建设的原则。

1. 技术层面

必要的信息技术是建设指尖村落的保障。信息技术的革新带来了移动互联的可能性，包括物联网、云计算等。物联网简而言之就是物物相连的互联网，其英文名全称是"Internet of Things"。由通信网、互联网、物联网三者共同构成了泛在网，实现了人与人、人与物、物与物之间线上、线下的大互联网络。而物联网这个技术能运用于此，是因为它能够发挥定位、识别、智能监控等作用。若作用于村落建设，则具体可以为村落提供整体改造中的标识、监控、交通系统、二维码介绍等服务。比如 GPS 定位、手机扫码购物等。此外，云计算与大数据是密不可分、相互联系的两个方面。思科在 2012 年推出"万物互联"的概念，设法通过数据、通信、沟通等方式，连接万事万物，再加上人的主观能动性，从而创造新的价值和产业。而要达到万物互联，则必须建设网络平台、接口体系、存储平台，以做到万物之间的相互感知，并挖掘相互作用联系。[①] 这一切，都要靠数据和计算来支撑。把这些落实到村落建设上，还需要大量的数据采集和各种系统开发。总之，利用现有的技术条件做到尽可能的立体覆盖、全面渗透。

2. 管理层面

管理层面主要涉及政府和企业两个方面。

政府的主要任务除了建设与移动互联网式村落相应的基础设施之外，还需要提供政策指导，因为该内容的建设是一个系统工程，需要有详细的规划和计划，也需要有一定的政策支撑，包括各种标准的制定、资金扶持、内容制作和发布、专业人员的组织、渠道的架设、各方利益的沟通、村落旅游资源使用的利益分配方案、定期的反馈调整等。以河南村里网络科技有限公司开发的"村里"项目 APP 为例，这是一个以农村普法为基础，以移动互联网为载体，融合农村特性，为村民提供线上线下联动的综合性服务项目。在这个以普法为主要内容，兼具各种综合性服务的移动应用中，政府要做好以下工作：以各种形式呈现法

---

① 卢世棱.智慧城市理念下历史城市保护的信息技术手段探索[D].广州：华南理工大学，2013.

律法规解读、发送通知通告、提供专业的农业和法律知识服务、整合医疗和教育系统的资源、搭建电商平台等。当然，打造智慧村落，政府所要做的远不止这些，还需要在实践中不断探索。

这里的企业既包括技术提供方，也包括智慧村落打造过程中涉及的各类企业，比如以去哪儿网、途牛网为代表的旅游服务商，其在体系建设中主要是提供第三方旅游服务，同时要遵守整个体系的运行守则和政府的政策规定。比如在产品设计这个环节，企业在调取村落的文化资源进行体验产品设计等以营利为目的经营活动时，必须向该村落支付一定的费用，这样就可以实现村落文化知识产权的保护和公平利用。另外，企业利用移动互联平台还可以进行互动应用开发、游客满意度调查、旅游数据统计分析和挖掘、宣传和营销活动，以及村落旅游的部分项目的实施建设，例如，智慧农家乐、村民经营户培训等。

3. 应用层面

打造智慧村落，具体还是要作用到村落中的人和来到村落的人。因此，应用层面是最需要着重探讨和关注的，因为计划再周密和完整，如果具体实施无法推进或没有效果那也只能停留于规划中。

对于村民来说，他们首先需要对这一新兴事物进行接触并接受。只有认同和理解智慧村落的打造能够给他们带来好处，他们才会积极参与其中。而且，这个以手机为载体的移动 APP 的打造还应该具有一定程度的互动性，而不能仅仅是单方面的信息输出，这样只能起到便捷接收信息的作用，并不能很好地调动村民的积极性。因此，嵌入互动元素十分有必要，如在线沟通讨论、邻里互动等。通过这一体系，希望能够帮助村民达到物质上增加财富、精神上获取更多满足的目的。

在游客层面，其在来之前，可以先在手机 APP 上浏览村寨的各种信息，包括地图、线路图、特色餐饮、特色文化等，可以有视频的形式、3D 全景展示的形式等，并且能支持游客进行房间和餐位预订、民俗娱乐项目预订、农产品预订。预订形式可以为在线预订，也可以为电话预订。平台上对每一种特色农产品都有图片展示和文字介绍，包括价格、特点、可购数量、生产日期、保质期、储存方法等，甚至还可以包括制作方式的动态展示。同时，当游客来到村落时，可以为游客提供二维码电子门票识别，在参加之前预定好的民俗文化节时，能够为游客提供电子身份认证，并可以使用支付宝、微信等手机支付方式付费。在全村落或者在游客主要集中区必须提供免费无线网络覆盖，如村落内农家乐经营户的客房、村落内的渔场、果园等。

总之,传统村落的保护和发展必须以挖掘和保护传统村落文化为前提,在保护中谋求发展。只有留住瑶寨的文化根脉,才有资源去谋求更好的发展。一方面,政府应该起引领和带头的作用,加快立法进程;另一方面,要以人为本、顺应民意,进一步发挥村民的主体作用,通过发展经济留住原住民,推进传统村落文化的传承。

参考文献

[1] 唐早君.江永县志[M].北京:方志出版社,2008.

[2] 陈幼君.兰溪——美丽的城堡式瑶寨[M].长沙:湖南地图出版社,2008.

[3] 杨仁里.永明文化探奇[M].北京:中国文联出版社,2006.

[4] 马新师.两汉乡村社会史[M].济南:齐鲁书社,1997.

[5] 费孝通.费孝通文集(第十一卷)[M].北京:群言出版社,1999.

[6] 费孝通.乡土中国[M].上海:生活·读书·新知三联书店,1985.

[7] 梁章钜.称谓录[M].黑龙江:黑龙江人民出版社,1990.

[8] 申时行等修,赵用贤等纂.明会典·黄册(卷二十)[M].上海:上海古籍出版社,1995.

[9] 元脱脱等撰.宋史·选举一(卷一百五十五)[M].北京:中华书局出版社,2000.

[10] 张廷玉.明史·选举志(卷六十九)[M].北京:中华书局出版社,1974.

[11] 何良俊.四友斋丛说(卷十六)[M].李剑雄,校点.上海:上海古籍出版社,2012.

[12] 南炳文,白新良.清史纪事本末(第五卷)[M].上海:上海大学出版社,2006.

[13] 江苏古籍出版社编选.中国地方志集成·湖南府县志辑49 康熙永明县志·光绪永明县志[M].南京:江苏古籍出版社,2002.

[14] 江苏古籍出版社编选.中国地方志集成·湖南府县志辑42 康熙永州府志[M].南京:江苏古籍出版社.2002.

[15] 吴多禄,江永县志[M].北京:方志出版社,1995.

[16] 唐早君.江永县志(1991—2004)[M].北京:方志出版社,2008.

[17] 南炳文,白新良.清史纪事本末(第五卷)[M].上海:上海大学出版社,2006.

[18] 陈幼君.兰溪——勾蓝瑶历史文化研究[M].长沙:湖南地图出版社,2008.

[19] 俞汝楫.礼部志稿:卷八十五下:严名宦乡贤祀[M].北京:商务印书馆,1935.

[20] 赵克生,谢光荣.端州风物[M],桂林:广西师范大学出版社,2015.

[21] 吴永章.瑶族史[M].成都:四川民族出版社,1993.

[22] 宫哲兵.千家峒运动与瑶族发祥地[M].武汉:武汉出版社,2001.

[23] 杨仁里.都庞撷英-零陵文化研究[M].珠海:珠海出版社,2003.

[24] 湖南图书馆.湖南氏族迁徙源流[M].长沙:岳麓书社,2010.

[25] 广西壮族自治区编辑组.湖南瑶族社会历史调查[M].南宁:广西民族出版

社，1986.

［26］张有隽.瑶族历史与文化［M］.南宁：广西民族出版社，2001.

［27］广西壮族自治区编辑组.湖南瑶族社会历史调查［M］.南宁：广西民族出版社，1986.

［28］唐早君.江永县志（1991－2004）［M］.北京：方志出版社，2008.

［29］雷群香.湖南江永兰溪土话的地理和社会研究［D］.长沙：湖南师范大学，2014.

［30］吴多禄，江永县志［M］.北京：方志出版社，1995.

［31］项哲.瑶族传统聚落的形成与发展［J］.建筑工程技术与设计，2015（13）.

［32］云燕.人文观念影响下的中国古代村落文化［J］.青年文学家，2016.

［33］姚辉.永州古民居建筑石雕装饰艺术初探［J］.艺术与设计，2014（1）.

［34］李方方.论中国古建筑的装饰特点［J］.西北建筑工程学院学报，2002（4）.

［35］陶海鹰.门当户对——中国传统民居设计造型的意象分析［J］.设计艺术，2010（1）.

［36］辛松峰.关于勾蓝瑶社会经济状况演进的分析［J］.怀化学院学报，2015（7）.

［37］胡发贵.试论中国古代道德教化的特点［J］.江苏大学学报（社会科学版），2009（2）.

［38］刘伟.论乡村文化变迁中的留守儿童教育［J］.宜宾学院学报，2015（7）.

［39］刘铁芳.乡村的终结与乡村教育的文化缺失［J］.书屋，2006（10）.

［40］谢颖.乡贤文化的学校德育价值及其实现路径［J］.宁波教育学院学报，2015（5）.

［41］陈幼君.湘南古村落遗—体味勾蓝瑶古村坚固的防御式城［J］.热带地理，2007（3）.

［42］尹航，金奇泓.旅游开发中传统村落风貌整治规划探析［J］.山西建筑，2013（4）.

［43］辛秋水.文化扶贫的发展过程和历史价值［J］.福建论坛（人文社会科学版），2010（3）.

［44］陈幼君.古村落民俗风情文化内涵的挖掘与保护——以江永勾蓝瑶古村民俗为例［J］.民族论坛，2012（7）.

［45］陈幼君.乡土旅游人才的调查与思考——以永州市楼田村、兰溪村、李家大院为例［J］.民族论坛，2009（7）.

［46］郑土有."自鄙"、"自珍"与"自毁"——关于古村落文化遗产保护的思考［J］.云南社会科学，2007（2）.

［47］王元林.费孝通与南岭民族走廊研究［J］.广西民族研究，2006（4）.

［48］玉时阶.瑶族传统服饰工艺的传承与发展［J］.广西民族大学学报（社会科学版），2008（1）.

［49］任涛.论瑶族节日文化［J］.长沙水电师范学院学报，1991（8）.

［50］黄钰，俸代瑜.瑶族传统节日文化［J］.广西民族研究，1994（4）.

［51］蒋玮玮，贺辉苹.试析瑶族服饰文化的传承——以湖南江华瑶族为例［J］.湖南科技

学院学报.2014(12).

[52] 胡发贵.试论中国古代道德教化的特点.[J].江苏大学学报,2009(2).

[53] 刘伟.论乡村文化变迁中的留守儿童教育.[J].宜宾学院学报,2015(7).

[54] 刘铁芳.乡村的终结与乡村教育的文化缺失.[J].书屋,2006(10).

[55] 谢颖.乡贤文化的学校德育价值及其实现路径.[J].宁波教育学院学报,2015(05).

[56] 胡彬彬,李方.从清代湖南佛教造像记看民众的信仰[J].贵州大学学报,2013(3):
28-35.

[57] 李敏.湘南地区瑶族传统民居群落的研究[D].长沙:中南林业科技大学.2013.

[58] 李泓沁.江永勾蓝瑶古寨民居与聚落形态研究[D].长沙:湖南大学,2005.

[59] 许建和.地域资源约束下的湘南乡土建筑营造模式研究[D].西安:西安建筑科技大学,2014.

[60] 谭晓平.江永勉语与汉语的接触和演变[D].武汉:华中科技大学,2008.

[61] 顾佳琪.贵州少数民族村寨智慧旅游发展研究[D].贵阳:贵州大学,2014.

[62] 卢世棱.智慧城市理念下历史城市保护的信息技术手段探索[D].广州:华南理工大学,2013.

[63] 张绪.民国时期湖南手工业研究[D].武汉:武汉大学,2010.

[64] 王闻道.明清时期传统民居室内陈设艺术设计研究[D].保定:河北大学,2009.

[65] 姜晓丽.瑶族村寨中的育儿习俗——金秀大瑶山的个案研究[D].桂林:广西师范大学,2007.

[66] 刘秀丽.文化身份的建构——社会性别视角下的民瑶研究.[D].中山:中山大学,2010.

[67] 周蒙.城堡式的古瑶寨——勾蓝瑶[EB/OL].长沙:红网[2015-10-19][2019-01-07].http://hn.rednet.cn/c/2015/10/19/3817127.htm

[68] 唐德荣.江永勾蓝瑶寨特色旅游开发的调查研究[N].永州日报,2015-08-03(005).

[69] 中国互联网络信息中心.第43次《中国互联网络发展状况统计报告》[EB/OL][2019-02-28].http://cnnic.cn/gywm/xwzx/rdxw/20172017_7056/201902/t20190228_70643.htm.

[70] 龙军.村落文化重建,乡贤不能缺席[N].光明日报,2014-07-21(004).

[71] 玉时阶.瑶族服饰文化变迁[M].昆明:云南大学出版社,2004.

[72] 龙军.村落文化重建,乡贤不能缺席[N].光明日报,2014-07-21.

后记：我和勾蓝瑶寨的不解之缘

　　著名人类学家、民族学家、社会学家、社会活动家费孝通先生一生关心瑶族的发展，六次深入大瑶山进行实地调查，对瑶族文化执着关注和研究了 70 年。1935 年 8 月，刚刚从清华大学研究院毕业的费孝通先生，在导师史禄国教授的建议下，和他的新婚妻子王同惠女士首次到广西大瑶山(今金秀瑶族自治县)实地调查，然而王同惠女士不幸遇难。1951 年 7 月，费孝通先生第二次进入大瑶山考察，颁布实施了《大瑶山团结公约》。1978 年 3 月，费孝通先生作为特邀嘉宾参加广西壮族自治区成立 20 周年庆祝活动，第三次到大瑶山考察。1981 年 8 月，费孝通先生作为特邀嘉宾参加龙胜瑶族自治县成立 30 周年大庆，第四次访问大瑶山。1982 年，费孝通先生第五次访问大瑶山。1988 年 12 月，费孝通先生参加庆祝广西壮族自治区成立 30 周年活动之后，不顾 78 岁高龄，第六次考察让他 50 年以来刻骨铭心的大瑶山。从大瑶山下来后，费孝通深入南岭山脉瑶族聚居区考察，考察了广西壮族自治区的恭城瑶族自治县、湖南省的江华瑶族自治县和江永县、广东省的连南瑶族自治县。1988 年，费孝通先生在江永考察时指出，"江永县的瑶族大概可分为三类：高山瑶、平地瑶和已经同汉族混合了的瑶胞"，其中"已经同汉族混合了的瑶胞"是指扶灵瑶、清溪瑶、古调瑶、勾蓝瑶"四大民瑶"。费老强调了四大民瑶这一族群的特殊性——四大民瑶是迁居平地、由瑶族与汉族相融合而形成的族群。费老六上瑶山的治学精神深深地感染了我，也让我对四大民瑶这一特殊族群产生了浓厚的兴趣。2015 年 5 月，我申报了湖南省社会科学基金重点项目"记住乡愁——湖南十村十记"子项目，立项后我迫不及待地投身到勾蓝瑶寨的田野考察中去。

　　2015 年 7 月 10 日，我参加中南大学统一战线"留住乡愁，中南同心"公益活动，踏上了勾蓝瑶寨这片神奇的土地，开始我的第一次田野考察，与神秘的瑶族文化有了第一次亲密接触。刚下车，我就被瑶寨的青山绿水吸引住了，决定一个人留在村里深入考察。在这次考察中，黄家村的老支书欧阳绪珍老先生给我留下了深刻的印象，他对勾蓝瑶寨的历史、风土人情了如指掌、如数家珍。了解我的来意之后，他热情地当起了向导，拿着手绘的村寨地图带我熟悉村寨的环境，一路上耐心地向我介绍村寨的历史故事。聊着聊着，就到了吃晚饭的时间，热情好客的上村村民留我们吃了晚饭。吃完晚饭后在村民家里接着聊，不知不觉到了晚上十二点，老支书仍毫无倦意。考虑到老支书年岁已高，需要早点休息，只好建议结束访谈。第二天一大早，老支书就在槐木下的守夜屋等我，带我去家里继续访谈，他的卧室里堆满了三十多年来收集和整理的第一手资料和文献资料。如今他已70多岁了，身体不是很好，却仍坚持每天晚上写作（白天要忙各种接待任务），这种奉献精神让我十分感动。遗憾的是，因为学校尚未放假，第一次考察的时间比较短暂。真是进寨容易出寨难，来时是坐学校的大巴车，当时并没有觉得交通不便，回去却几经辗转。首先坐村里的摩托车赶到江永县夏层铺镇的国道上，然后坐中巴车到江永县汽车站，再打车到江永县火车站。在火车站等了几小时，才挤上了到永州的火车，再从永州火车站挤上回长沙的高铁，终于回到了长沙。不禁感慨万千，勾蓝瑶寨因为地处山区，交通不便，所以一直"养在深闺人未识"。

2015年8月2日，课题组第二次来到勾蓝瑶寨。正值暑假，8岁的女儿随我同行，尚未入学的博士研究生阳利新、硕士研究生张骞予和肖祥一起加入了考察队伍。这一次，我们分成两组，对黄家村、上村和大兴村的村民进行入户访谈。为了考证村中遗存的碑刻资料，我们冒着酷暑，在村民黄中礼的带领下，花了一个半小时爬上了龙岩庵，不顾蚊虫的叮咬，对龙岩庵学校的遗址和碑刻进行了考察。不知不觉，半个多月过去了，我们深切地感受到了勾蓝瑶村民的纯朴与真情，收集到了大量珍贵的第一手资料与文献资料。值得一提的是，在这次的考察中，我们发现大兴村水龙祠的墙壁上有一些残存的壁画痕迹。不过，由于年代已久，灰尘很多，且光线极为黯淡，看不太清楚具体内容。当时只是稍微作了整理，拍了一些局部照片。因天气炎热，女儿持续一周高烧不退，只好提前结束了这次考察。回校后课题组认真查阅了相关资料，进行了仔细研究，发现了这组壁画的与众不同之处，并立即向中国村落文化研究中心主任胡彬彬教授作了汇报。

2016年1月14日，课题组第三次来到勾蓝瑶寨。这一次由胡彬彬教授亲自带队，直奔大兴村的水龙祠，专门考察壁画。在拂去主殿墙壁上的一小块尘埃之后，鲜艳的矿物质颜色立即焕发出光彩。画面上人数众多，场面非常热闹。

由于这次是有备而来，课题组组织了大量人员，对壁画进行了小心而细致的清洗。经过长达一周的工作之后，规模宏大的水龙祠壁画终于得以重见天日。经初步勘查，水龙祠现存的壁画分别位于主殿前方右边的走廊、主殿的正面及两个侧面的墙壁，皆高3米，总长可达116米，总面积约348平方米，在遭受严重毁坏之后，仍保存有162平方米。颜料以朱砂和石绿为主，对比强烈，由于画家的功力高超，而且年深日久，这些颜色早已非常协调地融合到了一起，极为沉静淡雅，富有深重的历史感。画面人物众多，场面宏大，内容丰富，画工精美。这次重大发现让我们欢欣鼓舞，课题组马上向江永县政府领导作了汇报。回校后中国村落文化研究中心立即向主管文化的湖南省政府领导作了汇报，引起了领导的高度重视，指示中心尽快开展保护研究。

2016年6月16日，课题组成员第四次来到勾蓝瑶寨，参加洗泥节盛宴。遗憾的是，因为我生病休假，未能亲自参加这个比春节还热闹的隆重节日。但通过课题组成员拍摄制作的视频，我感受到了这一年来旅游扶贫模式给勾蓝瑶寨带来的变化。白天村民在特色农业种植合作社劳动，晚上在民俗文化表演合作社参加表演，提高了收入，摆脱了贫困，尝到了乡村旅游的甜头。高兴的同时，我心中又不免有些担忧，旅游所能保护的或许只是外在的形，而传统村落文化的精髓在于内在精神，发展旅游是否能真正将传统村落文化的精神原汁原味地传承呢？

2016年11月，命运再次垂青，我申报的"湖南省江永县水龙祠壁画研究"课题获得教育部哲学社会科学重大委托项目立项资助。为了系统地解读水龙祠壁画深厚的文化内涵，课题组又先后深入勾蓝瑶寨考察了五六次，对勾蓝瑶开展了跨学科的系统研究。曾经有段时间，大家笑称我去勾蓝瑶的次数比回家乡的次数还要多。就这样，勾蓝瑶变成我们魂牵梦绕的一个地方。"为什么我的眼里常含泪水，因为我对这片土地爱得深沉。"我想引用艾青的诗句来表达我对勾蓝瑶这片土地的热爱。

通过课题组全体成员（阳利新、肖祥、张骞予、魏霜霜、杨刚、胡敏、杨会娟、方强）的共同努力，勾蓝瑶寨的书稿终于得以完成，心中充满了感激。首先，衷心感谢中国村落文化研究中心胡彬彬教授的精心指导，感谢江永县县长唐德荣、原副县长谭美池、政协主席刘忠华以及江永县民族宗教事务委员会等相关职能部门、兰溪瑶族乡乡镇工作人员的鼎力支持，特别要感谢黄家村欧阳绪珍